KB070222

아하! 통합교육

-행복한 교실을 위한 통합교육 교재-

전선주 외 공저
(사)한국통합교육연구회 편

학지사

우리나라의 교육 현장에 특수학급이 설치된 지 벌써 40여 년이 흘렀다. 그렇지만 통합교육을 이야기하다 보면 마음이 답답하고 한숨이 나오기도 한다. 한편으로는 장애학생이 포함된 통합학급을 피하고 싶어 하는 일반 교사가 상당히 많은 것을 느낀다. 또한 통합교육을 지원하는 특수교사 중에도 통합교육의 어려움과 여러 가지 지원 부족으로 특수학급보다 특수학교를 더욱 선호하는 경우도 많다.

이러한 문제들을 교사 개인의 책임으로 돌리는 것은 불합리하고 모순된 시각이며, 현장의 교사로서 아쉬움이 많다. 유치원 입학부터 시작된 경쟁 구도는 초등학교와 중학교를 거치면서 더욱 치열해지고 종국에는 대학 입시에 초점이 맞춰지면서 주변 사람들을 친구가 아닌 경쟁자로 인식하게 되는 것이다. 그렇다고 대학에 가면 그러한 경쟁적인 분위기가 바뀌는 것도 아니다. 결국 사회에 나와서도 주변에는 친구보다 경쟁자만 남는 분위기 속에서는 장애인들과 같이 생활하거나 주변에 있는 것 자체만으로도 불편함을 느낄 것이다.

'친구가 꼴찌를 하면 같이 눈물을 흘리지만, 그 친구가 일등을 하면 피눈물을 흘린다.'는 이야기를 들어 봤을 것이다. 이러한 학교 환경과 분위기에서 장애학생들의 통합교육을 논하는 것은 쉽지가 않다.

그러나 이런 환경과 분위기 속에서도 통합교육의 당위성을 바탕으로 교육 현장에서 바르게 적용하고자 하는 요구는 갈수록 높아지고 있다. 하지만 교사의 입장에서 통합교육을 논하고 실천하는 일반 교사와 특수교사를 구체적으로 도와주는 기관은 많지 않다. 특히 현장의 교사들이 참여하여 만드는 연수 과정이 많이 부족하여 일반 교사 입장에서 실질적으로 필요한 요소보다 이론적이고 학문적인 통합교육 연수가 많다는 지적이다.

이번에 (사)한국통합교육연구회에서는 교사들의 의견을 최대한 수용하여 대부분 현장의 교사들을 중심으로 구성된 연수팀을 만들고자 하였다. 이 연수 과정(교원캠퍼스연수원, www.teacher21.co.kr)에 참여한 선생님들은 100% 현장 경험을 가지고 있다. 그래서 교사의 입장에서 반드시 필요하다고 생각되는 부분을 협의를 통하여 연수 과정에 포함시켰다.

다만 원고를 작성하며 교육부, 시·도 교육청의 통합교육 관련 방향과 지침, 「장애인 등에 대한 특수교육법」 등 관련 교육법, 특수교육 대상 학생의 진단이나 선정·배치, 장애학생들의 특성 등을 포함하여 제시하다 보니 조금은 딱딱할 수 있겠다는 염려가 생겼다. 또한 많은 선생님이 참여하다 보니 참고한 자료도 많고, 연수 과정에서는 기초 과정과 심화 과정으로 나누었지만, 이 책은 한 권으로 묶다 보니 분량이 많아졌다. 그래도 현장의 교사들을 돕고자 하는 또 다른 교사들의 노력이니 이해해 주기를 바라는 마음이다. 그리고 이 책이나 사이버 연수 과정을 통하여 더욱 좋은 방향으로 개선할 점이나 느끼는 바가 있다면 우리 연구회로 연락해 주셨으면 한다.

요즘 교실에서 교사를 힘들게 하는 것은 무엇일까? 물론 행정적, 사회적, 교육적으로 많은 원인을 찾을 수 있겠지만, 다양한 학생과 학부모의 요구가 그중에서 많은 부분을 차지한다. 또한 어느 교실을 보아도 학급 구성원에는 특수교육 대상 학생뿐만 아니라 ADHD, 학습부진, 학습지진, 학습장애, 다문화 학생, 심리치료가 필요한 학생, 가정불화가 있는 학생, 교육보다 치료가 우선인 학생들이 있기에 교사의 어려움은 가중되고 있다.

이 연수를 위해 참여한 많은 교사도 현장에서 어렵고 힘들기는 마찬가지다. 그래도 노력하고 서로 힘이 되어 보자는 마음으로 시간을 내어 고민하였다. 그래서 이러한 연수나 나눔의 과정이 다양한 문제로 상담하며 고민하는 학교 현장의 교사들에게 작은 힘이 되고 참고가 되었으면 한다.

오늘도 모든 학교에서 의미 있는 통합교육이 실천되기를 바라며, 아름다운 이 나라 대한민국에서 장애 유무를 떠나 서로 배려하고 웃으며 살아가는, 모두가 행복한 사회통합의 모습을 꿈꾼다.

2014년 7월

(사)한국통합교육연구회 회장 **전 선 주**

차례

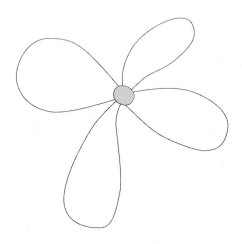

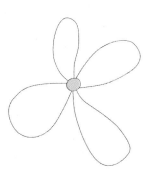

INCLUSIVE EDUCATION

Part 1

통합교육의 최근 동향

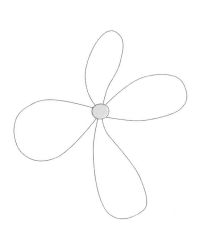

01 | 네잎클로버 통합교육의 이해

1. 장애학생에 대한 정의와 분류를 알 수 있다.
2. 장애학생들의 특성과 지도 방법을 알 수 있다.
3. 우리나라 통합교육의 현황을 파악할 수 있다.
4. 통합학급에서 통합교육을 바르게 적용할 수 있다.

1) 통합교육의 필요성

장애를 가진 사람도 우리 일반인과 같은 인격적인 존재로서 이 사회에서 같이 생활해야 할 구성원이다. 그러나 이 사회는 장애인이 일반인과 같이 교육을 받을 환경도 되지 못하는 경우가 많고, 동네에서 같이 살기에도 어려움이 많다. 물론 직장생활도 같이 하지 못하는 경우가 대부분이다.

사회가 이렇게 된 이유는 여러 가지가 있겠지만, 개인적으로는 통합교육을 하지 않았기 때문이라고 생각한다. 일반 학생들은 장애학생들과 태어나서부터 같은 유아교육기관, 초등학교, 중학교, 고등학교, 대학교 등에서 생활해야 한다. 그랬다면 세상은 지금과 같이 장애인에 대한 편견이나 오해 그리고 함께하는 것에 대한 거북스러운 감정이 거의 생기지 않았을 것이다. 우선 학교교육에서부터 장애학생들에 대한 편견을 줄이고, 사회를 이루는 모든 사람이 장애인 그리고 통합교육(사회통합)에 대한 의식을 전환하는 것이 필요하다.

2) 장애학생의 이해

(1) 장애인의 정의

장애는 절대적인 기준이라기보다 상대적인 기준이다. 세계보건기구의 기준을 중심으로 알아보면 다음과 같다.

- 주요 생활 활동 분야에서 한 분야 이상 실질적인 제한을 주는 신체적 또는 정신적 결함을 가진 사람
- 신체적, 지적, 정서적, 언어적 등 어느 영역에 있어 일정한 결함이나 편차로 인해 사회가 요구하는 보통의 성취 수준에 도달하지 못한 사람
- 신체적 · 정신적 결함으로 인하여 일상적인 사회 환경 속에서 스스로 살아가는 데 어려움이 있는 사람

(2) 장애의 분류

① 세계보건기구의 분류

- 기능장애(impairment) 기능 형태적 장애, 신체적 손상(의료적 치료 우선)인 경우를 기능장애로 나누며, 시각장애, 청각장애, 지체부자유를 들 수 있다.
- 능력장애(disability) 능력적 장애, 개인적 측면에서의 일상생활 장애라고 할 수 있다. 이 경우는 교육과 재활을 통하여 신체적 장애가 기능적 능력장애로 전이되지 않도록 해야 한다.
- 사회적 장애(handicap) 불리함, 정서적 핸디캡으로 사회가 주는 장애다. 장애인들에게 배려해 주는 것이 사회적 장애를 주지 않는 것이다.

② 장애 유형에 따른 분류

- 「장애인 등에 대한 특수교육법」(2013) 제15조 시각장애, 청각장애, 정신지체, 지체장애, 정서 · 행동장애, 자폐성장애, 의사소통장애, 학습장애, 건강장애, 발달지체, 그 밖에 대통령령으로 정하는 장애(11개 영역)
- 「장애인복지법 시행령」[별표 1] 지체장애, 뇌병변장애, 시각장애, 청각장

애, 언어장애, 지적장애, 자폐성장애, 정신장애, 신장장애, 심장장애, 호흡
기장애, 간장애, 안면장애, 장루·요루장애, 간질장애(15개 영역)

3) 장애별 정의와 특성

(1) 정신지체(지적장애)

일반적으로 지능이 IQ 70 이하이고, 사회적응 행동에서 뚜렷한 결함을 보이
며, 18세 이전에 발생하는 장애다. 「장애인 등에 대한 특수교육법」에서는 정신지
체를 지닌 특수교육 대상자를 "지적 기능과 적응 행동상의 어려움이 함께 존재
하여 교육적 성취에 어려움이 있는 사람"이라고 정의한다.

① 다운증후군(염색체 이상)

다운증후군의 장애 영역은 정신지체에 포함되는데 우리가 눈으로 보아도 쉽
게 구별이 되는 장애 특징을 가졌다. 모든 사람은 23쌍의 염색체를 가지고 태어
나는데, 다운증후군 아이들은 일반적으로 21번 염색체의 돌연변이로 인하여 정
신지체가 되고 외모에 특징을 가지고 태어나게 된다.

② 정신지체의 분류

- 간헐적 지원 전이 시기, 위기 시기 등 어려움이 있는 경우나 필요시에만 도
  움을 받는 경우다.
- 제한적 지원 일정 기간 동안의 직업훈련을 통하여 적응할 수 있는 경우다.
- 확장적 지원 가정생활에 정기적으로 장기간 도움을 주어야 하는 경우다.
- 전반적 지원 전반적 환경에서 고강도의 도움이 필요한 경우다.

(2) 정서·행동장애

정서·행동장애를 지닌 특수교육 대상자에 대한 「장애인 등에 대한 특수교육
법」의 정의는 "장기간에 걸쳐 다음 각 목의 어느 하나에 해당하여 특별한 교육적

조치가 필요한 사람"이다.

- 지적, 감각적, 건강상 이유로 설명할 수 없는 학습상의 어려움을 지닌 사람
- 또래나 교사와의 대인관계에 어려움이 있어 학습에 어려움을 겪는 사람
- 일반적인 상황에서 부적절한 행동이나 감정을 나타내어 학습에 어려움이 있는 사람
- 전반적인 불행감이나 우울증을 나타내어 학습에 어려움이 있는 사람
- 학교나 개인 문제에 관련된 신체적인 통증이나 공포를 나타내어 학습에 어려움이 있는 사람. 또한 정서의 표현 방법이 일반인에 비해 편향되어 있고 과격하게 표현하는 등 자신의 의지로는 통제하기 어려운 상태인 경우로 행동장애, 성격장애, 미성숙, 사회화된 비행으로 분류하기도 한다.

(3) 자폐성장애

「장애인 등에 대한 특수교육법」에서는 자폐성장애를 지닌 특수교육 대상자를 "사회적 상호작용과 의사소통에 결함이 있고, 제한적이고 반복적인 관심과 활동을 보임으로써 교육적 성취 및 일상생활 적응에 도움이 필요한 사람"이라고 정의한다.

- 자폐아동의 생각 원리 특성
  - 감정의 유발 요인을 이해하지 못한다.
  - 눈동자가 전달하는 메시지를 알지 못한다.
  - 의도적 행동과 우연히 일어난 행동을 구별하지 못한다.
  - 은유적 표현과 비유적 표현을 이해하지 못한다.
  - 언어의 화용론이 필요하다. 자연스러운 상황에 맞는 적절한 언어 표현을 하지 못한다.
  - 물리적 사물과 사물에 대한 생각의 차이를 이해하지 못한다.
  - 꿈꾸고, 소망하며, 속이는 정신적 기능을 하지 못한다.
  - 외형과 실재의 차이를 모른다.

(4) 청각장애(농, 난청)

「장애인 등에 대한 특수교육법」에서 청각장애를 지닌 특수교육 대상자를 "청력 손실이 심하여 보청기를 착용해도 청각을 통한 의사소통이 불가능 또는 곤란한 상태이거나, 청력이 남아 있어도 보청기를 착용해야 청각을 통한 의사소통이 가능하여 청각에 의한 교육적 성취가 어려운 사람"이라고 정의한다.

(5) 시각장애

「장애인 등에 대한 특수교육법」에서는 시각계의 손상이 심하여 시각기능을 전혀 이용하지 못하거나 보조공학 기기의 지원을 받아야 시각적 과제를 수행할 수 있는 사람으로서, 시각에 의한 학습이 곤란하여 특정의 광학 기구 및 학습 매체 등을 통하여 학습하거나 촉각 또는 청각을 학습의 주요 수단으로 사용하는 사람을 시각장애를 지닌 특수교육 대상자로 보고 있다.

(6) 지체장애

일반적으로 "척수, 팔, 다리 부분이 마비가 되었거나 절단 또는 변형이 되었거나 관절이 굳어 제대로 움직일 수 없거나 운동기능이 떨어지는 상태"를 지체장애라고 한다. 즉, 소아마비 장애인과 사고로 인하여 의수나 의족을 착용한 장애인, 목발이나 휠체어를 이용하는 사람들을 지체장애인으로 보면 된다.

(7) 학습장애

학습장애란, 첫째로 학습에서 구체적이고 특정 분야에 제한되어 나타난다. 둘째로, 가벼운 두뇌 손상이 원인이 되어 이해나 언어 사용 등과 같은 기본 심리 과정 중에서 장애가 나타난다. 셋째로, 개인차가 심하게 나타난다. 즉, 개인의 능력 분야에서 발달의 불균형이 나타난다. 넷째로, 학습의 어려움이 있어 듣기, 말하기, 쓰기, 읽기, 셈하기, 철자 쓰기, 사고 능력 등에서 한 분야 또는 그 이상의 장애를 나타낸다.

(8) 의사소통장애

의사소통장애는 구강의 발성기관이나 조음기관 등에 구조적·병적 이상이 있어 말을 못하거나 발음을 또렷하게 못하는 경우이고, 청각장애는 청각기관의 장애로 인하여 듣지 못하는 것으로, 그 영향으로 발음기관이나 발성에는 구조적인 문제가 없으나 말을 못하는 경우가 생기는 것이다.

(9) 건강장애

「장애인 등에 대한 특수교육법」에서는 만성질환으로 인하여 3개월 이상의 장기 입원 또는 통원치료 등 계속적인 의료적 지원이 필요하여 학교생활 및 학업 수행에 어려움이 있는 사람을 건강장애를 지닌 특수교육 대상자로 정의한다.

(10) 발달지체

신체, 인지, 의사소통, 사회·정서, 적응 행동 중 하나 이상의 발달이 또래에 비하여 현저하게 지체되어 특별한 교육적 조치가 필요한 영아 및 9세 미만의 아동을 발달지체를 보이는 특수교육 대상자로 정의한다.

4) 통합교육의 이해

(1) 통합교육이란

통합교육은 현재 우리나라의 장애학생 교육이 어떤 방향으로 나아가야 하는지를 알려 주는 교육이다. 장애학생을 교육하는 목적은 장애학생이 바른 교육을 통하여 장차 성장하여 이 사회에서 자신의 역할을 감당하며 사회의 일원으로 살 수 있도록 하는 것이다.

특히 유아기에 유치원이나 어린이집에서 통합교육이 절실하다. 이 시기는 자아가 완성되기 전이므로 장애유아를 있는 그대로 보고 받아들일 수 있기 때문이다. 그리고 초등학교 고학년만 되어도 일반 학생은 자기 자신의 학교와 학원 생활에 쫓겨 장애학생들을 배려하고 그들과 같이하려는 마음과 시간이 부족해지기 때문이다.

「장애인 등에 대한 특수교육법」에서 통합교육이란 "특수교육 대상자가 일반 학교에서 장애 유형, 장애 정도에 따라 차별을 받지 아니하고 또래와 함께 개개인의 교육적 요구에 적합한 교육을 받는 것"이라고 하였다.

(2) 성공적인 통합교육을 위한 조건

통합의 조건을 종합적으로 정리한 Cole과 Chan(1990)은 장애학생 요인, 또래 요인, 교사와 교수적 요인, 행정적 요인 및 부모와 지역사회의 태도의 다섯 가지 요인을 들고 있으며, 각 요인에 관련된 구체적인 내용을 살펴보면 다음과 같다.

① 장애학생 요인
- 적응 행동과 사회성 발달 수준
- 일반적인 인지 능력 수준
- 학습 준비도 및 교과 학습 기술
- 통합 프로그램 참여에 대한 자발성

② 또래 요인
- 장애학생에 대한 일반 학급 학생의 태도
- 장애학생에게 적응하고자 하는 일반 학급 학생들의 자발성

③ 교사와 교수적 요인
- 일반 학급 교육 프로그램의 질
- 장애학생의 발달적 요구에 대한 교사의 이해도
- 장애학생을 일반 학급 프로그램에 적응시키려는 통합학급 교사의 자발성과 의지
- 통합교육에 포함되어 있는 장애학생의 수
- 일반 학급 교사들을 위한 연수교육의 질

④ 행정적 요인
- 성공적인 통합을 위한 준거의 확립
- 제공되는 교육 자원의 질
- 전문 직원과 적절한 서비스의 제공

⑤ 부모와 지역사회의 태도
- 통합 프로그램에 대한 장애학생 부모의 태도
- 장애학생과 통합에 대한 일반 학급 학생들 부모의 태도
- 장애학생에 대한 지역사회의 태도

5) 통합교육의 현안과 대안

■ 통합교육을 위한 학교와 학급의 행정에 대하여

① 학교 관리자의 통합교육에 대한 관점의 문제

이제 통합교육은 특수교육계에서만 이야기하는 일방적인 통로의 문제가 아니다. 통합교육의 주체자는 특수교육계가 아니라 일반 교육계가 되어야 한다. 왜냐하면 점차 교육의 주체자는 교사 중심에서 수요자 중심, 즉 학생과 학부모 중심으로 변화되고 있기 때문이다.

통합교육을 실천하는 현장의 학교 관리자는 일반 학생들의 학력 향상이나 특기적성 신장과 함께 통합교육의 정착에 대해서도 관심을 가져야 한다. 학력 신장을 위하여 특색사업이나 역점사업을 추진하거나 교과교육과정 운영과 특기적성 신장을 위하여 방과 후 학교를 운영하는 것처럼 통합교육을 위해서도 일반 교사와 학생, 학부모 대상의 장애이해 교육, 장애인 편의시설 설비, 재정적인 지원, 특수교육과정 운영 등에 대해서 학교 관리자가 관심을 갖고 지원해야 할 것이다.

그러나 대부분의 학교 현장에서 통합교육을 실시하는 대상은 전체 학생의 1%도 되지 않기 때문에 통합교육은 통합학급 담임교사 혼자서 혹은 특수교사가 주체가 되어서 해야 하는 것으로 생각하기 쉽다. 그렇기 때문에 학교의 통합교육의

질이 교사의 질을 벗어나지 못하는 것이다.

특히 중·고등학교의 경우에는 통합교육을 실시하고 있는 학교가 많지 않고 학교 관리자 역시 통합교육에 대해서는 힘들고 어렵다는 편견 앞에서 특수학급을 설치하거나 특수교육 대상 학생을 입학시키는 것에 많은 불편함을 표현하곤 한다.

그러나 앞으로 21세기를 살아가야 할 우리의 학생들이 누구나 자신의 주어진 여건을 극복하고, 보다 나은 삶으로의 비상을 꿈꿀 수 있도록 지원하는 것이 학교교육의 목표가 된다면, 장애학생에게도 예외가 있을 수 없다. 장애학생 역시 자신에게 주어진 여건을 극복하고 보다 나은 삶을 위해 비상할 수 있어야 하며, 학교는 장애학생이 잘할 수 있도록 지원해 주어야 할 책임이 있다.

이를 위해 학교 관리자는 다음의 몇 가지를 생각해 봐야 한다.

- 통합교육을 실시하는 것은 장애학생을 떠맡는 것이 아니라 장애학생이 어려움을 극복하도록 지원하는 데 의미가 있는 것이다.
- 통합교육은 통합학급 교사나 특수학급 교사만이 실시하는 것이 아니라 학교 전체가 함께 실천하는 것이다.
- 통합교육이 활성화되기 위해서는 학교 전체 교육과정에 장애이해 교육과 함께 장애학생을 배려한 교육과정이 운영되어야 한다.
- 장애학생도 그 장애를 갖지 않았으면 거쳐야 하는 모든 교육과정을 일반 학생과 똑같이 이수할 수 있고, 이를 위해서 장애를 최소화하기 위한 장애편의시설을 설치하고 교재와 교구를 구비해야 한다.

② 통합학급 담임 배정

통합학급 담임을 정할 때는 학교마다 기준이 있을 것이다. 그 기준은 학교마다 그리고 지역마다 조금씩 다르다. 장애학생을 서로 맡겠다는 교사들이 많은 학교도 있지만, 통합학급을 담임하려는 교사들이 부족한 경우도 많다.

통합학급 담임을 정할 때는 사전에 미리 알려 주어야 한다. 보통 학교에서는 인사 발령이 2월 말경에 나기 때문에 통합학급 담임을 정하는 시기도 늦어진다. 교육청 인사 발령이 나면 학교에서는 새로 전입해 온 교사와 기존 교사들을 고려하여 학년 배정을 하고 발표는 그 뒤에 전체 직원 협의 시간에 하게 된다.

　장애학생의 통합학급 담임도 그때 정하게 되는데 학기가 시작되기 바로 며칠 전에 통합학급 담임을 알 수 있게 된다. 다른 일반 학급도 마찬가지겠지만, 통합학급은 더 단단한 각오와 함께 일 년 동안 어떻게 지낼지 방법을 계획해야 하는데 그 준비 기간이 너무 짧다.

　통합학급 담임은 가능하다면 기존 교사들을 중심으로 미리 정해져야 한다. 겨울방학 전에 정해진다면 방학 동안 다음 학기를 맞이해서 어떻게 통합학급을 운영할까 고민도 해 보고 준비도 할 수 있을 것이다. 미리 하면 스트레스를 더 받으니 2월 말에 가서 하는 것이 더 낫다고도 말할 수 있겠지만, 그래도 미리 준비하는 것이 분명히 더 낫다.

③ 통합학급 반 편성

　통합학급 교사들이 통합학급 운영 효과를 크게 하기 위해 현장에서 요구하는 부분은 학급 학생 수를 줄이고, 업무를 줄여 주거나 없애 주고, 문제 행동이 나타났을 때 당장 쓸 수 있는 지도법과 수업 자료를 제공받는 것이다. 그런데 문제는 이런 요구 내용을 하나하나 실천하기가 어렵고 국가적 관심과 예산 지원이 필요하다는 사실이다.

　장애학생의 경우 반드시 특수학급 교사와 통합학급 교사가 당해 연도 학생의 생활 모습을 고려하여 협의한 뒤 반 편성을 하도록 해야 한다. 예를 들어, 같은 학년에 장애학생이 2명 이상이라면 다음 학년에서는 한 반에 넣을 것인지, 따로 넣을 것인지를 의논하여 결정해야 한다. 앞으로 맡게 될 통합학급 교사가 함께 참여할 수 있다면 그 이상 좋은 방법은 없다.

④ 통합학급 학생 수 줄이기

　통합학급 교사들이 효과적인 통합학급 운영을 위해 제일 애타게 바라는 부분 가운데 하나가 바로 학급 학생 수를 줄이는 문제다.

　통합교육의 효율성을 높이고 통합학급에서 공부하는 장애학생에게 질적인 교육을 할 수 있도록 하기 위해, 또한 통합학급 교사들이 좀 더 장애학생들과 일반 학생 모두를 배려해 주기 위해서라도 통합학급 학생 수를 줄이는 문제는 반드시 해결되어야 한다.

생각 같아서는 통합학급 정원을 일반 학생 10명과 장애학생 1명의 11명으로 법제화하면 좋겠다. 아니면 장애학생 1명과 일반 학생 10명을 같다고 보고 통합학급 정원을 일반 학생 20명 장애학생 1명으로 편성해도 될 것이다. 물론 편성된 학생들이 어떠냐에 따라 20명 반이 30명 반보다 힘들 수도 있다.

학급 인원은 장애학생당 5명으로, 다시 말해서 장애학생이 1명당 일반 학생 5명과 같다고 보아서 통합학급은 25명으로 만들어 줄 수도 있다. 통합학급 인원수를 줄이는 문제는 예산 지원이 필요하며, 통합학급 인원수를 다른 일반 학급보다 10명 줄여 주는 것이 안 되면 5명이라도 줄일 수 있도록 방법을 찾아야 한다.

⑤ 통합학급 교사의 업무 경감

통합학급 교사의 업무를 줄여 주어야 한다. 더 나아가서 과감하게 업무를 없애야 한다. 요즘 초등학교의 경우 6학년 담임을 할 경우 학생들의 학력과 생활지도에만 집중하도록 하기 위해 다른 학교 업무를 주지 않는 경우도 있다. 가능하다면 통합학급도 교사가 수업과 생활지도에만 최선을 다할 수 있도록 업무를 주지 않으면 좋겠다. 통합학급 학생 수를 과감하게 줄여 주지 않고 학교와 학년 업무도 줄여 주거나 없애지 않고, 생활지도 방법과 문제 행동 지도 방법을 알려 주지 않고, 수업 시간에 질적 참여를 할 수 있는 프로그램을 개발해 주지 않고, 교사에게 인센티브만 준다고 하면 잘될 수 있을까? 인센티브 자체도 아예 없앤다면 통합학급을 맡겠다는 교사들이 많이 나올까? 그렇지 않을 것이다.

⑥ 효과적인 인센티브 지원

교사의 할 일이 학생들을 가르치는 것인데 학생들을 구분 지어서 쉽고 어려운 기준을 세우고 어려운 학생들을 가르칠 때는 보상을 준다는 것이 어떻게 보면 좀 이상한 것 같다. 하지만 가르친다는 것은 힘든 일이다. 처음에 제시한 것처럼 '어떻게 하면 교사들이 통합학급을 맡겠다고 서로 열심히 지원하게 할 수 있을까?' 하는 질문의 해답은 '무엇인가 주면 맡는다.'는 것이다. 그것이 무엇일까?

- 보람과 긍지를 주어야 한다. 통합학급 교사에게 인센티브만 주어도 자기가 보든 다른 교사들이 보든 받기 위해 하는 교사, 안 받으면 안 하는 교사라고 생각해서 힘이 빠지기 쉽다.
- 인센티브의 종류를 여러 가지 형태로 주어야 한다. 예를 들면, 이동 가산점 받기, 수당 받기, 아무것도 안 받기, 승진 가산점 받기의 네 가지를 정하고 자기가 선택해서 갖게 해야 한다.
- 통합학급 운영의 효과를 높이기 위해 과감한 구조적 지원을 해 주어야 한다. 그런데 사실 이것이 제일 어려운 문제다.

교사든, 도우미 학생이든 통합학급 속의 장애학생을 돕는 사람들에게는 인센티브를 확실하게 주어야 한다. 장애학생은 애물단지도 아니요, 천덕꾸러기도 아니다. 우리 모두가 아껴 주고 사랑해야 할 이들이다. 장애학생을 위한 교육에 대해서 마치 구걸하듯 하면 안 된다. 국가 차원에서 세세하게 지원 대책을 세워서 줄 것은 확실하게 주고, 대신 제대로 책임감을 가지고 하도록 해야 한다. 책무성을 가지고 정해진 규정대로 못할 경우 그에 따른 책임도 엄중하게 묻자.

⑦ 통합학급에 대한 재정 지원

지금까지 통합학급이라고 해서 일반 학급과 다르게 별도의 예산 지원이 있는 것은 아니다. 특수학급 예산은 그곳에서만 쓰지 통합학급으로 지원되는 부분은 없다. 일반 학급을 운영할 때 보통 연간 1인당 2만 원 정도 되는 금액을 학습 준비물 구입비로 쓴다. 통합학급은 이 예산을 늘려야 한다.

⑧ 학부모의 통합교육에 대한 생각의 변화

교사와 학부모는 학생의 교육을 위한 최상의 교육 파트너가 되어야 한다. 하지만 교사와 학부모는 학생의 교육에 있어 팽팽한 평행선과도 같은 것이 우리의 현실이다. 특히 장애학생을 가운데 두고는 더욱더 그렇다.

그러나 한 발짝만 뒤로 물러나 생각해 보면 학부모나 교사 모두 학생의 상태를 정확하게 파악하여 지금보다는 발전해 가는 아이들로 키워야 하는 교육자이고 양육자다. 그렇기 때문에 학부모와 교사는 최상의 파트너가 되어야 한다. 그래서 교사는 먼저 학부모의 교육에 대한 의식의 변화를 이끌어 내야 한다.

첫째로, 통합교육은 학부모의 요구나 학생의 필요대로만 실시할 수 없는 것이라는 점이다. 학부모의 요구를 그대로 받아들일 때 학생에게 유익할 수도 있지만, 그렇지 않을 수도 있기 때문이다.

둘째로, 통합교육은 장애학생만을 위한 교육이 아니라 모든 학생이 함께 성장해 가는 교육이라는 점이다. 장애학생의 학부모는 자기 아이의 입장에서만 생각하게 되지만, 통합교육을 실시하게 되는 학교는 장애학생뿐만 아니라 일반 학생도 함께 공부하는 곳이라는 것을 알아야 한다.

이때 통합학급 교사나 특수교사는 학생의 문제 행동에만 초점을 맞추지 않고 통합학급 전체적인 분위기나 통합학급 학생들의 태도를 먼저 살피고, 장애학생의 문제 행동이 다른 학생의 괴롭힘이나 놀림 때문에 나타내는 부적응 행동은 아닌지 항상 살펴봐야 한다.

셋째로, 통합교육을 실시함에 있어서 일반 학생들의 장애이해 교육은 학교뿐만 아니라 장애학생의 학부모도 함께 적극적으로 참여해야 한다. 대부분 일반 학생들은 주변에서 장애학생을 많이 만나거나 알아 갈 수 있는 기회가 많지 않기 때문에 통합학급에서 만나는 장애학생에 대한 올바른 태도를 형성하기가 어렵다. 하지만 장애학생의 문제 행동도 무조건 수용해 주어야 한다는 식의 장애이해 교육이 아니라 장애학생도 자신이 가진 장애로 인해 발생하는 문제점 외의 다른 활동들은 얼마든지 열심히 하고 잘할 수 있다는 것을 보여 주면 좋겠다.

6) 교실에서 통합교육의 현안과 대안

(1) 통합교육 실천을 위한 사례

① 학교 행사

학교 행사, 현장학습, 책가방 없는 날, 조회, 운동회, 학예회, 합창제, 특별활동

등에 활발히 참여할 수 있도록 도와주어야 한다. 장애학생도 같은 반이라는 인식
이 모든 학생에게 확고해져서, 모든 학생이 각각의 개인차에도 불구하고 각자에
게 적절한 교육 환경이 제공되는 학교 문화를 만들어 주어야 한다.

② 학급 행사

교사의 수용적 태도와 긍정적 행동 그리고 호의적인 친구들의 도움 행동은 모
든 아이에게 모델이 되어 그와 같은 행동을 전파한다.

- **자리 배치**   장애학생이 일반 학생들 사이에서 특별히 인기 없는 자리에 배
  치되지 않도록 교사는 학생들에게 미리 이야기하여 자리를 배려해 주어야
  한다.
- **짝 선정**   장애학생도 일반 학생과 마찬가지로 짝이 반드시 필요하다. 짝 선
  정은 학급에서 장애학생에게 특별히 관심을 보이는 학생이나 같은 동네에
  사는 학생으로 할 수 있는데, 어느 정도 남을 잘 도와주는 품성의 학생과 짝
  을 지어 주면 좋겠다.
- **1인 1역할**   학급의 구성원 자격 확보에 1인 1역할은 가장 유효하고 중요하
  다. 학급의 일상생활에서 장애학생에게 한 가지 역할을 주게 되면 학생 자
  신은 소속감을 가질 수 있고, 다른 급우들은 장애학생을 자신과 같은 학급
  일원으로 여기는 데 도움이 된다.
- **청소 당번**   일반 학생과 동등하게 장애학생도 청소 당번을 할 수 있도록 해
  야 한다. 장애학생의 장애를 고려해서 적합한 일거리를 선정하여 청소 시간
  에 장애학생이 함께 참여하도록 지도하는 것이 필요하다.
- **조(모둠) 구성원 및 조장 선택**   교과 수업 및 여가, 오락 시간에 활용되는 모
  둠학습이나 협동학습 및 집단놀이 시 장애학생이 들어가는 조가 생긴다. 교
  사는 그 구성원 및 조장을 정할 때 처음에는 장애학생의 참여를 이해시키고
  장애학생이 포함된 조에는 더욱 격려가 필요하다. 특히 모둠 활동에서 강조
  하고 싶은 것은 장애학생이 몫을 못하여 같은 모둠 학생들에게 피해가 가지
  않도록 교사가 조절을 해 주어야 한다.

- **규칙 준수** 교실 내의 규칙은 간단명료하고 장애학생을 포함한 모든 학생이 기대되는 행동과 강화와 벌칙을 분명히 이해할 수 있도록 만들어야 한다. 장애학생의 학급 구성원의 자격 확보를 위해서도 이 규칙은 공평하게 모두에게 적용되어야 하고, 규칙의 위반은 즉각적으로 지적되고 수정되어야 한다. 그러므로 학급과 학교에서의 규칙 준수에 장애학생이라고 예외를 두어서는 안 된다.

- **알림장** 알림장은 장애학생도 반드시 쓰도록 해야 한다. 주어진 시간에 알림장을 모두 기록할 수 없을 때는 교실 내 특정 공간에 알림장 내용을 미리 그리고 오랫동안 게시하여 도움을 줄 수도 있고, 친구나 조원이 약간씩 도울 수 있도록 지도해야 한다.

- **등하교** 같은 동네나 같은 아파트에 사는 친구들과 짝을 지어 주어 등교할 때나 하교할 때 함께 할 수 있도록 지도하면 좋다. 특별히 짝이 되는 아이에게는 틈틈이 격려와 칭찬을 하여 자신이 하는 일이 의미 있고 자랑스러운 일이란 것을 느끼게 해 주어야 한다. 특히 중·고등학생의 경우에는 스스로 등하교를 할 수 있는 능력이 필수라고 할 수 있다.

③ 일반 학생과 장애학생의 상호작용

- 통합학급의 장애학생이 급우들 사이에서 고립되거나 거절당하지 않고 서로를 친구로서 느끼게 하기 위해서는 학생들 사이에 실질적인 상호작용이 빈번히 일어나서 사회적 관계, 나아가 우정이 형성될 수 있어야 한다. 그러기 위해서 통합학급 교사는 일반 학생에게 장애학생과 일반 학생의 유사점과 차이점을 이해시켜야 한다. 그리고 장애에 대한 지식을 전달하는 것, 장애 체험활동의 기회를 제공하는 것, 장애에 관한 토의 활동을 하는 것 등 사회적 관계를 형성하는 데 도움이 되는 교육이 필요하다.

- 장애학생과의 상호작용을 위해서 일반 학생들을 중심으로 준비를 시켜야 한다. 먼저 일반 학생은 장애학생에 대한 두려움과 편견을 버리고 먼저 상호작용 행동을 해야 한다는 점, 장애학생이 이해하도록 적절히 의사소통하는 방법, 장애학생이 부정적 행동을 할 때 적절하게 대처하는 방법 등을 이

야기해 줘야 한다. 일반 학생에게 일방적인 이해와 보살핌만을 요구하기보다는 친절하고 쉬운 말로 접근을 하되, 장애학생의 적절치 못한 행동(친구를 때린다든지, 자기 멋대로 한다든지, 책을 찢는다든지 등의 문제 행동 등)에는 단호하게 하지 말라고 말하게 해야 한다. 또한 장애학생에게도 놀리거나 때리는 일반 학생에게는 "날 때리지 마!" "선생님께 말할 거야!" 등의 태도를 분명하게 표현할 수 있도록 지도할 필요가 있다.

④ 학부모 상담

장애학생과 같은 반이 된 일반 학생은 집에 가서 학교에서 있었던 일들을 이야기하게 된다. 부모들에게도 학교에서 지식을 가르치는 것이 중요하지만, 올바른 인성을 키우는 것도 중요함을 이야기해 준다. 일반 학생들이 장애학생을 놀리거나 따돌리지 않고 도와주고 함께 지낼 수 있도록 가정에서의 지도를 부탁한다. 특히 짝이 되어 활동을 같이 하는 학생의 학부모에게는 상담을 통하여 부모를 이해시켜 주어야 한다. 선생님과 부모님이 함께 칭찬을 하면 짝이 된 일반 학생은 더욱 열심히 장애학생을 도와주고 좋은 친구가 되어 줄 수 있을 것이다.

아울러 장애학생 부모가 학교와 학급 일에 앞장서서 도울 수 있도록 기회를 주어야 한다. 대부분의 장애학생 부모들은 일을 하고 싶어도 선뜻 나서지를 못하는데, 기회만 주어지면 일반 학생 부모들보다 더 열심히 일하는 것을 보게 될 것이다.

(2) 특수학급 교사를 위한 배려

요즘 '배려'라는 말을 많이 쓰는 것 같다. 사전에 보니 '남을 도와주거나 보살펴 주려고 마음을 쓰는 것'이라 한다. 통합학급 교사를 위해 대안을 제시하는 근본적인 이유는 통합교육이 잘 이루어질 수 있도록 돕기 위함이다.

그런데 우리가 생각해 봐야 할 것은 통합학급 교사뿐만 아니라 일반 학교에서 근무하는 특수학급 교사들에 대한 배려다. 왜냐하면 특수학급 교사를 제외하고서는 통합학급 교사나 장애학생들, 더 나아가서 일반 학생들에게도 도움이 되지 않기 때문이다. 그래서 여기서는 어떻게 하면 특수학급 교사들의 고민과 어려움에 같이 동참하고 조금이나마 해결점을 찾아서 나눌 수 있을지 알아보고자 한다.

학교마다 조금씩은 다르겠지만, 일반 학교에서 특수교사의 위치는 일반 교사와 비교하여 좋은 편이라고 말하기 어려울 것이다. 그래서 학교 관리자나 일반 교사들의 배려가 없다면 특수학급 교사는 도움을 충분하게 받기도 어렵고, 특수학급 교사가 어떤 도움을 주기도 어렵다.

① 특수학급 교사도 동 학년 소속이고 동료다

어떤 면으로 보면 일반 학교 안의 특수학급은 외로운 섬과 같다. 특수학급도 분명 학교의 학급 수에 포함되어 있지만, 일반 학급의 교육과정과 학교 행사, 교사 자격 등에서 다른 면이 있고, 교실의 위치도 다른 학년들처럼 순서대로 있는 것이 아니라 특별실처럼 분리되어 있어서 더 그렇게 느낄 수도 있다.

특수학급 교사를 위해 일반 교사들이나 관리자, 특히 통합학급 교사들이 조금이라도 배려해 줄 수 있는 것은 무엇일까?

첫째, 특수학급 교사들이 동 학년에 소속감을 확실히 가질 수 있도록 동 학년 교사들도 적극적으로 나서야 한다. 우선 학년부장 교사가 학년 협의 시간에 특수학급 교사가 몰라서 참석하지 못하는 일이 없도록 인터폰이나 팝업으로 반드시 연락하거나 학년부장이 바쁘면 학년 친목 교사라도 해야 한다.

둘째, 통합학급 교사들이 가능하면 특수학급에 먼저 찾아가야 한다. 장애학생은 특수학급에서 정말 많은 도움을 받지만, 분명 통합학급에도 소속되어 있는 학생이다. 따라서 특수학급 교사들이 통합학급 교사들을 만나서 인간관계를 잘 맺도록 하고, 장애학생에 대해서 알려 주려고 하는 것도 중요하다.

하지만 통합학급 교사들이 먼저 나서서 자신이 맡게 된 장애학생에 대해 더 알고 어떻게 하면 도움을 줄 수 있는지 배우기 위해 특수학급 교사를 찾아가서 조언을 받고 의견을 나누는 것도 반드시 필요하다. 통합학급에 속한 장애학생이 우리 반에서 정말 소중한 존재라는 생각을 가진다면 그렇게 할 수 있다. 특별히 통합학급에 도움을 주고자 준비하는 교사는 학습도움반의 특수학급 교사임을 알아야 한다.

② 특수학급 교사를 포함한 통합교육 부서를 만들자

특수학급 교사가 처리해야 할 공문의 양은 상당히 많다. 아마도 교무부 다음으로 공문이 많다고 할 수 있다. 그 이유는 특수학급이 작은 단위의 특수학교처럼 운영되기 때문이다.

이런 현실 속에서 특수학급 교사가 처리해야 할 업무가 많은 것이 사실이다. 특수학급 교사에게는 가능하면 특수교육과 통합교육에 관한 업무만 주어야 한다. 학교에 교직원 수가 적거나 남자 교사가 적다고 해서 다른 학교 업무까지 배정하는 경우도 있다. 일반 학급 교사도 담임 업무, 학년 업무, 학교 업무를 맡고 있으니 특수학급 교사도 특수학급 담임으로서의 업무, 학년 업무, 학교 업무를 맡아야 한다고 주장하는 경우도 있다.

그러나 일반 학급의 담임 업무와 특수학급의 담임 업무가 같지 않음을 알아야 한다. 어느 일반 학급 교사가 학급 일로 특수학급 교사처럼 그렇게 많은 공문 처리를 할 수 있겠는가? 어떤 사람들은 소속감을 가질 수 있도록 하기 위해 다른 학교 업무를 조금 준다고 한다. 하지만 가능하면 소속감은 다른 곳에서 찾았으면 좋겠다. 단, 학년 업무는 힘들지 않은 것으로 나누어서 맡았으면 한다. 교과교사 중심으로 운영되는 중 · 고등학교라면 좀 달라도, 동 학년 체제로 움직이는 초등학교에서는 학년 업무를 맡아서 할 필요가 있다.

최근 일반 학교에서 통합교육에 관한 비중이 커지면서 통합교육부를 만들어야 하는 것이 아니냐는 의견이 있다. 부서가 새롭게 생기면 업무량이 더 많아지고 학생들을 가르치는 데 소홀하게 되지 않을까 걱정할 수도 있다. 하지만 일반 학교 내에 통합교육부가 생긴다면 학교 경영 계획을 세울 때 소수의 장애학생을 더 배려해 줄 수 있지 않을까 기대해 볼 수 있다.

③ 특수학급 교사를 성과급과 근평으로 차별하지 말자

말도 많고 탈도 많은 성과급에 관하여 고민해 보고자 하니 사실 굉장히 조심스럽다. 특수학급 교사들 가운데 특수학교를 더 선호하여 나가려고 하는 경우가 있다. 특수학교에서 가르치는 장애학생이 특수학급보다 더 힘들 수는 있어도 특수학급 교사들이 가르치는 데는 전문가이므로 크게 염려하지 않는다.

그런데 상당한 경력 교사들은 특수학교를 더 선호한다. 왜 이런 현상이 생기는 것일까? 앞에서 말한 것처럼 특수학급 교사들에 대한 배려가 부족했기 때문은 아닐까? 정말 제대로 된 통합교육의 실천과 통합학급에 대한 지원을 이루어 내기 위해서는 특수학급 교사들이 서로 신바람 나게 특수학급을 맡으려고 하는 대안이 있어야 하는데 그것이 부족해서 그런 것은 아닐까 한다.

이런 현상의 중심에는 성과급 문제가 있다고 본다. 일반 학교 내의 특수학급 교사들은 좀처럼 성과급에서 A등급을 받을 수 없다. 아무리 본인이 노력해도 구조적으로 받을 수 없는 것이다. 특수학급 교사들 대부분은 업무부장이나 학년부장을 할 수가 없다. 물론 일부 학교의 경우는 예외일 것이다.

근평 문제도 이와 비슷하다. 특수학급을 계속 담임하면서 뜻이 있어 교육 전문직이나 관리직으로 나가려고 해도 어려움이 있다. 초등학교의 경우 교대를 나온 교사들이 대부분이어서 전공이 다른 특수학급 교사가 일반 학교에서 교무부장이나 연구부장을 하는 것은 정말 어렵다. 그렇게 되면 근평에 관한 문제는 더 생각해 볼 것도 없다. 현재 시스템에서는 특수교육 전공 교사들이 성과급과 근평을 잘 받기 위해서는 일반 학교 특수학급이 아니라 국·공립 특수학교에 가서 부장을 해야만 가능한 일이다.

일반 교사들, 특히 통합학급 교사들이 장애학생에 대해 책임의식을 가지고 특수학급 교사들과 함께 모든 학생이 하나로 어우러져 행복하게 살아가는 학교를 만드는 데 발 벗고 나서야 한다.

요약 📝

장애를 가진 사람도 우리 일반인과 같은 인격적인 존재로서 이 사회에서 같이 생활해야 할 구성원이다. 따라서 학교에서 일반 학생들과 같이 교육받을 권리가 있다. 하지만 효과적인 통합교육을 위해서는 장애학생, 일반 학생, 교사, 학부모들의 준비가 있어야 한다. 우리나라에서는 장애 유형에 따른 분류를 다음과 같이 하고 있다.

- 「장애인 등에 대한 특수교육법」(2008): 시각장애, 청각장애, 정신지체, 지체장애, 정서·행동장애, 자폐성장애, 의사소통장애, 학습장애, 건강장애, 발달지체, 그 밖에 대통령령으로 정하는 장애(11개 영역)
- 「장애인복지법」(2005): 지체장애, 뇌병변장애, 시각장애, 청각장애, 언어장애, 지적장애, 자폐성장애, 정신장애, 신장장애, 심장장애, 호흡기장애, 간장애, 안면장애, 장루·요루장애, 간질장애(15개 영역)

■ 성공적인 통합교육을 위한 조건

① 장애학생 요인
- 적응 행동과 사회성 발달 수준
- 일반적인 인지 능력 수준
- 학습 준비도 및 교과 학습 기술
- 통합 프로그램 참여에 대한 자발성

② 또래 요인
- 장애학생에 대한 일반 학생의 태도
- 장애학생에게 적응하고자 하는 일반 학생들의 자발성

③ 교사와 교수적 요인
- 일반 학급 교육 프로그램의 질
- 장애학생의 발달적 요구에 대한 교사의 이해도
- 장애학생을 일반 학급 프로그램에 적응시키려는 통합학급 교사의 자발성과 의지
- 통합교육에 포함되어 있는 장애학생의 수
- 일반 교사들을 위한 연수교육의 질

④ 행정적 요인
- 성공적인 통합을 위한 준거의 확립
- 제공되는 교육 자원의 질
- 전문 직원과 적절한 서비스의 제공

⑤ 부모와 지역사회의 태도
- 통합 프로그램에 대한 장애학생 부모의 태도
- 장애학생과 통합에 대한 일반 학생들 부모의 태도
- 장애학생에 대한 지역사회의 태도

02 특수학급 운영 계획

학/습/목/표

1. 특수학급 운영의 필요성 및 기본 방향에 대해 알 수 있다.
2. 특수학급 교육과정 운영의 주요 내용을 살펴보고 이해할 수 있다.

1) 특수학급 운영의 기본 방향

특수학급 교육과정은 학생의 현재 및 장래의 생활과 직접 관련되고 경험해야할 생활적인 내용으로 편성해야 한다. 장애학생의 발달 가능성을 최대로 성취하고, 인간으로서 기본적인 생활의 자립을 영위할 수 있도록 도와주기 위한 특수학급 교육과정은 특수교육 교육과정에서 시사하고 있는 각 교과(영역)를 충분히 활용하고, 일반 학교 교육과정 각 교과 내용을 참고하여, 기본적인 생활 습관의 확립, 사회생활의 적응, 직업생활의 기초 형성 등 보다 구체적이고 생활적인 내용이 되어야 한다.

2011년 특수교육 교육과정(교육부 고시 제2011-501호)에서는 학교에서의 교육과정 편성·운영의 주요 공통 사항을 다음과 같이 제시하고 있다.

- 학교는 특수교육 대상 학생의 장애 특성 및 정도에 따른 요구와 학교의 실정을 고려하여 기본 교육과정과 공통 교육과정 및 선택 교육과정을 병행하여 편성·운영 가능

- 장애 특성에 따라 특별한 지도 방법이 요구되는 경우, 교과와 장애 특성을 고려하여 편성·운영 가능
- 일반 학급, 특수학급 등에 배치된 특수교육 대상 학생에게는 해당 학교와 학년의 편제를 적용하되, 특수교육 교육과정을 고려하여 조정
- 일반 학급, 특수학급 등에 배치된 특수교육 대상 학생의 교육과정 시간 배당은 해당 학년의 교육과정을 따르되, 특수교육 교육과정을 고려하여 학교 교육과정에서 정함
- 특정 분야에 탁월한 재능을 보이는 학생과 중도·중복장애 학생들을 위한 별도의 지도 계획을 수립하여 운영
- 창의적 체험활동에 배당된 시간 수는 학생의 요구와 학교의 실정에 기초하여 융통성 있게 배정하여 운영
- 특수학급과 일반 학급은 특수교육 대상 학생의 요구를 고려하여 특수교육 교육과정을 토대로 재구성하여 지도
- 치료 지원 및 보행훈련, 심리·행동 적응훈련 등 특정한 장애 유형의 특수교육 대상 학생에게 필요한 활동은 개별화교육계획에 따라 교과 시간에 병행 지원하거나 창의적 체험활동 시간을 활용하여 제공
- 교과용 도서 이외의 교수-학습 자료는 교육청이나 학교에서 개발한 것을 사용 가능

(1) 기본 방향

- 특수학급 및 통합학급 교육과정을 학교 교육과정 편성·운영 계획에 포함한다.
- 학생의 장애 정도와 개인차를 고려한 학생 중심 교육과정으로 편성한다.
- 전일제 특수학급 운영을 지양하고, 시간제 특수학급으로 운영하며, 통합교육을 지원한다.
- 특수교육 대상자의 교육과정 이수 및 학적 관리는 통합학급에 포함하여 운영한다.
- 통합교육을 실시하는 학교는 통합교육의 원활한 운영을 위해 제반 여건(장

애인 편의시설 등 포함)을 정비하고, 학습권을 최대한 보장하기 위해 노력해야 한다.

(2) 편 제

- 일반 학급, 특수학급 등에 배치된 특수교육 대상 학생에게는 해당 학교, 학년의 편제를 적용하되, 장애 정도와 개인차를 고려하여 특수교육 교육과정을 적용할 수 있다.
- 기본 교육과정은 공통 교육과정 및 선택 교육과정에 참여하기 어려운 특수교육 대상자를 지원하기 위하여 그 내용을 대체한 대안 교육과정으로, 초등학교 1학년부터 고등학교 3학년까지의 교과(군)와 창의적 체험활동으로 편성한다.
- 공통 교육과정은 초등학교 1학년부터 중학교 3학년까지의 교과(군)와 창의적 체험활동으로 편성한다.
- 선택 교육과정은 고등학교 1학년부터 3학년까지의 교과(군)와 창의적 체험활동으로 편성한다.

(3) 시간 배당 및 운영

- 일반 학급, 특수학급 등에 배치된 특수교육 대상 학생의 교육과정 시간 배당은 해당 학교 학년의 교육과정 시간 배당을 적용하되, 학생의 장애 특성 등을 고려하여 특수교육 교육과정 범위 내에서 학교 교육과정으로 정하여 운영할 수 있다.
- 특수교육 대상 학생의 통합교육을 위한 교과 선정은 개별화교육계획 지원팀이나 학교 교육과정 위원회에서 협의하여 결정한다.
- 특수학급은 일반 학교에 설치된 학급이기 때문에 원칙적으로 일반 학교 교육과정의 편제와 시간 배당에 의거하여 운영하되, 특수교육 대상 학생의 장애 유형 및 장애 정도에 따라 진로교육과 특수교육 관련 서비스를 위한 교과로 대체할 경우는 학부모 동의와 학교 교육과정 운영위원회의 심의를 거쳐야 한다.
- 통합학급 적응 및 소속감 형성을 위해 학년 초 2~3주는 완전통합 기간으로

할 수 있으며, 이때 특수교사는 특수교육 대상 학생의 통합학급 적응을 위해 적절한 지원을 한다.

(4) 운영 및 평가

- 매 학년의 시작일부터 2주 이내에 특수교육 대상 학생에 대한 개별화교육계획 지원팀을 구성하여야 한다.
- 개별화교육계획 지원팀은 매 학기의 시작일로부터 30일 이내에 개별화교육계획을 작성하여야 한다.
- 개별화교육계획에는 특수교육 대상 학생의 인적 사항과 특별한 교육 지원이 필요한 영역의 현재 학습 수행 수준, 교육 목표, 교육 내용, 교육 방법, 평가 계획 및 제공할 특수교육 관련 서비스의 내용과 방법 등이 포함되어야 한다.
- 각급 학교장은 특수교육 대상 학생에 대하여 매 학기에 학업 성취도 평가를 실시하고, 그 결과를 특수교육 대상 학생 또는 보호자에게 통보하여야 한다.
- 특수교육 대상 학생에 대한 각종 평가(성취도평가, 수행평가 등)에 대해 평가 내용, 방법, 도구, 장소, 시간 등을 수정하여 제공할 필요가 있을 경우에는 개별화교육계획 지원팀이나 학업성적관리위원회에서 결정하도록 하며, 특수교육 대상 학생이 불이익을 받지 않도록 조치해야 한다.

(5) 교육과정 운영

- 학생의 특성에 맞는 교육과정을 운영한다.
- 개별화교육계획에 의거하여 수업이 이루어지도록 한다.
- 통합학급 교과의 단위 수를 고려하여 시간표를 작성하도록 한다.
- 특수학급 교육과정 편성은 해당 학교, 학년의 교육과정을 따르되, 학생의 장애 정도와 학습 능력을 반영하여 통합교과를 조절한다.

2) 특수학급 교육과정 운영의 실제

특수학급이나 일반 학급에서 통합교육을 받고 있는 장애학생에 대한 교육과정은 원칙적으로 일반 학교의 교육과정을 적용하여야 하며, 특수교육 교육과정을 고려하여 학교 교육과정에서 정하도록 되어 있다. 따라서 특수학급의 교육과정은 기본적·공통적 학습 내용과 장애 특성에 따른 개별화 교육과정으로 나누어서 재구성되며, 교과(군)와 창의적 체험활동으로 편성된다. 특수학급은 일반교육에 비해 개별화교육, 통합교육, 기능적 생활 중심 교육 및 치료교육과 직업 및 진로 지도를 강조하고 있으므로 교육과정의 편성과 운영에서는 이러한 내용이 고려되어야 한다.

여기에서는 특수학급의 교육과정 운영에서 가장 중요하게 다루어져야 할 내용을 중심으로 살펴보고자 한다.

(1) 개별화교육계획(IEP)

① 정 의
'개별화교육'이란 각급 학교의 장이 특수교육 대상자 개인의 능력을 계발하기 위하여 장애 유형 및 장애 특성에 적합한 교육 목표·교육 방법·교육 내용·특수교육 관련 서비스 등이 포함된 계획을 수립하여 실시하는 교육을 말한다.

② 근 거
● 「장애인 등에 대한 특수교육법」 제2조, 제22조
● 「장애인 등에 대한 특수교육법 시행규칙」 제4조

③ 목 적
단일의 교육과정으로 개개인의 독특한 교육적 요구를 충족할 수 없는 특수교육 대상자들에게 개인의 개별적인 특성을 고려한 교육을 제공함으로써 학습 효과를 극대화하고, 나아가 사회에서 자신의 역할을 수행할 수 있게 하기 위함이다.

④ 개별화교육계획 지원팀의 구성

각급 학교의 장은 특수교육 대상자가 학교에 배치되면 개별화교육계획 지원팀을 구성하고 회의를 계획한다. 학교장은 각 특수교육 대상자에 대한 개별화교육계획 지원팀을 매 학년의 시작일로부터 2주 이내에 구성하여야 한다.

- 개별화교육계획 지원팀 구성원
  - 보호자, 특수교육 교원, 일반 교육 교원, 특수교육 관련 서비스 담당 인력, 직업 및 진로 교육 담당 교원 등으로 구성한다(법 제22조 제1항).
  - 필요한 경우 특수교육 대상자 본인, 특수교육 보조인력은 개별화교육계획 지원팀의 요구에 따라 회의에 참여하여 관련 정보를 제공할 수 있다.
- 일반 학급에 배치된 특수교육 대상자의 개별화교육계획 지원팀 특수교육 대상자가 일반 학급에 배치(완전통합)되었더라도, 특수교육 대상자의 교육적 요구에 적합한 개별화교육계획을 수립하여야 한다.
- 개별화교육지원팀의 일반적인 역할
  - 개별화교육계획의 심의 조정
  - 특수학급 운영상의 제반 문제(학급 편성, 교육과정 운영, 행사 진행 등) 협의
  - 시설 확충, 교재·교구 확보, 개별화 교수-학습 등 특수교육 활성화에 대한 협의
  - 특수교육 지원체제 구축 등 특수교육과 관련된 안건 발생 시 협의

⑤ 개별화교육계획의 구성 요소

개별화교육계획에는 교과목의 수와 영역, 특수교육 관련 서비스, 특수학급에서의 주당 수업 시수, 통합학급에서의 주당 수업 시수가 제시되어야 한다. 개별화교육계획을 작성하는 교과 영역은 특수교육 대상자의 교육적 요구에 따라 개별화교육계획 지원팀에서 결정한다. 개별화교육계획을 작성할 때에는 「장애인 등에 대한 특수교육법 시행규칙」 제4조 제3항에 명시된 구성 요소들을 포함해야 한다.

- 인적 사항, 현재 학습 수행 수준, 교육 목표, 교육 내용
- 교육 방법, 평가 계획, 특수교육 관련 서비스

(2) 진로 및 직업 교육

① 정 의

'진로 및 직업 교육'이란 특수교육 대상자의 학교에서 사회 등으로의 원활한 이동을 위하여 관련 기관의 협력을 통하여 직업재활 훈련·자립생활 훈련 등을 실시하는 것을 말한다.

② 근 거

- 「장애인 등에 대한 특수교육법」 제2조 제9항, 제23조
- 「장애인 등에 대한 특수교육법 시행령」 제17조, 제18조

③ 목 적

학생들이 실생활에서 필요한 기초적 사회 기술 및 직업적 기초 기능과 태도를 길러 학교를 졸업한 후 사회에서 직업인으로서 맡은 분야의 일을 충실히 수행하여 궁극적으로 자립하고, 사회통합을 이룰 수 있도록 돕기 위함이다.

(3) 통합교육 지원

① 목 적

통합교육을 실시함으로써 장애학생들의 사회적응력을 신장시키고, 일반 학생에게는 장애인을 이해하고 더불어 살아가는 태도와 심성을 길러 주며, 학생들의 인성을 발달시키고, 복지사회에 동참하는 의식을 고취하기 위함이다.

② 방 침

- 특수학급 학생의 개별 능력을 진단·분석하여 통합교육 방법을 결정한다.
- 특수교육 대상자에 대한 이해를 높이기 위해 통합학급 담임에 대한 특수교육과 통합교육 연수를 강화한다.

- 통합학급 학생과 교사가 협조하여 효과적인 협력 교수-학습이 되도록 한다.
- 체육대회, 현장체험 학습 등의 행사에는 전 학생이 통합학급에서 활동한다.
- 급우 중 2~4명의 도우미를 활용하여 특수교육 대상 학생의 통합학급과 특수학급 사이의 왕래를 도우면서 원만한 학교생활이 되게 한다.
- 일반 학생, 학부모, 교직원 대상의 연수 및 교육 활동을 통해 장애인에 대한 이해를 높이고 원활한 통합교육의 여건을 조성한다.

(4) 교육과정 평가 및 제반 규정

중·고등학교의 모든 평가는 학업성적 관리 규정에 의하여 적용이 되기 때문에 특수학급 학생들도 일반 학생과 동일하게 평가의 적용을 받는다.

① 특수학급에서의 평가
- 개별화교육계획을 중심으로 평가한다.
- 평가는 교육 내용의 계획과 진행 과정의 분석, 관찰, 일화 기록, 면담, 자기평가 등 다양한 방법으로 실시한다.
- 평가는 표준화된 검사보다는 수시로 지도 내용의 도입, 전개, 종결 과정에서의 단계별 평가로 목표 지향적 평가가 되도록 한다.
- 평가 결과는 서술식으로 기술하며, 학생의 성취 결과 분석을 통한 수업의 질 개선 자료 및 지도 계획의 기초 수립 자료로 활용한다.
- 평가 결과를 학부모에게 안내하여 자녀의 발달에 대한 이해를 돕는다.

② 통합학급에서의 평가
- 특수교육 대상 학생(순회학급 포함)의 평가는 통합학급의 일반 학생과 동일하게 평가하는 것을 원칙으로 하되, 통합학급 교사와 특수교사가 협력하며, 생활기록부에의 기록은 통합학급 교사가 담당한다.
- 지필평가 및 수행평가의 세부 기준은 각 학교별 교과협의회와 학업성적관리위원회에서 결정한다.
- 특수교육 대상 학생에게는 시험 조건(시험 시간 조절, 시험 가이드 제공, 평가

방법 수정 등)을 달리할 수 있다.

- 평가 방법의 수정에는 시험 요령 사전 숙지, 시험 문항 유사 문제 사전 평가, 난이도 조절 등을 활용할 수 있다.
- 창의적 체험활동의 평가는 창의적 체험활동의 내용과 특성을 감안하여 평가의 주안점을 학교에서 작성·활용한다.

③ 제반 규정

- 학교 규정집   학교 관리 운영의 기본이 되는 규칙
- 학교 규칙에 특수교육과 관련된 내용이 누락되어 있는 것을 중심으로 안을 신설하여 개정하고, 학교운영위원회의 심의를 거쳐 학교 규칙 개정안이 확정되면 관할청의 인가를 받아 시행한다.
- 학교 규정집은 특수학급 편성 운영, 입급, 통합학급, 개별화교육, 성적 관리, 건강 진단의 근거가 되며, 학교 규정에 의해 특수교육 운영이 원활하게 운영될 수 있도록 한다.

요약 📝

　일 년간 특수학급을 효율적으로 운영하기 위해서 특수학급의 교육과정 편성 및 운영에 관한 계획을 수립하는 것이 반드시 필요하다. 또한 특수학급의 교육과정 편성 및 운영은 특수교육의 질을 가늠하는 가장 중요한 요소로서 특수교육 담당 교사의 책무성이 따라야 한다.

　그러나 특수학급은 통합교육을 목적으로 존재하기 때문에, 교육과정 편성·운영 차원에서 볼 때 그 역할은 분리된 특수교육보다는 통합교육의 효율적인 실현을 위해 강조되어야 한다. 결국 통합학급 및 특수학급의 교육과정 편성·운영은 통합학급이나 특수학급 모두 '통합교육'의 올바른 실천을 위한 역할을 원활하게 하는 것이 기본 방향이 될 수 있도록 그 방안이 강구되어야 할 것이다.

03 특수교육 정책 방향

1. 특수교육 정책의 기저 및 제3차 특수교육 발전 5개년 계획의 주요 내용을 알 수 있다.
2. 통합교육의 주요 과제를 이해할 수 있다.

1) 특수교육 정책의 기저

(1) 「장애인 등에 대한 특수교육법」의 주요 내용

① 특수교육 대상자에 대한 의무교육 연한 확대

장애유아에 대한 조기교육의 중요성을 감안할 때 장애 발견 즉시 조기교육을 제공하여 제2차 장애 발생을 예방하고, 장애 경감 효과를 증진시키며, 부모의 장애 이해 부족으로 인한 자녀 취학 기피 현상을 방지하고, 장애유아 교육에 대한 국가의 책무성을 강화하기 위해 유치원 과정을 의무교육 연한에 포함하였으며, 고등학교 과정에 대해서도 의무교육을 실시하도록 하였다.

② 장애 조기 발견 및 무상교육 확대

장애 자녀를 둔 가정의 가계 부담을 경감시키고, 향후 사회적 비용 최소화 및 사회통합 촉진을 위해 무상 조기교육 지원 및 조기 발견 체제 구축이 이루어질 수 있도록 하고 있다.

③ 특수교육지원센터 운영의 법적 근거 마련

전국 180개 지역교육지원청에 장애학생의 교육 구현과 적절한 교육 서비스를 지역에서 원활하게 제공하기 위하여 특수교육지원센터 설치·운영 지원에 대한 법적 근거를 마련하였다.

④ 특수교육 관련 서비스 확대

「장애인 등에 대한 특수교육법」에서는 특수교육을 특수교육 대상자의 교육적 요구를 충족하기 위하여 특성에 적합한 교육과정 및 특수교육 관련 서비스 제공을 통하여 이루어지는 것으로 정의하였다. 특수교육 관련 서비스를 인적·물적 자원을 제공하는 포괄적인 개념으로 확대하였다.

⑤ 장애인에 대한 고등교육 기회 확대

장애학생에 대한 특별전형 실시 대학에 장애학생에 대한 교수-학습 활동 지원 부족 및 편의시설 미비로 인해 장애학생들의 학습권 침해 등의 문제가 계속해서 제기되고 있다. 이를 개선하기 위해 대학에 장애학생의 교육 활동에 불이익이 없도록 장애학생지원센터의 설치와 편의 제공의 의무를 부과하였다.

⑥ 장애인에 대한 평생교육 지원 근거 마련

장애인들의 평생학습에 대한 욕구가 증대함에 따라 평생학습과 초·중등교육을 받지 못하고 학령기를 지난 장애인을 위한 학교 형태의 평생교육시설을 설치·운영할 수 있도록 하고, 그 운영에 필요한 경비를 국가 및 지방자치단체가 예산의 범위 내에서 지원하도록 규정하였다.

(2) '제3차 특수교육 발전 5개년 계획'의 주요 내용

① 장애인의 생애 주기별 교육 지원체제 구축

장애인에 대한 생애 주기별 교육 지원체제를 구축하여 특수교육에 대한 국가의 책무성 및 장애인의 교육접근 보장을 목표로 장애영아 무상교육 지원, 유치원 및 고등학교 과정 의무교육 실시, 장애인 고등교육 지원 강화, 장애성인 교육 지원 확대, 특수교육 실태 조사 및 특수교육 개념체계 재구축을 포함하고 있다.

② 학령기 학생의 통합교육 내실화

일반 학교에 배치된 특수교육 대상 학생에 대한 지원을 강화하여 통합교육의 질을 제고하고, 사회 전반의 장애인에 대한 그릇된 편견 해소 및 교원의 장애이해 교육 강화를 목표로 다음과 같은 세부 과제를 추진하고 있다.

- 일반 학교 배치 특수교육 대상 학생 지원 확대
- 일반 교육 교원의 특수교육 전문성 강화
- 특수교육 교원의 통합교육 역량 강화
- 특수교육 대상 학생 학력평가제 및 평가조정제 도입
- 범국민 대상 장애 인식 개선

③ 특수교육 지원 강화

중앙으로부터, 시·도 및 지역 교육청에 특수교육 정책 지원 시스템을 강화하고, 전담 인력의 보강을 통해 특수교육 전문화 및 분권화 체제를 구축하는 것을 목표로 5개의 세부 과제를 추진하고 있다.

- 특수교육지원센터 운영 지원의 활성화
- 특수교육 관련 서비스 제공
- 장애아 조기 발견을 위한 진단 및 배치 체제 마련
- 종일반 방과 후 학교 및 방학 프로그램 운영의 다양화
- 특수교육 대상 학생의 진로·직업교육 체제 확립

2) 통합교육의 주요 과제

(1) 통합교육에 대한 인식의 변화

모든 사람은 각각의 능력의 다양성을 가지고 성장한다. '장애'를 누구나 가질 수 있는 보편적인 인간 발달의 특성이라고 본다면, 장애학생들은 다양성을 지닌 성장하는 한 사람이자 전체 학생 집단의 일원으로 대우받아야 한다. 따라서 통합교육은 더불어 살아가는 인간 삶의 한 과정이자 가장 보편적인 실천철학이라는 것에 대한 인식이 필요하다.

(2) 특수교육 대상자 사정 및 배치 체계의 확립

장애의 조기 발견과 진단 및 배치는 특수교육의 효과를 극대화하는 최우선 전략이며, 통합교육을 촉진시키는 주요한 과제다. 현재 우리나라 「장애인 등에 대한 특수교육법」에는 영유아의 장애 및 장애 가능성의 조기 발견을 위해 홍보하고, 보건소와 병원에서 선별검사를 무상으로 실시해야 한다고 규정하고 있다. 그러나 법령의 기준이 모호하여 평가자의 주관적 판단에 따라 선별될 가능성이 있으며, 「장애인복지법」에 의한 장애 판정에서도 의사 1인의 의료적 판단에 의존하는 한계점이 있다. 이러한 현실에서 진단·평가의 정확성과 이를 토대로 한 배치를 위하여 특수교육지원센터가 법령에 규정된 업무를 효율적으로 수행할 수 있도록 담당 업무를 전담하는 필요한 전문인력을 배치·운영하여야 할 것이다.

(3) 조기 통합교육의 강화

특수교육 대상자의 잠재 능력을 최대로 계발하기 위한 교육적 노력은 생의 초기부터 해야 하며, 통합교육을 통해 긍정적인 사회적 상호작용의 증가, 비장애학생의 행동 모방, 사회적 친숙성 증진 등의 효과가 나타난다. 이에 따라 우리나라 「장애인 등에 대한 특수교육법」에 특수교육 대상 영유아의 선별 및 진단·평가 체계를 마련함으로써 조기 특수교육의 기본 인프라를 구축하였다. 이제 조기교육의 현장에서 바람직한 형태로 자리매김할 수 있도록 기초적 실태 조사와 체계적 평가체제를 구축하고 조기교육 지원을 확대하여 특수교육 대상 영유아의 교육관을 완전 보장하는 등의 조치를 강구해야 할 것이다.

(4) 일반 교육 환경의 개선

진정한 교육의 균등성이란 모든 개인에게 적합한 교육의 기회를 마련해 주는 것으로, 장애가 있다 하더라도 그 학생에게 적합한 교육의 기회가 주어져야 한다. 이를 위하여 일반 교사와 특수교사 간의 대등한 협력관계가 이루어질 때 일반 교육과 동일한 체제로 통합교육이 이루어질 수 있을 것이다. 또한 더 많은 지원이 요구되는 특수교육 대상자에 대한 부담을 줄일 수 있도록 학급당 인원의 감축에 대한 자율성의 확대와 더불어 지속적인 인식 개선을 통해 모든 교직원 및 일반 학생의 태도가 수용적이고 긍정적으로 변할 수 있도록 하는 일반 학교의 재구조화가 광범위하게 이루어져야 한다.

(5) 전환교육 및 직업교육 강화

특수교육 대상자가 상급 학년 및 상급 학교로 이동하거나 졸업 후 자립생활을 영위할 수 있도록 체계적인 교육 및 지원이 필요하다. 이를 위하여 특수교육 대상 학생의 교육과정을 전환교육에 맞추어 운영할 수 있도록 전환교육에 대한 실질적인 특수교사 연수 기회가 확대되어야 하며, 지역사회의 연계를 통한 유치원과 초등학교의 직업에 대한 인식과 중·고등학교에서는 현장 중심의 직업교육의 실제적 운영을 통해 통합된 환경에 성공적으로 적응할 수 있도록 체계적이고 전문적인 교육적 지원이 필요하다.

(6) 교사교육의 적합화

교육의 질 개선은 우수한 교사의 양성을 통하여 실현될 수 있다. 이를 위하여 특수교사를 대상으로 일반 교과를 전공할 수 있는 기회 및 통합교육 지원에 대한 전문성을 신장할 수 있는 연수를 확대하여 질적인 통합이 이루어질 수 있도록 하여야 한다. 또한 통합학급 담당 교사뿐 아니라 모든 교직원이 특수교육 관련 직무 연수를 이수하도록 하여 학교 전반에 걸쳐 특수교육 대상 학생에 대한 이해와 수용이 이루어지도록 하여야 할 것이다.

(7) 특수교육에 대한 행정적 · 재정적 지원의 강화

통합교육의 현장에서 특수교사는 특수교육 행정체제, 통합학급 교사는 일반 교육 행정체제 아래에 있다. 통합교육은 일반 교육을 기반으로 하고 있으나 특수 교육 행정체제에서 대부분의 통합교육을 지원하고 있기 때문에 통합교육은 특수 교사의 몫이라는 인식에도 영향을 미친다. 따라서 이 두 행정체제의 일원화에 대한 고려가 필요하다. 또한 특수교육에 대한 재정적 지원은 혜택의 차원이 아니라 특수교육 대상 학생의 교육권 확보를 위한 보상적 차원에서 이루어지는 것이라는 인식하에 우선적 재정 지원의 확대 및 교육비의 국가적 확보와 지원이 필요하다.

요약 📖

1. 특수교육 정책의 기저
   ① 「장애인 등에 대한 특수교육법」의 주요 내용
   • 특수교육 대상자에 대한 의무교육 연한 확대와 장애 조기 발견 및 무상교육 확대
   • 특수교육지원센터 운영의 법적 근거 마련 및 특수교육 관련 서비스 확대
   • 장애인에 대한 고등교육 기회 확대 및 평생교육 지원 근거 마련

   ② 제3차 특수교육 발전 5개년 계획의 주요 내용
   • 장애인의 생애 주기별 교육 지원체제 구축
   • 학령기 학생의 통합교육 내실화
   • 특수교육 지원 강화

2. 통합교육의 주요 과제
   • 통합교육에 대한 인식의 변화
   • 특수교육 대상자 사정 및 배치 체계의 확립
   • 조기 통합교육의 강화
   • 일반 교육 환경의 개선
   • 전환교육 및 직업교육 강화
   • 교사교육의 적합화
   • 특수교육에 대한 행정적 · 재정적 지원의 강화

04 | 특수교육 대상 학생의 진단

1. 특수교육 대상자의 진단 · 평가 절차를 이해할 수 있다.
2. 특수교육 대상자 진단 · 평가에 사용되는 검사 도구를 알고 활용할 수 있다.

1) 들어가는 말

장애학생들이 특수교육 대상자로 선정되어 특수교육 및 관련 서비스를 제공받기 위해서는 「장애인 등에 대한 특수교육법」의 '특수교육 대상자 선정 기준'에서 제시하는 적합성 요건을 충족해야 한다.

특수교육 대상자 진단 · 평가는 특수교육지원센터에서 이루어지며, 이는 「장애인 등에 대한 특수교육법」 제11조(특수교육지원센터의 설치 · 운영)와 동법 시행령 제7조(특수교육지원센터의 설치 · 운영)를 근거로 한다.

특수교육지원센터의 진단 · 평가 목적은 세 가지로 요약할 수 있다. 첫째, 선별을 목적으로 실시한다. 선별은 교육 활동에 심각한 어려움을 갖고 있는 학생을 확인하기 위한 초기 단계로, 특수교육 대상이 아닌 학생이 선별되거나, 특수교육 대상이 누락되지 않도록 간단하고 표준화된 검사 도구로 시간 내에 효율적으로 정보를 수집하게 된다. 둘째, 특수교육 대상자로서의 적격성 판별을 위해 실시한다. 표준화된 검사를 통해 특정 장애 분류에 사용되는 자료를 수집하며, 장애가 있는 것으로 확인되면 법에 명시된 특수교육 대상자 선정 절차를 통해 특수교육을 받을 자격을 갖게 된다. 셋째, 특수교육 대상자의 교육 프로그램과 전략을 결정하기 위해 실시한다. 진단·평가 결과는 해당 학생의 교수 내용과 지도 방법을 결정하거나 특정 교육 프로그램과 전략의 효과를 검증하기 위해 사용된다. 현장에서는 학생의 개별화교육계획 수립을 위해 반드시 필요한 자료이기도 하다.

여기에서는 특수교육지원센터의 진단·평가 절차와 가장 많이 활용하고 있는 검사 도구 등을 알아보고자 한다.

2) 특수교육지원센터 진단·평가 절차

(1) 특수교육 대상자 선별

① 의 의

● 장애 가능성이 있거나 교정 프로그램이 필요한 대상자에 대한 검사 및 관찰, 면담 등을 통한 결과 분석
● 종합적이고 심층적인 진단·평가의 전 단계로 특수교육 대상의 적격성 판정

② 절 차

장애 위험 대상자 발견 ▶ 특수교육 지원센터 선별 의뢰 ▶ 접수·상담 ▶ 장애 적격성 선별검사 ▶ 진단·평가 특수교육 대상 결정

(2) 특수교육 대상자의 진단·평가 절차

① 계획 및 준비 단계

가) 계획 수립

● 특수교육 대상자 진단·평가 계획을 수립하여 각급 학교 및 유관 기관에 안내
● 추진 계획에 따라 진단·평가위원 구성 및 위원 위촉
● 위촉 위원에 대한 사전 연수, 검사 도구 및 서류 정비, 각종 자료 수집

나) 진단 · 평가팀 구성

● 구성 방법

　– 진단 · 평가 팀장은 특수교육지원센터 팀장으로 함

　– 진단 · 평가 팀원은 특수교사, 상담교사, 치료 전문가, 의사, 사회복지사, 임상심리사, 특수교육 관련 대학교수 등 장애 영역별 진단 · 평가 전문가로 구성함

● 역할

　– 유관 기관과 협력하여 장애 조기 발견 및 선별검사 실시

　– 진단 · 평가 안내 및 상담을 통한 대상자 정보 수집 관리

　– 진단 · 평가에 의뢰된 학생의 진단 · 평가 시행

　– 특수교육 대상자 선정 여부 및 특수교육 지원 내용에 대한 최종 의견 작성 및 보고

　– 특수교육 대상자의 개별화교육계획 수립에 필요한 정보 제공 등

다) 사전 연수

　진단 · 평가위원을 소집하여 진단 · 평가팀 구성, 진단 · 평가의 시행 방법, 결과 처리, 유의 사항 등에 대한 연수 실시

라) 검사 도구 및 관련 서류 정비

　「장애인 등에 대한 특수교육법 시행령」 제10조에 따라 장애 영역별 진단 · 평가 도구를 정비

② 진단·평가 의뢰서 제출

진단·평가 의뢰서 제출 대상자	진단·평가 의뢰서 작성·제출	진단·평가 의뢰서 제출처 및 제출 방법
• 본인 또는 보호자 • 각급 학교장(보호자 사전 동의)	• 특수교육 대상자 진 단·평가 의뢰서 1부 • 기타 참고 서류(장애 인증명서, 복지카드 사본, 진단서) 필요시 제출	[제출처] • 교육장(유·초·중학교) • 교육감(고등학교) [제출 방법] • 표지: 업무관리시스템 • 붙임: 스캔 후 업무관리 시스템 또는 우편· 인편 제출

③ 의뢰서 접수 및 회부

● 의뢰서 접수 유·초·중학교는 교육장, 고등학교는 교육감이 접수

● 의뢰서 회부 교육장 및 교육감이 학생 거주지 관할 구역의 특수교육지원
센터로 즉시 회부

④ 접수 명부 작성

접수 연월일, 성명, 학년, 주민등록번호, 주소, 연락처(보호자, 담임), 출신(졸업)
학교, 배치 희망 학교, 장애 상황, 치료 지원 여부 등 대상자의 정보를 일괄적으
로 관리할 수 있도록 명부 작성

⑤ 진단·평가 시행 안내 및 관련 기관 협조 의뢰

● 보호자 및 학교장에게 진단·평가 실시 날짜와 시간, 장소 등을 일주일 전
에 문서, 전화, 이메일 등으로 통보

● 진단·평가 위원 소속 학교, 병원 및 보건소, 사회복지관 등 관련 기관에 공
문을 발송하여 진단·평가 장소, 인력 지원, 홍보 등을 협조 의뢰

⑥ 진단·평가 시행: 진단·평가는 회부받은 날을 기준으로 30일 이내에 실시함

- 장소   조용하고 통풍이 잘되고 적절한 조명으로 편안함을 느낄 수 있는 곳
- 시간   진단·평가 영역과 대상자에 따라 다르게 운영
- 절차   진단·평가 영역의 실시 요강에 준해서 실시
- 결과 처리   진단·평가 영역의 채점 기준에 따라 결과 처리

⑦ 진단·평가 결과 처리 및 해석

- 지적 능력, 사회·정서적 능력, 신체적 능력, 면담(보호자, 학생), 관찰 결과 등을 결과 해석 자료로 활용
- 위원 1인이 결과를 해석하는 것을 지양하고 진단·평가팀 단위로 해석
- 진단·평가 결과는 검사 도구의 해석 순서와 방법에 따라 실시
- 진단·평가 실시 후 특수교육 대상자 진단·평가 결과서를 작성하여 진단·평가 팀장에게 보고

⑧ 진단·평가 결과 보고

- 작성 근거   진단·평가팀이 제출한 종합 보고서를 최종 검토 후에 작성
- 작성 내용   특수교육 대상자의 선정 여부, 교육 지원 내용에 대한 최종 의견 등
- 결과 보고   중학교 과정 이하 → 교육장, 고등학교 → 교육감에게 제출

⑨ 진단·평가 결과 통보

- 교육감 또는 교육장은 특수교육지원센터로부터 진단·평가 결과 보고서를 통지받은 때부터 2주 이내에 특수교육 대상자 선정 여부와 교육 지원 내용을 보호자에게 서면으로 통보
- 교육 지원 내용에는 특수교육, 진로 및 직업 교육, 특수교육 관련 서비스 등 구체적인 내용이 포함

⑩ 특수교육운영위원회 심사

특수교육운영위원회 개최	특수교육운영위원회 심사
• 심사 의뢰: 교육감, 교육장은 특수교육 운영위원회 심사 의뢰 • 특수교육운영위원회 소집 안내 및 위원회 개최	• 특수교육 대상자 서류 검토 • 보호자 의견 수렴(전화, 면담, 이메일 등) • 특수교육 및 관련 서비스 지원 내용, 학교 배치 등 심사 결의

※ 특수교육운영위원회를 개최하여 특수교육 대상자의 진단 · 평가 결과 보고서, 진단 · 평가 결과 통지서, 보호자 의견 수렴 후 특수교육 지원, 진로 · 직업교육, 관련 서비스 지원 등을 종합적으로 고려하여 학교 배치 심사

⑪ 특수교육 대상자 학교 배치
● 특수교육운영위원회에서는 장애 정도 · 능력 · 보호자의 의견 등을 종합적으로 판단하여 거주지에서 가장 가까운 학교에 배치함
● 배치 결과에 대해서 보호자와 학교장이 이의를 신청할 수 있음

⑫ 특수교육 대상자 학교 배치 통보
교육장 또는 교육감은 특수교육 대상자의 학교 배치 결정 내용을 해당 학교장과 보호자에게 통보

3) 특수교육지원센터에서 활용하는 진단 · 평가 도구

진단 · 평가 도구는 「장애인 등에 대한 특수교육법」 제2조 제1항과 관련하여 동법 시행규칙에 명시된 특수교육 대상자 선별검사 및 진단 · 평가 영역에서 특수교육지원센터의 진단 · 평가 담당자들이 많이 활용하고 있는 검사 도구를 중심으로 살펴보고자 한다.

■ 영역별 진단 · 평가 도구

① 장애 조기 발견을 위한 선별검사

일반적으로 일반 학교(유치원)의 통합학급 교사와 특수학급 교사가 장애가 의심되는 학생들을 발견하여 특수교육 대상자로 선정 · 의뢰하게 되면 다음과 같은 선별검사를 실시하게 된다. 장애 조기 발견을 위한 선별검사 영역은 사회성숙도검사, 적응행동검사, 영유아발달검사를 들 수 있는데, 사회성숙도 검사 도구로는 한국유아사회성기술검사(K-SSRSP), 사회성검사(SMS) 등이 주로 활용되고 있고, 적응행동검사로는 K-ABS, KISE-SAB 등이 활용되고 있다. 영유아발달검사는 KCDR-R 등을 현장에서 활용하고 있다.

② 시각장애 · 청각장애 · 지체장애 학생을 위한 진단 · 평가

신체의 기능에 따른 장애를 진단하기 위한 시각장애, 청각장애, 지체장애 학생의 진단 · 평가 영역은 기초학습기능검사, 시력검사, 시기능검사 및 촉기능검사(시각장애의 경우에 한함), 청력검사(청각장애의 경우에 한함) 등이다. 신체 기능의 손실 정도는 주로 장애인복지카드나 의사진단서를 활용하고 있으며, 장애학생들의 교육적 성취의 어려움을 파악하기 위한 자료는 학교 성적이나 KISE-BAAT, 기초학습기능검사의 결과를 주로 활용한다.

③ 정신지체 학생을 위한 진단 · 평가

정신지체를 진단하기 위한 진단 · 평가 영역은 지능검사, 사회성숙도검사, 적응행동검사, 기초학습검사, 운동능력검사 등이다. 개인의 지적 능력 및 잠재된 능력을 파악하기 위해서 K-WISC군, K-ABC, KISE-KIT 등을 지능검사 도구로 활용하며, 학생들의 적응 행동상의 문제를 파악하기 위해서는 K-ABS, KISE-SAB 등의 적응행동검사 도구를 활용한다.

④ 정서 · 행동장애, 자폐성장애 학생을 위한 진단 · 평가

정서 · 행동장애, 자폐성장애를 진단하기 위한 진단 · 평가 영역은 적응행동검사, 성격진단검사, 행동발달평가, 학습준비도검사 등이다. 정서 · 행동장애의 학습상의 어려움을 파악하기 위한 검사 도구로는 KISE-BAAT, 기초학습기능검사 등을 활용한다. 대인관계의 어려움, 불행감이나 우울증, 신체적 통증이나 공포 등의 이유로 학습상의 어려움을 나타내는 경우의 검사 도구로는 K-CBCL, KISE-SAB, 사회성숙도검사 등을 활용한다.

자폐성장애를 진단하기 위해서는 학생기자폐증평정척도(CARS), 자폐증진단 관찰스케줄(ADOS) 등의 검사 도구를 사용하여 사회적 상호작용의 어려움을 파악한다.

⑤ 의사소통장애 학생을 위한 진단 · 평가

의사소통장애를 진단하기 위한 진단 · 평가 영역은 구문검사, 음운검사, 언어발달검사 등으로 수용언어 검사 도구는 구문의미이해력검사, 언어이해인지력검사, 그림어휘력 검사 등을 활용한다. 표현언어 검사 도구는 문제 해결력 검사 등을 활용하며, 말의 유창성 검사 도구는 파라다이스 유창성검사 등을 활용하고 있다. 또한 기능적 음성장애가 의심되는 경우에는 음향학적 평가, 공기역학적 평가, 청각 인지적 평가 등을 실시한다.

⑥ 학습장애 학생을 위한 진단 · 평가

학습장애를 진단하기 위한 진단 · 평가 영역은 지능검사, 기초학습기능검사, 학습준비도검사, 시지각발달검사, 지각운동발달검사, 시각운동통합발달검사 등이다. 영역별 검사 도구 중 지능검사 도구는 K-WISC군, K-ABC, KISE-KIT 등이 많이 활용되고 있으며, 교육적 성취의 어려움을 파악하기 위한 검사 도구로는 KISE-BAAT, 기초학습기능검사 등이 활용되고 있다. 그러나 학습장애는 다른 장애 영역과 달리 지능검사를 실시한 결과 학습에 문제가 있는 것으로 의심되는 학생을 대상으로 최소 3개월 이상의 집중적이고 효과적인 소집단 규모의 보충학습이나 방과 후 학습 등 체계적인 서비스를 제공하는 중재 프로그램을 제공하여 그 결과를 토대로 대상자를 선정한다. 그러나 개인의 내적 원인이 아닌 외적 요인으로 인해 학업에 집중하지 못할 만큼의 뚜렷한 이유가 있을 경우에는 학습장애로 선정하는 것을 배제한다.

요약 📝

1. 특수교육지원센터의 진단·평가 목적

- 선별을 목적으로 실시한다.
- 특수교육 대상자로서의 적격성 판별을 위해 실시한다.
- 특수교육 대상자의 교육 프로그램과 전략을 결정하기 위해 실시한다.

2. 특수교육지원센터 진단·평가 절차

① 특수교육 대상자 선별

② 특수교육 대상자의 진단·평가 절차
- 계획 및 준비 단계
- 진단·평가 의뢰서 제출
- 의뢰서 접수 및 회부
- 접수 명부 작성
- 진단·평가 시행 안내 및 관련 기관 협조 의뢰
- 진단·평가 시행: 진단·평가는 회부받은 날을 기준으로 30일 이내에 실시함
- 진단·평가 결과 처리 및 해석
- 진단·평가 결과 보고
- 진단·평가 결과 통보
- 특수교육운영위원회 심사
- 특수교육 대상자 학교 배치
- 특수교육 대상자 학교 배치 통보

05 특수교육 대상 학생의 선정 · 배치

학/습/목/표

1. 특수교육 대상자의 선정 기준을 알 수 있다.
2. 특수교육 대상자 선정 · 배치 절차를 이해할 수 있다.

1) 들어가는 말

특수교육 대상자의 선정 · 배치는 2008년에 시행된 「장애인 등에 대한 특수교육법」 제11조(특수교육지원센터의 설치 · 운영)에 명시된 바와 같이 특수교육지원센터의 지원 업무로 학업 성취에 어려움이 있는 장애학생을 대상으로 시행되고 있다. 또한 동법 제14조(장애의 조기 발견 등), 제15조(특수교육 대상자의 선정), 제16조(특수교육 대상자의 선정 절차 및 교육지원 내용의 결정)에 관련 내용이 명시되어 있으며, 동법 시행령 제9조와 제10조에서 보다 구체적인 사항을 규정하고 있다.

장애 혹은 가능성이 있는 학생을 가능한 한 조기에 선별하고, 발견된 학생을 적절한 절차에 따라 선정하여 개개인의 교육적 요구에 적합한 교육 환경에 배치하는 것은 특수교육 대상자에게 질 높은 교육 서비스를 제공하기 위한 가장 기본적인 절차다. 이러한 과정이 정확하게 이루어져야만 특수교육 대상자로 선정되어야 할 학생이 선정되지 못하거나, 선정되지 말아야 할 학생이 선정되어 야기될 수 있는 특수교육 인력과 시간, 예산 낭비를 예방할 수 있다.

여기서는 특수교육 대상 학생의 선정 · 배치 절차에 대하여 알아보고자 한다.

2) 특수교육 대상자의 선정 · 배치 절차

(1) 선정 · 배치 절차

| 특수교육 대상자 진단 · 평가 의뢰서 제출 ------ 보호자 학교장(보호자 동의) | → | 교육감(고등학교) 교육장(유 · 초 · 중학교)의 접수 | → | 특수교육지원센터로 진단 · 평가 회부(즉시) | → | 특수교육지원센터에서 진단 · 평가 실시(30일 이내) |

| 특수교육운영위원회는 심사 후 그 결정을 교육감 또는 교육장이나 학교의 장에게 통보(30일 이내) ------ 이의 시 보호자는 행정심판 제기(90일 이내) | ← | 특수교육운영위원회 심사 → 특수교육 대상자 배치(보호자 의견 수렴) ------ 이의 시 심사 청구(보호자, 학교장) | ← | 특수교육 대상자 선정 여부 및 교육 지원 내용을 결정 → 보호자에게 서면으로 통지(2주 이내) | ← | 진단 · 평가 결과 보고(교육감) |

(2) 특수교육 대상자의 교육 지원 내용의 결정(법 제16조 제3항)

교육 지원 내용으로는 특수교육, 진로 및 직업 교육, 특수교육 관련 서비스 등 구체적인 내용이 포함되어야 한다.

(3) 특수교육 대상자의 배치 및 교육(법 제17조, 시행령 제11조)

① 교육장 또는 교육감은 제15조에 따라 특수교육 대상자로 선정된 자를 해당 특수교육운영위원회의 심사를 거쳐 일반 학교의 일반 학급, 일반 학교의 특수학급, 특수학교 중 어느 하나에 배치하여야 한다.

② 교육장 또는 교육감은 제1항에 따라 특수교육 대상자를 배치할 때에는 특수교육 대상자의 장애 정도 · 능력 · 보호자의 의견 등을 종합적으로 판단하여 거주지에서 가장 가까운 곳에 배치하여야 한다.

③ 교육장 또는 교육감은 특수교육 대상자를 일반 학교의 일반 학급에 배치한 경우에는 특수교육지원센터에서 근무하는 특수교육 교원에게 그 학교를

방문하여 학습을 지원하도록 하여야 한다.

(4) 배치에 대한 의의(시행령 제12조)

법 제17조 제4항에서 "대통령령으로 정하는 특별한 사유"란 해당 특수학교가 교육하는 특수교육 대상자의 장애 종류와 배치를 요구받은 특수교육 대상자의 장애 종류가 달라 효율적인 교육을 할 수 없는 경우를 말한다.

3) 신규 신청

(1) 제출기관

● 현 소속 학교 또는 학부모가 직접 제출 선정 · 배치를 통해 현재 재학 중인 학교가 아닌 다른 학교의 특수학급으로 전학을 원할 경우, 전학할 특수학급의 정원 초과 여부를 확인한 후 제출

(2) 제출 서류

① 선정 · 배치 신청 공문
② 특수교육 대상자 진단 · 평가 의뢰서 [서식 1]
③ 특수교육 대상자 기초조사 카드 [서식 2]
④ 특수교육 대상자 선정 · 배치 신청서 [서식 3]
⑤ 주민등록등본
⑥ 기타(해당자만 제출)

● 복지카드 사본(교감 원본 대조 필) 또는 장애인증명서(동사무소에서 무료 발급) 1부

● 졸업자 졸업증서 또는 졸업증명서 1부

● 의사진단서가 있을 경우 제출(의무 기록 사본 포함)

● 건강장애 의사진단서 1부, 출결확인서 1부(학교생활기록부)

● 졸업자　초등학교 졸업증서 또는 졸업증명서 1부

(3) 제출처 및 제출 방법

① 표지 공문　업무관리 시스템으로 관할 교육청 교수학습지원과로 제출
② 붙임 서류　원본 1부는 관할 교육청으로 제출
③ 제출 서류가 복사본인 경우 교감(학교에서 신청할 때) 또는 담당 장학사(학부모가 직접 제출) 원본 대조 필
④ 진단·평가 일정을 조정하기 위해 사전에 해당 지역 특수교육지원센터 담당 교사에게 전화 문의

(4) 진단 · 평가

① 진단·평가는 해당 학생이 소속된 학교 소재 지역 또는 배치를 희망하는 지역 교육지원청의 특수교육지원센터에 의뢰(지역별 진단·평가 일정 확인 요)
② 특수교육지원센터에서는 해당 학생에 대한 진단·평가 실시 후 진단·평가 결과 보고서를 관할 교육청으로 제출
● 진단·평가 과정에서 부모 등 보호자의 의견 진술 기회 보장(법 제16조 제4항)
● 선별검사를 통해 파악된 추정 장애 영역의 진단·평가 실시
● 특수교육 대상자 진단·평가 결과 보고서 작성
● 특수교육 대상자 진단·평가 결과 보고서 제출(의뢰일로부터 30일 이내)

(5) 선정 · 배치

① 진단·평가 결과 보고서를 특수교육운영위원회에 보고
② 특수교육운영위원회
● 특수교육운영위원회에서 진단·평가 결과를 심사하여 특수교육 대상자 선정(법 제15조, 운영규칙 제6조, 제7조)
● 일반 학교의 일반 학급, 일반 학교의 특수학급 또는 특수학교에 배치

(6) 선정 · 배치 결과 통지

① 특수교육운영위원회 결정 사항 보고(법 제15조 제2항, 제17조)
② 특수교육지원센터의 결과 통보를 받은 후 2주 이내에 특수교육 대상자 진단 · 평가 결과 및 특수교육 대상자 배치 결과 통지

4) 재배치 신청(배치 변경)

(1) 동일 교내에서 배치 유형을 변경할 경우

> `예` A중학교 일반 학급 ↔ A중학교 특수학급 ↔ A중학교 순회학급

① 절차

- 재배치 사유 발생 시 개별화교육계획 지원팀 소집
- 재배치 사유를 검토하여 개별화교육계획 지원팀에서 배치 변경 결정
- 관할 교육청 특수교육운영위원회에 배치 변경 결과 알림

② 제출 서류

- 재배치 신청 공문
- 개별화교육계획 지원팀 협의록

(2) 배치 유형을 동일하게 하여 전학을 갈 경우

> `예` A학교 특수학급 ↔ B학교 특수학급, A학교 일반 학급 ↔ B학교 일반 학급

① 절차

- 전입학의 경우 학부모가 사전에 전입교를 방문하여 상담 및 정원 확인
- 일반 전입학 절차에 따라 전입 조치한 후 전입교에서는 학생의 배치 변경에 관하여 관할 교육청 특수교육운영위원회에 재배치 신청

② 제출 서류

- 재배치 신청 공문
- 재배치 신청서
- 특수교육 대상자 배치 결과 통지서 사본(분실 시 선정 배치 알림 공문 및 명단)
- 주민등록등본
  - 개별화교육계획안 원본을 15일 이내에 전입교에 송부, 사본은 전출교에서 보관
  - 전입학 처리 완료 후 특수교육 대상자 전(출)입 및 학생 수 변동 사항 보고 공문 제출

(3) 배치 유형을 변경하여 전학을 갈 경우

> 예 A학교 일반 학급 ↔ B학교 특수학급 ↔ C학교 순회학급

① 절 차

- 일반 전입학 절차에 따라 전입 조치(일반 학급 ↔ 일반 학급, 특수학급 ↔ 특수학급)
- 전입교에서는 학생의 배치 변경에 관하여 관할 교육청 특수교육운영위원회에 재배치 신청

② 제출 서류

- 재배치 신청 공문
- 재배치 신청서
- 학부모 의견서
- 특수교육 대상자 배치 결과 통지서 사본(분실 시 선정 배치 알림 공문 및 명단)
- 주민등록등본
- 기타 건강장애의 경우 의사진단서 1부, 출결확인서 1부(학교생활기록부)

(4) 타 시 · 도로 전학을 갈 경우

> **예** 경기도 A학교 특수학급 ↔ 강원도 B학교 특수학급

① 절 차
- 학교에서는 지역교육지원청으로 제출
- 지역교육지원청에서는 시 · 도 교육청으로 공문 제출, 시 · 도 교육청에서 타 시 · 도로 공문 발송
- 고등학교는 시 · 도 교육청으로 제출, 시 · 도 교육청에서 타 시 · 도로 공문 발송

② 제출 서류
- 배치 변경 신청 공문
- 재배치 신청서
- 특수교육 대상자 배치 결과 통지서 사본(분실 시 선정 배치 알림 공문 및 명단)
- 주민등록등본

5) 배치 취소 신청

(1) 배치 취소
- 특수교육 대상자에 대한 교육 지원 내용의 종료
- 특수교육 대상자 선정 요건이 소멸된 경우: 건강장애 등
- 기타 보호자의 배치 취소 요구가 있을 경우

(2) 제출 서류
- 특수교육 대상자 선정 · 배치 취소 신청 공문
- 특수교육 대상자 선정 · 배치 취소 신청서
- 학부모 의견서

- 의사진단서(건강장애의 경우 해당)
- 개별화교육계획 지원팀 회의록(학교별 협의록 양식)

6) 취학 유예 및 면제

(1) 유 예

① 정 의
재학하여 계속 교육을 받을 의무를 다음 학년도까지 보류(「초·중등교육법 시행령」 제29조에 의한 입학 이후 유예자 또는 3월 이상 장기결석 중인 학생)하는 것으로 학칙이 정하는 바에 따라 '정원 외 학적관리'를 할 수 있음

② 대 상
교육감이 정하는 질병 등 부득이한 사유가 있는 경우

- 장기간 취학이 불가능하다고 판단되어 보호자가 신청한 보건복지가족부령으로 지정된 법정 전염병 등(진단서 첨부: 취학이 불가능하다는 의사 소견이 담긴 진단서)
- 취학이 불가능하다고 판단하여 보호자가 신청한 신체적·정신적 결함 또는 질병(진단서 첨부: 취학이 불가능하다는 의사 소견이 담긴 진단서)
- 장기간 학습 적응에 어려움이 있다고 판단되는 성장 부진 또는 발육 부진 (진단서 첨부: 취학이 불가능하다는 의사 소견이 담긴 진단서)

③ 절 차
- 보호자의 신청으로 학칙에 따라 학교장이 최종 결정
- 결정된 사항을 관할 교육지원청 특수교육운영위원회에 보고

④ 제출 서류

- 특수교육 대상자 유예 신청 공문
- 취학 유예 및 면제 승인 신청서
- 학부모 의견서

(2) 취학 유예 및 면제

① 관련 근거

> 「장애인 등에 대한 특수교육법」 시행령 제14조(취학의무의 유예 또는 면제 등)
>
> ① 특수교육 대상자의 보호자가 법 제19조 제2항에 따라 특수교육 대상자의 취학의무를 유예받거나 면제받으려는 경우에는 관할 교육감 또는 교육장에게 취학의무의 유예 또는 면제를 신청하여야 한다.
>
> ② 제1항에 따른 신청을 받은 교육감 또는 교육장은 법 제10조 제1항에 따른 관할 특수교육운영위원회의 심의를 거쳐 특수교육 대상자의 등하교 가능성, 순회교육 실시 가능성 및 보호자의 의견 등을 고려하여 면제 또는 유예를 결정한다. 이 경우 유예기간은 1년 이내로 하고, 유예기간을 연장하려는 경우에도 관할 특수교육운영위원회의 심의를 거쳐야 한다.

② 정 의

- **취학 유예** 재학하여 계속 교육을 받을 의무를 다음 학년도까지 보류(「초·중등교육법 시행령」 제29조, 「장애인 등에 대한 특수교육법 시행령」 제14조에 의한 입학 이후 유예자 또는 3월 이상 장기결석 중인 학생)하는 것으로 교육감 또는 교육장에게 취학의무의 유예 또는 면제 신청을 하여 특수교육운영위원회에서 정하는 바에 따라 '정원 외 학적관리'를 할 수 있음
- **면제** 「장애인 등에 대한 특수교육법 시행령」 제14조에 의거, 해당 학년도에 취학 및 교육 의무를 면함

③ 대 상
● 의무교육 대상자의 경우 퇴학(자퇴 포함)시킬 수 없으므로 사유에 따라 유예 또는 면제 처리해야 함
● 취학 유예 또는 면제 대상은 특수교육 대상자의 등하교 가능성, 순회교육 실시 가능성 및 보호자의 의견 등을 고려하여 특수교육운영위원회에서 결정함

④ 유예 및 면제의 기간
● 취학의무의 유예는 일 년 이내로 함
● 특별한 사유가 있을 때는 다시 이를 유예하거나 유예 기간 연장 가능

⑤ 제출 서류
● 특수교육 대상자 취학 유예 및 면제 승인 신청 공문
● 취학 유예 및 면제 승인 신청서
● 학부모 의견서
● 기타 서류 의사진단서 등(해당자)
● 특수교육 대상자 선정 · 배치 통지서 사본

참고자료 **특수교육 대상자의 선정 기준**

1. 시각장애를 지닌 특수교육 대상자

시각계의 손상이 심하여 시각 기능을 전혀 이용하지 못하거나 보조공학 기기의 지원을 받아야 시각적 과제를 수행할 수 있는 사람으로서, 시각에 의한 학습이 곤란하여 특정의 광학 기구 · 학습 매체 등을 통하여 학습하거나 촉각 또는 청각을 학습의 주요 수단으로 사용하는 사람

2. 청각장애를 지닌 특수교육 대상자

청력 손실이 심하여 보청기를 착용해도 청각을 통한 의사소통이 불가능 또는 곤란한 상태이거나, 청력이 남아 있어도 보청기를 착용해야 청각을 통한 의사소통이 가능하여 청각에 의한 교육적 성취가 어려운 사람

3. 정신지체를 지닌 특수교육 대상자

지적 기능과 적응 행동상의 어려움이 함께 존재하여 교육적 성취에 어려움이 있는 사람

4. 지체장애를 지닌 특수교육 대상자

기능·형태상 장애를 가지고 있거나 몸통을 지탱하거나 팔다리의 움직임 등에 어려움을 겪는 신체적 조건이나 상태로 인해 교육적 성취에 어려움이 있는 사람

5. 정서·행동장애를 지닌 특수교육 대상자

장기간에 걸쳐 다음 각 목의 어느 하나에 해당하여 특별한 교육적 조치가 필요한 사람

가. 지적·감각적·건강상의 이유로 설명할 수 없는 학습상의 어려움을 지닌 사람

나. 또래나 교사와의 대인관계에 어려움이 있어 학습에 어려움을 겪는 사람

다. 일반적인 상황에서 부적절한 행동이나 감정을 나타내어 학습에 어려움이 있는 사람

라. 전반적인 불행감이나 우울증을 나타내어 학습에 어려움이 있는 사람

마. 학교나 개인 문제에 관련된 신체적인 통증이나 공포를 나타내어 학습에 어려움이 있는 사람

6. 자폐성장애를 지닌 특수교육 대상자

사회적 상호작용과 의사소통에 결함이 있고, 제한적이고 반복적인 관심과 활동을 보임으로써 교육적 성취 및 일상생활 적응에 도움이 필요한 사람

7. 의사소통장애를 지닌 특수교육 대상자

다음 각 목의 어느 하나에 해당하여 특별한 교육적 조치가 필요한 사람

가. 언어의 수용 및 표현 능력이 인지 능력에 비하여 현저하게 부족한 사람

나. 조음 능력이 현저히 부족하여 의사소통이 어려운 사람

다. 말 유창성이 현저히 부족하여 의사소통이 어려운 사람

라. 기능적 음성장애가 있어 의사소통이 어려운 사람

8. 학습장애를 지닌 특수교육 대상자

개인의 내적 요인으로 인하여 듣기, 말하기, 주의 집중, 지각(知覺), 기억, 문제 해결 등의 학습기능이나 읽기, 쓰기, 수학 등 학업 성취 영역에서 현저하게 어려움이 있는 사람

9. 건강장애를 지닌 특수교육 대상자

만성질환으로 인하여 3개월 이상의 장기 입원 또는 통원 치료 등 계속적인 의료적 지원이 필요하여 학교생활 및 학업 수행에 어려움이 있는 사람

10. 발달지체를 보이는 특수교육 대상자

신체, 인지, 의사소통, 사회 · 정서, 적응 행동 중 하나 이상의 발달이 또래에 비하여 현저하게 지체되어 특별한 교육적 조치가 필요한 영아 및 9세 미만의 학생

요약

■ 특수교육 대상자 선정 · 배치 절차

① 특수교육 대상자 진단 · 평가 의뢰서 제출
② 교육감(고등학교) 또는 교육장(유 · 초 · 중학교)의 접수
③ 특수교육지원센터로 진단 · 평가 회부(즉시)
④ 특수교육지원센터에서 진단 · 평가 실시(30일 이내)
⑤ 진단 · 평가 결과 보고(교육감)
⑥ 특수교육 대상자 선정 여부 및 교육 지원 내용을 결정 → 보호자에게 서면으로 통지(2주 이내)
⑦ 특수교육운영위원회 심사 → 특수교육 대상자 배치(보호자 의견 수렴)
⑧ 특수교육운영위원회는 심사 후 그 결정을 교육감 또는 교육장이나 학교의 장에게 통보(30일 이내)

06 「초·중등교육법」, 「장애인 등에 대한 특수교육법」

학/습/목/표

1. 「초·중등교육법」에 포함된 통합교육의 근거를 이해할 수 있다.
2. 「장애인 등에 대한 특수교육법」에 포함된 통합교육의 근거를 이해할 수 있다.
3. 「장애인복지법」에 있는 통합교육의 근거를 이해할 수 있다.
4. 「장애인 차별금지 및 권리구제 등에 관한 법률」에 있는 통합교육의 근거를 이해할 수 있다.

　「장애인 등에 대한 특수교육법」 제2조에 따르면, '통합교육' 이란 특수교육 대상자가 일반 학교에서 장애 유형·장애 정도에 따라 차별을 받지 아니하고, 또래와 함께 개개인의 교육적 요구에 적합한 교육을 받는 것으로 정의하고 있다. 장애학생이 포함된 모든 학생의 통합교육은 법에 근거하여 실시하도록 교육적 토대가 마련되어 있다. 즉, 법을 떠나서 통합교육을 논할 수 없으며, 그중에서도 「초·중등교육법」, 「장애인 등에 대한 특수교육법」, 「장애인복지법」, 「장애인 차별금지 및 권리구제 등에 관한 법률」은 통합교육과 밀접한 관련이 있다. 또한 통합교육과 관련된 정책으로 5개년 단위로 추진되는 제4차 장애인정책 종합계획(2013~2017), 제4차 특수교육 발전 5개년 계획(2013~2017)이 있으며, 이를 반영하여 매해 발표되는 교육부의 특수교육 운영 계획, 특수교육 실태조사서, 특수교육 연차보고서 및 시·도 교육청 단위의 연차별 특수교육 운영 계획 등을 참고하면 국내 통합교육의 정책 방향을 가늠할 수 있다.

1) 통합교육의 근거

「초·중등교육법」에서는 고등학교 이하의 각급 학교에 관할청의 인가를 받아 특수학급을 둘 수 있을 뿐 아니라 학력을 인정하고 있으며, 국가와 지방자치단체 는 특수교육이 필요한 사람이 초등학교·중학교 및 고등학교와 이에 준하는 각 종 학교에서 교육을 받으려는 경우에 별도의 입학 절차, 교육과정 등을 마련하는 등 통합교육을 하는 데 필요한 시책을 마련하도록 의무화하고 있다. 「장애인 등 에 대한 특수교육법」에서도 「교육기본법」 제18조에 따라 국가 및 지방자치단체 가 장애인 및 특별한 교육적 요구가 있는 사람에게 통합된 교육 환경을 제공하고 생애 주기에 따라 장애 유형·장애 정도의 특성을 고려한 교육을 실시하도록 하 고 있다.

「장애인복지법」 제3조에 명시된 장애인복지의 기본 이념은 장애인의 완전한 사회 참여와 평등을 통하여 사회통합을 이루는 데 있고, 동법 제4조에서 장애인 의 권리는 인간으로서 존엄과 가치를 존중받으며, 그에 걸맞은 대우를 받도록 되 어 있다. 장애학생이 포함된 모든 학생의 통합교육은 법에 근거하여 실시하도록 복지적 토대가 마련되어 있다. 앞 장에서 언급하였듯이 「초·중등교육법」, 「장 애인 등에 대한 특수교육법」 외에도 「장애인복지법」, 「장애인 차별금지 및 권리 구제 등에 관한 법률」은 통합교육과 밀접한 관련이 있다. 이에 따라 「장애인복지 법」과 「장애인 차별금지 및 권리구제 등에 관한 법률」에서도 특수교육 대상자가 일반 학교에서 장애 유형·장애 정도에 따라 차별을 받지 아니하고 또래와 함께 개개인의 교육적 요구에 적합한 교육을 받기 위한 법적 근거를 제시하고 있다. 또한 통합교육과 관련된 정책으로 5개년 단위로 추진되는 제4차 장애인정책 종 합계획(2013~2017)에 의거, 통합교육과 관련된 사회복지정책의 방향을 가늠할 수 있다. 통합교육과 관련된 법적 근거를 알아 두는 것은 실질적으로 학부모가 알고 싶어 하는 장애학생의 직접적인 교육 지원과 관련된 정책과 제도 등의 정보 를 제공할 수 있기 때문에 학부모와의 상담과정에서 유용하다. 또한 장애학생의 학대를 예방하기 위한 조항을 파악해 둠으로써 사전에 예방을 할 수 있다. 나아 가 장애학생의 보호자가 복지 혜택을 수혜받을 수 없는 상황이거나 복지 혜택 자체를 이해할 수 없는 경우 교사의 친절한 안내와 지원으로 장애학생이 수혜를 받을 수 있도록 도움을 제공할 수 있다. 다음은 「초·중등교육법」, 「장애인 등에 대한 특수교육법」, 「장애인복지법」, 「장애인 차별금지 및 권리구제 등에 관한 법률」에서 명시하고 있는 통합교육의 근거다.

(1) 초·중등교육법

「초·중등교육법」에서는 「교육기본법」 제9조에 따라 초·중등교육에 관한 사항을 정함을 목적으로 한다. 총칙, 의무교육, 학생과 교직원, 학교 등으로 구성되어 있으며, 제4장 학교의 하위 조항인 제7절 특수학교 등과 관련된 조항에서 특수학급, 전공과의 설치, 학력의 인정, 통합교육에 대하여 언급하고 있다. 법의 체계에서 앞선 순위의 법을 상위법이라 하는데, 법률, 명령, 자치 법규에 대해서 헌법, 법률, 명령이 각각 상위법에 해당한다. 상위의 법은 하위의 법에 우선하여 적용되며, 하위의 법규는 상위의 법규를 개정하거나 폐지할 수 없고, 상위의 법규에 위배되면 그 효력을 잃게 된다. 「초·중등교육법」의 상위법은 「교육기본법」이고, 「초·중등교육법」은 「장애인 등에 대한 특수교육법」의 상위법이라 할 수 있다.

(2) 장애인 등에 대한 특수교육법

「장애인 등에 대한 특수교육법」에서는 「교육기본법」 제18조에 따라 국가 및 지방자치단체가 장애인 및 특별한 교육적 요구가 있는 사람에게 통합된 교육 환경을 제공하고, 생애 주기에 따라 장애 유형·장애 정도의 특성을 고려한 교육을 실시하여 이들이 자아실현과 사회통합을 하는 데 기여함을 목적으로 한다. 제2조 제6항에서는 '통합교육'이란 특수교육 대상자가 일반 학교에서 장애 유형·장애 정도에 따라 차별을 받지 아니하고 또래와 함께 개개인의 교육적 요구에 적합한 교육을 받는 것으로 정의하고 있다. 제2조 제11항에서도 「초·중등교육법」과 마찬가지로 특수학급을 정의하고 있으나 특수교육 대상자의 통합교육을 실시하기 위하여 일반 학교에 설치된 학급으로 정의하여 다소 차이가 있다. 통합교육과 관련된 조항으로 제4조 차별의 금지, 제17조 특수교육 대상자의 배치 및 교육, 제

21조 통합교육, 제25조 순회교육 등, 제27조 특수학교의 학급 및 각급 학교의 특수학급 설치 기준 등이 있다. 「장애인 등에 대한 특수교육법 시행령」은 「장애인 등에 대한 특수교육법」에서 위임된 사항과 그 시행에 필요한 사항을 규정함을 목적으로 한다. 이 영에서 통합교육 관련 조항은 제8조 교원의 자질향상, 제16조 통합교육을 위한 시설·설비 등, 제22조 특수학교 및 특수학급에 두는 특수교육 교원의 배치 기준이다. 「장애인 등에 대한 특수교육법 시행규칙」은 「장애인 등에 대한 특수교육법」 및 동법 시행령에서 위임된 사항과 그 시행에 필요한 사항을 규정함을 목적으로 한다. 「장애인 등에 대한 특수교육법」, 동법 시행령, 동법 시행규칙은 조금씩 개정이 되었다.

(3) 장애인복지법

「장애인복지법」은 장애인의 인간다운 삶과 권리보장을 위한 국가와 지방자치단체 등의 책임을 명백히 하고, 장애 발생 예방과 장애인의 의료·교육·직업재활·생활 환경 개선 등에 관한 사업을 정하여 장애인복지 대책을 종합적으로 추진하며, 장애인의 자립생활·보호 및 수당지급 등에 관하여 필요한 사항을 정하여 장애인의 생활 안정에 기여하는 등 장애인의 복지와 사회활동 참여 증진을 통하여 사회통합에 이바지함을 목적으로 한다. 장애인복지 대책으로 수립된 제4차 장애인정책 종합계획(2013~2017)에 따르면, 장애인 생애 주기별 교육 강화의 차원으로 일반 학교의 특수학급을 연간 500개씩 5년간 2,500학급을 증설하여 2017년에는 전국에 1만 1,000학급 이상의 특수학급을 설치하는 것을 목표로 하고 있다. 또한 장애학생의 인권침해 대응 및 사전 예방을 강화하기 위하여 특수교육지원센터(187개소) 내 상설 모니터단도 운영할 계획이다. 「장애인복지법」은 총칙, 기본정책의 강구, 복지 조치, 자립생활의 지원, 복지시설과 단체, 장애인보조기구, 장애인복지 전문인력 등으로 구성되어 있다. 동법 제2조 장애인의 정의 등에서 장애인 학대를 정의하고 있고, 제8조 차별금지 조항에서 장애를 이유로 차별하여서는 아니 된다고 규정하고 있으며, 제20조 교육에서 장애인의 교육권 보장, 제25조 사회적 인식 개선, 제50조 장애아동수당과 보호수당, 제50조의2 자녀교육비 및 장애수당 등의 지급 신청, 제55조 활동지원급여의 지원, 제59조의 4 장애인 학대 신고의무와 절차, 제59조의 5 응급조치 의무 등, 제59조의 6 보조인의 선임 등, 제59조의 7 금지행위, 제6장 장애인 보조기구에 관한 지원 내용을 담고 있다. 「장애인복지법 시행령」에 의하면, 제14조 수화·폐쇄 자막 또는 화면해설 방영 방송 프로그램의 범위, 제15조 수화통역 또는 점자자료 등의 제공, 제16조 사회적 인식 개선 교육을 의무화하고 있다. 장애인정책의 주된 기조는 인권이며, 이는 이미 「초·중등교육법」 제18조의 4 학생의 인권보장 조항에서 학교의 설립자·경영자와 학교의 장은 「헌법」과 국제인권조약에 명시된 학생의 인권을 보장하여야 한다고 규정되어 있다.

(4) 장애인 차별금지 및 권리구제 등에 관한 법률

법 제정과 시행 이전부터 말도 많고 탈도 많았던 「장애인 차별금지 및 권리구제 등에 관한 법률」은 2008년 4월 11일에 발효되어 2011년 일부 개정을 거쳐 현재에도 다양한 진정 사례를 통해 장애인과 멀어지지 않는 효력을 가진 법으로 진화 중이다. 「장애인 차별금지 및 권리구제 등에 관한 법률」은 교육과 괴롭힘의 금지 등에 관한 조항에서 통합교육과 밀접하게 관련되어 있다. 「장애인 차별금지 및 권리구제 등에 관한 법률」은 모든 생활 영역에서 장애를 이유로 한 차별을 금지하고 장애를 이유로 차별받은 사람의 권익을 효과적으로 구제함으로써 장애인의 완전한 사회 참여와 평등권 실현을 통하여 인간으로서의 존엄과 가치를 구현함을 목적으로 한다. 이 법은 총칙, 차별금지, 교육, 재화와 용역의 제공 및 이용, 사법·행정 절차 및 서비스와 참정권, 모·부성권, 성 등, 가족·가정·복지시설, 건강권 등, 장애여성 및 장애아동 등, 장애인 차별 시정기구 및 권리구제 등으로 구성되어 있다. 「장애인 차별금지 및 권리구제 등에 관한 법률 시행령」은 「장애인 차별금지 및 권리구제 등에 관한 법률」에서 위임된 사항과 그 시행에 필요한 사항을 규정함을 목적으로 한다. 「장애인 차별금지 및 권리구제 등에 관한 법률」과 마찬가지로 장애인 권익을 지원하기 위한 조항으로 구성되어 있다. 최근 장애인 권익 지원과 관련된 법이 강화되면서 국가인권위원회의 장애인 차별과 관련된 민원이 증가하고 있는 점을 감안할 때, 잘못된 장애인관으로 인해 의도하지 않은 결과가 초래되지 않도록 사전에 관련 법을 숙지할 필요가 있다.

2) 통합교육 내실화 방안

2012년 '특수교육 연차보고서'에 제시된 통합교육 내실화 방안은 다음과 같다.

(1) 일반 학급 배치 특수교육 대상자 지원

● **관련 법규** 교육장 또는 교육감은 일반 학교에서 통합교육을 받고 있는 특수교육 대상자를 지원하기 위하여 일반 학교 및 특수교육지원센터에 특수교육 교원 및 특수교육 관련 서비스 담당 인력을 배치하여 순회교육을 실시하여야 함(「장애인 등에 대한 특수교육법」 제25조)

(2) 일반 교육 교원의 통합교육 책무성 강화

① 통합교육 현황

● 관련 법규

- '통합교육'이란 특수교육 대상자가 일반 학교에서 장애 유형·장애 정도에 따라 차별을 받지 아니하고 또래와 함께 개개인의 교육적 요구에 적합한 교육을 받는 것을 말함(「장애인 등에 대한 특수교육법」 제2조)

- 각급 학교의 장은 특수교육 대상자가 당해 학교에 입학하고자 하는 경우에는 그가 지닌 장애를 이유로 입학의 지원을 거부하거나 입학전형 합격자의 입학을 거부하는 등 차별을 하여서는 아니 되며, 특수교육 관련 서비스의 제공, 수업 참여 배제 및 교내외 활동 참여 배제, 개별화교육지원팀에의 참여 등 보호자 참여에서의 차별을 하여서는 안 됨(「장애인 등에 대한 특수교육법」 제4조)

- 교육부장관 및 교육감은 통합교육의 이해를 높이기 위해 일반 학교 교원에게 연수를 실시하는 경우 특수교육에 관한 내용을 포함하여야 하며, 통합교육을 지원하는 일반 학교 교원에 대하여는 특수교육과 관련된 직무연수 과정을 개설·운영하여야 함(「장애인 등에 대한 특수교육법 시행령」 제5조)

- 교육 발전 또는 교육공무원의 전문성 신장 등을 위해 명부 작성권자가 필

요하다고 인정하는 경력이나 실적이 있는 경우 가산점을 부여할 수 있기 때문에, 통합교육을 위한 학급을 직접 담당한 교원의 경력에 대해 선택가산점을 부여할 수 있음(교육공무원 승진규정 제41조 제4항 제3호)

② 일반 교육 교원 통합교육 관련 연수
● 관련 법규
 - 국가 및 지방자치단체는 특수교육 대상자의 통합교육을 지원하기 위하여 일반 학교의 교원에 대하여 특수교육 관련 교육 및 연수를 정기적으로 실시하여야 함(「장애인 등에 대한 특수교육법」 제8조)
 - 교육부장관 및 교육감은 통합교육의 이해를 높이기 위해 일반 학교 교원에게 연수를 실시하는 경우 특수교육에 관한 내용을 포함하여야 하며, 통합교육을 지원하는 일반 학교 교원에 대하여는 특수교육과 관련된 직무연수 과정을 개설·운영하여야 함(「장애인 등에 대한 특수교육법 시행령」 제5조)
 - 특수교육 대상자를 배치받은 일반 학교의 장은 교육과정의 조정, 보조인력의 지원, 학습보조기기의 지원, 교원연수 등을 포함한 통합교육 계획을 수립·시행하여야 함(「장애인 등에 대한 특수교육법」 제21조)
 - 일반 교사 양성과정에서 이수해야 하는 교직과정의 세부 이수 기준 중 교직 소양 영역에 '특수교육학 개론' 과목을 포함하여 2009년부터 시행함

③ 통합교육 시범학교 및 통합교육 연구회 운영
● 관련 법규 국가 및 지방자치단체는 특수교육을 필요로 하는 자가 초등학교·중학교 및 고등학교와 이에 준하는 각종 학교에서 교육을 받고자 하는 경우에는 별도의 입학 절차, 교육과정 마련 등 통합교육의 실시에 필요한 시책을 강구하여야 함(「초·중등교육법」 제59조)

(3) 특수교육 교원의 통합교육 책무성 강화

① 특수교육 담당 교원 양성

● **관련 법규** 국가 및 지방자치단체는 특수교육 대상자에게 적절한 교육을 제공하기 위해 특수교육 교원 양성 및 연수의 업무를 수행하여야 함(「장애인 등에 대한 특수교육법」 제5조)

② 특수교육 담당 교원 현직연수

● **관련 법규**
- 국가 및 지방자치단체는 특수교육 교원의 자질 향상을 위한 교육 및 연수를 정기적으로 실시하여야 함(「장애인 등에 대한 특수교육법」 제8조)
- 교육부장관 및 교육감은 통합교육을 효율적으로 시행하기 위하여 특수교육 교원에 대하여 일반 교과 교육에 관한 직무연수 과정을 개설·운영하여야 함(「장애인 등에 대한 특수교육법 시행령」 제5조)

③ 장애학생 학력평가제 및 평가조정제 실시

● **관련 법규**
- 국가 및 지방자치단체는 특수교육 대상자에게 적절한 교육을 제공하기 위하여 특수교육의 내용, 방법 및 지원체제의 연구·개선 업무를 수행하여야 함(「장애인 등에 대한 특수교육법」 제5조)
- 개별화교육지원팀은 매 학기마다 특수교육 대상자에 대한 개별화교육계획을 작성하여야 함(「장애인 등에 대한 특수교육법」 제22조)
- 개별화교육계획에는 특수교육 대상자의 인적 사항과 특별한 교육 지원이 필요한 영역의 현재 학습 수행 수준, 교육 목표, 교육 내용, 교육 방법, 평가 계획 및 제공할 특수교육 관련 서비스의 내용과 방법 등이 포함되어야 함(「장애인 등에 대한 특수교육법 시행규칙」 제4조)
- 교육 책임자는 재학 중인 장애인의 교육 활동에 불이익이 없도록 교육과정을 적용함에 있어서 학습 진단을 통한 적절한 교육 및 평가 방법을 제공하여야 함(「장애인 차별금지 및 권리구제 등에 관한 법률」 제14조)

④ 장애 인식 개선
● 관련 법규
- 모든 국민은 성별, 종교, 신념, 사회적 신분, 경제적 지위 또는 신체적 조건 등을 이유로 교육에 있어서 차별을 받지 아니함(「교육기본법」 제4조)
- 국가 및 지방자치단체는 특수교육을 필요로 하는 자가 유치원·초등학교·중학교 및 고등학교와 이에 준하는 각종 학교에서 교육을 받고자 하는 경우에는 별도의 입학 절차, 교육과정 등을 마련하는 등 통합교육의 실시에 필요한 시책을 강구하여야 함(「초·중등교육법」 제59조)
- '통합교육'이란 특수교육 대상자가 일반 학교에서 장애 유형·장애 정도에 따라 차별을 받지 아니하고 또래와 함께 개개인의 교육적 요구에 적합한 교육을 받는 것을 말함(「장애인 등에 대한 특수교육법」 제2조)
- 국가와 지방자치단체는 학생, 공무원, 근로자, 그 밖의 일반 국민 등을 대상으로 장애인에 대한 인식 개선을 위한 교육 및 공익광고 등 홍보사업을 실시하여야 함(「장애인복지법」 제25조)

⑤ 장애인 편의시설 설치 현황
● 관련 법규
- 각급 학교의 장은 통합교육을 실시하는 경우 특수학급을 설치·운영하고 대통령령으로 정하는 시설·설비 및 교재·교구를 갖추어야 함(「장애인 등에 대한 특수교육법」 제21조)
- 시설주는 공공건물 및 공중이용시설을 이용함에 있어 가능한 한 최단거리로 이동할 수 있도록 편의시설을 설치하여야 함(「장애인·노인·임산부 등의 편의증진보장에 관한 법률」 제3조)
- 교육 책임자가 교육기관 내 교실 등 학습시설 및 화장실, 식당 등 교육 활동에 필요한 시설·설비 및 이동수단을 제공하여야 함(「장애인 차별금지 및 권리구제 등에 관한 법률 시행령」 제8조)
- 일반 학교의 장은 특수교육 대상자의 이동이 쉽고 세면장·화장실 등과 가까운 곳에 위치한 66제곱미터 이상 교실에 특수학급을 설치하여야 하며

특수교육 대상자의 성별, 연령, 장애 유형·정도 및 교육 활동 등에 맞도록 교재·교구를 갖추어야 함(「장애인 등에 대한 특수교육법 시행령」 제16조)
- 법령(장애인·노인·임산부 등의 편의증진보장에 관한 법률 시행령) 개정으로 2010년부터 의무설치 항목 중 안내시설(점자블록, 유도 및 안내 설비, 경보 및 피난시설)이 추가됨

3) 통합교육 관련 법과 정책에 포함된 핵심 내용 요약

(1) 통합교육의 정의

통합교육이란 특수교육 대상자가 일반 학교에서 장애 유형, 장애 정도에 따라 차별을 받지 아니하고 또래와 함께 개개인의 요구에 적합한 교육을 받는 것을 말한다(「장애인 등에 대한 특수교육법」 제2조).

(2) 특수학급

특수학급이란 특수교육 대상자의 통합교육을 실시하기 위하여 일반 학교에 설치된 학급을 말한다(「장애인 등에 대한 특수교육법」 제2조).

(3) 특수교육 대상자 배치 및 교육

교육장 또는 교육감은 제15조에 따라 특수교육 대상자로 선정된 자를 해당 특수교육운영위원회의 심사를 거쳐 다음 각 호의 어느 하나에 배치하여 교육하여야 한다(「장애인 등에 대한 특수교육법」 제17조).

- 일반 학교의 일반 학급(완전통합)
- 일반 학교의 특수학급(시간제, 전일제)
- 특수학교

(4) 각급 학교의 특수학급 설치 기준

- 유치원(4명)
- 초등학교 · 중학교(6명)
- 고등학교(7명)(「장애인 등에 대한 특수교육법」제27조)

(5) 통합교육

각급 학교의 장은 교육에 관한 각종 시책을 시행함에 있어서 통합교육의 이념을 실현하기 위하여 노력하여야 한다(「장애인 등에 대한 특수교육법」제21조).

(6) 개별화교육

각급 학교의 장은 특수교육 대상자의 교육적 요구에 적합한 교육을 제공하기 위하여 보호자, 특수교육 교원, 일반 교육 교원, 진로 및 직업교육 담당 교원, 특수교육 관련 서비스 담당 인력 등으로 개별화교육지원팀을 구성한다(「장애인 등에 관한 특수교육법」제22조).

(7) 특수교육 관련 서비스

각급 학교의 장은 특수교육 대상자의 취학 편의를 위하여 통학차량 지원, 통학비 지원, 통학보조인력의 지원 등 통학 지원 대책을 마련하여야 한다(「장애인 등에 관한 특수교육법」제28조).

(8) 특수학급 운영 형태

특수교육 대상 학생의 장애 유형 및 정도에 따라 학습 도움반과 시간제 특수학급을 운영하거나 때에 따라서는 전일제 특수학급을 운영해야 할 경우도 있다(각 시 · 도별 통합학급 및 특수학급 교육과정 편성운영 자료).

(9) 특수학급 운영 유형

- 전일제 특수학급에 배치된 특수교육 대상 학생은 모든 교과의 수업이 특수학급에서 이루어지지만 아침 조회 및 종례 시간, 애국 조회, 수련회, 체육대

회, 현장학습 등의 학급 활동 및 학교행사는 통합학급에 참여한다.
- 시간제 특수학급에 배치된 특수교육 대상 학생은 주로 예체능 교과만 통합학급에서 교육을 받는 학생이 있는가 하면, 도덕, 사회, 과학, 실과, 영어 그리고 예체능 교과목을 통합학급에서 교육을 받고 나머지 국어, 수학 교과만 특수학급에서 교육을 받는 학생도 있다(각 시·도별 통합학급 및 특수학급 교육과정 편성운영 자료).

(10) 특수학급 운영 개선

전일제 특수학급 운영 지양 및 학교 실정에 적합한 다양한 운영 형태의 전환으로 통합교육 확대 지원(2010년 특수교육 운영 계획 교육과학기술부 특수교육지원과)

(11) 특수학급 시간표 조정

- 국어, 수학 중심으로 특수학급에서 시간표 조정
- 통합학급 적응 기간 운영(특수학교 교육과정의 이해와 적용)

(12) 벌 칙

다음 각 호의 어느 하나에 해당하는 자는 300만 원 이하의 벌금에 처한다.

- 입학 거부, 입학전형 합격자에게 불이익 처분한 교육기관의 장
- 특수교육 관련 서비스의 제공, 수업 참여 및 교내외 활동 참여와 개별화교육지원팀에의 보호자 참여 차별
- 입학전형 절차에서 별도의 면접이나 신체검사를 요구한 자(「장애인 등에 대한 특수교육법」 제38조)

(13) 교육에 있어서 차별금지

- 수업 참여 배제
- 입학 지원 및 입학 거부, 전학 강요, 전학 거절 불가
- 교육기관의 장은 「장애인 등에 대한 특수교육법」 제17조 특수교육 대상자

의 배치 및 교육 준수
- 편의 제공 요청 거절 불가
- 교내외 활동에서 참여 제한, 배제, 거부 불가
- 취업 및 진로교육, 정보 제공
- 교육 책임자나 교직원이 교육기관에 재학 중인 장애인 및 장애인 관련 업무 담당자 모욕 및 비하 불가
- 장애인만을 대상으로 한 별도의 서류 요구 불가(장애 특성을 고려한 예외 내용 포함)
- 「장애인 등에 대한 특수교육법」 제3조 제1항에 근거하여 학업 시수 위반 금지 (「장애인 차별금지 및 권리구제 등에 관한 법률」 제13조)

(14) 정당한 편의 제공 의무

교육 책임자는 당해 교육기관에 재학 중인 장애인의 교육 활동에 불이익이 없도록 각 호의 수단을 적극적으로 강구하고 제공하여야 한다.

- 이동용 보장구 대여 및 수리
- 교육 보조인력 배치
- 보장구 대여 및 여유 공간 확보
- 장애인 보조기구 등 의사소통 수단
- 학습 진단을 통한 적절한 교육 및 평가 방법의 제공
- 장애학생지원부서와 담당자 배치(「장애인 차별금지 및 권리구제 등에 관한 법률」 제14조)

(15) 차별행위에 대한 벌칙

이 법에서 금지한 차별행위를 행하고, 그 행위가 악의적인 것으로 인정되는 경우 법원은 차별을 한 자에 대하여 3년 이하의 징역 또는 3천만 원 이하의 벌금에 처할 수 있다(「장애인 차별금지 및 권리구제 등에 관한 법률」 제49조).

(16) 괴롭힘 등의 금지

- 폭력으로부터 자유로울 권리
- 괴롭힘 등의 피해를 당한 장애인은 적절한 조치를 받을 권리가 있고, 신고를 한 이유로 불이익 처우 금지
- 장애와 장애인 관련자에게 집단따돌림, 모욕, 비하 불가
- 장애인 및 장애인 관련자의 유기, 학대 및 강간 불가
- 장애인의 성적 자기결정권 침해, 수치심 자극 언어 표현, 희롱, 추행 및 강간 불가
- 인식 개선 및 괴롭힘 등 방지 교육 실시(「장애인 차별금지 및 권리구제 등에 관한 법률」 제32조)

(17) 장애아동에 대한 차별금지

장애를 이유로 모든 생활 영역에서 차별을 하여서는 아니 되며, 장애를 이유로 불이익을 주어서는 안 되며, 동등한 권리와 자유를 누릴 수 있도록 필요한 조치를 강구해야 한다(「장애인 차별금지 및 권리구제 등에 관한 법률」 제35조, 제36조, 제37조, 「장애인 등에 대한 특수교육법」 제4조).

(18) 교육비 지원

교육비 지원에는 장애학생의 교육비 지원이 포함되어 있으므로 교사들은 교육비 지원과 관련된 신청을 안내할 수 있어야 한다. 교육비 지원과 관련하여 교육부의 교육비 원클릭시스템(oneclick.mest.go.kr) 또는 보건복지부의 복지로(bokjiro.go.kr)를 활용한 온라인 신청이 가능하며, 방문 시에는 학생 또는 학부모의 주민등록 주소지의 읍·면·동 주민센터에서 직접 신청할 수 있다. 이와 관련된 법은 교육비 지원 조항에 언급되어 있으며, 교육과 복지가 연계된 형태로 지원되고 있다(「초·중등교육법」 제4장의 2 교육비 지원, 「장애인복지법」 제20조 교육, 제50조의 2 자녀교육비 및 장애수당 등의 지급 신청).

요약 📝

1. '통합교육'이란 특수교육 대상자가 일반 학교에서 장애 유형·장애 정도에 따라 차별을 받지 아니하고 또래와 함께 개개인의 교육적 요구에 적합한 교육을 받는 것이다.

2. 「초·중등교육법」, 「장애인 등에 대한 특수교육법」, 「장애인복지법」, 「장애인 차별금지 및 권리구제 등에 관한 법률」은 통합교육과 밀접한 관련이 있다.

3. 「장애인 등에 대한 특수교육법」에서는 특수교육 대상자가 학교에 입학하고자 하는 경우에는 그가 지닌 장애를 이유로 입학의 지원을 거부, 입학전형 합격자의 입학을 거부, 수업 참여 배제 및 교내외 활동 참여 배제 등 교육 기회에 있어서 차별을 하여서는 안 된다고 규정하고 있다.

4. 「장애인 차별금지 및 권리구제 등에 관한 법률」은 교육과 괴롭힘의 금지 등에 관한 조항에서 통합교육과 밀접하게 관련되어 있다.

5. 「장애인 등에 대한 특수교육법」에 포함된 통합교육의 법적 근거는 제4조 차별의 금지, 제8조 교원의 자질향상, 제17조 특수교육 대상자의 배치 및 교육, 제21조 통합교육, 제25조 순회교육 등, 제27조 특수학교의 학급 및 각급 학교의 특수학급 설치 기준이며, 제4조 차별금지 조항을 위반하였을 때 300만 원 이하의 벌금에 처하고 있다.

6. 일선 교육 현장에서 벌금의 법적 효력 자체보다, 벌금에 처해진 학교의 대내외적 이미지 실추가 더 큰 위력을 발휘할 가능성이 있으므로 세심한 법의 실천이 필요하다.

07 통합학급 교사의 자아 돌보기-교사의 스트레스

1. 교사의 직무 스트레스 개념 및 원인을 파악할 수 있다.
2. 통합학급 교사들의 어려움을 이해하고, 해결 방안을 모색할 수 있다.
3. 통합교육을 위한 지원 방안을 알 수 있다.

1) 교사들의 직무 스트레스

설문조사에 따르면, 모든 교사의 최고 90%가 일과 관련된 스트레스로 고통받고, 모든 교사의 50%는 스트레스가 그들에게 심각한 수준이라고 한다(Skovhot, 2000; 유성경, 2003 재인용).

교사의 직무 스트레스란 교사들이 직면하고 있는 문제가 그들의 복지에 위협을 주고 그들의 문제 해결 능력을 초월할 때 나타나는 부정적인 정서 및 스트레스를 말한다. 그리고 학교 조직 내에서, 특히 교사로서의 직무를 수행하는 데에서 초래된 긴장이나 욕구의 좌절, 불안, 분노 및 우울과 같은 불유쾌한 정서를 경험하는 것이다. 이러한 교사의 직무 스트레스 극복의 실패는 정서적 탈진감(burnout)이나 소진과 연결되기 때문에 중요한 문제다. Wisniewski와 Gargiulo(1997)는 특수교육 교사들의 소진에 대한 연구에서 스트레스를 극복하지 못한 교사들은 성취감의 감소는 물론 정서적 황폐 및 실패감, 자신감의 상실을 경험하며, 소진으로 이어짐을 밝혔다(Wisniewski & Gargiulo, 1997; 황순영, 2008 재인용). 이 소진이 교사들의 삶뿐만 아니라 그 학급 학생들의 삶에도 부정적인 영향을 끼치게 되는 것이다.

■ 교사 직무 스트레스의 요인

일반적으로 교사는 다른 전문직이나 일반 직업에 비해 매우 높은 스트레스를 경험한다. 우리나라의 일반 공무원, 기업체 직원, 교원 집단의 세 집단 중 교원 집단이 가장 높은 스트레스를 경험하고 있다는 보고가 있다. 교사는 학생들의 순조로운 발달을 돕는 것은 물론, 다양한 문제 행동에 적극적으로 개입하여 지도하고 수업 준비나 기타 행정적인 업무까지 모두 수행하면서 대부분 일방적인 배려와 보살핌을 제공하여야 한다(김미라, 2011). 교사와 같이 돕고, 돌보고, 봉사하고, 가르치고, 치료하는 것과 관련된 전문직들은 자신들의 일에 보람을 느끼고 기쁨을 느끼기에 충분한 직업이다. 그러나 이런 직업군은 그만큼 직업적 스트레스가 높다. 연구 결과에서 알 수 있듯이 교사들이 느끼는 스트레스가 다른 여타 직업보다 높으며, 통합학급을 운영하는 교사들은 그보다 더 높은 스트레스를 경험하고 있다는 것을 예상할 수 있다.

2) 통합학급 교사들의 스트레스

1980년대 이후 전 세계적으로 활발히 통합교육이 실시되고 있으며, 장애학생이 일반 사회에 통합되어 자연스럽게 인간으로서 양질의 삶을 영위하는 것은 가장 바람직하고 당연한 일로 여기고 있다. 또한 통합학급 교사들은 통합교육에서 통합학급 교사들의 자질이 매우 중요하다고 생각하고 있으나 그들 스스로는 자질이 부족하다고 생각하고 있으며, 통합교육에 어려움을 호소하고 있다. 이러한 이유로 통합교육을 담당하고 있는 통합학급 교사들 역시 기본 개념에 동의하고 있으나 실제 장애학생이 자신의 학급에 배정되는 것에 대해서는 선호하는 태도를 나타내지 않는 것으로 보고된다(김현숙, 1996; 이수연, 김은경, 2008 재인용). 그러나 통합학급 교사들이 왜 이렇게 통합교육을 부담스러워하고 학급을 담당하는 것을 어려워하는지에 대해서 이해하려고 했던 노력은 부족했던 것으로 보인다. 통합학급 교사들의 어려움에 관한 요인들을 알아보면 다음과 같다.

(1) 교육 활동 관련 요인

장애학생을 위한 교수 매체 선정·제작·활용의 어려움, 교수 자료 마련의 어려움을 들 수 있다. 통합학급을 운영하고 있으나 교사로서 개별화교육을 위해 해 줄 수 있는 교수 매체나 자료의 마련이 현실적으로 어렵다는 것이다. 이는 안전의 문제, 장애학생으로 인한 일반 학생의 활동에 대한 피해 우려, 문서나 다른 업무 처리에 따른 부담감, 수업 준비 및 학급 운영을 위한 시간의 불충분 등이 원인으로 파악된다.

문제 행동을 보이는 장애학생과 장애학생을 이해하지 못하는 일반 학생들 틈에서 '교사로서 어떻게 해야 하는지 솔직히 모르겠다. 내가 교사로서 자질이 부족한가?' 등의 내적인 고민을 하게 되는 것이다. 특히 장애학생들의 특성상 지난해의 경험이 이번 해도 통할 수 있는 것이 아니어서 매년 어려움을 겪게 될 수도 있다.

(2) 교사 개인 관련 요인

장애학생을 맡게 됨으로써 요구되는 교사의 더 많은 인내심, 장애 특성 등에 관한 전문성 부족, 긴장감, 일반 학생들과의 문제 등이 통합교육에 어려움을 느끼게 한다. 이러한 어려움으로 인해 교사들은 스트레스를 받으면서도 주변 사람들에게 어려움이나 불만을 내색하지 않으려고 애를 쓰는 것으로 나타났다.

이러한 교사들의 내적인 문제로 인한 갈등은 교사들이 해결하기 어려운 문제라고 볼 수 있다. 통합학급을 담당하고 있는 교사들의 내면에는 통합교육의 당위성과 장애학생들에 대한 개인적인 깊은 이해가 깔려 있다. 그러나 막상 통합교육을 하다 보면 장애학생으로 인해 발생하는 문제들은 교사들이 생각했던 것보다심한 경우가 많다. 또한 장애학생을 둘러싸고 있는 일반 학생과의 교우관계가 학급의 문제로 떠오르게 되면 장애학생과 일반 학생 모두를 원망하게 되기도 하며,이러한 문제를 발생시키는 통합교육 제도에 대해 회의가 들게 된다. 이때 교사들은 교사 자신이 좀 더 장애학생을 이해하지 못하는 것에 대해 죄책감을 느끼게 된다. 그러나 가장 핵심적인 교사들의 마음은 학급을 잘 관리하지 못하는 자신의 능력에 대한 비관과 함께 전문성을 갖지 못한 자신에 대한 원망이라고 볼 수 있다.

(3) 행정적 요인

통합학급 교사에 대한 인센티브의 부족, 통합학급 담임 배정 시 불충분한 협의, 교육의 전반적인 지원 부족 등이 있겠다. 교사로서 업무가 많으며 장애의 특성도 잘 모르는 현실에서 통합학급이 있는 경우 학기 초 학급 배정을 할 때 참으로 난감한 일이 아닐 수 없다. 통합학급을 맡게 되었으나 통합학급을 위한 예산이나 행정 지원이 거의 없고, 교사로서의 의무만이 더 가중되었다고 느끼게 될 때 통합학급 운영은 짐스러운 일이 된다. 그러나 교사들은 그러한 행정적 · 재정적 지원을 쉽게 요구할 수 있는 상황도 아니며, 오히려 그러한 요구를 하는 것이 교사로서 너무 이기적인 것은 아닐지 혹은 비난을 받지 않을지 걱정하게 된다.

(4) 학부모와의 관계 요인

학부모와의 문제는 장애학생과 일반 학생 학부모 둘 다 발생할 수 있다. 장애학생 부모들은 통합학급에서 충분한 통합교육을 받기를 원한다. 그러나 그러한 요구가 교사의 능력과 학교 실정을 배려하지 않는 요구일 때 교사들은 난감해진다. 반면 장애학생의 문제를 외면하거나 학교에 전적으로 맡기는 부모 역시 교사들은 어려울 수밖에 없다. 일반 학생의 학부모와 발생할 수 있는 문제점은 일반 학생들에게 피해가 가는 경우 통합교육을 부정적으로 바라보는 학부모의 인식에 대해 설득하기가 어렵고 또한 그러한 문제가 근본적으로 해결되기가 어렵기에 개선에 대한 약속을 하기 어렵다는 것이다. 이럴 때 교사들은 스트레스가 가중되는 것으로 보고되었다.

(5) 학생 관련 요인

장애학생과 일반 학생의 수준 차이가 너무 심할 경우 교사로서 수업에서 해 줄 수 있는 일이 거의 없다고 느끼게 된다. 진도는 나가야 하고, 장애학생을 위한 개입은 어렵다. 또한 장애학생의 행동이 수업에 방해가 되면 급식 시간, 놀이 시간 등에서 장애학생은 소외받는 상황이 종종 발생하게 된다. 교사로서 그러한 상황을 해결하고자 노력하나 이 역시 쉽게 해결되는 문제가 아닐 때 어려움을 겪게 된다는 것이다.

(6) 동료 교사와의 관계 요인

통합교사들만이 겪게 되는 학급 운영의 문제점을 동료 교사들이 이해하지 못하는 경우가 있다. 특히 특수교사나 보조인력의 경우 가치체계와 교육 배경이 다르기 때문에 의사소통의 어려움이 더할 수 있다. 이러한 현실은 통합학급 교사들이 상황을 회피하려고 하거나 철회해 버리는 것이 낫겠다는 생각을 가지게 만든다. 그러나 이러한 해결 방법이 자신에게나 학생에게 좋지 않다는 것을 알고 있는 경우 통합교사들은 답답함을 느끼게 된다.

3) 직무 스트레스가 미치는 영향

강학구(1996)는 교사의 직무 스트레스로 인한 직무 수행의 부정적 영향에 대해 다음과 같이 제시하였다.

● 교사의 신체적 · 정신적 건강위협 요인으로서의 교사 직무 스트레스
   − 건강하고 정상적인 교직생활의 위협(예: 직장 내 사기 저하, 교사의 타락, 정신건강 훼손 및 질병 유발, 교육의 질 저하 등)
   − 교직에서의 생존위협 요인(예: 이직, 전직, 둔감성 조장 등)

● 학생의 학습, 성격 발달 과정 저해 요인으로서의 교사 직무 스트레스
   − 학생 및 교육에 대한 부정적 · 냉소적 태도를 유발
   − 교사가 학생의 학문적 성장을 위한 헌신 및 기여에 실패, 학생의 자존심을 손상시킬 수 있는 수준의 혹평, 학생의 보호 및 격려에 실패할 가능성 유발

4) 통합학급 교사들의 스트레스 해소의 어려움

(1) 통합교육의 불완전성

현재 우리나라에서 통합교육은 장애학생을 단순히 일반 학급에 배치하는 수준으로 실제로 법의 정신을 구현하지 못하고 있다. 통합되어 있는 대다수의 장애학생이 수학과 국어 학습을 제외한 수업의 대부분을 일반 학급에서 참여하고 있으나 장애학생을 위한 뚜렷한 교육 프로그램이나 통합학급에의 지원이 부족하다.

(2) 일반 교사와 특수교사가 겪는 어려움의 원인에 대한 인식 차

통합교육의 어려움의 원인에 대해 일반 교사들은 주로 장애아 교육에 필요한 교재, 자료, 수업 이외의 업무 등을 일차적인 어려움으로 지적하였다. 반면 특수교사들은 일반 교사나 일반 학생들의 장애학생에 대한 편견과 거부 태도, 그릇된 장애인관, 일반 교사들의 장애학생 교육 관련 전문 지식 부족 그리고 일반 교사들의 관심 부족과 거부감들을 일차적인 원인으로 지적했다. 결론적으로 일반 교사들은 외적인 여건이 중요하다고 본 반면, 특수교사들은 장애학생에 대한 인식이나 태도가 선결 조건임을 지적함으로써 인식의 차이를 보이고 있다(이대식, 2001a).

(3) 통합교육에 대한 문제 해결의 어려움

두 교사 집단이 제기한 문제점들은 모두 단기간 내에 해결되기가 어려운 사항들이다. 이들 교육 여건이 단기간 내에 눈에 띌 만큼 개선되기 어렵다는 점을 감안할 때, 통합교육 확대 실시를 위한 준비 차원에서 어느 부분에 중점을 두어야할 것인지 불분명하며, 당장에 제기되는 통합교육 요구에 제대로 부응할 가능성은 적어 보인다. 특수교사들이 제기한 장애학생에 관한 근본적인 시각이나 태도, 거부감 또한 단기간에 인위적으로 바뀔 수 있는 성격이 아니라는 점에서 동일한 문제점을 가지고 있다(이대식, 2001a).

5) 통합교육 교사의 스트레스로 인한 소진의 문제

장기화된 스트레스는 부적응의 원인이 되며, 특히 직무 스트레스는 신체적 · 정신적 · 정서적으로 지쳐버린 상태인 소진을 유발한다. 소진은 무기력, 절망감, 자아 존중감, 직무 열정의 현저한 감소와 관련이 있다(Pines, Aronson, & Kafry, 1993; 안병환, 1997 재인용). 즉, 열정적이고 헌신적인 교사들이 해결될 수 없는 어떤 문제로 인해 지쳐 버린 상태가 되면 그들은 냉소적으로 아이들을 대하게 되는 것이다. 이는 통합교육을 방해하는 가장 위험한 요인으로 작용할 수 있다.

6) 통합학급 교사들을 위한 통합교육 지원 방안

교사들의 스트레스 요인은 어떤 한 가지만 교사에게 작용하는 것은 아니며 복합적으로 작용하는 경우가 대부분이다. 또한 이러한 문제를 교사 혼자 해결하는 것은 거의 불가능하다.

따라서 교사의 스트레스를 해결하고 소진을 예방하기 위한 전문가, 학부모, 관리자, 특수교사 등 팀 구성원들과의 협력이 있어야 한다는 것이다. 교사와 학생이 모두 행복한 통합교육의 실시와 관련하여 통합학급 일반 교사에게 제공될 수 있는 지원 방안을 살펴보면 다음과 같다.

(1) 통합학급 교사와 특수교사의 장애학생 교수에 관한 소통의 기회 제공

통합학급 교사와 특수교사는 서로의 교실에서 장애학생이 어떤 수업 목표로 어떤 내용의 수업을 받고 있는지 알 필요가 있다. 그러나 우리나라에서는 서로의 교실에서 어떤 일이 일어나고 있는지를 모르는 상황이다. 따라서 특수교사와 통합교사는 학습상의 문제, 선호하는 학습 양식 등을 지속적으로 관찰하고, 관찰한 내용이 교육 계획을 수립하는 데 반영되도록 각각의 교실에서 장애학생에 대한 관찰과 자료 수집을 통해 알게 된 정보를 서로에게 알려 주어야 한다.

이를 기반으로 교육과정과 교수 방법, 교수 전략을 수정해야 한다. 그러나 현실적으로 통합학급 교사는 어떻게 해야 하는지 모르는 경우가 많다. 따라서 특수교사는 통합학급 교사에게 과제 제시 방법, 교수 그룹의 변화, 교수 형태의 변화, 교수 자료의 수정, 보조 유형과 보조 수준 결정, 행동 강화 전략과 같은 교수 방법의 수정에 대한 정보를 제공하거나 모델을 제공해 줌으로써 지원할 수 있다. 또한 특수교사는 통합교사에게 시험 시간의 조정, 포트폴리오 평가, 다면적 점수 부여 등 대안적인 평가 방법을 알려 줌으로써 교사가 직면하는 평가의 어려움을 덜어 줄 수 있다(박승희, 1999; 최선실, 박승희, 2001 재인용).

(2) 장애학생 생활지도 및 연수 기회 확대

장애학생의 생활지도는 일반 학생과는 다른 측면이 있다. 신변처리 기술, 안전, 위생과 같은 독립적인 생활을 위한 기본생활 지도와 수업 시간에 떠들기, 상동 행동, 공격 행동에 이르는 문제 행동까지 일반 교사들이 일반 학생을 다루는 기술로는 도저히 적용할 수 없는 경우가 많다. 이러한 상황에서 많은 교사들은 어려움을 느끼고 문제 해결을 위해 일반 학생과 같은 방식으로 해결하려다 실패하게 되는 경우도 있다. 따라서 교사들의 전문성 신장을 위한 전문적인 교육과 연수 기회가 제공되어야 한다.

(3) 통합학급에 대한 물리적 지원

통합학급 내의 장애학생을 위한 물리적 시설의 미비는 주변 학생에게 도움을 요청하게 하여 또래에게 부담을 주고 교사의 다양한 수업 활동을 어렵게 하는 요인으로 작용할 수 있다. 장애학생이 통합학급에서도 물리적으로 편안하게 수업에 참여할 수 있도록 지원이 필요하다. 또한 장애학생을 위한 교구나 교재 등이 통합학급에는 지원되지 않는 경우가 많아 이러한 지원도 필요하다. 전체 학생 수가 많은 경우 장애학생만을 따로 지원할 수 있는 여력이 부족하다. 따라서 통합학급 학생 수를 통합수업이 가능하도록 현실적으로 조정할 필요가 있다.

통합학급을 담당하는 일반 교사는 역할의 중요성에 비해 많은 지원을 받지 못하고 있는 것이 사실이다. 또한 이런 지원이 당장 어려울 수 있다는 것이 현실이다. 그러나 이런 현실적인 어려움이 통합교사들이 통합교육의 당위성을 인정하나 실제로는 거부하는 현실을 만들고 있다. 따라서 교사들이 통합교육을 실시할 수 있도록 기본적인 지원과 함께 교사들을 위한 격려가 필요하다. 통합교육의 어려움은 교사 개인의 문제로부터 기인하지 않는 경우가 많다. 교사 개인의 자질, 무능력, 회피로 문제를 돌릴 경우 교사들의 통합교육에 대한 부담감은 높아지고 만족도는 떨어지는 결과를 초래하게 될 것이다. 통합교육을 어렵게 만드는 요인들을 정확히 파악하고 개선하려는 노력이 필요하다.

요약

1. 교사의 직무 스트레스

교사의 직무 스트레스는 교사가 자신의 직무 수행의 어느 국면에서 야기된 긴장, 욕구 좌절, 불안, 분노 및 우울과 같은 불쾌한 정서를 경험하는 것으로, 첫째, 교사들에게 어떤 요구가 행해질 때, 둘째, 교사에게 주어진 요구들을 수행할 수 없거나 수행하기 어려울 때, 셋째, 직무의 수행에 실패할 경우 정신적 · 육체적 · 신체적 안녕이 위태롭다는 판단이 설 때 경험한다고 하였다.

2. 통합학급 교사의 스트레스

① 교육 활동 관련 요인: 장애아동을 위한 교수 매체 선정, 제작 활용의 어려움
② 교사 개인 관련 요인: 교사의 인내심, 장애 특성에 관한 전문성 부족, 긴장감, 일반 학생들과의 문제 등에 관한 내적 갈등
③ 행정적 요인: 인센티브 부족, 통합학급 담임 배정 시 불충분한 협의, 교육의 전반적인 지원 부족
④ 학부모와의 관계 요인: 장애학생 부모 및 일반 학생 부모
⑤ 학생 관련 요인: 장애학생과 일반 학생의 수준 차
⑥ 동료 교사와의 관계 요인: 동료 교사의 이해 부족 및 특수학급 교사, 특수교육 보조인력과의 의사소통 어려움

08 | 통합학급 교사의 자아 돌보기-균형 잡기

1. 통합학급 교사로서 자아 돌보기의 필요성을 인식한다.
2. 관계 맺기를 통한 자아 돌보기 방법을 익힐 수 있다.
3. 비합리적 신념을 돌아보고 합리적 생각으로 전환할 수 있다.

1) 자아 돌보기의 필요성

교사는 교사이기 이전에 사람이다. 사람으로서 삶에서 겪는 스트레스는 당연한 일이다. 그러나 교사는 타인을 위한 일을 하기에 자신을 돌보는 것에 소홀하다.

교사로서 자신을 잘 돌보는 일이 결국은 자신만을 위한 이기적인 일이 아니라 자신과 학급, 가족을 위한 일임을 먼저 알아야 한다. 무엇보다도 행복한 통합학급을 원한다면 교사가 먼저 행복해져야 한다.

2) 관계 맺기를 통한 자아 돌보기

'관계를 맺는다.'는 것은 자연스러운 존재 방식이라고 할 수 있다. 그것은 우리가 삶을 시작하는 방식이며, 이 세상의 존재 방식의 근본적 성격을 드러내 주는 것이다. 이러한 관계 맺기의 장벽은 통합학급 상황에서 어떤 감정으로 느껴질까? 누군가 자신에게 직접적인 방법을 알려 주기를 바라는 의존심, 통합학급에 관해 조언을 구한다면 특수교사가 혹시 자신을 무시하는 것은 아닐까 하는 열등감, 통합학급에서 교사가 장애학생에게 뭔가를 해 줄 수 없을 것 같은 무력감, 교사로서 충분히 전문적으로 좋은 방법을 제시해 주는데 그 말을 따르지 않는 학생들과 학부모들의 자기중심적 사고 등 많은 장벽이 존재하며, 이런 장벽들은 교사 스스로를 소외시켜 과거의 삶이나 미래의 삶에 얽매여 좀처럼 현재의 삶에 이르지 못하게 하는 결과를 초래하게 된다.

따라서 교사들은 자신이 가지고 있는 많은 관계의 장벽을 스스로 파악해 보고 자신의 감정과 가치에 부합하는 행동을 할 수 있어야 한다.

3) 자기 자신과 관계 맺기(보스턴 대학교 정신의학재활센터, 2007; 송경옥, 2011 재인용)

관계 맺기의 출발은 자기 자신과 관계 맺기다. 자기를 돌보는 것은 자신과의 관계를 회복하는 중요한 방법이다. 이것은 자기 자신과의 관계가 단절되었다고 느끼기 시작할 때 가장 먼저 해야 할 것들 중 하나다. 자기와 관계 맺기란, 자신의 감정과 가치에 부합하는 행동하기를 의미한다.

(1) 자기 돌보기

첫 번째 기술인 자기 돌보기는 우리 문화에서는 어려운 것이 사실이다. 우리는 자신을 먼저 생각하고 타인을 위해 희생하지 않는 것에 대해 죄책감을 느낀다. 그러나 그러한 마음은 자신을 충분히 돌보는 것처럼 타인 역시 그 자신을 돌보는 것을 인정한다면 서로에게 단 한 번뿐인 인생을 행복하게 살 수 있는 방법이 될 수 있음을 간과하는 것이며, 그것이 그리 나쁘지만은 않다는 것을 모르는 것이라고 볼 수 있다.

① 자신을 위해 한 일과 자신을 위해 할 일에 '이름 붙이기'

종이를 준비하고 지난주에 일어났던 일을 세 가지 써 보자. 다음으로 다음 주에 자신을 위해 하려고 하는 일을 세 가지 써 보자. 그리고 각각의 일에 이름을 붙이자. 의외로 자신을 위해 많은 일을 하고 있다는 것이 느껴질 수도 있고, 자신을 위해 한 일을 찾기가 그리 쉽지 않을 수도 있다.

② 긴장 이완 연습

긴장 이완은 지금 이 순간과 자신에게 집중하기 위해서 그날 자신이 했던 일들을 놓아 버리는 데도 도움이 된다. 편안하게 자리를 잡고 눈을 감고, 천천히 그리고 깊게 숨을 쉰다. 숨을 내쉴 때마다 자신의 몸에서 모든 긴장이 빠져나간다고 생각한다. '나는 긴장이 풀리고 조용하고 평화롭다. 난 완전하다. 난 완전하다.' 이 같은 말을 몇 번 반복한다. 몸의 부위를 옮겨 가며 긴장을 푼다.

(2) 자기 수용

두 번째 기술은 자기 수용이다. 수용이란 판단하지 않고 현실의 다양한 국면을 보고 인정하는 것을 의미한다. 즉, 수용이란 일어나는 사태를 있는 그대로 보고 인정한다는 뜻이다.

우리는 자신이 수용적인 태도를 가지고 있다고 생각하는 경향이 있다. 그러나 사실 우리가 하고 있는 수용은 자신의 과거의 경험을 통해 자신의 직관을 해석하고 투사하는 경향이 있다.

예를 들어, 학급에 있는 장애학생에게 잘해 주지 못하는 것에 대해 미안하고 화가 나기도 하지만 '학교 일이 바빠서' '통합교육이라는 제도가 현실적이지 않아서' '아무도 교사인 나를 도와주지 않아서' 라고 원인을 찾기도 한다. 이러한 사고방식과 행동은 합리화라는 방어기제가 내면에서 작동하고 있는 것이다. 이 방어기제를 통해서 자신의 스트레스를 감소시키고, 자신을 보호하는 역할을 하는 것이다. 하지만 이러한 방어기제를 알아차리지 못하고 그저 자신의 성격이려니 한다면 문제는 절대로 해결되지 않을 것이다.

수용은 자신을 직접적이고 완전하게 대면하는 것으로, 자신이 가진 어두운 면까지 수용하고 사랑해야 한다. 그런 다음에야 다른 사람을 수용할 수 있고, 그 사람도 자신의 수용할 수 없는 부분을 수용하게 될 것이다.

● 스트레스 증상에 주의 기울이기

우리는 스트레스 증상이 주의를 요할 때까지 그것을 쌓아 둔다. 내가 느끼는 스트레스 증상은 무엇인가? 신체적인 증상을 한 가지 이상 적어 보자.

스트레스를 받는다는 것은 자신이 알지 못하고 해결하기 힘든 혹은 받아들이기 힘든 어려운 상황에 있다는 것을 의미한다. 모든 문제가 마음으로 해결되는 것은 아니지만 스트레스는 인식의 전환으로 인식의 상당 부분을 줄일 수 있다. 그것을 제거하면 오히려 더 강해지는 것처럼 보이기도 한다. 스트레스의 과정에 더 빨리 관여하면 할수록 다른 시도를 하기가 쉬워진다. 자신의 증상을 익숙하게 인정하게 되면 반복되는 스트레스에 관여할 수 있다. 판단, 조건, 두려움을 배제하고 현실을 그저 바라보며 살아가기는 어렵다. 현실과 함께하기 위해서는 시간과 용기, 격려 또한 필요하다. 현실을 인정하고 받아들이는 것만으로도 고통은 치유될 수 있다.

(3) 자기 가치 강화하기

가치를 이해하기 위해서는 자신이 관심을 가지는 것이 무엇인지 명확하게 인식해야 한다. 가치와 관련될 때 자신의 행위의 동기를 유발하는 것이 무엇인지 더욱 명확하게 이해하게 된다. 혜민 스님은 "내가 무엇에 관심이 있는지 잘 모르겠다는 분들이 계세요. 그건 아마도 나 자신이 주체가 되는 삶을 살지 못하고 다른 사람이 원하는 것을 들어주는 삶을 살아서입니다. 남을 만족시키는 삶이 아닌 나를 만족시키는 인생을 사세요."라고 했다. 자신의 모든 행위가 감정, 가치와 완벽하게 일치되기는 어려우나 자신의 행위가 마음에서 우러나오고, 생각과 가치에 따른 관계 맺기가 불가능하지는 않다.

● 가치와 행동 확인하기

자신이 중요하다고 생각하는 가치 다섯 가지를 생각해 본다. 자신이 중요하게 여기는 가치와 실제 행동에 차이가 있으며, 우리는 사회가 강요하는 가치를 중심으로 사는 경향이 있기도 하다. '생각하는 대로 살지 않으면 사는 대로 생각하게 된다.'는 말이 있다. 어떤 가치를 생각하고 사는가를 누가 결정하는가? 사회적 가치, 가족의 가치 등이 자신을 억누르고 있지는 않은지 생각해 보아야 한다. 하나의 가치만이 우월한 것은 아니다. 자신이 무엇을 중시하는지를 알고, 주위 사람들은 자신과 다른 가치를 가지고 있다는 것을 알아야 한다. 통합학급을 운영하는 기본적인 가치, 그것은 다름을 인정하는 것이며, 교사로서 다름을 즐길 수 있는 것이다.

(4) 자기 감정 강화

자기 감정 강화는 자신의 감정을 인정하고 받아들이는 것으로서 자신에게 자유를 주는 것이다. 감정을 탐색하는 것은 우리를 자신만의 정서적 경험에 연결될 수 있게 해 준다.

『가르칠 수 있는 용기(The Courage to Teach)』(2008)에서 저자는 교사인 자신이 갖고 있는 강박증을 고백한다. 그는 자신이 학생들이 알아야 하고 또 알고 싶어 하는 것을 도와주는 것이 아니라 오히려 다음 세 가지에 관심이 많다고 한다. 첫째, 학생들에게 자신이 얼마나 똑똑한 교사인지 보여 주는 것, 둘째, 학생들에게 자신이 얼마나 지식이 많은지 보여 주는 것, 셋째, 학생들에게 자신이 얼마나 수업 준비를 충실히 하는지 보여 주는 것. 교사는 이처럼 교실에서 세 가지의 연기를 해 왔는데, 그 진정한 목적은 학생들의 공부를 도와주는 것이 아니라 학생들이 자신을 훌륭하다고 생각하도록 유도하려는 것이었다. 그는 어떻게 하다가 자신이 연기자가 되었을까를 질문하며, 그 대답은 공포라고 말한다. 자기 자신의 모습이 노출될 것을 두려워하는 감정을 알아차리는 것, 그것이 감정 강화의 시작이다.

4) 자기 자신의 비합리적 신념을 돌아보기

통합학급을 운영하면 여러 가지 어려움을 겪게 되며 그에 대한 스트레스가 없을 수는 없다. 현실 역시 별로 도움이 되지 못하여 참으로 답답하고 혼란스러울 수 있다. 그러나 가르침이라는 드라마는 교실에서 벌어지는 외적 사건에 대한 교사의 반응과 교사의 내면에서 진행되는 무능력 사이의 갈등 바로 그것이다. 교사

스스로 자신을 왜곡 없이 있는 그대로 들여다보는 지난한 과정을 통해 드라마를 완성할 수 있을 것이다. 그러나 이러한 과정에서 우리가 느끼는 비합리적인 신념이 우리의 드라마를 방해한다. Ellis와 Grieger(1977)는 사물에 대한 인간의 생각이나 신념이 그의 정서 상태를 결정한다고 주장하였다. 따라서 비현실적·비실제적·비합리적 사고가 부정적인 정서의 원인이라고 믿고, 그 사고방식을 변화시키면 행동에도 변화가 온다고 주장하였다.

(1) 통합교육에서 발생할 수 있는 비합리적 신념

- 통합교육을 하고 있는 교사로서 학급에 관련된 모든 사람에게 인정받아야 한다는 것은 정말 어렵다. 따라서 교사가 학생들을 사랑하는가를 바라보는 것이 더 바람직하고 생산적이다.
- 학급 내에서 장애학생을 놀리거나 장애학생에게 나쁜 행동을 하는 학생들을 위해 교사가 해야 할 일은 처벌의 방식을 찾는 것보다 그들의 행동을 변화시킬 방법을 연구하는 것이다. 처벌은 비윤리적 행동을 고치기 어렵고 오히려 관계를 악화시켜 보이지 않는 곳에서 나쁜 행동을 유발하는 악영향을 준다.
- 통합학급에서는 일반 학급보다 원하는 일이 진행될 수 없게 되는 상황이 더 많이 발생한다. 즉, 학급 내에서 교사가 계획한 일들이 진행되지 못하는 경우 그 원인이 장애학생의 돌발 행동이나 일반 학생의 실수나 그 밖에 다른 것이라 해도 그 상황을 통해 학생들은 많은 것을 배우게 된다. 따라서 원하지 않는 일이 발생하더라도 그렇게 끔찍하지 않다는 자세가 필요하다.
- 통합학급에서 장애학생의 안전사고, 일반 학생들과의 다양한 문제 상황 등 예상 가능한 위험한 일은 너무나도 많다. 그러나 사고를 미리 걱정한다고 그 일이 해결되지는 않는다. 사고에 대한 안전 대책을 세우는 것은 중요하나 그런 사고의 두려움 때문에 통합학급을 맡는 것이 부담스럽고 어려울 것이라 미리 생각하는 것은 비합리적인 사고라는 것이다.
- 통합학급을 맡고 장애학생과 일반 학생을 위한 완벽한 교육이 가능해야 한다고 생각할 수 있다. 그러나 그것이 그리 쉽게 이루어지지는 않는다. 때로는

화가 나기도 하고 좌절하기도 한다. 그것이 교사로서의 한계이기도 하고 자신의 인간적인 부족함일 수 있다. 그러나 교사 자신도 인간이기 때문에 어쩔 수 없이 불완전하다는 것을 받아들이는 것이 좋다.

- 완벽한 선택이 가능할까? 아마 그건 당연히 불가능하다고 생각할 것이다. 그러나 우리는 행동을 할 때 완벽한 해결책을 찾는다. 그러나 불확실한 학급의 상황에서 교사는 순간순간 결정을 내리고 그것이 조금은 잘못되었더라도 회피하지 않는 것이 필요하다.

- 통합학급에서 자주 발생하는 문제는 평등의 문제다. 다양한 경쟁과 협동의 상황에서 장애학생들이 갖는 조건은 학생들에게 공정성의 문제를 발생시키기도 하고, 통합학급을 운영하는 교사와 그렇지 않은 교사들 사이에서도 평등의 문제가 발생하기도 한다. 그러나 이런 상황이 발생할 때 불만을 갖고만 있다고 해결되는 것은 아니다. 시정하려는 노력이 필요하다. 물론 이것은 시간과 용기가 필요하다.

- 통합학급은 좀 더 많이 불편하다. 그래서 교사들은 이 불편을 피하고 싶어 한다. 그리고 통합학급을 맡게 된 것이 정말 불편을 발생시킨다면 이제 그것은 원망으로 바뀌게 된다. 통합학급을 맡는 것을 원하지 않고 좋아하지 않을 수 있다. 그러나 교사 자신이 이런 불편을 참아내고 견딜 수 있는 사람이라는 것을 아는 것이 필요하다.

- 학급에서 어려움이 있을 때 교사는 우울하거나 불안하거나 화를 내거나 하는 등 감정 조절이 안 될 수 있다. 그리고 이것은 교사에게 즐거운 일은 아니다. 하지만 이런 부정적인 감정을 나타내는 것 자체가 부적절한 것은 아니다. 즐겁지 않은 감정도 교사 자신의 감정이고 적절하게 표현할 수 있어야 한다.

- 통합학급을 운영한다는 것은 조금 더 많은 어려움과 책임감을 가지게 된다는 것을 의미한다. 그러나 이런 어려움과 책임감을 회피하고 모른 척하는 것이 그리 쉽고 편한 것은 아니다. 내면의 불편함과 죄책감을 견디는 것이 책임감을 견디는 것보다 더 어려울 수 있다.

- 통합학급을 운영하며 특수교사, 보조원 등 다른 사람에게 의지하고자 하나

그들의 도움이 없을 경우 원망하게 된다. 그들의 역할에 충실하지 않은 것은 문제가 되므로 시정하려는 노력이 필요하나 그렇지 않은 일반적인 통합학급의 운영에 대한 책임은 통합학급 교사에게 있고, 그들에게 의지하기보다 주도적인 역할을 통해 도움을 이끌 수 있을 것이다.

- 통합학급을 운영하며 통합교육 자체가 문제라서 우리 반의 문제가 해결되지 않고 그것을 교사가 바꿀 수 없기 때문에 교사인 자신이 할 수 있는 일은 없다고 생각할 수 있다. 그러나 통합교육에서 발생할 수 있는 문제로 인해 생기는 교사의 감정은 그 사건을 보고 평가하는 방식을 변화시킴으로써 스스로 조절할 수 있는 문제가 많다.

- 과거에 자신이 통합학급을 운영하면서 겪었던 어려움은 오히려 통합학급을 다시 운영하는 데 좋은 경험이 될 수 있다. 어려움이 계속 반복되지 않게 하기 위해서는 과거의 영향을 파악하고 극복하기 위한 방법을 찾는 것이 현명하다.

　통합교육은 학습자들의 생애 목적과 적응 능력 등을 충분히 고려해야 한다. 다양한 장애학생의 특성을 모두 알기에는 여러 가지 어려움이 있고, 교육과정을 항상 재구성하거나 일반 학생들과의 관계를 위한 다양한 방법을 적용하는 것 역시 쉬운 일이 아니다. 그러나 다양하고 차이가 심한 학습자들에게 어떤 공통된 내용과 경험을 선정하고 배열하여 상호작용하도록 할 것인가에 대한 고민을 하는 것, 장애학생과 일반 학생이 상호관계를 가지면서 융통성 있고 창의적이며 통합적으로 조직되도록 노력하는 것은 교사 자신의 생애 목적과 적응 능력이 고려될 때 가능한 것이다. 교사가 행복할 때, 교사는 어렵지만 할 수 있는 일들에 도전할 수 있게 된다.

요약 🖋

1. 관계 맺기를 통한 자아 돌보기

'관계를 맺는다.'는 것은 자연스러운 존재 방식이라고 할 수 있다. 그것은 우리가 삶을 시작하는 방식이며, 이 세상의 존재 방식의 근본적 성격을 드러내 주는 것이다. 교사들은 자신이 가지고 있는 많은 관계의 장벽을 스스로 파악해 보고 자신의 감정과 가치에 부합하는 행동을 할 수 있어야 한다. 일상에서 자주 피로를 느끼고 머리가 아프다면, 자신이 정말 원하는 것이 무엇인지 돌아보아야 한다.

2. 자기 자신과 관계 맺기

관계 맺기의 출발은 자기 자신과 관계 맺기다. 자기를 돌보는 것은 자신과의 관계를 회복하는 중요한 방법이다. 이것은 나 자신과의 관계가 단절되었다고 느끼기 시작할 때 가장 먼저 해야 할 것들 중 하나다. 자기와 관계 맺기란 자신의 감정과 가치에 부합하는 행동하기를 의미한다. 관계 맺기의 단계를 증진시키는 기술에는 자기 돌보기, 자기 수용의 강화, 자기 가치의 강화, 자기 감정의 강화가 있다.

3. 비합리적 신념 점검하기

Ellis는 사물에 대한 인간의 생각이나 신념이 그의 정서 상태를 결정한다고 주장하였다. 따라서 비현실적·비실제적·비합리적 사고가 부정적인 정서의 원인이라고 믿고, 그 사고방식을 변화시키면 행동에도 변화가 온다고 주장하였다. 비합리적인 신념체계는 일정한 원칙에 따라 지속적으로 주입되어 악순환되는 경향이 있다.

INCLUSIVE EDUCATION

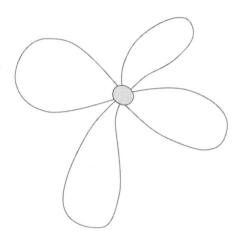

Part 2

장애학생의 이해

01 지적장애 알아보기 1

1. 지적장애의 정의를 구성하는 핵심 개념을 이해하고 분류할 수 있다.
2. 지적장애 학생의 학습 특성과 사회 및 정서행동 특성을 알아보고 이해할 수 있다.
3. 지적장애 학생들을 위한 교육과정 및 교수-학습 방법을 알아보고 실생활에 필요한 지원 방법을 적용할 수 있다.

1) 지적장애의 정의 및 분류

(1) 지적장애의 정의

「장애인 등에 대한 특수교육법 시행령」 제10조 특수교육 대상자 선정 기준에서는 '정신지체를 지닌 특수교육 대상자'를 지적 기능성과 적응 행동상의 어려움이 함께 존재하여 교육적 성취에 어려움이 있는 사람으로 정의하고 있다.

장애인의 복지와 사회활동 참여 증진을 위해 제정된 「장애인복지법」에서는 동법 시행령(2011. 10. 26. 대통령령 제20323호) 제2조에 지적장애인이란 "정신발육이 항구적으로 지체되어 지적 능력의 발달이 불완전하고 자신의 일을 처리하는 것과 사회생활에 적응하는 것이 상당히 곤란한 사람"이라고 정의하고 있다.

2010년 미국지적장애 및 발달장애협회(AAIDD, 미국정신지체협회)는 "지적장애란 지적 기능성과 개념적·사회적·실제적 적응 기술로 표현되는 적응 행동 양 영역에서 유의하게 제한성을 보이는 것이다. 이 장애는 18세 이전에 시작된다."라고 정의하고 있다.

이러한 정의를 적용하기 위해서는 다음과 같은 가정들이 반드시 전제되어야만 한다.

- 현재 기능성에서의 제한성은 그 개인의 동년배와 문화에 전형적인 지역사회 환경의 맥락 안에서 고려되어야 한다.
- 타당한 평가는 의사소통, 감각과 운동 및 행동 요인에서의 차이뿐만 아니라 문화와 언어에서의 다양성도 함께 고려되어 실시되어야 한다.
- 한 개인은 제한성만 갖고 있는 것이 아니라 동시에 강점도 갖고 있다.
- 제한성을 기술하는 중요한 목적은 그 개인에게 필요한 지원이 무엇인지 파악하기 위해서다.
- 개별화된 적절한 지원이 장기간 제공된다면 지적장애인의 생활 기능은 일반적으로 향상될 것이다.

〈지적 능력과 적응 행동〉

지적 능력이란 자신을 둘러싼 환경과 사건을 이해하고, 무엇을 해야 할지를 판단해 낼 수 있는 보다 광범위한 능력을 의미한다.

적응 행동은 일상생활을 하는 데 영향을 미치며, 삶의 변화 및 환경적 요구에 반응하는 능력에 영향을 미친다.

이러한 정의에서 살펴본 바와 같이 지적장애의 정의를 구성하는 '지적 기능에서의 어려움'이라는 요인과 '적응 행동상의 어려움', 즉 자신의 일을 처리하는 적응 행동과 사회생활 적응에 어려움이 있다는 것이 핵심 요소다.

이러한 어려움을 이해하고 그 개인에게 필요한 지원이 무엇인지 파악하여 적절한 지원을 제공하면, 그의 생활 기능이 향상되어 사회의 구성원으로서 자립이 가능하다.

(2) 지적장애의 분류

지적장애를 분류하는 목적은 지적장애인의 교육 및 재활과 고용 등 삶의 다양한 측면에서의 권리를 보호받고, 적절한 서비스와 지원을 받기 위한 적격성을 판단받기 위해서다.

1983년까지는 AAIDD의 지적장애 분류 기준이 지능지수에 따라 '중도 < 중등도 < 경도 정신지체 또는 요보호급 < 훈련 가능급 < 교육 가능급 정신지체'로 분류되기도 했다. 그러나 지적 수준에 따른 교육 배치는 그 개인의 능력과 성과에 대해 고정관념을 갖게 하고, 낮은 기대감과 편견을 갖게 할 뿐이어서 개인의 장점을 키우거나 잠재력을 이끌어 내는 데 제한을 두게 되었다.

이러한 이유로 1992년 AAIDD에서는 한 개인이 자신의 환경에서 성공적으로 기능하는 데 필요한 지원의 강도에 따라 '전반적 < 확장적 < 제한적 < 간헐적 지원 대상'으로 분류하였다. 이는 지적장애 학생 개개인에게 특정한 분류체계로 명명하기보다는 그 개인을 둘러싼 생태학적인 맥락을 이해하고 지원 요구를 파악하여 지원 계획을 개발하고 지원하는 것이 중요함을 의미한다.

2) 지적장애의 학습 특성

(1) 주 의

대부분의 일반 학생은 학습 과정에서 과제가 흥미 있고 관심 있는 분야에 대해서는 선택적으로 집중하고 관련 없는 자극은 무시하는데, 이러한 선택적 주의 집중에 따라 일정 시간 동안 외부 환경으로부터의 자극을 억제하면서 집중된 주의를 유지하게 된다. 지적장애 학생들은 이러한 선택적 주의 집중과 유지에 많은 어려움을 보인다.

지적장애 학생들은 의도적으로 주의를 집중하기 어렵고 과제의 특성을 이해하는 데 많은 시간을 필요로 하기 때문에 환경 자극을 최소화하여 불필요한 자극을 줄여야 하고, 과제를 이해하기 쉽도록 명료한 용어를 사용한 설명과 시연이 필요하다.

> **메모수첩** 주의 집중 지도
>
> - **1단계 학습 상황에 관련된 요소만 제시한다.** 오늘 배워야 할 학습 목표와 주제가 무엇인지 파악하고 간결하게 제시한다.
> - **2단계 주의에 불필요한 자극 요소를 제거한다.** 주변 학생들이나 소음이 주의 집중을 방해하지 않는지 살펴보고 안정된 학습 분위기를 조성한다.
> - **3단계 과제 분석을 하여 학생이 이해하기 쉬운 단위로 나누어 지도한다.** 이해가 어려운 부분에 대한 구체적인 실물 자료나 시연을 통해 집중지도를 실시한다.
> - **4단계 한 과제에서 다른 과제로 이동할 때 지식을 구조화한다.** 차이를 분명히 알고 있는지 확인한다. 전시 학습 상기와 차시 안내를 충분히 내면화하도록 돕는다.

(2) 기 억

지적장애 학생의 기억력 결함은 학습 속도와 지속 시간에 영향을 미친다. 기억은 환경으로부터 느낄 수 있는 여러 가지 자극을 최초로 처리하고 그 의미를 파악하여 감각등록기에서 부호화하는 과정을 거친다. 이 과정에서 단기기억은 단기간의 사용을 위해 정보를 보유하는 능력으로 투입된 정보를 필요시에 인출하여 조작하는 능력인데, 지적장애 학생들은 어떤 정보를 단기기억으로 보내어 감각 정보를 해석하는 데 매우 제한적이다.

따라서 정보를 기억하는 데 주의 집중 유도도 중요하지만 기억을 유지할 수 있는 학습 전략도 매우 중요하다. 특히 단기기억 속에 정보를 유지하는 시연 활동과 정보를 부호화하여 범주화하는 활동, 일정한 시간 간격을 두고 지속적으로 반복하는 피드백이 필요하다.

지적장애 학생들은 새로운 학습 상황에서 스스로 기억 전략을 사용하는 데 어려움이 있으므로 일상생활과 관련된 학습 요소를 자발적으로 인출하여 적용할 수 있도록 자기조절 능력을 향상하는 자기점검 전략 등이 효과적이다.

(3) 모방과 일반화

지적장애 학생은 모델을 관찰이나 모방을 통해서 학습하는 능력과 참여하는 것만으로 생기는 우발학습 능력이 부족하다. 우발학습은 다른 기능이나 개념 혹은 다른 상황으로 전이하거나 일반화하는 것과 관계가 있다. 지적장애 학생은 이런 일반화와 학습의 전이에 어려움을 보인다.

지적장애 학생은 한 가지를 배우면 다른 것에 지나치게 적용하는 과잉일반화를 하거나 한 교과에서 배운 단어를 다른 교과에서는 적용하지 못하며, 교실에서 배운 역할놀이 학습을 실제 가게에서 다른 사람과 의사소통하지 못한다.

지적장애 학생의 학습 일반화를 위해서는 실제 현장실습을 통해 직접 경험하고 체험할 수 있는 기회가 많아야 하고, 모방과 실연을 통해 보고 배운 대로 따라 해 보고 반복하며, 기능적인 기술을 실생활에서 적용할 수 있도록 직접적이고 세부적이며 다양한 환경에서의 지도가 필요하다. 또한 학습한 내용을 적용해 볼 수 있는 충분한 기회가 제공되어야 한다.

(4) 교과 관련 학업 성취

지적장애 학생은 평균보다 낮은 지능과 낮은 동기를 가지고 있으며, 주의 집중력이 부족하고, 지각 속도나 반응이 느리며, 학습 기술이나 전략 사용 방법, 인지 처리 방식이나 습득된 개념의 구조화, 체계적인 사고와 문제 해결에 필요한 추론을 하는 데 많은 어려움을 보인다.

지적장애 학생의 학업 성취를 위해서는 기초적인 읽기와 쓰기를 반복하고, 수의 개념과 기초 계산에 많은 시간을 투입하게 된다. 어느 정도 개념이 형성되면 일상생활에 적용하는 훈련을 통해 학습된 정보를 스스로 적절하게 사용하는 것이 중요하다.

3) 지적장애의 심리 · 사회적 행동 특성

(1) 학습 동기

지적장애 학생 중에는 학습 동기가 높지 않아서 학습 과제를 수행할 때 적극적으로 참여하지 않거나 학습에 흥미를 보이지 않는 경우가 많다. 지적장애 학생들은 자신에 대해 자존감이 낮고, 과제에 대한 실패 경험이나 주변의 낮은 기대로 인해 학습된 무기력을 종종 경험하게 된다. 이로 인해 자신의 잠재된 능력보다 낮은 과제 수행을 보이게 되고, 결국 실패에 대한 기대를 자연스럽게 받아들이게 된다. 이런 경우 학생들에게 무척 쉬운 과제를 제시하여 과제에 대한 성취감을 갖게 하고, 도전의 기회를 제공하여야 한다.

대부분 지적장애 학생들은 스스로 과제를 성취하고도 자신의 능력을 믿지 못하고 다른 사람의 도움이 있었기 때문에 과제를 해결했다고 생각하는데, 이런 생각이 교사나 또래에게 더 의존하게 하는 것이다. 학생 스스로 주어진 환경에서 문제를 파악하고 해결하려는 노력이 학습 성과에 중요한 영향을 미치며, 다른 어려운 문제에 직면했을 때 해결하려는 도전의식과 동기를 부여할 수 있다.

교사는 학생들이 무엇을 성취했을 때 긍정적인 자아개념이 형성된다는 생각을 갖고, 다양한 수업 보조 자료를 연구하고 개발하는 데 소홀하지 않아야 하며, 학생이 이해할 수 있는 수준의 언어로 용어를 설명해 주고, 이해를 돕기 위해 다양한 시청각 자료를 활용함으로써 보다 흥미로운 수업이 이루어질 수 있도록 준비해야 할 것이다.

(2) 사회성

지적장애 학생의 사회성 문제는 지적 능력과 적응 행동과 관련이 있으며, 낙인 효과 같은 사회적 환경에서 기인하기도 한다. 그들은 사회적 단서에 주의를 기울이지 못하고, 중요한 장면을 기억하지 못하여 사회적 어려움을 겪게 된다. 더욱이 사회적 기술이 부족하고 대인관계에서 어려움을 보여 성공적인 사회 참여를 기대하기가 어려워진다. 사회적 기술을 학습하지 못하는 경우 대개 문제 행동을 일으키거나 공격 행동을 하고, 때때로 화를 내거나 우울해한다. 따라서 지적장애 학생에게는 또래와 상호작용하는 방법과 대화 기술을 가르치는 것이 매우 중요하다.

(3) 정서 · 행동 특성

지적장애 학생은 학습된 무기력으로 인해 낮은 자아존중감과 불안이나 우울의 문제를 나타내기도 한다. 또한 실패 상황에서 인내하는 것이 부족하며, 부정적인 자아개념을 지니고 있다. 누군가와 상호작용하기 위해서는 상황을 해석하고 자신의 감정을 표현해야 하는데, 대부분 상황에 따라 자신의 감정을 조절하는 능력이 부족하다. 그래서 다른 사람의 감정을 수용하거나 자기 감정을 통제하기 어려워 과잉행동이나 공격적인 행동을 보이는 경우가 많다. 이러한 과잉행동, 불안장애, 외상 후 스트레스 장애, 위축이나 성격장애 등은 다른 사람의 도움을 요청하는 의사소통 능력의 부족과 관계가 있다. 이러한 다양한 문제 행동을 개선하기 위해서는 그 발생 원인을 찾아보고, 그것이 주는 기능적 요소를 제거하거나 보완하는 대안이 필요하다.

4) 지적장애 학생을 위한 교육 방법

(1) 지적장애 학생을 위한 교육과정 접근 방법

지적장애 학생은 장애 정도와 수준에 따라 적용하는 교육과정의 성격과 방법이 다를 수 있다. 발달론적 접근은 지적장애 학생이 일반 또래와 같은 방식으로 학습한다는 기본 전제하에 교육과정을 구성하고 있다. 그들은 학습 기술을 습득하기 위해서 좀 더 많은 시간을 필요로 하며, 학습의 단계와 위계에 따라 영역별로 발달 단계에 맞춰 학습해야 한다는 가정을 하고 있다.

최근에는 지적장애 학생들에게 최선의 교육적 서비스를 제공하기 위해 생태학적 모델에 근거한 교육과정으로 접근하고 있다. 지적장애 학생을 위한 교육 프로그램에서 가장 유용한 학습 활동은 기능적이면서 연령에 적합한 것으로, 지역사회에 기반을 두고 환경에서 자연적으로 발생하는 실제 상황과 관련이 있는 것으로 구성해야 한다는 것이다.

지적장애 학생을 위한 교육과정이 기능적으로 생활연령에 적합한 내용으로 구성되고, 지역사회에서 요구되는 기술을 자연스러운 환경에서 더 쉽게 습득할 수 있다면, 이렇게 학습된 행동은 유지와 일반화가 용이해질 것이다.

(2) 기능적 생활 중심 교육과정

기능적 생활 중심 교육과정은 실생활에서 활용할 수 있는 기능을 중심으로 가정 및 지역사회 생활, 직업 및 여가 생활에 필요한 기능적 기술들로서 스스로 옷 입기, 식사하기, 개인 위생, 대중교통 이용하기, 물건 사기, 지역사회 적응하기 등을 포함하고 있다.

기능적 기술은 다양한 환경에서 유용하고 의미 있는 것이어야 하지만, 때로는 생활연령에 적절하지 않을 수도 있고, 한 학생에게는 유용하지만 다른 학생에게는 유용하지 않을 수 있으므로 각각의 필요와 상황을 알아야 한다. 예를 들어, 지하철을 이용하지 않는 학생의 경우는 지하철 표를 구입하는 기술보다 현재 필요로 하는 버스 이용하기가 더 의미 있는 기능적 기술이 된다. 그러므로 개인에 따라서 현재와 미래 생활에서 유용하게 사용될 기능적 기술을 선별하여 체계적으로 지도할 계획을 세워야 한다. 이를 위해서는 사전에 목록을 작성하여 각각의 기능을 평가해 보는 것이 필요하다.

(3) 지역사회 중심 교수

지역사회 중심 교수(Community-Based Instruction: CBI)는 기능적 생활 중심 교육과정을 실현하기 위한 전략이라고 할 수 있다. 장애학생의 지역사회 통합을 기본으로 하고, 장애학생이 지역사회의 다양한 환경에서 일어나는 활동에 참여하는 데 필요한 기술을 직접적으로 교수하는 것을 의미한다(박승희, 2003).

지역사회 중심 교수의 교육과정 영역은 가정생활, 지역사회, 기능적 학업 교과, 여가 및 오락, 직업 영역 등으로 분류된다. 지역사회 중심 교수는 체계적인 교수 계획에 의해 이루어지는 것으로 단순한 현장학습이나 적응훈련과는 달리 성인으로서 전환에 필요한 기술을 직접 수행하거나 모의 실험해 보는 것으로 이동훈련, 쇼핑, 여가 활동 참여 등의 기술을 가르치는 것이다.

지역사회 중심 교수는 학생들이 학교에서 기술을 배운 후에 지역사회에서 그 기술을 일반화할 것이라고 생각하기보다는 학생들이 직접 자연스러운 환경에서 기능적 기술을 사용할 수 있도록 현장에서 적용할 기회를 제공하는 것이다. 효과적인 지역사회 중심 교수를 위해서는 장애학생이 살고 있는 지역사회, 학교, 가정과 같은 실제 환경에서 다양한 방법의 교수 전략을 사용해야 한다.

(4) 교수적 수정(교수 적합화)

지적장애 학생의 일반 교육과정의 통합을 위해서는 교수적 수정(instructional adaptation)이 필요하다. 교수적 수정은 특수교육적 요구가 있는 학생이 일반 교육과정의 수업에 최대한 참여할 수 있도록 교수 환경, 교수적 집단화, 교수 방법 (교수 활동, 교수 전략 및 교수 자료), 교수 내용 및 평가 방법을 수정 및 보완하는 것이다.

교수적 수정은 지적장애 학생의 통합학급에서 수행되어야 할 교육과정 운영 방법으로서 일반 학생들이 배우는 교실 수업에 특수교육 대상 학생들도 반드시 포함될 수 있도록 교육 내용을 학생 수준에 맞게 조정하는 것이다. 이러한 교육 프로그램은 통합학급 교사의 협력하에 특수교육 교사(통합학급 지원교사)가 계획 하며, 직접교수나 협력교수 등의 방법으로 실시할 수 있다.

요약 📖

지적장애 학생은 지적 능력에서의 제한성과 환경적 요구에 적응하는 능력에서의 제한 성을 가지고 있으며, 주의 집중과 단기기억, 모방과 우발학습에 어려움을 보이고, 일반 화와 전이에 어려움이 있어 학습이 느리고 비효율적이며 학업 성취에도 어려움을 보인 다. 또한 학습 동기가 낮고, 잦은 실패로 인한 학습된 무기력과 낮은 자아존중감을 가지 고 있다. 교사는 이러한 학생들이 성공감을 갖도록 과제나 일을 단계별로 나누어 접근 하고 수행할 수 있도록 배려해야 하며, 다양한 수업 보조 자료를 개발하여 활용함으로 써 보다 흥미로운 수업이 이루어질 수 있도록 해야 한다.

무엇보다 지적장애 학생은 생활연령에 적합한 내용으로 지역사회에서 요구되는 기술 들을 자연스러운 환경에서 더 쉽게 습득할 수 있도록 기능적 생활 중심 교육과정과 지 역사회 중심 교수–학습 방법으로 기능적 기술을 중점 지도해야 한다.

02 | 지적장애 알아보기 2

1. 지적장애 학생의 교수-학습 방법 및 전략을 알아보고 설명할 수 있다.
2. 지적장애 학생의 교과지도 방법을 알아보고 실제 교과 수업에서 적용할 수 있다.

1) 학습자 특성을 고려한 교수-학습 방법 및 전략

교수 방법이란 교육 내용을 가르치기 위한 방법이며, 교수 전략이란 교수 방법을 달성하기 위한 구체적인 활동 계획이다. 요즘은 교수 방법 및 교수이론보다는 학습자의 배움을 더 중시하여 교수-학습 방법이라는 표현을 더 많이 사용한다.

교수-학습 방법에 대한 이해와 전략에 대한 이론은 학생들의 입장에서 어떻게 배움이 일어나는지, 교사는 어떻게 가르쳐야 효과적인지 논리적으로, 그 이론 체계를 아는 것이 필요하다.

학습이란 관찰 가능하고 지속적인 행동의 변화를 말한다. 학습은 유전에 의해 결정되는 성숙에 따른 변화를 제외하고 연습과 경험을 통해 나타나는 것으로, 지적장애 학생들에게 연습과 경험은 매우 중요하다.

학습이론이란 학습에 관한 여러 현상을 종합하고 정리하여 세운 이론으로, 그 관점을 인지주의, 행동주의, 구성주의 관점으로 구분하여 설명할 수 있다. 인지주의 이론은 합리주의 철학을 바탕으로, 행동주의 이론은 경험적 철학을 바탕으로 하고, 구성주의 이론은 개인과 환경의 상호작용을 강조한다.

2) 지적장애 학생의 교과별 지도

(1) 국어

지적장애 학생을 위한 기본 교육과정(교육과학기술부, 2010)에 제시된 국어과의 성격은 지적장애 학생의 일상생활에서의 언어 기능을 강조하고 있다. 지적장애 학생의 언어 사용 기능을 신장시켜 의사소통을 원활히 하고, 그 과정에서 올바른 태도와 습관을 형성하여 일상생활에서 국어를 올바르게 활용하도록 하는 것이다.

메모수첩 언어 사용 기능 지도 포인트

- **1단계   의사소통 기능으로서의 표현과 이해**
  합리적인 사고력과 생활 주변에서 일어나는 여러 가지 문제를 해결할 수 있는 능력을 길러 준다.

- **2단계   의사 교환과정에서 태도와 습관**
  다른 사람과의 상호관계를 원활히 함으로써 언어 사용 기능을 신장시킨다.

- **3단계   언어의 활용**
  생활에서 필요한 국어를 보다 정확하고 효과적으로 사용할 수 있는 기능과 지식을 다양한 언어 상황에 직접 활용하는 능력을 기른다.

---

① 듣기와 말하기

지적장애 학생은 대부분 수용언어와 표현언어에서 각각 많은 어려움을 경험하고 있다. 특히 주의 집중력 부족과 청지각의 문제를 보이기 때문에 다양한 환경음과 목표음에 대한 변별 능력을 기르는 것이 중요하다.

듣기훈련 방법으로는 소음 속에서 들려오는 동물이나 사물의 소리 구별하기, 들은 대로 따라 말하기, 같은 소리 변별하기, 동일한 음가를 가진 낱말 구별하기, 지시에 따라 행동하기, 제시한 그림과 맞는 그림 찾기, 아동이 좋아하는 동물이나 사물의 소리를 들려주고 무엇인지 맞추기 등을 활용한다.

지적장애 학생의 구어 표현에서는 조음이나 발성에서 문제가 있는데, 발음과 발성을 위한 훈련으로는 촛불 끄기, 풍선 불기, 물감 불어 그리기, 리코더 불기 등이 도움이 된다. 학생들에게 친숙한 동물이나 사물의 소리나 입 모양을 흉내 내는 말을 하도록 하는 것 역시 좋은 방법이다.

또한 일상생활에서 말하기 지도를 할 때는 장소 및 상황에 따라 적절한 목소리로 말하는 것에 주의할 필요가 있다. 전철이나 버스 등의 대중교통을 이용할 때나 도서관이나 영화관에서 귓속말을 하거나 낮은 목소리로 소곤거리며 말하는 연습이 필요하며, 듣는 상대에 따라서 천천히 또박또박 말하여 자신의 의사를 잘 전달하는 연습이 필요한데 이 또한 현장에서 적절하게 지도하는 것이 매우 중요하다.

말하기 수업의 또 다른 방법으로는 이야기의 순서가 있는 그림이나 사진 혹은 동화 내용을 바탕으로 그림의 순서에 맞게 이야기하도록 하는 것이다. 그림은 되도록 학생들이 친숙하고 좋아하는 그림을 활용하되 이야기를 쉽게 만들 수 있도록 단순한 그림을 사용하고, 처음에는 2, 3개 정도의 그림으로 누가, 무엇을, 어떻게 했는지, 그래서 어떻게 되었는지 간단하게 만들어 가다가 조금씩 복잡한 것

메모수첩 듣기·말하기 지도

- **1단계   기본적인 발성훈련**
  촛불 불기, 풍선 불기, 리코더 불기, 동물이나 사물의 소리나 움직임을 흉내 내는 말하기

- **2단계   소리 구별하기**
  동물이나 사물의 소리 구별하기, 들은 대로 따라 말하기, 같은 소리 찾기, 그림에서 보이는 소리 구별하기(청소기, 화장실, 주방에서 나는 소리 구별하기 등)

- **3단계   적절한 목소리 톤과 알맞은 속도로 말하기**
  장소 및 상황에 따라 적절한 목소리로 말하기(대중교통, 영화관이나 도서관 등의 공공장소), 상대방이 이해할 수 있도록 말하기

- **4단계   순서를 생각하며 말하기**
  이야기의 순서에 맞게 차례대로 말하기, 하고 싶은 말의 순서를 생각하며 말하기, 원인과 결과를 생각하며 말하기

으로 확장한다.

② 읽기와 쓰기

지적장애 학생에게 읽기와 쓰기를 지도하기 전에 지적 수준에 따른 문해력을 파악해야 한다. 지적장애 학생들은 책을 보는 것에 흥미를 가지고 있으며, 특히 그림이 많은 책을 더 즐겨 본다. 부모나 교사가 읽어 주는 것을 듣거나 스스로 그림을 짚어 가며 읽어 보면서 기존에 알고 있던 그림이나 단어에 대해 이야기하고, 자신의 경험을 떠올리며 이야기를 나누는 등의 활동을 좋아한다.

읽기와 쓰기 활동을 시작하기 전에 문해력의 기초가 되는 탐색 활동을 통해 책을 양손으로 잡기, 책의 아래와 위, 앞과 뒤 인식하기, 책장 넘기기, 글자와 그림 쳐다보기 등의 활동이 어느 정도 이루어지고 있는지 점검한다.

대부분 지적장애 학생은 제한된 언어 능력뿐만 아니라 문자를 인식하는 문해력이 떨어지기 때문에 기초 탐색 활동에서도 정확히 파악하지 못하는 경우가 많다. 또한 환경적으로 책과 친밀해질 수 있는 충분한 시간을 갖지 못하고 부모의 품 안에서 책을 접할 수 있는 기회가 부족한 경우도 많다.

어느 정도 책 읽는 태도가 바르게 정착되면 읽기 행동을 지도하는데, 그림과 관련한 읽기, 단어 중심의 내용 읽기, 내용을 생각하며 글 읽기 등을 지도한다. 책을 읽어 주면서 그림을 살펴보고, 알고 있는 단어나 글자를 손으로 찾아가면서 그림과 연관시켜 주고, 단어 중심으로 글을 연결하여 줄 읽기를 한다. 그런 다음 전체 이야기의 구성을 생각하며 반복하여 읽어 본다.

지적장애 학생들은 전체 글의 이야기를 구성하거나 조직화하는 데 어려움이 있으나 간단한 그림에 대한 의미 파악과 입으로 표현했던 단어들은 잘 기억하는 경우가 많다. 그래서 그림이나 단어 중심으로 내용을 순서대로 부호화하여 반복적으로 기억하고 연습하는 과정이 필요하다.

읽기 활동을 지도하기 이전에 학습 대상자의 읽기 수준을 정확히 파악해야 하는데 읽기는 단어 재인과 읽기 이해력, 즉 독해력을 구분하여 파악해야 한다. 읽기를 위해서는 눈과 손의 협응력, 모양 변별력, 전경과 배경 변별력 등이 필요하다. 눈과 손의 협응력은 점선을 따라 다양한 선 긋기나 점과 점 잇기 활동으로,

> **메모수첩**　읽기 및 쓰기 지도
>
> - **1단계　탐색 활동**
>   책을 양손으로 잡기, 책의 아래와 위, 앞과 뒤 인식하기, 책장 넘기기, 글자와 그림 쳐 다보기 등
> - **2단계　읽기 활동**
>   그림과 관련한 읽기, 카드나 구어를 이용한 읽기, 단어 중심의 내용 읽기 및 단어 구 별하기, 내용을 생각하며 글 읽기, 글을 읽으면서 손가락으로 지적하기, 말과 인쇄된 글자 연결하기 등
> - **3단계　쓰기 활동**
>   필기도구로 동그라미 그리기, 선 긋기 및 덧쓰기, 낱글자 보고 쓰기, 단어 외워서 쓰기

모양 변별력은 같은 모양 찾기나 여러 모양 중에 다른 모양 찾기, 배경을 변별하기 위해서는 제시된 그림에서 빠진 곳 찾기나 다른 것 찾기, 사물의 일부분을 보고 이름 맞히기 등을 학습하는 것이 도움이 될 수 있다.

지적장애 학생의 학업 전 기술이 어느 정도 습득되면 글자를 지도할 때 통문자로 접근하는 것이 자음과 모음을 분절하여 가르치는 것보다 효과적이다. 학생들을 지도해 보면 자신의 이름이나 익숙한 과일의 이름, 자신의 주소나 아파트 이름을 글자로 찾을 때가 있다. 대부분 누적된 학습의 결과일 수도 있고, 그만큼 환경에 노출되어 있는 단어들, 텔레비전 광고나 물건의 상표로 자주 인식된 단어들도 많이 알고 있다. 자신의 이름 중에 받침이 없는 글자는 더 쉽게 인식하는 경우가 많다. 그만큼 단순하고 쉽게 따라 쓸 수 있는 글자를 더 오랫동안 기억하고 재생할 수 있기 때문이다.

지적장애 학생들은 일부 단어를 정확히 읽고 쓴다 하더라도 문장에서 대강의 내용을 파악하는 독해력 기술에서는 많은 어려움을 갖고 있다. 누가, 언제, 무엇을, 어떻게 했는가 등의 질문을 많이 사용하여 반복적으로 답변 기술을 신장시키는 것도 한 방법이다.

일반적으로 읽기 이해력을 향상하는 데 효과적인 교수법으로 초인지 전략을

활용하여 자기 교수, 자기 질문, 자기점검법을 많이 사용하였다. 그 밖에도 문제 해결 학습, 프로젝트 학습, 문제 중심 학습 등이 많이 사용되고 있다. 일상생활에서 다양하고 실제적인 문제 해결력을 키우기 위해 다른 사람과의 의사소통 관계 속에서 자신의 의사를 결정하고 문제를 해결하면서 '왜 이런 일이 생겼을까?' '어떻게 해야 할까?' '그다음에는 어떤 일이 일어날까?' 등의 문제 해결력과 관련된 질문에 대답하고 해결하는 능력을 신장시키는 것이다. 전략은 수업 속에 자연스럽게 녹아 들어가야 한다. 전략을 위한 수업이 아니라 수업을 위한 전략이 포함되는 것이니만큼, 학습자 수준에 맞는 효과적인 전략을 수업 중에 적절히 활용하는 것이 중요하다고 할 수 있다.

(2) 수 학

특수교육 기본 교육과정(교육과학기술부, 2009a)의 수학과는 수학의 기초적인 개념과 원리와 법칙을 이해하고, 사물과 현상을 수학적으로 관찰하고 사고하는 능력을 기르며, 여러 가지 문제를 합리적으로 해결하는 능력과 태도를 기르는 교과다. 수학은 수와 연산만을 다루는 것이 아니라 규칙성과 관계를 탐색하고, 다양한 자료를 수집하여 분석하고 해석하는 과정을 통해 사고하는 방법을 탐구하는 학문이다.

많은 지적장애 학생은 수와 연산에서 수학적 문제 해결의 장벽에 부딪히는데, 기본수를 이해하면 더 많은 수학적 문제를 해결하는 데 성취감을 느낄 수 있다. 하지만 대부분 문제를 이해하는 데 언어적 어려움이 있고, 수에 대한 거부감이 수학 수업에 대한 선입견을 갖게 한다. 그런 지적장애 학생들에게 반복적인 수 세기나 연산을 무의미하게 지도하는 것은 수학 학습에 대한 흥미를 잃게 할 뿐만 아니라 수 개념이 자리 잡기 전에 수 세기를 자동화하기 쉽다.

지적장애 학생들에게 수에 대한 개념은 일상생활에서 효과적으로 적용할 수 있는 수에서 출발하는 것이 좋다. 수와 연산 그리고 실생활에 사용되는 물건의 도형과 측정 개념, 확률과 통계를 다루는 표와 그래프 등을 흥미 있게 적용하려는 노력과 준비가 필요하다.

① 수와 연산

수 개념과 연산은 학습자의 수준에 따라 구체물과 반구체물에서 추상적인 것으로 가르친다. 구슬이나 과자, 초콜릿 같은 학생들이 좋아하는 구체물을 활용하여 수 세기를 지도하고, 각각의 구체물을 동그라미나 스티커로 전이시키고, 동그라미나 기호 등의 반구체물에서 추상적 기호화까지 확대하여 지도한다.

현장에서 수학을 지도하다 보면 덧셈과 뺄셈의 단순 계산은 잘하는데 아주 간단한 문장제 문제를 이해하지 못해서 전혀 문제를 풀지 않는 학생들이 매우 많다. 물론 단순한 계산은 훈련으로도 어느 정도 성과를 보일 수 있다는 의미일 수도 있으나 실생활에서 활용되지 못하는 연산은 학습 성취에서 큰 효과를 보지 못한 것이라 할 수 있다. 연산에 어려움을 보이는 학생의 경우는 전자계산기를 활용하는 것도 좋다. 적어도 문제를 정확히 파악하여 계산기를 통해 정확한 답을 산출하고 실생활에서 적용할 수 있다면 오히려 더 의미 있는 학습 성과를 보인 것이라 말할 수 있다.

지적장애 학생들의 수학 문제 해결력 향상을 위해 수학 동화를 활용한 도식기반 문제 해결 전략 전이교수를 활용할 수 있다. 전이란 수학적 지식을 새로운 문제 해결의 상황에 적용할 수 있도록 돕는 것을 말한다. 지적장애 학생의 동기적 요소를 고려하여 동화 속의 그림이나 이야기 안에 수학적인 요소를 접목시켜 수학 문제로 활용하는 것이다. 문제 해결을 위해 처음 제시한 문제를 새로운 형식에 맞게 다른 형식으로 전이하고, 새로운 핵심어를 사용하여 다른 단어에 전이시키고, 다른 질문을 사용하여 하나의 문제를 해결하고, 더 큰 문제로 전이시켜 문제 해결을 하는 방법이다. 또한 문제 해결을 위해 전이가 아닌 규칙을 가르치는 것도 한 방법이다. 문제를 읽고, 핵심 숫자나 단어로 정보를 찾고, 수학 기호나 계산 방법 또는 식을 써서 문제를 해결하고 점검하는 전략이다. 어떤 문제를 해결하기 위해서는 제시된 문제 유형에 따라 적절한 방법과 전략을 활용하여 흥미롭게 접근하는 것이 무엇보다 중요하다.

② 도형과 측정

도형 영역에서는 주변에서 자주 접하게 되는 물건들을 보고, 모양의 형태를 파악하는 능력으로 도형의 기초적인 지식을 얻고 도형의 성질이나 구성을 통해 입체도형과 평면도형의 특성을 이해하는 것이 중요하다. 학생들이 즐겨 하는 블록 놀이나 탑 쌓기, 집짓기나 자동차 만들기 활동을 통하여 여러 가지 모양의 물건을 이용하여 더 큰 사물을 만들고, 결과를 비교·검토하는 활동을 하며 모양의 다양함을 이해한다. 집의 지붕으로 삼각형을 이용하고 자동차 바퀴로 동그라미, 원 모양을 이해하고, 창문을 만들기 위해 네모 모양을 사용하는 등 모양의 특징을 살려 자연스럽게 이해시킨 후 다시 모양을 해체하여 각각 같은 모양끼리 분류하는 것이다.

지적장애 학생들이 놀이를 통해 주변에 있는 물건에서 모양의 특징을 추상하게 할 수 있으며, 여러 가지 경험을 통하여 상자와 공과 기둥의 모양 형태를 인지할 수 있도록 놀이를 구성하고 계획하는 것이다. 학생들은 동그라미나 네모, 세모 등의 이름은 잘 알고 같은 모양끼리 분류하는 것은 어느 정도 할 수 있으나, 모서리나 면의 개수에 따라 삼각형, 사각형, 원으로 구별하는 것도 어려워한다. 하지만 동그라미, 세모, 네모도 처음부터 알고 있던 것이 아니라 학습되어 익숙한 단어인 것처럼 세 개의 모서리 대신 1, 2, 3의 수를 표현하고, 한 점을 중심으로 두 직선이 되는 모양을 각이라 생각할 때 각이 셋이라 삼각형이라고 하는 개념을 알려 주면서 도형의 정확한 이름을 지도해야 한다.

측정은 길이, 들이, 무게, 넓이, 부피 등을 다루는데, 이러한 양의 비교와 측정에서는 양에 대한 개념을 형성하게 하고, 측정 활동의 기본이 되는 임의 단위와 보편 단위의 필요성을 알고 직접 실생활에 적용하여 유리하게 활용하는 것이 중요하다.

실생활에서 적용할 수 있는 양적 비교 활동을 통해 길이가 어느 정도인가, 어느 쪽이 얼마나 더 긴가 등을 판단하는 수학적 가치와 표준 단위가 주는 편리성을 얻을 수 있다. 들이나 무게의 경우도 직접 주스를 다양한 컵에 따라 보고 양을 비교하여 더 많은 것을 고르게 하는 방법, 무게도 요리 활동을할 때 직접 재료를 비교하여 무거운 것과 가벼운 것을 손대중으로 고르는 것부터 계량기나 저울을 이용하여 직접 재료의 무게를 재어 숫자로 비교해 보는 방법을 활용한다.

또한 시계 보기나 시간 개념을 통해 한 시간과 하루와 한 달, 일 년의 관계를 이해하고 하루 24시간 중에 일과표를 보고 낮과 밤을 구별하고 아침, 점심, 저녁을 구분하여 각각의 시간을 알아보는 활동도 실생활에서 매우 중요한 학습 요소다. 등교 시간과 점심시간, 하교 시간을 통해 정확한 시각을 읽고 그에 맞게 행동하는 것은 규칙적인 학교생활과도 밀접한 관련이 있고, 이렇게 생활 속에서 지도하는 시간 개념은 학교생활뿐 아니라 더 나아가 직업생활, 여가생활의 활용에서도 시간 관리에 있어 매우 중요한 요소이므로 체계적으로 지도해야 하는 부분이다.

③ 표와 그래프(자료의 정리)

자료를 수집하고 수집한 자료를 한 가지 이상의 기준으로 분류하고 정리하는 것은 문제에 따라서 많은 경우의 수를 가지고 있어서 지적장애 학생에게는 무척 어렵고, 접근할 수 있는 방법도 제한적이다. 하지만 표와 그래프를 보고 자료를 이해하고 해석하는 능력을 신장시키는 것은 생각보다 쉬울 수도 있다.

일단 자료 또는 구체적인 사물을 같은 것끼리 모으고 조사표를 만들어 숫자를 채우는 것이다. 정해진 기준에 따라 사물을 분류하여 같은 것끼리 모아 조사표에 기록하여 그 양을 비교한다. 그리고 조사표를 가지고 그래프로 나타낸다. 사물이나 좋아하는 것을 특정에 따라 분류하는 방법도 있지만 어떤 일의 사건이 일어나는 횟수를 기록할 수도 있다. 고리 던지기나 볼링 게임과 같이 특정 놀이 활동을 통해서 걸린 고리의 수나 넘어진 볼링 핀의 개수를 표에 기록함으로써 조사표를 완성하고, 누가 가장 많이 성공했는지 막대그래프나 스티커그래프를 활용하여 보기 좋게 표시하면서 자연스럽게 표와 그래프를 접목시킨다. 또한 학생들이 착용한 옷이나 신발의 특정, 가족의 수나 나이, 좋아하는 음식의 선호도 등 다양한 활동으로 표와 그래프를 친숙하게 접하여 여러 가지 자료를 분류하고 해석하는 방법을 동원해야 할 것이다.

요약 📖

지적장애 학생들의 언어 사용 기능의 신장을 위해서는 일상생활에서 의사소통을 원활히 하고 언어 사용 과정에서 올바른 태도와 습관을 형성하여 올바르게 활용하도록 해야 한다.

일상생활에서의 언어지도는 합리적인 사고력과 문제 해결력을 길러 주고, 다른 사람과의 상호관계를 원활히 함으로써 언어 사용 기능을 신장시키며, 생활에서 필요한 국어를 보다 정확하고 효과적으로 사용할 수 있는 기능과 지식을 다양한 언어 상황에 직접 활용하는 능력을 길러 줄 수 있다.

이를 위해서는 긍정적이고 수용적인 학급 문화를 조성하고, 사회적 기술 교수를 제공하며, 학급 규칙과 절차를 개발하여 적용하는 등 적절한 교육 방법을 사용하여 그들이 학교생활에 잘 적응할 수 있도록 도와주어야 한다.

지적장애 학생의 수학지도는 수학의 기초적인 개념과 원리를 이해하고 사물과 현상을 수학적으로 관찰하고 사고하는 능력을 길러 주어야 한다. 수학은 여러 가지 문제를 합리적으로 해결하는 능력과 태도를 기르는 교과이므로, 수와 연산만을 다루는 것이 아니라 규칙성과 관계를 탐색하고, 다양한 자료를 수집하여 분석하고 해석하는 과정을 통해 사고하는 방법을 탐구하도록 지도해야 한다.

03 | 자폐성장애 알아보기

1. 자폐성장애의 정의를 알 수 있다.
2. 자폐성장애의 원인과 진단·평가에 대해 알 수 있다.
3. 자폐성장애의 특성 및 교육 방법에 대해 알 수 있다.

1) 자폐성장애란

자폐성장애를 일컫는 용어는 자폐 혹은 자폐증(autism), 자폐성장애(autistic disorder), 자폐 범주성 장애 혹은 자폐 스펙트럼 장애(autism spectrum disorders), 전반적 발달장애(Pervasive Developmental Disorders: PDD) 등으로 다양하다. 「장애인 등에 대한 특수교육법 시행령」 제10조에서는 특수교육 대상자 선정 기준에서 자폐성장애를 지닌 특수교육 대상자에 대하여 "사회적 상호작용과 의사소통에 결함이 있고, 제한적이고 반복적인 관심과 활동을 보임으로써 교육적 성취 및 일상생활 적응에 도움이 필요한 사람"이라고 정의하고 있다.

2) 자폐성장애의 원인 및 진단·평가

(1) 자폐성장애의 원인

자폐 증상을 신경학 관련 장애로 보는 다수의 연구들이 있다. 그러나 자폐와 뇌 관계 연구들을 종합한 문헌들(Herbert, 2011; Wicker, 2008; Frith & Hill, 2003)을 보면, 자폐와 비자폐간의 차이를 보이는 뇌 부위들은 제시되어 왔지만, 명확하게 자폐 증상과 항상 연관되는 뇌 부위나 유전 요인이 아직 발견되지는 않았다.

유전적 요소 외에도 환경적인 독소(예: 수은 등의 중금속)가 과거보다 증가하면서 자폐성장애의 출현 가능성을 증가시키는 요인이 되고 있다는 연구 결과가 제시되고 있다.

(2) 자폐성장애의 진단 기준 · 도구

① 장애 진단 기준

자폐성장애는 사회적 상호작용의 질적 결함, 의사소통의 질적 결함, 제한적이고 반복적이며 상동적인 관심 및 행동의 세 가지 특성으로 인하여 교육적 성취에 지원을 필요로 하는 경우 진단되며, 『정신장애의 진단 및 통계 편람(DSM-IV-TR)』의 기준이 주로 사용되고 있다(한국특수교육학회, 2008).

② 진단 도구

자폐성장애를 진단하는 도구는 크게 선별 도구, 진단 · 사정 도구, 교육과정 중심 사정, 진보 점검 사정 및 프로그램 평가 도구로 나눌 수 있다.

이와 같은 도구들은 자폐성장애 학생의 현행 수행 수준과 행동 특성 등을 보다 세부적으로 파악할 수 있게 해 주며, 그 결과를 교육 계획과 중재 프로그램으로 연결하여 실제적인 교육 효과를 기대할 수 있는 풍부한 정보를 제공한다.

3) 자폐성장애의 특성

(1) 지적 특성

① 자폐성장애 학생의 지능 및 학업 성취(한국특수교육학회, 2008)
- 다양한 수준의 지적 기능을 보이며, 70~80% 정도는 정신지체를 함께 보임
- 지적 기능의 수준과는 상관없이 학급 및 학교생활의 적응에 어려움을 보임

- 학업 성취는 지적 기능의 수준 및 자폐적 특성에 의하여 영향을 받으며, 고
  도의 성취를 보이기도 함
- 특정 영역에서 뛰어난 능력이나 기술을 보이는 서번트 증후군(savant syn-
  drome)을 보이기도 함

② 자폐성장애 학생의 인지적 특성

자폐성장애 학생은 주의력, 정보처리 과정, 사회적 인지 영역에 손상이 있을
수 있다. 일반적으로는 정보의 통합, 추상적 추론, 인지적 융통성에 어려움이 있
는 것으로 보고되고 있으며(Minshew, Goldstein, Muenz, & Payton, 1992), 인지적
특성을 주의, 지각, 정보처리 과정, 기억, 사회적 인지로 나누어 살펴볼 수 있다.

자폐성장애 학생은 주의 영역에서 특정 자극에 대한 과잉 선택성을 보임으로
써 융통성을 잃기 쉬우며, 상황에 따라 적절하게 주의를 이동시켜야 함에도 불구
하고, 특정한 것에 지나치게 집중적인 주의를 기울임으로써 다양한 감각적 정보
를 놓치는 경우가 많다. 이러한 특징은 사회적 관계에서 일어나는 사회적 메시지
를 충분히 이해하지 못하게 하는데, 예를 들어 상대방의 말을 들을 때, 표정, 몸
짓, 억양, 전후 맥락 등을 충분히 고려해야 함에도 불구하고 단지 '너 참 잘났
다.'는 말을 문자 그대로 받아들인다거나 상대방의 빨간색 단추에만 집중하게
되면, 자기를 비아냥거리는지도 모를 그 상황에 대해서는 전혀 이해할 수 없게
된다.

지각 영역에서는 청각적이고 일시적인 혹은 순간적인 감각 정보를 처리하는
능력이 부족하여 음성언어로 제시되는 지시를 놓치거나 알아듣지 못하는 경우
가 많은 반면, 공간에 고정적으로 제시되는 시각적 단서에 대해서는 비교적 잘
알아차리고 학습하는 편이다. 따라서 자폐성장애 아동은 소위 '시각적 사고
(visual thinking)'를 하는 '시각적 학습자(visual learner)'다.

정보처리 과정에서는 제시된 정보를 한 번에 하나씩 처리한다거나 구체적이고
단절적으로 처리하는 경향이 있어 이를 통합적이고 추상적으로 처리하는 데 약
점을 보인다고 한다. 또한 정보를 통째로 저장하는, 즉 전체적인 형태(Gestalt)로
인식하는 특성이 있어 전체 정보를 분석해서 해석해 내는 능력이 부족한 편이다.

사회적 인지 측면에서 보면, 자폐성장애 학생은 타인의 정서 상태를 추론하고 조망하는 능력이 부족하다고 한다(Baron-Cohen, 1995).

(2) 자폐성장애 학생의 핵심 기술 결함

첫째, 비구어적 상호작용을 원활하게 수행하지 못한다. 상호작용의 시작은 상대방과의 눈 맞춤에서 시작된다. 나머지 메시지는 신체 표현 언어, 얼굴 표정, 음색, 음량, 억양과 같은 준구어적이거나 비구어적인 방법으로 전달된다(Houston Dispute Resolution Center, 1990). 그런데 상호작용의 첫 단계인 눈 맞춤이 제대로 이루어지지 않으면 이러한 다양한 메시지를 이해하지 못하게 되고, 당연히 사회성이나 의사소통의 발달에 문제가 발생할 수밖에 없다. 특히 자폐성장애 학생은 관심 공유(joint attention)에 어려움을 보인다. 관심 공유 능력의 손상은 상호적 의사소통(McEvoy, Rogers, & Pennington, 1993; Mundy & Sigman, 1989 재인용), 가장놀이(Charman, 1997), 다른 사람들과 정서적으로 관계를 맺을 수 있는 능력 등을 자연스럽게 발달시키지 못하는 원인이 될 수 있다(Hobson, 1996; Tomasello, 1995 재인용).

둘째, 자폐성장애 학생들은 모방에서 연속적인 운동 활동을 모방한다거나 변형된 모방을 시도하는 데 어려움이 있기 때문에 사회성과 의사소통 발달에 곤란을 겪게 되는 경우가 많다. 그리고 단순한 모방 능력과 이해를 수반하는 모방 능력 간에는 상당한 차이가 있다. 자폐성장애 아동들은 행동은 모방할 수 있지만, 그 행동의 의미를 제대로 이해하지 못하는 경우가 많다는 것이 비슷한 발달 수준에 있는 또래 아동들과 다소 차이를 보이는 점이라 할 수 있다.

(3) 자폐성장애 학생의 사회 · 정서적 특성(한국특수교육학회, 2008)

- 사회적 상호작용을 위한 비구어적 행동(예: 눈 맞춤, 표정, 몸짓)의 사용에 어려움을 보임
- 연령에 적합한 또래관계를 잘 형성하지 못함
- 즐거움, 관심, 성취 등을 다른 사람들과 나누려고 하지 않음
- 사회적 또는 정서적 상호성이 결여됨

● 발달 수준에 적절한 가상놀이와 사회적 모방놀이가 결여됨

　사회·정서적 측면에서 타인의 감정적 상태를 추론하는 능력이 떨어지는 편이며, 감각적 민감성이나 정서적 불안이 동반되어 원활한 사회적 상호작용에 어려움을 겪는 경우가 많다. 자폐성장애 학생들에게서 관찰되는 또래와의 상호작용 발달 유형은 인지적인 손상과 매우 관련이 높아 보인다. 자폐성장애 학생은 사회적 놀이를 할 때 실제 상황에 맞게 유연하게 정보를 통합하고 생성하지 못하는 경우가 많다. 또한 사회적 상호작용 자체가 지나치게 빠르고 순간적이기 때문에 자폐성장애 학생에게는 그 처리가 매우 곤란해 보인다. 또한 사회·정서적 메시지를 이해하는 능력이나 모방, 놀이, 타인의 관점을 이해하는 능력 등이 인지적 유연성의 정도가 어느 정도인가에 따라 자폐성장애 학생 개인의 사회적 융통성의 정도를 가늠할 수 있을 것이다.

(4) 자폐성장애 학생의 언어 및 의사소통 특성(한국특수교육학회, 2008)

● 말을 하지 못하거나 발달이 지체됨
● 말을 하지 못하는 경우 대체적인 수단으로 보완하고자 하는 시도가 없음
● 말을 하는 경우에도 사회적 의사소통의 기능으로 사용하지 못함
● 상동적이고 반복적인 형태로 언어를 사용하거나 특이한 언어를 사용함

(5) 자폐성장애 학생의 행동 특성(한국특수교육학회, 2008)

● 제한된 영역에 지나치게 강도 높은 독특한 관심을 보임
● 특정 비기능적인 일과나 의례적인 행동에 융통성 없이 집착함
● 상동적이고 반복적인 움직임 습관을 보임
● 사물의 특정 부분에 대하여 지속적인 집착을 보임
● 자해 행동, 공격 행동, 텐트럼(지나친 떼쓰기) 등의 문제 행동을 보이기도 함
● 감각 자극에 대한 처리 및 반응이 독특함

4) 자폐성장애 학생의 교육 방법

(1) 자폐성장애 학생의 교육을 위한 핵심 요소

첫째, 교육 시기에서의 강조점은 조기교육과 전환교육이다. 조기교육은 가급적 장애를 조기에 발견하고 개입하면 그 예후가 상당히 좋다는 것이며, 조기교육의 적절한 실시로 평생 동안 자폐성장애인의 교육과 보호에 드는 전체 비용의 2/3를 줄일 수 있다는 통계가 그 효과를 짐작할 수 있게 한다. 또한 학령기뿐만 아니라 중등교육 이후 성인기로의 전환을 위한 효과적인 전환교육 계획의 수립과 관련 기관과의 연계도 중요시된다. 둘째, 사회적 기술의 습득 및 사용 증진, 언어 및 의사소통 기술의 습득과 사용 증진, 행동 관리 및 지원, 학업 목표 성취 등의 기본적인 요소가 포함된다(한국특수교육학회, 2008). 셋째, 자폐성장애 학생들은 정해진 일과를 반드시 지키려 하거나 자기만의 독특한 학습 양식을 고집하기도 하며, 선호하는 사물이나 사람이 매우 명확하거나 변화를 쉽게 받아들이지 못하는 경향이 있다. 따라서 자폐성장애 학생을 위한 교육 프로그램은 보다 체계적이고 계획적으로 구조화할 필요가 있으며, 이를 통해 학생들의 구조화된 세계에 접근하여 그들이 수용 가능한 변화의 흐름을 자연스럽게 만들어 내려는 노력을 담아 내야 한다. 넷째, 자폐성장애 학생을 위한 행동 중재 전략은 자폐성장애 학생의 문제 행동이 어떠한 기능을 지니는지에 대한 기능적 평가와 더불어 이러한 기능을 충족할 수 있는 대체 행동을 가르치는 긍정적 행동지원 전략을 포함시키는 것이 핵심이다. 다섯째, 교육 참여 자원 및 지원체계에서는 자폐성장애에 대한 풍부한 이해와 다양한 교수-학습 전략 및 행동 중재 전략을 교육받은 전문적인 교사를 양성함은 물론 교사들이 양질의 교육을 실시할 수 있도록 행정적 지원체계를 마련해야 할 것이다. 또한 통합교육을 위한 또래와의 상호작용 기회 확대, 학교와 가정 간의 신뢰에 기반하나 일관성 있는 교육적 접근을 위해서 보다 적극적인 가족의 참여 및 가족에 대한 지원책이 요구된다.

(2) 자폐성장애 학생을 위한 다양한 중재 전략

자폐성장애 학생을 위한 교수-학습 방법 혹은 중재 전략은 사회적 기술을 향상하기 위한 전략, 기능적인 의사소통을 위한 전략, 행동 중재 전략과 감각적 문제에 대처하기 위한 전략 등 다양한 측면에서 개발되고 있다.

(3) 응용행동 분석의 활용

① 응용행동 분석에 의한 교수 전략

응용행동 분석 이론에 입각한 다양한 교수 전략을 활용할 때는 행동 형성 절차가 결합되는 것이 좋은데, 행동 형성(shaping)은 표적 행동에 대한 점진적 근사치를 체계적으로 강화하는 것을 말한다(Alberto & Troutman, 2005). 행동 형성 절차를 사용할 때는 동기를 유발할 수 있는 요인을 찾아야 하며, 학생의 현재 기술 수준에 대한 명확한 자료에 근거하여 표적 행동을 구체적으로 정의할 수 있어야 한다. 행동 형성은 언어 기술, 운동 기술 등 일련의 점진적 근사치가 있는 행동들을 가르치는 데 유용하다.

② 기능적 사정과 긍정적 행동지원

자폐성장애 학생의 경우 의사소통 기술이나 사회적 기술이 부족하여 효과적으로 의사소통을 하지 못해서 부적절한 행동을 할 가능성이 많기 때문에, 그들에게 체계적으로 사회적 기술이나 의사소통 기술을 가르치는 것이 문제 행동을 예방하는 데 상당히 중요한 역할을 한다. 즉, 의사소통 기술의 결핍이나 의례적이고 일상적인 행동을 강하게 고수하려는 행동 등에 대하여 선행 전략이나 교육적 전략이 투입되지 않으면 문제 행동이 될 가능성이 크다는 것이다(Horner, Albin, Sprague, & Todd, 2000). 이에 최근에는 문제 행동의 예방을 강조하는 경향이 강하며, 어떤 도전적인 행동이 발생했을 때 긍정적 행동지원을 사용할 것을 강조하는 추세다(Carr et al., 2002). 기능적 사정을 위해서는 보통 가족 면담, 학생 면담, 직접 관찰 등의 방법이 사용되며, 행동의 기능을 파악하기 위한 기능적 분석(실험)이 수행되기도 한다.

③ 의례적 행동의 중재 전략

중재 계획에 활용할 수 있는 구체적인 방법으로는 물리적 환경의 조직화, 사회적 경험의 조직화와 단순화, 대안적인 사회적 의사소통 기술 가르치기, 이완 방법 가르치기, 편안한 장난감이나 활동 제공하기, 아동의 정서적 요구 반영하기 등을 활용할 수 있다(Quill, 2000).

(4) 시각적 학습 특성의 활용

시각적 교수-학습 전략의 대표적인 사례는 미리 보여 주기(priming) 전략이다. 미리 보여 주기는 학생이 어려워할 수 있는 활동이나 관련 정보를 미리 보여 줌으로써 심리적 안정감을 갖고 학습이나 행동 과제에 집중할 수 있도록 돕는 방법이다. 그래서 미리 보여 주기 전략은 사전 교수(pre-teaching) 전략이라는 의미를 지닌다. 미리 보여 주기는 학생의 수행 능력을 향상하며, 제재에 친숙해질 수 있게 하고, 불안이나 분노를 감소시켜 주며, 활동을 탐색할 수 있게 해 준다(Linn & Myles, 2004). 대표적인 미리 보여 주기 전략으로는 비디오 모델링(video modeling), 시각적 지원(visual support), 상황 이야기(social story)를 들 수 있다.

시각적인 지원의 사용은 자폐성장애 학생이 규칙을 따르고, 수행해야 할 과제를 이해하고, 일과 시간 동안에 일어나게 될 내용을 인식하고, 작업이나 놀이 활동을 완성하는 방법을 이해하고, 작업을 완성한 경우 다른 사람에게 알릴 수 있게 하며, 한 활동에서 다른 활동으로 이동하고, 학생이 수행하기를 원하는 것을 선택할 수 있도록 지원해 주는 방법이다(Savner & Myles, 2000). 이와 같은 시각적 지원 방법에는 시각적 일정표나 정보 공유 카드, 시각적인 행동지원 카드 등이 있다.

자폐성장애 학생이 구어 사용 능력이 없거나 말이나 의사소통 기술이 부족할 경우에는 그림카드를 이용한 보완·대체 의사소통 시스템으로 그림교환 의사소통체계(Picture Exchange Communication System: PECS)를 활용하거나(Bondy & Frost, 1994), 수화와 같은 사인 언어를 교육하기도 한다. 이처럼 시각적 학습 특성은 자폐성장애 학생의 기능적인 의사소통 능력을 향상하는 데도 중요한 활용 가치를 지닌다.

(5) 감각적 특성에 대한 중재 전략

자폐성장애 학생은 감각적 과민감성과 저민감성으로 인하여 감각적으로 특이한 반응을 보이는 경우가 많다. 감각적 반응에 대한 중재의 핵심은 지나치게 민감하면 자극을 줄여 주고 너무 둔감하면 각성도를 높일 수 있도록 자극 수준을 높여 주자는 데 있다. 또한 중재 전략의 효과적 적용을 위해서는 안전지대의 설치와 같은 물리적인 환경 변화와 함께 관련 전문가와의 긴밀한 협력이 필요하다.

(6) 자폐성장애와 직업

첫째, 언어적 및 비언어적 의사소통 능력의 손상에 대해서는 의사소통이 거의 필요하지 않은 직업을 선정하거나, 직무 지도원을 통해 필요한 의사소통 기술을 훈련시키거나 제공해 주는 지원이 필요하다. 둘째, 사회성 부족에 대해서는 사회 기술이 많이 필요하지 않은 직업 및 대중과의 접촉이 한정된, 혼자서 하는 직무를 선정해 주고, 사회화를 도울 수 있는 직무 지도원이 배치되어야 하며, 이들을 통해 특정 사회 기술 훈련을 제공할 수 있다. 셋째, 감각 자극에 대한 특이한 반응에 대해서는 좋아하는 자극을 제공해 주거나 싫어하는 자극을 피하는 직업을 선정해 줄 필요가 있다. 넷째, 변화 대처의 어려움에 대해서는 매일 거의 변화가 없는 직업을 선정하는 것이 좋고, 변화에 대처할 수 있도록 행동 관리 및 감독을 제공해야 한다. 다섯째, 정신지체 수반에 대해서는 인지 능력을 반영하는 직업 선정이 필요하고, 필요한 경우에는 직업 기술에 대한 훈련 및 감독을 제공해야 한다. 여섯째, 행동 문제에 대해서는 행동 문제를 유발하는 환경이 없거나 또는 그런 행동 문제가 동료들을 위험하게 하거나 직장을 위태롭게 하지 않는 직업을 선정할 필요가 있으며, 행동 프로그램의 수행 및 문제 행동 관리를 위한 직무 지도원의 감독이 필요하다. 일곱째, 의례적 행동의 강박 행동에 대해서는 세부적인 주의 집중을 필요로 하는 직업이나 정확성을 요구하는 직업을 선정해 줄 필요가 있다. 여덟째, 주의 산만과 과제 외의 행동에 대해서는 과제 행동을 증가시키기 위한 행동 프로그램의 실시 및 적절한 감독의 제공이 필요하다. 아홉째, 강점으로 작용하는 시각-운동 기술에 대해서는 좋은 시각-운동 기술을 요구하는 직업을 선정해 줄 수 있으며, 특정 영역에서의 뛰어난 기술에 대해서는 그러한 부분이 강조될 수 있는 직업을 선정해 줄 필요가 있다.

이와 같은 시사는 자폐성장애와 관련된 제반의 특성과 관련해서, 개개인의 약점을 보완해 주고 강점을 극대화할 수 있도록 적절한 지원을 제공해 준다면 자폐성장애인이 성공적으로 직업생활을 유지할 수 있음을 보여 준다.

요약 📖

> 오늘날 아동기 장애를 진단하는 데 가장 널리 활용되는 전반적 발달장애(PDD)라는 용어 대신 자폐 스펙트럼 장애(autism spectrum disorders: ASD)라는 용어를 사용한다. 이는 자폐가 명확하게 구분되는 장애이기보다는 '자폐적 성향(autistic propensity)'의 연속선으로 이해되기 시작하였고(Rutter, 1999), 자폐와 함께 나타나는 다양하고 폭넓은 증상들로 인하여 일반적인 결함과 자폐만의 독특한 결함을 구분하기 어려운 현실을 반영한다고 할 수 있다. 즉, 자폐성장애는 운동 능력, 언어 능력, 지적 능력, 의사소통 능력, 사회적 상호작용 능력, 문제 행동의 정도 등 여러 가지 영역에서 다양한 스펙트럼을 보이는 장애로 인식되고 있다. 따라서 이 장에서는 자폐성장애 학생의 교육 방법에 대해 알아보고 자폐성장애 아동은 언어적 및 비언어적 의사소통 능력의 손상, 사회성의 부족, 감각 자극에 대한 특이한 반응, 변화 대처의 어려움, 정신지체 수반, 행동 문제, 의례적 행동 및 강박 행동, 주의 산만과 과제 외 행동 등에서 약점을 보이지만, 뛰어난 시각-운동 기술이나 특정 기술(숫자나 날짜 계산, 음악 연주, 그림 그리기, 천체 항법이나 스포츠 통계 기억하기, 기차 엔진이나 자동차 번호판의 번호 기억하기 등)에서 탁월함을 보이는 등 강점이 있다(Smith, Belcher, & Juhrs, 1995). Smith 등(1995)은 이와 같은 자폐 관련 특징이 직업 선택 및 발달에 주는 시사점을 제시하고 있다.
>
> 이와 같은 시사는 자폐성장애 제반의 특성과 관련해서, 개개인의 약점을 보완해 주고 강점을 극대화할 수 있도록 적절한 지원을 제공해 준다면 자폐성장애인이 성공적으로 직업생활을 유지할 수 있음을 보여 준다.

04 학습장애 알아보기

1. 학습장애의 정의와 특성을 이해하고 설명할 수 있다.
2. 학습장애 학생의 진단 및 판별 방법을 이해하고 설명할 수 있다.
3. 학습장애 학생들이 수업에 참여할 수 있도록 교수 전략을 적용할 수 있다.

1) 학습장애의 정의 및 분류

(1) 학습장애의 정의

우리나라에서는 2007년 개정된 「장애인 등에 대한 특수교육법」에서 학습장애를 지닌 특수교육 대상자를 "개인의 내적 요인으로 인하여 듣기, 말하기, 주의집중, 지각, 기억, 문제 해결 등의 학습기능이나 읽기, 쓰기, 수학 등 학업 성취 영역에서 현저하게 어려움이 있는 사람"이라고 정의한다.

(2) 학습장애의 분류

분 류	분류 기준
읽기 학습장애	낱말 읽기, 문장 독해 등의 분야에서 학습장애를 보이는 자
쓰기 학습장애	철자, 쓰기, 글짓기 등의 분야에서 학습장애를 보이는 자
수학 학습장애	수학적 추리 및 문제 해결, 계산, 도형 등의 분야에서 학습장애를 보이는 자
중복 학습장애	읽기, 쓰기, 수학 학습장애 영역 가운데 2개 이상의 분야에서 학습장애를 보이는 자

출처: 정동영, 김형일, 정동일(2001). 특수교육 요구 아동 출현율 조사 연구. p. 170.

(3) 학습장애, 학습부진, 정신지체의 구별

학습장애 학생은 평균적인 지적 기능[IQ 75(±5)] 이상을 가지고 있으면서도 학업 성취에 심각한 문제를 보이는 학생을 의미한다. 그러므로 교사는 학습장애를 지닌 학생과 학습부진 학생, 정신지체 학생을 구분해야 한다.

① 학습장애

개인의 내적 요인(중추신경계의 기능 이상으로 추정됨)으로 인하여 평균적인 지적 기능을 지니고 있으면서도 학업 성취에 어려움을 보이는 것으로, 이 장애는 다른 장애 조건(감각장애, 지적장애, 정서·행동장애 등)이나 외부적인 요인(문화적 요인, 경제적 요인, 불충분한 교수 등)이 직접적인 원인이 될 수 없다.

② 학습부진

정상적인 지적 능력과 학교 수업을 올바로 할 수 있는 잠재력을 지니고 있으면서도 주의력 결핍, 학습 동기 상실, 학교생활 부적응, 가정환경, 건강 문제 등의 내적 또는 외적 요인으로 인하여 교육 목표에서 설정한 최저 수준의 학업 성취에 미치지 못하는 경우를 의미한다.

③ 정신지체

지적 기능(IQ 75 이하)과 적응 행동상의 어려움이 함께 존재하여 교육적 성취에 어려움이 있는 경우를 의미한다.

2) 학습장애 학생의 특성

(1) 학업 성취

① 읽기 학습장애
- 글을 읽을 때 낱말의 한 부분을 생략하고 읽거나 쓰여 있지 않은 말을 첨가해서 읽는다.

- 책을 읽고도 무슨 내용을 읽었는지 파악하지 못한다.
- 읽어야 할 낱말을 다른 낱말로 바꾸어 읽는다.
- 대명사가 지시하는 것이 무엇인지 찾지 못한다.
- 글을 읽는 속도가 느리고 정확하게 읽지 못한다.

② **쓰기 학습장애**
- 필기도구를 잡는 강도와 각도 및 자세가 부적절하다.
- 쓰기에 필요한 지각-운동 협응 능력이 낮다.
- 글씨체가 혼란스럽고 맞춤법의 오류가 많다.
- 나이에 비해 사용하는 어휘가 단순하고 제한적이다.
- 받아쓰기를 어려워한다.

③ **수학 학습장애**
- 단순 연산의 속도와 정확성이 부족하다.
- 수 이전 개념(크기, 순서, 양, 거리, 공간 등)의 이해도가 낮다.
- 읽기 학습장애로 인해 문장제 문제 또는 지시문의 이해가 어렵다.
- 방향이나 시간 개념이 부족하다.

(2) 사회 · 정서적 특성

- 학업 성취가 낮음으로 인해 또래 친구들로부터 거부당하는 경험을 하게 되어 일반 학생에 비해 낮은 자존감, 부정적인 자아개념이 형성된다.
- 교사 및 또래 친구들과의 사회적인 상호작용 속에서 상대방의 감정이나 느낌을 잘못 해석하거나 상황에 맞지 않는 행동을 하기 때문에 원만한 대인관계를 유지하기가 어렵다.

(3) 주의 집중 및 과잉행동

- 일정 시간 동안 과제에 집중하지 못하기 때문에 끝까지 완성하는 것을 어려워한다.

- 주의 집중에 쉽게 방해를 받아 산만한 행동 특성을 보인다.
- 주의력결핍 과잉행동장애는 학습장애와 동의어는 아니지만, 학습장애와 함께 자주 나타나는 장애다.

(4) 지각장애

- 지각장애는 감각 능력(시각, 청각, 촉각)의 문제가 아니라 자극을 받아들이고 정리하고 해석하는 데 결함을 보이는 것을 의미한다.
- 퍼즐 맞추기, 도형 구분하기에 어려움을 보인다.
- 시지각장애를 지닌 경우에는 글자를 거꾸로 읽거나(예: 'ㅏ'를 'ㅓ'로 읽음, '6'을 '9'로 읽음, '46'을 '64'로 읽음) 비슷한 글자를 혼동하기도 한다.
- 청지각장애를 지닌 경우에는 청각에 아무 문제가 없음에도 불구하고 소리를 식별하지 못하여 지시 따르기나 대화에 어려움을 보이기도 한다.
- 눈–손 협응이 어려워 뛰기, 공 던지기, 계단 오르내리기 등의 대근육 활동이나 연필 쥐기, 종이접기, 운동화 끈 매기 등의 소근육 활동에 어려움을 보이기도 한다.

(5) 인지 및 기억력

- 학습 전략을 사용하지 못하기 때문에 과제를 수행할 때 계획에 따라 시작하거나 완수하지 못한다.
- 장기기억보다는 단기기억이나 작동기억에 문제가 있기 때문에 새로운 정보를 기억하지 못해 금방 읽거나 들은 내용도 바로 잊어버린다.
- 읽기 학습장애나 수학 학습장애는 작동기억의 결함과 관련이 있다.

3) 학습장애의 진단 및 판별

(1) 중재반응 모형

중재반응 모형(Response To Intervention: RTI)은 일상적인 수업 속에서 각 학생들이 어떻게 학업을 성취하고 있는지 교육과정 중심 측정(Curriculum-based measurement: CBM)을 통해 점검한다. 학생의 학업 성취 수준이 현저하게 낮을 경우, 일정 기간(보통 15~20주) 동안 다단계 접근(예: 일반 학급에서의 교수 → 소집 단에서의 교수 → 학생의 요구에 맞춘 집중적인 개별화된 교수)을 통해 효과적인 중 재를 적용하면서 교육과정 중심 측정(CBM)을 사용하여 성취의 변화를 알아본다. 이러한 효과적인 중재를 적용하였음에도 학업 성취 수준이 향상되지 않았을 경 우에는 학습장애로 판별된다.

중재반응 모형은 학습장애 학생을 조기에 판별할 수 있고, 효과적인 중재를 적 용하기 때문에 판별을 위한 평가와 교수 계획, 성취도 점검 등을 유기적으로 연결 시킬 수 있다는 장점이 있다. 반면 학습장애의 일차적인 원인으로 알려져 있는 중 추신경계의 결함에 대한 정보를 제시할 수 없다는 점에서 한계가 있다.

(2) 학습장애 진단 및 판별 시 고려할 점

- 학습장애 판별은 다학문적(심리학, 교육학, 심리측정학 등) 평가팀이 구성되 어 주도해야 한다.
- 학업 성취 관련 자료와 함께 심리 과정 혹은 인지 과정(지각-운동 협응, 기 억, 주의 집중력, 기본 학습기능) 관련 자료가 모두 활용되어야 한다.
- 선중재-후판별의 원칙(이대식, 2001b)에 따라 다단계 판별 절차를 밟아야 한다. 이는 진단 및 판별 작업 자체가 수업을 제공하는 것보다 중시되어서 는 안 된다는 것을 의미한다.

4) 학습장애 학생 교수 전략

(1) 읽기 기술을 향상하기 위한 구체적인 방법

① 낱말이나 구문을 알기 쉽게 끊어 준다.

　예시 1　문장을 낱말이나 구문으로 분리해서 띄어쓰기를 표시해 준다.

> 옛날∨어느∨무더운∨여름날,∨엄마오리가∨보금자리에서∨알을∨품고∨있었
> 어요.
> '이제∨아기오리들이∨깨어날∨때가∨되었는데……'
> 바로∨그때∨아기오리들이∨하나∨둘∨알을∨깨고∨고개를∨내밀기∨시작했
> 어요.

예시 2 문장의 끝이나 잘못 읽기 쉬운 낱말에 형광펜으로 표시한다.

> 옛날 어느 무더운 여름날, 엄마오리가 보금자리에서 알을 품고 있었어요.
> '이제 아기오리들이 깨어날 때가 되었는데……'
> 바로 그때 아기오리들이 하나 둘 알을 깨고 고개를 내밀기 시작했어요.

② 읽고 있는 행을 알기 쉽게 나타내 준다.

예시 1 형광펜으로 한 줄씩 색을 바꾼다.

> 옛날 어느 무더운 여름날,
> 엄마오리가 보금자리에서 알을 품고 있었어요.
> '이제 아기오리들이 깨어날 때가 되었는데……'
> 바로 그때 아기오리들이 하나 둘 알을 깨고
> 고개를 내밀기 시작했어요.

예시 2 읽기 창이 있는 보조 시트를 사용한다.

> 옛날 어느 무더운 여름날,
> 엄마오리가 보금자리에서 알을 품고 있었어요.

③ 읽기의 목적과 읽은 후에 무엇을 할 것인지 미리 알려 준다.
④ 내용은 재미있고 어휘는 쉬운 교재를 사용하여 읽기 연습을 시킨다.
⑤ 녹음 교재를 이용하여 단어의 정확한 발음과 문장의 흐름을 들으면서 읽게
   한다.
⑥ 유창하게 읽게 하기 위하여 문단을 여러 번 반복해서 읽게 한다.

⑦ 읽기 이해력을 연습할 수 있도록 구성된 교재를 사용해서 지도한다.

⑧ 각 문단을 읽을 때마다 '누가?' '무슨 일이 일어났지?'에 대한 질문에 답하며 읽기 이해력을 증진하는 전략을 사용하도록 한다.

⑨ 내용을 읽고 난 후, 교사는 문단의 내용을 요약하기, 주제 질문하기, 이해하기 어려운 부분 찾기, 다음에 일어날 사건 예측하기의 네 가지 단계로 나누어 대화를 통해 학생의 이해력을 증진시킨다.

⑩ SQ3R　조사(survey), 질문(question), 읽기(read), 암송(recite), 검토(review)를 의미하는 단어의 머리글자다. 설명문은 이야기식의 교재보다 이해하기 어렵기 때문에 전반적인 내용을 파악하기 위하여 먼저 문단을 조사하고, 본문에 대해서 질문하고, 답을 찾기 위해서 읽고, 찾은 답을 본문을 보지 않고 암송하고, 문단 전체를 다시 검토하는 방법을 통하여 이해력을 증진시킬 수 있다.

(2) 쓰기 기술을 향상하기 위한 구체적인 방법

① 학생이 자주 틀리는 단어나 자주 사용하는 단어로 구성된 개인용 사전을 만들어 사용한다.

② 먼저 시험을 통해 학생이 학습해야 할 단어를 선정한 뒤 연습시키고 다시 시험으로 진도를 확인한다.

③ 글자를 쓰기 위한 시각적 촉진을 제공하고 점진적으로 소거시킨다.

④ 일기 쓰기, 친구에게 짧은 편지 쓰기, 짧은 이야기 만들기 등의 활동을 통해 작문을 연습시킨다.

⑤ 작문을 통해 표현하고 싶은 주요 내용으로 목록을 만들고, 목록을 각 문단에 맞는 주요 문장으로 전환시키고, 각 문장을 보조하는 문장을 덧붙이게 한다.

⑥ 작문 시 문서 작성 프로그램을 이용하여 초고 작성하기, 내용 수정하기, 문법 교정하기 등의 단계로 나누어 글을 쓰게 한다.

⑦ 문서 작성 프로그램에 내장된 맞춤법 교정 프로그램을 이용하여 스스로 맞춤법을 점검하게 한다.

(3) 수학 기술을 향상하기 위한 구체적인 방법

① 계산 문제를 푸는 데 도움이 되는 시각적 촉진을 제공한다.

예시

② 계산을 할 때 자릿수를 잘 맞추지 못하는 학생을 위해 네모 칸이나 보조선을 이용하여 쉽게 자리를 잡을 수 있게 해 준다.

③ 여러 개의 문제로 인하여 혼란스러워하는 학생을 위하여 한 쪽에 2~3개의 문제만 제시한다.

④ 자동 암산을 연습시킨다.

⑤ 콩, 블록, 나무젓가락, 빨대, 바둑알 등의 구체물을 직접 조작하면서 셈하기, 구구단 등의 관계를 학습시킨다.

⑥ 문제 해결 계산 문제에 실제 상황을 활용하여 학생의 이해를 돕는다.

⑦ 학급 내에 가게나 은행 등의 모의 상황을 설정하고 수학 추론을 위한 다양한 활동을 연습하게 한다.

(4) 자기교수 방법을 적용한 인지훈련 접근의 일반적인 교수 절차

① 1단계   학생은 교사가 다음의 내용을 큰 소리로 말하면서 과제를 수행하는 모습을 관찰한다.

● 활동에 대한 질문

● 어떻게 과제를 수행할 것인가에 대한 교수

● 수행에 대한 스스로의 평가

② 2단계   교사가 언어로 지시하면 교사와 함께 과제를 수행한다.

③ 3단계   큰 소리로 말하면서 스스로 활동을 수행한다.

④ 4단계   과제 수행 방법을 조용히 말하면서 과제를 수행한다.

⑤ 5단계 마음속으로 말하면서 활동을 수행한다.
⑥ 6단계 자신의 수행 결과를 점검하고 스스로 평가한다.

(5) 평가 방법: 검사 조정

학습장애 학생들의 특성에서 살펴본 바와 같이 읽기, 쓰기, 말하기, 듣기, 셈하기 능력 중 어느 하나 혹은 그 이상에서 심각한 결함을 보인다면 그들이 또래 학생과 같은 조건과 방법으로 시험을 볼 수 없다는 결론에 도달한다. 학습장애 학생들을 대상으로 한 검사 조정의 핵심은 검사의 타당도를 손상시키지 않고 검사형식과 내용 그리고 절차를 학습장애 학생에게 최적화해서 그들이 갖고 있는 능력이 최대한 반영되도록 하는 것에 있다.

● 검사의 지시문을 읽어 줄 수 있다.
● 글자를 크게 하거나 여백을 조정하여 검사의 형식을 조절할 수 있다.
● 검사 시간을 연장할 수 있다.
● 답안 작성 방법을 직접 작성하거나 문장으로 서술하는 것에서 단순 선택하거나 구두로 답하게 하기 등의 방식으로 조정할 수 있다.

요약

학습장애 학생은 정신지체 및 학습부진을 가지고 있는 학생과 구분하여 지도하는 것이 매우 중요하다. 학습장애 학생은 평균 이상의 지적 능력을 지니고 있지만 읽기, 쓰기, 말하기, 듣기, 수학 등의 학습 영역 중 한 가지 이상에서 어려움을 보인다. 학습장애는 외부적인 요인보다 개인 내적인 요인, 즉 중추신경계의 신경학적 기능장애와 관련이 있는 것으로 추정되고 있다. 이러한 학습장애 학생을 선별하는 방법으로는 중재반응 모형이 있는데, 이 모형은 학습장애 학생을 조기에 판별할 수 있고, 효과적인 중재를 적용한다는 장점이 있다.

학습장애 학생은 학업 성취나 사회·정서적인 면에 문제를 보이며, 주의력결핍 과잉행동장애, 지각장애, 인지 및 기억력 또는 학습 동기 측면에서 문제를 보인다. 교사는 학습장애 학생의 특성을 잘 이해하고 적절한 교수 전략을 사용하여 그들이 수업에 의미 있게 참여할 수 있도록 지도하는 노력을 해야 한다.

05 정서 · 행동장애 알아보기

1. 정서 · 행동장애의 정의와 분류 및 특성을 이해하고 설명할 수 있다.
2. 정서 · 행동장애 학생의 진단 및 선별 과정을 이해하고 설명할 수 있다.
3. 정서 · 행동장애 학생들이 학교에 잘 적응할 수 있도록 적절한 교육 방법을 적용할 수 있다.

1) 정서 · 행동장애의 정의

우리나라의 「장애인 등에 대한 특수교육법 시행령」 제10조 특수교육 대상자 선정 기준에서는 '정서 · 행동장애를 지닌 특수교육 대상자'를 다음과 같이 정의하고 있다.

장기간에 걸쳐 다음 각 목의 어느 하나에 해당하여 특별한 교육적 조치가 필요한 사람은 다음과 같다.

- 지적 · 감각적 · 건강상의 이유로 설명할 수 없는 학습상의 어려움을 지닌 사람
- 또래나 교사와의 대인관계에 어려움이 있고, 학습에 어려움을 겪는 사람
- 일반적인 상황에서 부적절한 행동이나 감정을 나타내어 학습에 어려움이 있는 사람
- 전반적인 불행감이나 우울증을 나타내어 학습에 어려움이 있는 사람
- 학교나 개인 문제와 관련된 신체적인 통증이나 공포를 나타내어 학습에 어

려움이 있는 사람

정서·행동장애를 정의하고 판별하는 일은 학생의 행동에 대한 객관적인 자료를 근거로 한다 할지라도 매우 주관적일 수 있다. 왜냐하면 학생이 보이는 행동은 환경과 주변 사람들 간의 상호작용 속에서 이루어지는 것이기 때문이다. 그러므로 정서·행동장애의 개념을 정의하고 학생의 장애 여부를 판별하는 과정은 환경을 배제한 상태에서 학생의 행동만 가지고 이루어져서는 안 되며, 학교를 포함한 다른 환경에서도 문제를 일관적으로 보이는지 살펴보아야 한다. 또한 정서·행동장애를 가질 위험성이 높은 학생들은 전문기관에 진단을 의뢰하도록 한다.

2) 정서·행동장애의 분류 및 특성

(1) 내면화 장애

① 우울증

우울증은 전반적인 슬픔의 감정이 지속되는 것으로 다음과 같은 정서적·인지적·동기적·신체적 특성을 보인다.

〈청소년기 우울장애의 특성〉

정서적 특성	• 전반적으로 우울한 기분을 느끼거나 지나치게 슬퍼한다. • 거의 모든 활동에 즐거움을 상실하거나 주어지는 자극에 무감각하다. • 상황에 맞지 않게 쉽게 울고 지나치게 운다. • 긍정적인 정서가 결여되어 있고 분노를 적절하게 표현하지 못한다.
인지적 특성	• 모든 실패를 자신의 탓으로 돌리며 자아존중감이 낮다. • 주의 집중이 어렵고 사고력과 의사결정 능력을 상실한다. • 수행해야 하는 과제를 잊거나 과제를 시도해도 실패한다. • 다른 사람의 말을 부정적으로 해석하는 경향이 있다.
동기적 특성	• 학업에 관심이 없고 과제를 회피한다. • 주변 사람들과의 사회적 관계 형성이 어렵다. • 특별한 후속 결과가 주어져도 학습이나 행동이 동기화되지 않는다. • 자살에 대한 반복적인 생각을 한다.

| 신체적 특성 | • 갑작스러운 식욕 변화로 체중이 증가하거나 감소한다.
• 불면증이나 과다 수면 등의 수면 문제를 보인다.
• 만성적으로 피곤해한다.
• 심리운동적으로 지나치게 흥분되어 있거나 지체되어 있다. |

출처: 이성봉, 방명애, 김은경, 박지연(2010). **정서 및 행동장애**. p. 277.

② 불안장애

불안장애는 사람이 느끼는 위협이나 두려움에 대해 과도한 반응을 보이는 것으로, 도망치거나 소리를 지르는 행동적 반응, 심장 박동이 빨라지고 호흡이 가빠지는 생리적 반응, 부정적인 일이 일어날 것이라고 생각하는 인지적 반응을 포함한다(Barlow, 2002).

〈불안장애의 종류〉

분리불안장애	부모나 다른 애착 대상으로부터 분리에 대해 과도한 불안을 느끼는 것이다.
단순공포증	특정 자극에 대한 특별하고도 지속적인 두려움 때문에 그 자극에 직면하게 되면 땀이 나거나, 호흡이 곤란하며, 당황하는 등 즉각적인 불안반응을 보이는 것이다(예: 개, 뱀, 곤충, 폐쇄된 공간, 높은 곳, 비행기 여행 공포증).
학교공포증	학교에 대한 불안이 수반되어 학교에 가지 않으려고 하는 것으로, 학교에 억지로 가게 할 경우 등교하기 전이나 학교생활 중에 신체적인 고통을 호소한다.
외상 후 스트레스 장애	한 번 경험하였거나 반복되는 치명적인 사건을 회상하며 지속적으로 불안을 느껴 불면증, 집중 결여, 불안, 악몽, 환각, 회피 등의 행동으로 나타나게 된다(예: 교통사고 목격, 부모의 죽음, 성폭력 및 학생 학대).
강박-충동장애	정상적인 사고를 방해하는 생각을 계속 떠올리거나 구체적인 목적 없이 반드시 해야 하는 의식처럼 특정한 행동을 반복하는 것이다(예: 씻기, 점검하기, 순서 정렬하기, 반복하기)

출처: 한국통합교육학회(2010). **통합교육(2판)**. pp. 359-360.

(2) 외현화 장애

외현화 장애는 다른 사람을 향해 밖으로 공격적인 행동을 하는 것으로 주의력결핍 과잉행동장애(ADHD), 품행장애가 대표적이다(Coleman, 2001; 방명애, 이효신, 2004 재인용).

① 주의력결핍 과잉행동장애(ADHD)

주의력결핍 과잉행동장애는 주의력 결핍, 충동성 그리고 과잉행동이라는 주요 특성으로 정의된다. 이러한 특성으로 인하여 수업 시간에 집중하지 못하거나 학습지를 완성하지 않고 그냥 제출하기도 하며, 자리를 마음대로 이탈하거나 다른 사람을 방해하는 행동을 하고도 전혀 미안해하지 않기도 한다.

주의력결핍 과잉행동장애를 가진 학생들은 학업적 수행에 어려움을 겪고, 사회적 기술이 부족하여 원만한 대인관계를 형성하지 못하며, 일반 학생들보다 부정적인 편견을 보인다.

② 품행장애

품행장애는 다른 사람의 권리를 침해하는 공격적이고 반사회적인 행동을 의미한다. 예를 들면, 옳고 그름에 대한 개념이 거의 없어 나쁜 짓을 하고도 걸리지 않으면 괜찮은 일이라 생각하고, 어른의 요구나 지시에 순응하지 않으며 비행 행동을 지속적으로 보이기도 한다. 더 나아가 절도 또는 약물남용과 같이 잘 드러나지 않는 행동을 하기도 하고, 때로는 다른 사람을 공격하거나 희생시키는 잔혹한 행동을 보이기도 한다. 이러한 특성으로 인하여 가까운 사람들에게 인정받지 못한 채 자신의 존재를 인정받을 수 있는 비행 집단에 속하게 되므로 각별히 주의를 기울여야 한다.

3) 정서·행동장애 학생의 진단

(1) 정서·행동장애 학생의 진단을 위한 선별 과정

다음에 제시하는 선별 절차는 Wallker 등(1988)이 초등학생의 정서·행동장애의 선별을 위한 체계적인 절차로 제시한 다중관문 모델(multiple-gating model)을 우리나라 실정에 맞게 운용한 것이다.

① 1단계　교사가 자신이 맡고 있는 학급의 모든 학생을 대상으로 외현적인 성

향이 강한 학생과 내면적인 성향이 강한 학생의 두 유형으로 분류하고, 각 유형의 학생들 중에서 그 정도가 심한 상위 20%의 학생을 선정한다.

② 2단계   1단계에서 선정된 학생들을 대상으로 정서·행동장애 관련 행동평 정척도와 표준화 검사를 실시하고, 그 결과 정상 기준을 초과하면 가능한 한 교육적 중재를 실시하면서 변화의 정도를 살펴본다. 일반적으로 정서·행동 장애의 진단과 직접적으로 관련이 있는 진단 도구는 한국학생인성검사(김승 태 외, 2003), 학생용 회화통각검사(CAT), 집-나무-사람 검사(HTP), 문장완 성검사, 교우관계조사법, 학생·청소년 행동평가척도(CBCL) 등이 있다.

③ 3단계   2단계에서 실시한 정서·행동장애 검사 결과와 실제 자연스러운 상황에서 학생을 관찰한 결과를 근거로 부모와 면담을 한다.

④ 4단계   그 결과 정상 기준을 초과한 것으로 판단되면 전문가에게 공식적인 진단을 의뢰한다.

(2) 적절한 정서·행동장애 학생의 진단을 위한 방안

정서·행동장애의 진단과 사정을 적절하게 수행하기 위해서는 다양한 객관적 인 검사 결과와 함께 부모와의 면담 자료 등을 토대로 종합적인 평가를 해야 한다. 특히 일반 학교에서 정서·행동장애를 진단하는 데 있어 일반 교사와 특수교사의 협력은 중요하다. 또한 정서·행동장애의 공식적인 진단이 병원에서 이루어지고 있는 만큼 의료 전문가 및 교사들 간의 원활한 협력체계를 구축할 필요가 있다.

4) 정서·행동장애 학생의 교육

(1) 긍정적이고 수용적인 학급 문화의 조성

학급 내에서 문제 행동을 다루는 교육적 접근의 가장 중요한 것은 정서·행동 장애 학생에 대한 정확한 이해를 바탕으로 교사 자신이 사용하는 언어와 학생들 에게 보이는 행동을 항상 점검하는 것이다. 특히 정서·행동장애 학생의 특성에 서 살펴본 바와 같이 그들은 불안이나 우울로 자아개념이 낮고 문제 행동으로 인해 자주 지적을 받기 때문에 부정적인 반응에 더 민감한 편이다. 그러므로 교사가 먼저 정서·행동장애 학생들과 긍정적인 상호작용을 하는 모델을 보임으로써 자연스럽게 학급 학생들 간에 긍정적인 관계를 증진시켜야 한다. 결속력이 강하다는 것은 그 집단의 동질성, 단일성, 단결심이 높다는 것을 의미한다. 이러한 결속력 있는 집단의 구성원들은 서로 따뜻하고 친근한 상호작용을 하여 학생들이 정서적인 안정감을 느끼며 소속감을 갖는다.

(2) 사회적 기술 교수

학생의 특징	교수 전략	내 용
공격적인 행동 문제를 지닌 학생	시범 보이기	공격 행동을 일으키기 쉬운 상황에서 비공격적인 행동이 사용될 수 있음을 직접 보여 준다.
	역할 놀이	비공격적인 행동을 연습할 수 있도록 역할놀이를 실시한다. 이때 가상 상황을 설정하여 실제로 어려운 상황에 부딪히기 전에 적절한 행동으로 대처하는 방법을 학습하도록 기회를 제공한다.
	자기 방어	상대방의 언어적 또는 신체적 공격에 대한 적절한 반응을 학습시킨다. 도움을 구하거나 자리를 뜨거나 비공격적인 언어를 사용하도록 가르친다.
	대체 행동 강화	이전에 공격 행동을 보였던 상황에서 적절한 대체 행동을 보일 때 즉시 강화한다.
	소거	욕하고 놀리고 싸우고 부적절한 언어를 사용하는 행동에 대해서는 무시한다. 학급 내 모든 학생에게도 대상 학생의 문제 행동이 나타날 때 관심을 보이지 말고 무시하도록 지시한다.
위축된 학생	행동 분석	위축된 학생의 사회적 기술을 주의 깊게 분석하여 강점과 약점에 따라 필요한 영역에 대한 교수를 제공한다. 예를 들어, 다른 사람에게 인사하기, 상호작용 시작하기, 대화에 참여하고 유지하기 등과 같은 방법을 가르친다.
	강화	위축된 학생의 사회적 상호작용을 강화할 때는 또래 친구를 통해 사회적 상호작용이 시작되도록 한다. 처음부터 지나친 관심을 집중하면 오히려 더 위축되고 상호작용을 회피할 수도 있다.
	모둠 활동	위축된 학생이 모둠 활동에 참여할 때는 또래 간 상호작용이 일어나도록 특정 활동을 지정해 주는 것이 좋다.

출처: Lewis & Doorlag (2010). *Teaching Students with Special Needs in General Education Classrooms* (8th ed).

(3) 학급 규칙과 절차의 개발과 실행

학교에서 학급 규칙을 개발하여 적용하는 것은 교육 활동의 성과를 위해 필요한 요소인데, 특히 정서·행동장애 학생이 통합되어 있는 학급에서는 더욱 중요하다.

① 학급 규칙과 절차의 개발

- 학급 규칙을 개발하고 적용하는 절차에 대한 결정권을 학생들에게 부여한다.
- 학급 규칙과 절차가 제대로 실행되도록 관리하는 총책임은 담임교사에게 있으므로 학교생활에 필요한 구체적인 행동 목록을 준비하여 학생들에게 제공한다.
- 규칙의 내용은 아침 자율학습 시간, 정규 교과 시간, 쉬는 시간, 점심시간, 방과 후 교육활동 시간 등 학교에서의 일과와 관련된 내용으로 한다.
- 규칙에 대한 인식과 규칙을 준수하는 행동 간의 연계가 자연스럽게 이루어지도록 한다.
- 일단 규칙이 설정되면 그것을 지키는 데 필요한 체계적인 행동 절차를 개발해야 하는데, 이때 학생의 지적 수준이나 행동 특성에 따라 단순화 혹은 구체화한다.

② 학급 규칙과 절차의 일관성 있는 실행

- 학생들에게 규칙을 지키면 자신에게 어떤 이로움이 생기고 긍정적인 학습환경을 만들 수 있는지 이해시킨다.
- 규칙을 개발하는 과정에 학생을 적극적으로 참여시킨다.
- 규칙은 분명하게 의사소통할 수 있는 용어로 진술한다.
- 규칙의 수는 4~6개 정도가 적절하다.
- 학생으로 하여금 규칙의 내용을 정확하게 이해하도록 한다.
- 학생이 학급 규칙을 수용하여 지키겠다는 약속을 하도록 한다.
- 학교와 가정에서의 행동 기준이 일치되도록 가정과 연계한다.

- 학생에게 중요한 사람들(부모, 친한 친구 등)이 규칙을 준수하도록 격려한다.

(4) 행동수정의 일반적인 절차

교사들은 정서·행동장애의 문제 행동을 수정하기 위해서 다양한 기법을 적절히 적용해야 한다. 여기에서는 행동수정의 일반적인 절차를 알아보고자 한다.

① 문제를 명료화하기
- 은샘이의 문제 행동 자기도 모르게 충동적으로 폭언을 사용하여 싸움을 일으키는 것이다.

② 초기 목표를 수립하기
- 은샘이의 초기 목표 바른 말의 사용 방법을 알고 생활 속에서 실천한다.

③ 표적 행동 정하기
- 증가 표적 행동 바른 말을 사용하기
- 감소 표적 행동 충동적으로 폭언하기

④ 표적 행동을 지속시키는 조건 확인하기
자연스러운 환경 속에서 일주일 동안 은샘이를 관찰한 결과, 은샘이는 고운 말을 사용하는 방법을 모르고, 자신이 폭언을 사용했을 때 상대방의 기분이 어떤지를 이해하지 못한다.

⑤ 수정 계획을 수립하고 적용하기
- 은샘이와 함께 '고운 말'과 '미운 말'에 대해 이야기를 나눈다.
- '미운 말'을 사용하기 전에 어떻게 말해야 상대방에게 은샘이의 기분을 전달할 수 있을지 생각하게 한다.
- '고운 말' 목록을 작성하여 기분 좋게 표현하는 방법을 연습한다.
- 은샘이가 생활 속에서 '고운 말'을 사용하면 즉시 칭찬해 주고 블루카드를

준다(블루카드를 5장 모으면 좋아하는 스티커와 맞바꿀 수 있다).

- 은샘이가 '미운 말'을 하면 원래는 어떤 기분을 전달하고 싶었는지 물어본
  다. 그리고 미운 말을 들은 친구의 기분에 대해서도 이야기해 준다.

(5) 추수 평가하기

표적 행동이 수정 기법을 적용하기 전보다 얼마나 유의미하게 변화하였는가
를 측정한 후, 표적 행동이 변화되지 않았다면 이전의 단계로 되돌아가거나 문제
점이 드러난 과정을 수정한다.

요약 📖

정서 · 행동장애의 정의와 분류 및 특성을 잘 이해한 후 정서 · 행동장애를 지닌 이들
을 선별하는 과정 속에서 일반 교사와 특수교사의 긴밀한 협력 그리고 전문기관의 협조
를 구하는 것은 매우 중요하다. 또한 정서 · 행동장애 학생이 학급에서 보이는 다양한
문제 행동을 다루는 교육적 접근을 할 때 교사 자신이 사용하는 언어와 학생들에게 보
이는 행동을 항상 점검해야 한다.

정서 · 행동장애 학생들은 불안이나 우울로 인해 자아개념이 매우 낮고, 주의력 결핍
이나 과잉행동으로 인해 잦은 실수와 문제 행동을 보이기 때문에 부정적인 피드백에 더
욱 민감하다. 그러므로 교사가 먼저 정서 · 행동장애 학생과 긍정적인 상호작용의 모델
을 보임으로써 자연스럽게 학급 학생들 간의 긍정적인 관계를 증진시켜 나가야 한다.
교사는 정서 · 행동장애 학생의 특성을 잘 이해하여 긍정적이고 수용적인 학급 문화를
조성하고, 사회적 기술 교수를 제공하며, 학급 규칙과 절차를 개발하여 적용하는 등 적
절한 교육 방법을 사용하여 그들이 학교생활에 잘 적응할 수 있도록 도와주어야 한다.

06 의사소통장애 알아보기

의사소통장애의 교육 방법에 대해 알 수 있다.

1) 의사소통장애의 교육 방법

(1) 조음음운장애

① 전통적 기법

● 감각 · 지각 훈련

이 단계의 목표는 표적음에 대한 시각적 · 청각적 · 촉각적 표준을 명확히 인식시키고 발음의 기초를 습득시키는 데 있다. 지도 방법으로는 표적음이 있는 사물의 명칭 듣기, 두 단어 간 표적음 변별, 단단어 내에서의 표적음 위치 변별, 다단어 간 표적음 변별 등이 있다.

● 음의 확립 훈련

표적음을 의식적으로 정확히 또박또박 발음할 수 있게 하는 것이 목표다. 지도 방법으로는 듣고 따라 하는 청각 모방법, 표적음을 쉽게 발음할 수 있는 문맥에서 지도하는 촉진 문맥법, 표적음이 조음되는 위치나 기류의 방향 등을 시각이나 촉각을 사용하여 정확히 인식시키는 조음점 지시법 등이 있다.

● 음의 안정 훈련

표적음을 쉽게, 빨리 그리고 자발적으로 발음할 수 있게 하는 것이 목표다. 지도 방법으로는 독립음 수준에서 표적음 빨리 발음하기, 무의미 음절 수준에서 발음하기, 단어 수준에서 말하면서 쓰기, 문장 수준에서 따라 말하기 등이 있다.

● 음의 전이 훈련

학습된 표적음이 어떤 상황에서 누구와도 자발적으로 발음될 수 있도록 하는 것이 목표다. 지도 방법으로는 표적음이 /ㅅ/인 경우 "상점에 가서 '사이다'를 사 오너라." 등의 구어 과제가 있다.

● 음의 유지 훈련

새로 학습된 표적음 발음 기능의 파지력을 신장시키는 것이 목표다. 지도 방법으로는 학생의 말을 녹음해서 학생과 같이 확인하여 오류가 있는지의 여부를 확인하고, 오류가 있으면 다시 지도하여 계속 바른 발음이 유지되도록 하는 것이 있다.

② 짝자극 기법

이 기법은 핵심 단어(key words)와 훈련 단어(training words)를 짝지어, 핵심 단어에서 훈련 단어로의 전이를 전제한 치료 기법이다.

③ 의사소통 중심법

첫째, 의사소통 자극의 원리로, 이 원리는 연습 상황과 실제 상황이 가능한 한 같아야 한다는 것이다. 둘째, 의사소통 반응의 원리로, 의사소통 반응의 조건은 다음과 같다.

● 학생에게 유용해야 한다. 즉, 학생의 일상 의사소통에서 강하게 그리고 자주 일어나는 반응이어야 한다.
● 학생의 기능 수준에 적절해야 한다.

- '전체-부분-전체' 연습이어야 한다. 따라서 연습 자료의 사용은 연습 낱말 과 학생의 실제 의사소통의 관련성을 전제로 선택해야 한다(석동일, 2004).

셋째, 의사소통 강화의 원리로, 의사소통 강화는 의사소통 반응 목적의 실현이다. 그러므로 의사소통 자극 조건의 확립과 의사소통 반응의 사용은 조음 개선에서 고도의 장점이 된다.

④ 변별자질 접근법

변별자질 접근법은 훈련 목적으로 전체 음소를 훈련하기보다는 그 음소의 자질을 강조해서 지도한다. 음성을 만들고 있는 여러 가지 소리의 특질을 '음성 자질'이라고 한다. 즉, 조음 위치는 연구개이며, 조음 방법은 파열이고, 호기의 내는 힘은 파열하되 약하게 파열하고, 성대를 떨어 울림이 없는 무성이다. 그리고 음소와 음소를 구별해 주는, 즉 말의 뜻을 분화할 수 있는 이러한 음성 자질을 '변별적 음성 자질'이라 한다. 변별 자질에 의한 지도에서는 '최소 단어짝 (minimal word pair)'을 사용하는데, 최소 단어짝이란 개념은 단지 하나의 음의 속성만 달리하고 다른 음소적 속성은 같이하는 두 개의 낱말(예: 밤-담)을 말한다. 지도의 절차는 다음과 같다(석동일, 2004)

- **수용훈련** 교사는 발음을 하고, 학생은 대조짝 그림에서 해당 그림을 지적한다.
- **표현훈련** 학생은 발음을 하고, 교사는 대조짝 그림에서 해당 그림을 지적한다.

⑤ 음운변동 분석 접근법

음운변동 분석 접근법은 학생의 부정적 음운 변동, 즉 생략(예: '사과' → '아과'), 첨가(예: '오뚜기' → '코뚜기'), 대치(예: '고기' → '고리') 등의 음운변동 분석 결과에 기초하여 주로 대조법을 사용하여 지도한다. 또한 KAPA를 이용하여 쉽고, 신속하게 학생들의 음운 변동을 분석하여 프로그램에 활용할 수 있다. 분석에 포함되는 내용은 다음과 같다(석동일 외, 2000).

- 생략 및 첨가 음운 변동
- 대치 음운 변동

⑥ 상위음운 접근법

상위음운 접근법(metaphon approach)은 상위음운 능력, 즉 음운 인식 능력을 길러서 조음 음운 능력을 개선시켜 주는 기법으로, 음절체(body) 판별하기, 음운(phoneme) 판별하기, 분절 나누기, 분절 조합하기 등의 활동을 실시한다(석동일, 2004).

⑦ 단어 단위 접근법

- 단어 단위 **정확률**(Proportion of Whole-word Correctness) 단어 단위 정확도(whole-word accuracy)라고도 하며, 학생의 단어에 오류가 있는지의 여부를 결정하기 위해 측정한다.
- 단어 단위 **복잡률**(Proportion of Whole-word Complexity) 학생이 발음하려는 단어의 복잡성 및 학생이 발음한 형태와 표적 형태 사이의 관계에 대한 아이디어를 제공하기 위해, 분절, 음절 및 음성 각각의 복잡성과 세 요소(분절, 음절, 음성)의 결합의 복잡성을 측정한다. 이 경우 음운적 평균발화길이(Phonological Mean Length of Utterance: PMLU)의 계산법을 활용한다.
- 단어 단위 **명료도율**(Proportion of Whole-word Intelligibility) 청자에게 단어를 들려준 후, 들은 단어를 변별하여 단어 단위 근접률(Proportion of Whole-word Proximity: PWP)을 계산한다.
- 단어 단위 **변화율**(Proportion of Whole-word Variability) 변화성은 명료도를 고려할 때 매우 중요한 요소로 같은 단어를 경우에 따라서 다르게 발음하는 정도를 의미하며, 특히 학생의 음운 습득에서 완전하게 정확하지 않더라도 명료도가 있는 단어를 산출하는 것이 중요한 요소다. 이러한 변화성은 학생에게 단어를 체계적으로 반복하도록 하는 과제를 통해 측정한다

(Ingram, 2002).

⑧ 수준별 조음음운장애 치료 프로그램

수준별 조음음운장애 치료 프로그램은 Baker와 Ryan(1971) 등이 개발한 조음조절 프로그램과 McLean(1976)이 개발한 자극변경 프로그램의 특성을 결합하여 석동일 등(2008)이 개발하였다.

- 단어 수준　단어 수준의 단계는 단어 따라 말하기, 그림 단어 따라 말하기, 그림 단어 말하기, 그림과 서기소 단어 빨리 말하기, 서기소 단어 읽기, 문장 완성하기 및 질문에 대답하기(서기소 제시), 문장 완성하기 및 질문에 대답하기(서기소 미제시) 등이 있다.
- 구 수준　2어절 구 따라 말하기, 4어절 구 따라 말하기로 되어 있다.
- 문장 수준　문장 수준은 문장 읽기, 문장 산출하기, 문단 읽기로 구성되어 있다.
- 이야기 수준　이야기를 들은 후 그림 보고 다시 이야기하기가 있다.

(2) 유창성장애

① 초기 말더듬의 지도

일반적으로 자신의 말더듬을 깨닫지 못하는 어린 취학 전 학생의 말더듬 지도의 기본 조건은 본인이 말더듬을 의식하지 않도록 하는 것이다. 따라서 본인에게 직접적인 말의 훈련은 피하고 언어 환경을 바람직하게 개선시켜 주는 것이 중요하다.

구체적인 지도 방법을 소개하면 다음과 같다(권도하, 2004).

- 부정적인 정서의 예방 및 감소　이 기법에는 벌의 감소, 좌절의 감소, 불안·죄의식·적의 감소, 유희치료, 부모상담 등이 있다.
- 의사소통 스트레스의 감소　스트레스가 없으면 가벼운 말더듬은 안정될 수 있다는 전제로 유창성 방해 환경의 감소, 유창성의 기준을 낮춤, 의사소통

의 요구 감소 등의 방법이 있다.

- **자신감의 증대** 학생에게 자신감을 심어 줄 수 있는 활동을 제공하고 가능한 한 사회적 강화를 제공할 수 있는 기회를 증대시킨다.
- **유창성의 경험 증가** 비교적 유창하게 말할 수 있는 구어놀이를 통하여 유창성의 경험을 증대시킨다.
- **둔감치료** 학생에게 스트레스를 참는 인내심을 기르고 조롱, 거절, 초조감 등에 대하여 능동적으로 극복하도록 한다.

② 굳어진 말더듬 지도

말더듬 행동이 자기 강화되어 공포나 좌절, 회피 등이 나타나서 말더듬이 지속되는 경우로, 심리치료, 유창성 형성 접근법, 말더듬 수정 접근법, 통합 접근법 등이 있다.

- **유창성 형성 접근법(fluency shaping therapy)** 행동주의 이론에 바탕을 두어 말더듬 행동을 학습된 행동으로 보고, 그러한 부적응 행동에 대해 직접적으로 접근하고자 하는 접근법이다.
- **말더듬 수정 접근법(stuttering modification therapy)** Van Riper(1982)가 MIDVAS 단계로 분류하여 말더듬을 수정하거나 쉽게 더듬도록 도와주는 기법으로 세부 항목은 동기부여(motivation), 증상 확인(identification), 둔감화(desensitization), 변형(variation), 접근(approximation), 안정화(stabilization) 등이 있다.
- **통합 접근법** 앞의 두 가지 접근법을 통합하여 말더듬 지도에 사용하는 접근법이다.

(3) 음성장애

① 효율적 음성 사용 기법

음성 남용 및 오용의 경우에 주로 사용하는 지도 방법으로 상담을 위주로 하는 간접 치료법과 대상자의 발성 패턴을 직접 교정해 주는 직접 치료법이 있다.

● 간접 치료법

　– 천천히 이야기한다.

　– 가까운 거리와 조용한 장소에서만 이야기한다.

　– 가능한 한 편안하고 낮은 목소리로 이야기한다.

　– 넓거나 시끄러운 곳에서는 무리하게 소리 지르지 말고 손짓을 하거나 마
　　이크를 사용한다.

　– 너무 오랜 시간 이야기하지 않는다.

　– 말할 때 부드러운 호흡을 한다.

　– 말할 때 가능한 한 입을 크게 벌리고 이야기한다.

　– 구강과 목을 가능한 한 촉촉하게 유지한다.

　– 목을 차거나 건조하게 하지 않는다.

　– 충분한 수면과 휴식을 취한다.

● **직접 치료법**　잘못된 방법으로 성대를 습관적으로 장기간 혹사하는 경우
성대 결절이나 용종이 생기며, 이로 인해 음도, 강도, 음질 모두에 문제가
야기된다. 지도 방법으로는 최적의 음도 및 강도 수준의 유지, 발성 시작 시
지나친 성대 접촉 제거, 부적당한 자세의 교정, 불충분한 호흡의 교정, 노래
조로 말하기, 청능훈련 그리고 Daniel Boone의 음성 촉진 기법 등이 있다
(이규식 외, 2004).

〈Daniel Boone의 음성 촉진 기법〉

Daniel Boone의 음성 촉진 기법에는 모두 스물다섯 가지가 있으나 여기서는 일반적
으로 많이 사용하는 몇 가지를 소개한다.

• 노래조로 말하기: 목을 너무 긴장시켜 말하는 학생의 경우, 충분한 호흡이 지원되
　고 이완된 상태에서 부드러운 발성을 유도하는 방법

• 저작하기 접근법: 입을 크게 벌리면서 말하게 하는 방법

• 청능훈련: 자신의 음성의 음도와 강도 수준을 듣기훈련을 통해서 유지하는 방법

• 문제의 설명: 학생으로 하여금 현재의 음성 상태를 인식시키고, 음성 위생을 지키

> 도록 설명하는 방법
> - 피드백: 자신의 음성의 음도와 강도 수준을 특수한 장비를 사용하여 시각적·촉각
>   적으로 지각하게 하는 방법
> - 긴장 이완: 바른 자세에서 말을 할 수 있도록 후두근의 긴장을 이완시키는 방법
> - 호흡훈련: 최대한의 흡기를 통하여 발성 시 충분한 호흡 지원을 받도록 하는 방법
> - 하품 – 한숨 접근법: 하품이나 한숨을 쉬듯이 발성을 함으로써 성대를 부드럽게
>   내전시키는 방법

② 성대 내전 촉진법

성대 마비의 경우에 주로 사용하는 기법으로, 숨 멈추기, 기침하기, 흡기 발성
법, 밀기 접근법 등이 있으며, 발성훈련으로 연장 발성훈련과 음질 개선훈련이
있다.

③ 증후별 음성 치료법

히스테리성 실성증, 변성장애, 후두 적출, 마비성 구어장애, 구개파열 등의 증
상에 따라 보다 적절한 치료법을 사용한다.

(4) 언어장애

① 초기 구어 기능 활동

- **명명**　사물의 이름 대기(예: 비행기를 가리키며 "비행기"라고 말하기)
- **반복**　상대방의 말을 따라 한다.
- **대답**　상대방의 질문에 대답한다.
- **행동 요구**　상대방에게 어떤 행동을 하도록 요구한다.
- **대답 요구**　상대방의 대답을 요구한다(예: 자동차를 들어 올리며 "자동차?"라
  고 한다).
- **부르기**　상대방의 주의를 끌기 위한 부르기(예: 과일가게에서 과일을 가리키
  며 "엄마"라고 부르기)
- **인사**　상대방에게 자신의 도착이나(예: "안녕!") 출발(예: "잘 있어!")을 알

린다.

- **거절**　거절을 나타낸다(예: "싫어!")

② 대화 기능 활동

- **요구**　상대방에게 정보, 행위, 사물, 허락을 요구하기
- **반응**　상대방의 질문이나 요구에 적절히 대답하기

③ 상징놀이 활동

상징놀이는 어떤 사물이나 행동을 다른 사물이나 행동으로 상징화할 수 있는 능력을 말하며, 상징놀이를 하면서 언어를 병행한다. 예를 들어, 인형을 잠재우며 "자장자장" 이라고 한다.

④ 놀이를 통한 수용언어 및 표현언어 활동

수용언어란 언어로 전달되는 메시지를 이해하는 능력을 말하며, 예를 들어 '코코코' 게임을 이용한 신체 부위 지적하기 활동으로 수용언어를 향상한다. 표현언어란 말을 하는 능력으로, 표현언어 활동을 계획할 때 학생이 이해할 수 있는 어휘를 사용하여 목표 언어를 선정하는 것이 바람직하다. 예를 들어, 학생이 이해할 수 있는 어휘가 '과자' 와 '주세요.' 일 때 '과자 주세요.' 와 같은 2개의 낱말로 된 문장 완성하기 활동으로 표현언어를 향상한다.

⑤ 스크립트 문맥

스크립트는 학생에게 익숙하며 주제가 있는 일상적인 활동을 단계적인 일련의 사건들로 설명하는 구조다. 예를 들어, 생일잔치 스크립트에서 두 낱말 '행위자-행위' 의 표현이 목표라면, '(수영이가) 꽂아/불어/잘라/먹어/치워' 등의 목표 언어를 설정하여 지도할 수 있다.

(5) 보완 · 대체 의사소통

① 개 념

보완 · 대체 의사소통(augmentative and alternative communication)이란 자신의 의사를 말로써 표현하기 어려운 사람들을 위해 사용하는 의사소통 체계다. 즉, 중증의 언어장애로 인해 의사소통을 하고 싶으나 할 수 없을 때 의사소통을 돕거나 다른 의사소통 체계로 대체하는 시스템을 사용하는 것을 말한다. 예를 들면, 의사소통을 위해 제스처, 수화, 필기구, 의사소통 기기 등을 사용하여 의사소통을 하는 것을 의미한다.

② 유 형

보조도구의 사용 여부에 따라 보완 · 대체 의사소통 체계는 아무런 보조도구 없이 얼굴 표정, 제스처, 수화 등을 사용하여 의사소통을 하는 비도구 체계(unaided)와 필기도구를 사용하여 의사소통을 하는 것처럼 도구를 사용하는 도구체계(aided) 유형으로 나뉜다. 도구체계는 실제 사물을 사용하는 실체적 상징(tangible symbol), 사진과 그림 등을 사용하는 표상적 상징(representational symbol), 침팬지의 언어 습득 연구에 사용한 렉시그램(lexigram)과 같은 추상적 상징(abstract symbol), 점자와 같은 철자 상징(orthography & orthographic symbol) 등이 있다.

③ 활 용

심도의 장애학생들은 인지 능력과 함께 어휘를 인식하지 못하여 복잡한 상징 체계를 학습하는 것에 어려움이 있을 수 있다(박은혜, 김정연, 2004). 그러나 각 장애학생들에게 맞는 의사소통 체계를 사용한다면 의사소통 실패로 인한 좌절의 감소, 사회성 향상, 구어 발달 촉진, 언어 이해와 산출의 차이 감소, 의사소통장애로 인한 사회적 불이익의 최소화 등 긍정적인 효과를 기대할 수 있다.

요약

■ 의사소통장애의 교육 방법

① 조음음운장애: 전통적 기법, 짝자극 기법, 의사소통 중심법, 변별자질 접근법, 음운변동 분석 접근법, 상위음운 접근법, 단어 단위 접근법, 수준별 졸음음운장애 치료 프로그램

② 유창성장애
- 초기 말더듬의 지도: 일반적으로 자신의 말더듬을 깨닫지 못하는 어린 취학 전 학생의 말더듬 지도의 기본 조건은 본인에게 말더듬을 의식하지 않도록 하는 것이다.
- 굳어진 말더듬 지도: 말더듬 행동이 자기 강화되어 공포나 좌절, 회피 등이 나타나서 말더듬이 지속되는 경우로, 심리치료, 유창성 형성 접근법, 말더듬 수정 접근법, 통합접근법 등이 있다.

③ 음성장애: 치료에는 두 가지 방향이 있다. 하나는 장애의 원인이 되는 것을 제거하는 일로서 기질적 이상 또는 심리적 원인을 제거하는 것이며, 다른 하나는 보다 좋은 발성 습관을 기르는 것이다.

④ 보완·대체 의사소통: 보완·대체 의사소통이란, 자신의 의사를 말로써 표현하기 어려운 사람들을 위해 사용하는 의사소통 체계이다.

07 감각장애 알아보기

1) 시각장애

(1) 시각장애의 정의

시각장애는 사용 목적에 따라 크게 의학적 · 법적 · 교육적 측면에서 다르게
정의 내리고 있다.

① 의학적 정의

- 시각의 질은 일반적으로 시력과 시야, 광각, 색각 등에 따라 결정된다. 시력
  은 물체의 존재 및 그 형태를 인식하는 능력을 말하며, 눈의 가장 본질적인
  기능에 속하는 것으로 이 능력을 측정함으로써 눈의 기능 상태를 단적으로
  파악할 수 있다고 본다(윤동호 외, 1999).
- 시야는 눈으로 한 점을 주시하고 있을 때 그 눈이 볼 수 있는 외계의 범위를
  말한다(우리나라 건강한 사람의 기준은 바깥쪽은 약 100도, 아래쪽은 약 70도,
  위쪽과 안쪽은 약 60도 정도).
- 광각은 빛을 느끼는 기능, 즉 빛의 유무를 판단하며, 빛의 강도 차이를 구별

할 수 있는 능력을 말한다.

● 색각은 물체의 색을 구별하여 인식하는 능력을 말한다.

② 법적 정의

「장애인복지법」의 시각장애인의 기준은 다음과 같다.

● 나쁜 눈의 시력(만국식 시력표에 따라 측정된 교정시력을 말한다)이 0.02 이하
  인 사람
● 좋은 눈의 시력이 0.2 이하인 사람
● 두 눈의 시야가 각각 주시점에서 10도 이하로 남은 사람
● 두 눈의 시야의 1/2 이상을 잃은 사람

「장애인 등에 대한 특수교육법」에서는 시각장애를 다음과 같이 정의하고 있다.

> 시각장애를 지닌 특수교육 대상자는 "시각계의 손상이 심하여 시각 기능
> 을 전혀 이용하지 못하거나 보조공학 기기의 지원을 받아야 시각적 과제를
> 수행할 수 있는 사람으로서 시각에 의한 학습이 곤란하여 특정의 광학 기구,
> 학습 매체 등을 통하여 학습하거나 촉각 또는 청각을 학습의 주요 수단으로
> 사용하는 사람"이다.

미국의 법적 정의는 시력과 시야의 측정에 따라 이루어지는데 교정시력이
20/200(0.1) 이하이거나 20/200 이상일 경우에 시야가 20도 이하인 경우를 말한다.
또한 법적 저시력이란 교정시력이 20/200(0.1) 이상 20/70(0.3) 이하를 말한다.

③ 교육적 정의

학생이 시력을 학습의 주된 수단으로 사용하는 능력에 초점을 두고 있다. 이에
시력을 사용하지 않고 청각과 촉각 등 다른 감각으로 학습하는 학생은 교육적 맹
에 해당한다. 또한 시각장애 학생의 보유시력과 연령, 시력 손상 시기, 성취 수

준, 지적 능력, 현재의 다른 장애 상태, 시력 손상의 원인, 정서 및 심리 상태 등의 요인에 따라 교육적 정의가 결정되어야 한다. 국립특수교육원(2011c)에서는 시각장애와 관련된 교육적 정의를 시각장애, 맹, 저시력으로 나누어 다음과 같이 제시하였다.

- **시각장애** 두 눈 중 좋은 쪽 눈의 교정시력이 0.3 미만이거나 교정한 상태에서 학습 활동에 어려움을 겪는 자를 말한다.
- **맹** 두 눈 중 좋은 쪽 눈의 교정시력이 0.05 미만이거나 두 눈 중 좋은 쪽 눈의 시야가 20도 이하인 자 또는 학습에 시각을 주된 수단으로 사용하지 못하고 촉각이나 청각을 주된 수단으로 사용하는 자를 말한다.
- **저시력** 두 눈의 교정시력이 0.05 이상 0.3 미만인 자 또는 저시력 기구나 시각적 환경이나 방법의 수정 및 개선을 통하여 시각적 과제를 학습할 수 있는 자를 말한다.

(2) 시각장애 학생의 특성

시각장애 학생은 시각의 장애로 인해 경험의 범위와 다양성의 제한성, 보행 능력의 제한성, 환경과의 상호작용의 제한성을 갖게 된다.

① 신체적 측면

우리 사회는 외모, 건강, 위생 등에 큰 관심을 갖고 있고, 정안학생은 다른 사람을 외모로 평가하는 경향이 있다. 따라서 시각장애 학생은 시력의 결여로 그와 같은 평가를 할 수는 없어도 사람들이 외모로 자신을 평가한다는 것을 알고 가능한 한 자신의 외모에 관심을 가져야 한다.

② 지적 측면

시각장애 학생은 시각적 모방이 제한되어 있어 언어 발달이 지연되며, 의미를 모르고 사용하는 낱말이 많고, 음성의 다양성이 부족하고 말을 크게 하는 경향이 있으며, 말의 속도가 느리고 몸짓이나 입술의 움직임이 적다. 또한 시각적 모방이 불가능하므로 언어 발달에 지체를 가져올 경우 시각적 경험과 관련된 언어지도에 대해 특별히 유의하여 지도해야 한다.

③ 사회적 측면

시각장애 학생의 대인관계는 소극적일 뿐만 아니라 사회나 환경에 대해서도 능동적으로 대처하는 경향이 적다. 따라서 유아기의 모자관계나 그 후의 대인관계의 원만한 성립을 위해 시각장애 학생과 주위 사람의 관계에 대해 배려하는 것이 중요하다.

〈시각장애를 예측하게 해 주는 눈과 관련된 문제〉

영 역	증 상
행동	• 눈을 지나치게 문지른다. • 한쪽 눈을 감거나 가린다. • 고개를 앞으로 기울이거나 내민다. • 읽기나 기타 눈을 가까이 하는 작업에 어려움을 보인다. • 사물을 눈 가까이에 댄다. • 눈을 자주 깜빡거리고 눈을 가까이 하는 작업을 할 때 신경질을 낸다. • 거리의 사물을 분명하게 보지 못한다. • 눈을 가늘게 뜨거나 찡그린다.
외모	• 눈을 감고 있다. • 눈가가 빨갛게 되거나 외피가 덮여 있거나 부어 있다. • 충혈되거나 물이 고여 있다. • 다래끼(감염)가 자주 생긴다. • 눈의 원색 사진에 전형적인 적색이나 반사가 나타나지 않고 대신 하얀색 반사를 나타낸다.
불편감	• 눈이 가렵거나 화끈거리거나 상처가 난 것 같다. • 잘 볼 수가 없다. • 눈을 가까이 쓰는 작업을 한 후에 어지럽거나 머리가 아프거나 메스껍다. • 희미하거나 이중으로 보인다.

출처: 이소현(2009), 유아특수교육 p. 110.

(3) 시각장애 학생의 교육 방법

시각장애 학생이 학업을 성취하기 위해서는 특수한 교육과정과 교육 방법, 교수 자료 및 교육 기자재, 물리적 환경 등이 갖추어져 있어야 하며, 정안학생과의 통합교육에서는 근본적으로 교육 목표와 교육 내용은 정안학생과 동일하게 적용하고, 필요할 경우 시각적 자료를 확대해 주거나 촉각 또는 청각 자료로 대처해서 제공한다.

① 일반적 지침

일반 학급에 통합된 시각장애 학생들은 교육 내용 자체를 많이 수정하기보다 학습 환경과 교수 방법을 수정하는 것이 필요한 경우가 많다.

② 특수교육적 중재

- **점자교육**　점자는 맹인들이 인쇄물을 의사소통 도구로 사용하기 때문에 시력이 아주 약한 사람들이 읽고 쓰기 위해 사용하는 촉각적 체계다. 1829년 프랑스의 시각장애인인 Louis Braille에 의해 창시된 것으로 가로 2줄, 세로 3줄의 6점을 이용한다. 우리나라에서는 박두성이 1926년에 한글판 점자를 만들었다. 점자는 시각장애 학생에게 매우 중요하므로 충분히 학습되도록 도와주어야 한다.
- **묵자교육**　일반인들이 사용하는 글자를 점자와 구별하여 칭할 때 사용하는 용어다. 묵자교육으로는 워드프로세서의 사용법을 익히도록 지도하고 입력한 글자를 음성으로 읽어주는 프로그램을 사용하는 것이 이뤄지고 있다.
- **방향정위와 이동성 훈련**　시각장애 학생의 교육에서 매우 중요한 관련 서비스에 속한다. 방향정위란 시각 외의 잔존 감각기관을 통해서 자신과 주위 환경의 관계를 이해하는 능력을 말하며, 이동성이란 물리적 환경에서 안전하고 독립적으로 다닐 수 있는 능력으로 가동성 혹은 보행훈련이라고 불린다. 이동성 훈련 및 이동 방법으로는 안내인, 따라가기, 맹인 안내견, 흰 지팡이, 전자보행 기구 등이 많이 사용된다.

2) 청각장애

(1) 청각장애의 정의

청력의 문제로 인해 언어학습 및 심리적 문제가 발생하고, 이로 인해 특별한 교육이 필요한 경우 청각장애라 한다. 청력의 손상 정도에 따라 농과 난청으로 분류하여 정의한다.

- 농 청력 손상으로 인해 특정 강도 이상의 소리를 듣지 못하는 경우(심한 청각장애의 경우 90dB 이상의 청력 손실이 있음)
- 난청 학생의 교육적 수행에 크게 영향을 미치지 않는 청각장애

(2) 청각장애의 분류

ISO 기준에 의한 분류는 일반적으로 순응청력검사로 측정한 청력 손실치를 평가한 것을 이용하여 분류한 것이다.

- 경도 난청(27~40dB) 흐리거나 작은 말소리에 곤란을 느낌
- 중도 난청(41~55dB) 얼굴을 마주하는 대화는 이해하지만, 회의와 같은 먼 거리의 대화는 이해하기 어려움
- 준고도 난청(56~70dB) 큰 소리의 회화만 듣기가 가능함
- 고도 난청(71~90dB) 큰 소리만 들을 수 있음
- 최고도 난청(91dB~) 91dB 이상의 소리 진동에 거의 의존함

(3) 청각장애 학생의 특성

청각장애는 청력 손상 정도에 따라서 난청에서부터 농에 이르기까지 그 정도가 매우 다르게 나타나며, 청각장애의 정도에 따라 언어, 인지, 사회·정서적 능력에 많은 영향을 미친다.

① 언어 발달

청각장애 학생은 자신이 내는 소리를 듣지 못해 적절한 청각적 피드백을 받는 데 한계가 있다. 또한 성인의 언어 모델을 들을 수가 없기 때문에 언어 습득기 이전의 청력 손실의 경우에는 구어 기술을 습득하는 데 많은 어려움이 따른다.

② 인지 능력

청각장애 학생의 경우 지각적·개념적·추리적 기능의 질적 측면은 건청학생과 다르게 나타나며, 건청학생에 비해 지적 기능의 폭이나 정교성, 추상성 등에서 어려움을 겪는다.

③ 학업 성취

교육 현장에서는 학습의 도구로 구어와 문자를 사용하고 있으며, 읽기 능력은 언어 기능에 가장 많이 의존하고, 학업 성취의 가장 중요한 부분으로 청각장애의 영향을 크게 받는다.

④ 사회·정서적 발달

청력 손실은 자주 의사소통 문제를 가져오며, 의사소통의 문제는 사회적 문제와 행동 문제를 일으킬 수 있다. 이에 청각장애 학생과 더 쉽게 의사소통할 수 있고, 서로에 대한 이해를 넓힐 수 있는 여러 가지 노력이 필요하다.

(4) 청각장애 학생의 교육

① 독화훈련

시각을 통해 입술 모양이나 얼굴 표정, 제스처 및 기타 상황적 단서를 받아들여 화자의 말의 의미를 이해하도록 한다.

② 발성·발어 훈련

호흡훈련, 조음기관훈련, 시각훈련, 촉각훈련, 청능훈련 등의 감각훈련을 기본으로 선행하여 기초훈련부터 시작한다.

③ 보청기 이용

보청기는 소리 에너지를 전기 에너지로 변화하여 증폭한 다음 다시 소리 에너지로 변환하여 귀에 전달해 주는 음향 증폭기다. 근래에 사용하는 디지털 보청기는 고주파수에서 흔히 일어나는 피드백 현상을 방지하고 소리의 안정감과 부드러운 소리로 감각신경성 청각장애 학생에게 무척 유용하게 사용된다.

④ 청능훈련

잔존청력을 최대한으로 활용하여 언어 발달에 도움을 주는 것을 말한다.

- 청각적 탐지 소리의 유무를 감지하여 의식적인 반응 행동을 유도
- 청각적 변별 두 가지 이상의 소리 이용이 같은지 다른지를 변별
- 청각적 확인 소리를 골라내서 따라 하는 모방 단계
- 청각적 이해 다양한 게임과 자발적 이야기 나누기, 주제에 대한 질문에 답하기 등으로 이해도 향상

⑤ 인공 와우

보청기를 착용하고도 큰 도움을 받지 못하는 고도 이상의 감음신경성 청각장애 학생에게 유용한 보장구로, 외부의 소리를 전기 자극으로 변화시켜 직접 청신경을 자극할 수 있는 전극을 달팽이관에 삽입하는 이식 수술을 통해 소리를 느끼게 하는 장치다.

요약

시각장애는 두 눈 중 좋은 쪽 눈의 교정시력이 0.3 미만이거나 교정한 상태에서 학습활동에 어려움을 겪는 자를 말하며, 시각장애 학생의 신체적·지적·사회적 측면의 다양한 특성을 고루 이해하고 적절한 교육을 제공하여야 한다.

청각장애는 청력의 문제로 인해 언어학습 및 심리적 문제가 발생하고 이로 인해 특별한 교육이 필요한 경우를 말한다. 청각장애 학생은 그 정도에 따라 언어, 인지, 사회·정서적 능력에 많은 영향을 받는다. 청각장애 학생은 자신이 내는 소리를 듣지 못해 적

절한 청각적 피드백을 받는 데 한계가 있어 정상적인 언어 발달이 어렵고, 그들의 지각적 · 개념적 · 추리적 기능의 질적인 측면은 건청학생과 다르게 나타나므로 건청학생에 비해 지적 기능의 폭이나 정교성, 추상성 등에서 어려움을 겪게 된다. 마지막으로, 청각장애 학생의 청력 손실은 의사소통 문제를 가져오며, 나아가 의사소통의 문제는 사회적 문제와 행동 문제를 일으킬 수 있기 때문에 사회 · 정서적으로도 많은 어려움을 겪는다. 따라서 독화훈련, 발성 · 발화 훈련, 그 밖의 다양한 청능훈련 등을 통해 좀 더 나은 교육 방법을 사용하여 그들이 학교생활에 잘 적응할 수 있도록 도와주어야 한다.

08 지체장애 알아보기

1. 지체장애의 정의와 여러 가지 유형을 알 수 있다.
2. 지체장애의 특성에 따른 여러 가지 교육적 접근을 실행할 수 있다.

1) 지체장애의 정의, 원인과 분류

(1) 지체장애의 정의

구 분	정 의
장애인 등에 대한 특수교육법	기능·형태상 장애를 가지고 있거나 몸통을 지탱하거나 팔다리의 움직임 등에 어려움을 겪는 신체적 조건이나 상태로 인해 교육적 성취에 어려움이 있는 사람
미국 장애인 교육법	• 정형외과적 장애: 학생의 교육적 수행에 악영향을 주는 심각한 정형외과적 장애. 이 장애는 유전적 비정상에 의한 장애(예: 내반족, 어떤 구성 부분의 결여), 병에 의한 장애(예: 소아마비) 그리고 다른 원인에 의한 장애(예: 뇌성마비, 절단·골절)를 포함한다. • 타 건강장애: 심장 상태, 결핵, 류머티즘, 신장염, 천식, 겸상 적혈구성 빈혈, 혈우병, 간질, 납중독, 백혈병 또는 학생의 교육에 악영향을 미치는 당뇨병과 같은 만성적 또는 급성 건강 문제에 의한 제한된 근력, 지구력, 또는 민첩성 등의 장애를 포함한다. • 외상성 뇌손상: 학생들의 교육에 악영향을 미치는 전체 또는 부분적인 기능 장애 또는 심리사회적 장애를 야기한 외상에 의한 뇌손상. 이것은 인식, 기억, 주의, 논리, 추리, 판단, 문제 해결, 감성, 지각, 운동신경, 심리사회적 행위, 신체 기능, 정보 처리, 발표력 등에 장애를 유발한다. 이 용어에는 유전적이거나 선천적인 또는 출생 시의 외상은 포함되지 않는다.

(2) 지체장애의 원인

출생 전	임산부의 감염(풍진), 고혈압, 독성물질과 엑스선 노출, 약물 복용
출생 중	분만 사고로 인한 뇌출혈, 분만 중 감염에 의한 뇌염, 뇌막염
출산 후	조산, 뇌손상, 뇌염, 뇌막염, 뇌의 무산소증

(3) 지체장애의 분류

① 신경장애

- 뇌성마비   뇌성마비는 발달기(구체적으로는 수정에서 생후 4주까지의 기간)에 뇌에 손상을 받은 결과, 운동, 근긴장·자세 이상을 초래한 상태를 말한다. 주로 만 2세 이전에 발생한 경우를 말하며, 이 시기에는 뇌막염 등으로 인한 고열 때문에 뇌성마비가 되는 경우가 많다. 비진행성 장애다.
- 이분척추   출생 때 척추뼈의 뒷부분이 완전히 닫히지 않은 채 태어나는 선천적 결함으로 생긴다. 심하지 않은 이분척추의 경우에는 분리된 척추뼈 사이로 신경이 돌출되지 않아서 심한 마비가 오지 않고 조기에 외과적 수술로 치료가 가능하다.
- 경련성 질환(간질)   운동 발작으로 인해 갑자기 넘어져서 격렬한 불수의 근육 수축에 의한 경련을 일으키는 질환이다. 대발작, 소발작, 심리운동적 발작 등으로 나뉜다.

〈학생이 경련장애를 보일 때 교사가 취해야 할 행동〉

교실에서 학생이 경련을 일으키면 교사는 침착하게 경련을 일으키는 학생을 도와주고 다른 학생들에게 친구의 경련이 오래 지속되지 않으며, 아픈 것이 아니라고 설명해 준다. 교사가 취해야 할 행동으로는 다음과 같은 것들이 있다.

• 침착하게 대처함: 다른 학생들에게 발작 증세를 보이는 학생이 곧 좋아질 것이라 말해 줌

- 바닥에 편히 눕게 하고 주변의 다칠 만한 물건을 치움
- 부드러운 것(예: 젖은 수건이나 코트)을 머리맡에 받쳐서 머리가 흔들릴 때 바닥에 심하게 부딪히지 않도록 함
- 경련을 멈추게 할 수는 없으므로 스스로 끝나도록 기다림. 학생의 의식을 돌이키고자 흔들거나 경련의 움직임을 방해하지 않도록 주의함
- 학생을 옆으로 눕힘으로써 기도가 막히는 것을 방지하고, 침이 입 밖으로 흘러나올 수 있게 조치함(입을 억지로 열려고 하지 않음. 입속에 아무것도 넣어서는 안 됨)
- 흔들림이 멈추면 의식이 회복될 때까지 쉬게 함
- 경련이 진행되는 도중에는 숨이 약해지고 일시적으로 멈출 수도 있는데, 만약 다시 숨을 쉬지 않으면 기도가 막혔는지 점검해 보고 인공호흡을 실시함

- 근이영양증(근위축증) 근조직의 퇴화에 기인하는 진행성 쇠약으로 특징지어지는 유전성 질환, 근육세포 자체가 지방질로 바뀌어 감에 따라 그 기능을 하지 못하게 되는 것
- 연소성 류머티즘 관절염 사지나 등의 통증과 경직으로 특징지어지는 류머티즘 질환
- 불완전골생성증(골형성부전증) 뼈가 약하여 다발성 골절이 발생되며, 신생아 2만 명 중의 한 명꼴로 유전되는 질환. 골형성부전증이 있는 학생은 뼈가 부러지기 쉬우므로 보호해 주어야 하며, 이러한 골절의 빈도는 나이가 많아짐에 따라 감소함. 뼈가 부러지기 쉽고 운동 발달이 늦기 때문에 이동 시 안전에 유의가 필요함

③ 외상성 손상
- 척수 손상 청소년기에 주로 오토바이, 자동차 사고로 인해 많이 발생함
- 외상성 뇌손상 물리적 힘으로 인한 뇌손상, 학생 학대, 사고로 인해 많이 발생함

2) 지체장애 학생의 특성

(1) 인지 능력 및 학업 성취 면의 특성

- 신체적 능력에만 결함이 있는 지체장애 학생   일반인과 마찬가지로 다양한 인지 능력의 분포가 나타남. 심한 뇌성마비라도 정상 또는 그 이상의 우수한 인지 능력을 가지는 경우가 있음
- 다른 장애 동반 학생   운동장애를 비롯한 정신지체, 시각장애, 청각장애, 정서장애, 간질 등을 가지고 있기 때문에 인지 발달과 학업 성취에 많은 어려움을 가짐
- 생활 환경이나 행동반경의 제한으로 직접 관찰이나 직접 경험 등의 학습 준비가 되는 경험적 배경의 부족, 사회적인 경험이나 견문이 좁음

(2) 사회 · 심리적 특성

- 학습된 무기력, 심리적 위축, 의존적인 성격   신체적 장애에서 오는 열등감, 부모의 과보호, 주위의 태도 등 환경적 요인에 의해 형성됨. 사회적 관계 형성에 부정적인 요소로 작용함
- 후천적 기능장애 학생   과거에 가졌던 신체적 능력과 생활 스타일에 대한 상실감이 매우 크기 때문에 슬픔을 극복하고 장애와 새로운 생활 적응에 스트레스를 받음

〈뇌성마비 학생의 행동 특성〉

피전도성	주의력의 결여로서 특징지을 수 있음. 이것은 환경 내 특정의 대상에게 주의를 집중하는 것이 가능하지 않기 때문에 불필요한 자극과 관계없는 자극에 무선택적으로 반응해 버림
다동성	한곳에 고정하지 않고 움직이는 행동으로 눈에 띄는 것, 특히 빛나는 것과 움직이는 것에 주의가 끌려 버리고 충동적으로 반응하는 것으로 그러한 행동에는 일관성이 보이지 않음. 다동성의 주요한 특징은 주의산만, 학습장애, 충동성이 있으며, 친구 사귀기가 곤란하고, 자기평가가 낮으며, 언어 발달에 지체가 있음
고집성	일정한 장면에서 다른 장면으로, 어떤 관념에서 다른 관념으로의 전환 또는 이행이 곤란한 것을 말함. 새로운 학습으로의 전이가 곤란하다든지 이미 학습한 것에 대한 재학습이 용이하지 않은 것을 의미함

통합 곤란	대상을 각각의 부분이 모여 전체로서 혹은 통일된 어느 형태로서 구성하는 것이 곤란한 것을 말함. 이와 같은 특징을 가진 아동은 분할된 부분에만 반응해 버려서 몇 개의 부분을 전체에 연관하는 것이 곤란함

출처: 정재권 외(2001). **지체부자유아 심리이해.**

(3) 신체 · 운동적 특성

- 일반적으로 신체적 발달이 느리고, 발달의 개인차가 심하며 불규칙적임
- 근육 협응성의 곤란 및 특정 근육의 마비 또는 위축으로 인해 자세 유지 및 이동에 어려움이 있음
- 형태적인 발달은 운동 부족과 영양상의 문제로 남녀 모두 가슴둘레를 제외하고 키, 몸무게에서 지체가 있으며, 유연성이나 근력, 순발력, 민첩성, 평형성, 지구력 등의 운동 기능도 일반적으로 지체됨
- 운동 발달의 속도가 매우 느리거나 특정 발달 단계에서 더 이상 발달이 이루어지지 않는 경우도 있음
- 감각장애
  - 대표적인 감각장애: 시각장애, 청각장애
  - 시각장애: 굴절이상, 사시, 안구운동장애, 그 밖에 약시, 맹, 안진, 공동 편시
  - 청각장애를 가지는 경우 그 빈도는 다양하나 대개 25% 정도 나타남
- 지각장애
  - 지각: 주위의 사물이나 관계를 인지하는 과정, 감각의 해석
  - 지각장애 유형: 전경 · 배경 변별 장애, 통합 부전, 형의 항상성, 공간 위치 등의 장애

3) 지체장애 학생의 교육

(1) 통합교육을 위한 일반적 지침

- 학생의 신체적 장애와 필요 파악 과보호나 일반 학생과 동일한 행동을 요

구하는 일의 감소
- 학급의 학생들에게 지체장애에 대한 교육을 실시 장애 이해, 장애가 교실생활에 미치는 점, 도울 수 있는 점 등
- 가능한 모든 활동에의 참여
- 장애 정도와 유형에 따라 교육적 필요가 다양함 IEP 작성

(2) 통합교육을 위한 정보 수집과 교수 환경 수정

① 정보 수집(기초적 구체적 정보 수집)
- 기초 정보에 포함되어야 할 내용(McCoy, 1995)
- 예상되는 인지 능력 정도
- 구어를 사용하여 의사소통할 수 있는 능력 정도
- 장애로 인한 시력과 청력의 손상 여부
- 신체의 장애 부위
- 학교생활에 대한 예후
- 이동 능력 정도

② 물리적 환경
- 건축상 장애물 제거 이동에 제한을 주지 않도록 장애물 제거하기
- 교실 내에 휠체어나 목발을 이용하는 학생이 다닐 수 있는 공간 확보하기
- 칠판, 책장, 사물함 등을 사용하는 데 어려움이 없는지 확인하기
- 목발을 보관할 목발걸이 다른 학생들의 보행에 방해를 주지 않도록 하기
- 높낮이 조절이 가능한 책상 준비 자세의 안정 유지하기

③ 교수 환경 수정
- 사물이나 도구의 위치 바꾸어 주기
  - 학생이 책상을 이용하든 혹은 휠체어 책상을 이용하든 가능한 한 스스로 자신의 물건을 사용하고 정리할 수 있게 한다.
  - 이동 장비를 보관할 수 있는 장소를 제공해 주고, 학생들이 스스로 책임

감을 갖고 안전하게 보관하도록 지도한다.
- 교실 내 교재장이나 사물함은 접근이 가능하도록 설치되어야 한다.
- 미끄러운 종이가 바닥에 버려지지 않도록 교실 내 일반 학생들에게 미리 교육한다.

● 책상의 표면 수정해 주기
- 책상 표면의 크기, 위치, 기울임, 높이 등은 학생에 따라 수정되어야 한다.
- 불수의 운동형 학생들은 팔꿈치를 지지할 수 있도록 책상을 높여 준다.
- 경직형 학생들에게는 움직임을 방해하지 않도록 낮은 책상을 제공한다.
- U자 형태의 책상이 팔의 움직임을 지원하는 데 도움이 된다.

● 사용하기 쉽게 물건을 수정해 주기

지체장애 학생의 교육을 위한 교수 환경의 수정

환경 수정	방법	수정의 예
대상 물체 고정시키기	조작하고자 하는 대상 물체를 책상 위에 고정시키는 방법이다. 조작하고자 하는 대상을 책상에 고정시켜 준다면 과제를 수행하기가 훨씬 쉬워질 것이다.	• 책상에 대한 물건들의 기본 틀을 고정하기 • 테이프로 물건 고정하기 • 물건에 벨크로를 붙여 책상 표면에 고정하기 • 물건 밑에 접착력을 가진 종이나 다른 재료(미끄러지지 않는 재질)를 사용하기 • 책상 위에 클립보드를 붙인 다음 사용하기 • 논슬립 매트 사용하기 • 책상이나 휠체어 트레이의 가장자리에 경계선 만들어 주기
경계 만들기	움직임이 자유롭지 못한 학생들은 자신의 손이 미치지 않는 곳으로 물체가 벗어나면 다시 가져오기가 힘들기 때문에 사물이 조작 가능한 범위를 벗어나지 않도록 경계를 만들어 주는 방법이다.	• 움직이는 장난감을 사용할 경우에 장난감에 끈을 매어 놓아서 다시 당겨 올 수 있게 하기 • 낮은 테두리가 있는 상자 안에 장난감을 넣어 주기
잡기 보조도구 사용하기	사물을 잡기 쉽게 해 주고 놓치지 않도록 해 주기 위하여 적절한 보조도구를 사용하는 방법이다.	• 연필에 고무 등을 덧끼우기 • 손가락에 연필이 고정될 수 있도록 고안된 보조대 사용하기

조작을 도와주는 도구 사용하기	조작에 필요한 손가락의 움직임이나 손목 움직임이 부족하여 원하는 조작을 하기 어려운 경우에 이를 돕기 위한 간단한 보조물을 부착하는 방법이다.	• 잡기가 수월하도록 잡은 부분을 크게 하기 • 밀기가 수월하도록 물건의 부분들을 확대하고 넓히기 • 표면을 넓히기 위해 손잡이 등을 붙이기(보조장치) • 움직임의 범위를 확장하기 위해 물건에 더 긴 손잡이를 붙이기 • 크레용이나 다른 막대기형 물건들을 잡도록 긴 집게 등을 사용하기 • 장난감을 들어 올리거나 잡을 수 있도록 벨크로를 붙인 장갑을 끼워 주기 • 장난감 자동차, 블록과 같이 금속 소재를 들어 올릴 수 있게 장갑의 손바닥이나 손가락에 작은 자석 부착하기

● 교수 전략의 수정
  - 수업 시간에 반응하는 방법을 수정한다.
  - 학습 과제를 연습하는 방법을 수정한다.

● 학습 자세의 중요성
운동성 장애가 있는 학생에게는 물리치료, 작업치료와 같은 전문 치료사의 역할이 매우 강조됨

  - 물리치료: 대근육 운동, 보행 능력의 발달에 중점을 둠(신경 발달적 방법: NDT, 보이타법)
  - 작업치료: 팔 사용 능력에 중점을 둠(식사하기, 일상생활 능력)

〈지체장애 학생의 자세를 잡아 줄 때 유의할 사항〉
• 골반이 안정되게 고정함
• 팔과 다리가 뻗치거나 공중에 뜨지 않도록 지지함
• 몸통에 힘이 없을 경우 똑바로 세움

> - 머리를 잘 가눌 수 있도록 머리 지지대를 이용하여 고정함
> - 허리 벨트, 가슴 벨트, 그 외의 지지 도구를 휠체어에 삽입하여 사용함
> - 앉기나 장시간 자세 고정이 어려운 경우, 대안적 자세 또는 2~3시간마다 자세를 변경함

- 지체장애 학생을 위한 공학의 활용
  - 보조공학 장치(device): 장애학생의 기능을 증진·유지·향상하기 위해 구입하거나 수정·주문 제작한 아이템이나 장비, 생산 시스템을 의미
  - 보조공학 서비스(service): 보조공학 장치의 선택, 구입, 사용에 있어 장애 학생을 직접적으로 돕는 서비스

〈보조공학 기자재의 사용 기능별 분류〉

일상생활 활동	일상생활 훈련 보조도구(식사, 옷 입기 보조도구)
환경과의 상호작용	편의시설, 환경조절 장치
의사소통	보완·대체 의사소통 도구, 컴퓨터 접근 도구, 음성 인식기, 음성 합성기
자세 잡기와 다루기	일상생활의 자세 유지, 앉기, 서기, 걷기, 호흡과도 관련이 있음. 어깨·가슴·허리 벨트, 방석, 다리분리대 등이 있음
보장구와 보철	신체 기능 개선 보장구, 자세 잡기 보장구, 브레이스, 신체 각 부분을 대신할 수 있는 보철
이동성	수동 휠체어, 전동 휠체어, 스트롤러, 리프트를 이용한 안전한 이동, 보조운전, 위치파악 시스템
여가 및 레저	외발스키, 스포츠용 휠체어
시각 및 청각	확대경, 망원경, 확대도서, 점자기, 확대도서기(CCTV), 컴퓨터 주변 기기(스크린 확대기, 음성출력 프로그램, 점자키보드, 소리증폭 도구, 음성 다이얼 서비스 등), 전화, 팩스

〈일반 학급에서 사용될 수 있는 공학 도구의 종류 및 예〉

간단한 도구 사용과 수정	손가락 대신에 막대기를 쥐고 키보드를 누르거나 머리띠 같은 것에 연결된 막대기를 사용하여 키보드를 조작함. 마우스스틱, 헤드스틱, 손가락 지지용 타이핑 막대 등이 있음
대체키보드	확대키보드, 마우스스틱용 키보드, 한 손용 키보드
터치스크린	키보드가 필요 없이 직접 컴퓨터 화면을 만져서 프로그램을 조작함
스위치	운동 능력 장애가 심한 지체장애 학생의 경우에 가장 많이 사용함. 단일 스위치, 마이크로 스위치 등이 있음

(3) 의사소통

지체장애 학생의 대부분을 차지하는 뇌성마비 학생은 인지 능력의 결함이 없이도 구강 주변의 근육 조절과 협응의 문제로 인한 표현언어 능력의 결함을 가지고 있으므로 사회적 상호작용에 어려움과 통합 환경 적응에 어려움을 갖고 있다. 그에 따른 지도 방법을 알아보면 다음과 같다.

- 비언어적 의사소통 방법 사용(제스처, 발성, 지적하기 등)
- 보완 · 대체 의사소통 방법 사용(그림, 낱말 등의 의사소통판, 컴퓨터 보조기구)

〈보완 · 대체 의사소통을 이용한 의사소통 지도 시 유의점〉

① 바람직한 언어 모델의 제공

② 수용적인 학습 환경의 조성

③ 발달 수준 및 기능적인 기준에 근거한 교수 목표 설정

④ 자연적인 환경에서의 기능성 강조

⑤ 다른 사람과의 상호적 의사소통의 촉진

⑥ 의사소통 대상자의 교육을 통한 학생의 표현력 증진

〈말하기에 어려움이 있는 학생 지도 시 유의점〉

① 신호체계를 사용 → 화자와 청자가 서로 약속하고 이해할 수 있는 간단한 신호를 만들어 사용
② 말할 수 있는 시간 충분히 주기 → 말소리를 만드는 데 오랜 시간이 걸림
③ 의사소통이 중단되는 때를 파악하고 대처하기
④ 다른 학생들에게도 의사소통하는 방법을 가르쳐 주기 → 학급 내 일반 학생들이 지체장애 학생과 대화하는 방법 익히기

〈쓰기에 어려움이 있는 학생 지도 시 유의점〉

① 간단한 보조도구 사용 → 예를 들어, 연필 끼우개 사용
② 직접 쓰기가 어려운 경우: 컴퓨터를 이용한 쓰기 활동
　(대체입력 기구 사용 예: 보드메이커)

(4) 이동성(학생이 움직일 수 있는 능력)

- 건축물적 장애　지체장애인이 독립적으로 다닐 수 없고 누군가의 도움을 받아야 하는 건물 구조
- 휠체어　수동 휠체어 또는 전동 휠체어 → 학생의 몸에 맞는 휠체어를 사용해야 함

요약

　　지체장애를 가진 학생의 특수교육적 요구는 매우 다양할 수 있기 때문에 지체장애 또는 건강 상태의 근본적인 원인을 기준으로 학생을 분류하는 것은 특수교육과 관련 서비스를 계획하는 데 있어서 필요한 지침을 제한할 수 있다. 뇌성마비 학생의 경우에도 단순한 뇌성마비를 가졌다면 교육과정과 수업, 환경은 특별한 수정이 거의 필요하지 않을 수 있다. 반면에 운동과 지적 기능에 심각한 제한을 가지고 있는 중증의 뇌성마비 학생의 경우에는 광범위한 일 년의 교육과정과 교수적 수정, 적절한 특수보조기구와 관련

서비스를 필요로 한다.

따라서 교사는 지체장애 학생에 관한 정보를 수집하고, 이를 바탕으로 학급 환경 내에서의 조치나 특수교육적 기법을 적용할 수도 있으며, 의사소통이나 이동을 위한 보조장치가 필요할 수도 있다. 또한 지체장애 학생이 가지는 특수한 상태로 인해 학습, 발달 및 행동이 어떠한 영향을 받는지에 대해서도 알고 있어야 한다. 그리고 지체장애 학생은 교실 내에서 복잡하고 긴급한 상황을 유발할 수도 있기 때문에 교사는 이러한 상황에 효과적으로 대처하고 지원하기 위한 충분한 지식을 가지고 있어야 한다.

09 │ 건강장애 알아보기

1. 건강장애의 정의에 대해 이해할 수 있다.
2. 건강장애 학생의 특성과 교육적 지원 방안에 대해 알고 적용해
   볼 수 있다.

1) 건강장애의 정의

(1) 특수교육진흥법

「특수교육진흥법」 일부 개정(2005. 3. 24)을 통해 '만성질환으로 인한 건강장애'가 특수교육 대상에 처음으로 포함되었다.

(2) 장애인 등에 대한 특수교육법(2007)

건강장애를 지닌 특수교육 대상자는 "만성질환으로 인하여 3개월 이상의 장기 입원 또는 통원 치료 등 계속적인 의료적 지원이 필요하여 학교생활 및 학업 수행에 어려움이 있는 사람"으로 정의한다.

(3) 미국 장애인교육법: 기타 건강장애(other health impairment)

① 정 의

심장 상태, 결핵, 류머티즘, 신장염, 천식, 겸상 적혈구성 빈혈, 혈우병, 간질, 납중독, 백혈병 또는 아동의 교육에 악영향을 미치는 당뇨병과 같은 만성 또는

급성 건강 문제에 따른 제한된 근력, 지구력 또는 민첩성 등의 장애를 포함한다.

② 특 징

미국 「장애인교육법」의 경우 주의력결핍 과잉행동장애를 포함한다. 이것은 특별한 교육적 지원이 필요하지만 다른 어떤 장애 영역에 해당되지 않는 학생들을 이 범주에 포함하기 때문이다.

(4) 우리나라 장애인복지법에서의 건강 관련 장애

우리나라의 「장애인복지법」에서 건강과 관련된 장애로는 신장장애, 심장장애, 호흡기장애, 간장애, 안면장애, 장루·요루장애, 간질장애 등이 있다.

2) 건강장애의 분류

- 2005년 3월 24일 「특수교육진흥법」의 개정으로 지체장애 이외의 심장장애, 신장장애, 간장애 등 만성질환으로 인한 건강장애가 특수교육 대상에 포함되었다.
- 2007년 5월 25일 공포된 「장애인 등에 대한 특수교육법」제15조 제9항에도 건강장애가 그대로 유지되어 현재까지 건강장애가 특수교육 서비스 대상이 되고 있다.

3) 건강장애 학생의 출현율

특수교육통계자료(교육과학기술부, 2011a)에 따르면, 특수교육 대상 학생 8만 2,665명 중 건강장애 학생은 2,229명으로, 전체 특수교육 대상 학생의 2.7%를 차지한다. 그러나 학부모의 건강장애에 대한 정보의 부족과 장애에 대한 인식 및 일시적 질병이나 장기적 질병을 포함한 질병으로 인한 초·중·고등학교 과정 유예 학생을 포함한다면 건강장애로 인해 특수교육 요구를 지닌 학생의 수는 훨씬 많을 것으로 예상된다.

건강장애의 질환 유형으로는 2009년도 병원학교를 대상으로 조사한 결과에서 백혈병 또는 소아암이 1,340명으로 가장 많은 부분을 차지하였으며, 근위축 증후, 뇌종양, 신장질환 등의 순으로 나타났다.

4) 건강장애 학생의 특성

- 만성적이고 때로는 생명을 위협하는 조건의 질병으로 인해 집중적인 의학적 치료나 주기적인 치료 등 계속적인 의학적 관심이 요구되고 있다.
- 건강장애 학생은 질병으로 인해 교사들의 특별한 관심과 보호가 필요하다. 예를 들면, 소아암의 경우에는 주의 집중, 순서화, 기억 및 이해 능력을 요구하는 과제 수행이 곤란하며, 신장장애의 경우에는 우울, 불안, 공포, 강박적 사고와 신체 개념의 왜곡 등 정서 반응이 나타난다.

(1) 인지 및 학업 성취 특성

- 입원 치료로 인한 장기 결석 또는 혈액 투석이나 병원 예약 방문 등으로 인한 단시간의 학업 결손이 누적될 수 있으며, 이것이 학업 수행에 부정적인 영향을 미치게 된다.
- 당뇨나 소아암과 같은 만성적인 질병을 가지고 있는 학생의 경우에는 질병 자체뿐만 아니라 약물치료 과정에서 생기는 부수적인 결과로 인하여 학습에 어려움을 겪게 된다.
- 생활 경험의 편협은 학습 면에서 구체성을 결여하게 하기 쉬워, 사물의 인식이나 그 개념 형성에도 부정적인 영향을 끼칠 가능성이 있다. 더욱이 학령기가 되면 개개의 조건에 따라 다르겠지만, 학습 시간 자체에 제한이 따르는 경우가 많아 그와 같은 제한의 중첩 등이 학력 면에도 영향을 끼칠 수 있다.

(2) 사회 · 정서적 특성

- 만성질환으로 인해 오랜 병원생활을 하는 학생들의 경우, 교사의 이해 부족으로 인해 지나치게 낮은 기대나 과잉보호 등으로 정서적인 어려움을 겪게 되기도 한다.
- 또래관계에서도 교사가 건강장애 학생에게 일반 학생과 다른 규칙을 적용하게 될 때 마치 특혜를 누리는 것처럼 비쳐 정상적인 또래관계의 형성에 어려움을 초래할 수 있으며, 또래들의 지나친 호기심이나 무시 등으로 인해 상처를 받을 수도 있다.
- 오랜 시간을 학교에 나오지 못했다가 다시 학교로 돌아오게 되는 건강장애 학생들이 공백 기간을 극복하고 재적응하기 위해서는 교사나 주변 친구들의 이해와 격려가 필요하다.

5) 건강장애 학생의 선정 및 배치

(1) 선정 기준

대상자 선정 기준	선정 방안
만성질환으로 인하여 3개월 이상의 계속적인 의료적 지원이 필요한 자	• 만성질환: 장애인증명서 · 장애인수첩 혹은 진단서를 통해 만성질환을 확인 • 3개월 이상의 계속적인 의료적 지원: 입원 혹은 통원치료 등 장기간의 의료적 처치가 요구되는 만성질환을 의미하며, 연속적인 3개월 입원 학생만을 제한적으로 선정하지 않도록 유의
학교생활 · 학업 수행 등에서 교육적 지원을 지속적으로 받아야 하는 자	장기치료로 인해 해당 학년의 진도를 따라가지 못하거나 유급 위기에 있는 등 학업 수행에 어려움이 있는 자로 특수교육운영위원회에서 결정

(2) 건강장애 학생의 배치

- 현재 소속된 일반 학급에 그대로 배치하되, 특수학급에서의 지도가 필요한 경우 학부모나 학생의 동의하에 배치

● 중학교 혹은 고등학교 배정 시 특수교육운영위원회에서는 학생의 건강 상
태를 고려하여 가능하면 거주지와 가장 가까운 학교 혹은 엘리베이터 등 특
별한 시설이 설치된 학교에 우선 배치

6) 건강장애 학생을 위한 교육

(1) 건강장애 학생의 교육 지원 요구 및 문제점

지원 요구 및 문제점	구체적인 문제점
잦은 결석 및 교사의 인식 또는 정보 부족 → 학교생활의 어려움	• 유급으로 인해 상급 학교 진학 또는 상급 학년 진급이 곤란함 • 학습 지체 누적 현상 • 또래들과의 관계 유지에 어려움이 있음 • 수업 참여 기회 박탈 또는 소외감 유발 우려 • 응급 처치 부재 혹은 대처 미비
대상 학생의 다양성 → 지원 요구의 광범위함	• 다양한 학교급별 학생이 혼재되어 있음 • 학력 수준에 맞게 개별화된 교육 요구

(2) 건강장애 학생의 교육 지원 방안

① 기본 방향

● 교육 기회 확보로 건강장애 학생의 학습권 보장
● 개별화된 학습 지원과 심리·정서적 지원의 균형적인 제공으로 학교생활
적응 도모
● 다양한 서비스로 삶에 대한 희망과 용기를 심어 주고 치료 효과 증진

② 교육 기회 확보를 위한 병원학교 설치 및 운영

가) 병원학교의 설치

병원학교란 장기 입원이나 장기 통원 치료로 인해 학교교육을 받을 수 없는 학
생들을 위해 병원 내에 설치된 학교(현 병원학교는 교사 1인이 운영하는 파견학급
형태이나 여러 학교급, 학년의 학생이 함께 공부하기 때문에 병원학교로 통칭되고 있

음)(교육인적자원부, 2006)

나) 병원학교의 운영

- 개별화교육계획 수립 병원학교 특수교사가 소속 학교 일반 교사, 의료진, 학부모 등과 협력하여 수립하되, 개별화 건강관리 계획을 포함함
- 다양한 교육 방법으로 개별 학생의 요구에 따른 교육 제공 사이버 가정학습 서비스 및 화상강의 시스템 활용, 방문교육, U−러닝 지원 시범 운영
- 학업중심 교육과정과 심리 · 정서적 적응 지원의 균형 유지
  - 입원 시기, 질병의 정도 등에 따라 심리 · 정서적 적응 수준이 다를 수 있으므로 심리 · 정서적 부분을 강조하고 학업 지원과 균형을 유지
  - 가능한 한 체계적인 교육 시간표를 운영하도록 하며, 지나치게 일회적이고 행사 위주의 수업은 피하고, 일관성 있는 교육이 이루어지도록 함
- 학사 관리
  - 학적은 학생의 소속 학교에 두고, 병원학교 출석 여부를 소속 학교에 문서나 구두로 전달하여 학교 출석으로 처리
  - 평가: 시험의 확대 및 축소, 평가 기준의 변형, 필답고사의 제거 등 아동이 학습한 범위에서 할 수 있도록 배려하는 것이 필요함

③ 통원 치료 혹은 요양 중인 건강장애 학생의 개별화된 학습 지원

- 개별화교육계획 수립 및 실행
- 순회교육 실시
- 사이버 가정학습 서비스 활용
- 화상강의 시스템 시범 운영

④ 심리 · 정서적 적응 지원

- 일반 학생과의 상호작용 확대를 통한 심리 · 정서적 지원 같은 반 친구 혹은 인근 학교 학생들이 병원학교 혹은 가정을 방문하여 학교생활에 대해 전달해 주고, 함께 교류할 수 있는 기회를 자주 마련하여 또래관계를 유지할

수 있도록 지원 → 봉사 점수 부여
● 건강장애에 대한 인식 개선 및 학교생활 적응 지원 자료 개발 및 보급
  – 급우 · 부모 · 형제 · 교사 등 대상별 혹은 병명별 인식 개선 자료를 관련
    단체나 협회와 협력하여 개발 · 보급 · 교육
  – 건강장애 학생 자신이 자신의 병에 대해 바르게 이해하고, 건강과 삶에
    대한 통제력을 가질 수 있도록 관련 프로그램을 개발 · 보급
● 캠프 참여를 통한 심리 · 정서적 안정 도모 한국백혈병소아암협회 등 각종
  단체나 협회가 주최하는 캠프에 참여하여 또래들과 함께 서로의 경험을 나
  누고 즐거운 시간을 갖게 함으로써 재활 의지를 심어 주고, 심리 · 정서적
  안정을 갖도록 지원
● 기타 전화나 이메일 등 통신 이용, 가정이나 병원 방문 등 권장

⑤ 병이나 병의 치료를 위해 장기적인 수업 결손을 가지게 되는 학생을 위
   한 교과별 특성에 따른 지도 전략

건강장애 학생은 일반적으로 첫째, 학습 시간 수가 적고, 둘째, 학습이 지체되
어 있으며, 셋째, 신체 활동이 제한되기 쉬우며, 넷째, 경험이 협소하고, 다섯째,
소수 인원으로 학습이 이루어지기 쉽다. 따라서 이와 같은 문제를 해소하기 위하
여 적절한 지도 계획의 작성과 함께 지도 방법이 요구된다.

● 국어, 수학, 영어 등 계통적 학습이 강조되는 교과의 경우, 학생이 어디까지
  이해하고 있는가에 대해서 충분히 파악한 후 그 수준부터 지도하도록 한다.
● 사회, 과학, 기술, 가정과 같이 생활 속의 사회현상과 자연현상에 대한 문제
  해결 교과의 경우, 현재 학년의 기초 내용이나 저학년의 내용을 취사선택하
  여 지도한다.
● 음악, 미술, 체육 등과 같이 일상생활과 밀접한 관계를 가지는 교과의 경우,
  현재 학년의 내용을 철저하게 지도하도록 한다.
● 쓰기와 시지각 활동 등을 돕기 위해 경사진 판을 제공한다.
● 주의 집중력을 높이고 쓰기 기능을 향상하기 위해 진한 연필이나 고무가 달

린 연필 등을 제공한다.

- 쓰기 기능을 향상할 수 있는 각종 보조기기와 컴퓨터 사용을 지원한다.
- 손동작, 운동 기능의 불안정, 침이나 땀으로 인한 종이나 노트의 찢김을 방지할 수 있는 만년노트나 두꺼운 종이 등을 제공한다.
- 소집단 지도에서는 일정한 인원이 필요한 교재의 지도가 어렵고, 특정인과의 접촉만으로 경험이 한정되기 쉬워 많은 사람의 의견을 듣거나 접촉 시의 태도를 육성하는 측면의 지도가 결여되기 쉽다. 이러한 문제를 해결하기 위해서는 학년별 지도에 국한하지 않고, 필요에 따라서는 전 학년을 합하여 교과지도를 할 필요가 있다. 이처럼 전 학부를 포함한 지도에서도 개개인의 지도 목표, 내용, 방법 등이 명확히 이루어지도록 한다.

⑥ 건강장애 학생을 위한 교육과정의 재구성 방안

- 교육과정의 재구성은 장애학생의 교육과정에의 접근, 참여, 진보를 저해하는 장애물의 제거를 의미한다. 장애학생은 신체적 · 정신적 장애로 인하여 일반 학생이 접근할 수 있는 교육과정에 접근할 수 없는 사례가 많다.
- **교육과정 요소 재구성 방법** Deschenes 등(1994)은 교육과정 요소의 재구성 유형을 크기, 시간, 지원 수준, 정보 투입, 난이도, 산출 결과, 참여 정도, 대안교육 목표 개발 그리고 대체 교육과정 개발의 아홉 가지로 구분하여 제시한다.

〈보편적 설계의 내용〉

분 류		분류 기준
교수 영역	보완	학생의 특별한 욕구에 부합하기 위해 일반 교육과정에 내용을 첨가하거나 수행 수준을 높인다.
	대체	일반 교육과정의 기초적인 내용을 가르치거나 수행 수준을 낮춘다.
교수 방법	보완	부가적인 기술을 교수한다(예: 독립적인 학습 능력을 키우기 위한 전략, 새로운 상황에 일반화할 수 있는 전략).
	수정	내용 제시 방법의 변화(예: 읽기 책을 녹음으로 제시), 환경 배열의 변화, 환경의 수정(예: 조용한 작업 공간의 제공), 학생의 반응 방법의 변화(예: 쓰기 대신 컴퓨터의 사용)

평가	수정	내용 제시 방법의 변화(예: 문제를 읽어 줌), 학생의 반응 방법의 변화(예: 추가 시간의 제공, 몸짓으로 답을 말함)

출처: Turnbull et al (2004). *Exceptional lives: Special education in today's school* (4th ed).

요약 🖉

1. 건강장애 학생의 정의

만성질환으로 인하여 3개월 이상의 장기 입원 또는 통원 치료 등 계속적인 의료적 지원이 필요하여 학교생활 및 학업 수행에 어려움이 있는 사람(「장애인 등에 대한 특수교육법」)

2. 건강장애 학생의 특성

- 만성적이고 때로는 생명을 위협하는 조건의 질병으로 인해 집중적인 의학적 치료나 주기적인 치료 등 계속적인 의학적 관심이 요구됨
- 건강장애 학생은 질병으로 인해 교사들의 특별한 관심과 보호가 필요함

3. 건강장애 학생의 교육 지원 방안

- 교육 기회 확보를 위한 병원학교 설치 및 운영
- 통원 치료 혹은 요양 중인 건강장애 학생의 개별화된 학습 지원
- 심리 · 정서적 적응 지원
- 병이나 병의 치료를 위해 장기적인 수업 결손을 가지게 되는 아동을 위한 교과별 특성에 따른 지도

10 | 중도 · 중복장애 알아보기

1. 중도 · 중복장애의 정의에 대해 이해할 수 있다.
2. 중도 · 중복장애 학생의 특성을 알고 교육적 지원 방안을 적용해 볼 수 있다.

1) 중도 · 중복장애 개념 및 정의

- **중복장애** 그 원인이나 종류 · 정도에 관계없이 단일 장애를 동시에 두 가지 이상 갖는 장애
- **중도장애** 일반적으로 지적 · 신체적 · 사회적 기능에서 심각한 장애를 보임

(1) 중도장애의 정의

① 발달론적 접근(발달적 기준에 따라)

중도장애 학생이란 생활연령에 기초하여 기대될 수 있는 수준보다 절반 또는 그 이하의 발달적 수준에서 기능할 수 있는 21세 이하의 학생을 말한다(Justen, 1976). 그러나 현재 대부분의 교사는 발달적 기준이 타당성이 없다고 생각하고 있다.

② 기본적인 기술에 중점을 둔 정의

중도장애 학생이란 연령에 관계없이 단지 기본적인 기술, 즉 독립적으로 이동

하기, 다른 사람들과 의사소통하기, 화장실 가기, 섭식 등을 가르칠 필요가 있는 학생으로 분류한다.

③ 중도장애인협회(TASH)의 정의

일반인과 함께 지역사회에 참여하고 질적으로 보장된 삶을 살아가기 위해서는 한 가지 이상의 주요한 일상생활 활동에서 전반적이고 지속적인 지원이 요구되며, 이러한 일상생활 활동을 위해 이동성, 의사소통, 자조, 학습, 독립적인 삶, 고용, 자기만족에서 필요한 지원이 요구되는 모든 연령의 개인을 뜻한다.

④ 미국 장애인교육법

중도장애 학생이라는 용어는 신체적·정신적·정서적 문제로 인하여 특별하게 고안된 교육적·사회적·심리학적·의학적 서비스, 즉 지역사회에 의미 있게 참여하여 활동하는 것과 자아 성취를 위하여 그들의 잠재력을 최대한으로 키워 주기 위한 서비스를 필요로 하는 장애학생을 의미한다. 이 용어는 심각한 정서장애(정신분열증 포함), 자폐증, 중도 및 최중도 정신지체 그리고 농-맹, 맹-정신지체, 농-뇌성마비 등과 같이 두 가지 이상의 장애를 가진 학생을 포함한다. 중도장애 학생은 심각한 말, 언어, 지각/인지장애를 가질 수 있으며, 사회적 자극에 대한 부적절한 반응, 자해 행동, 자기 자극 행동과 같은 비정상적인 행동과 장기간에 걸친 우울증, 구어 사용 곤란 등을 나타낸다. 또한 중도장애 학생은 생리적으로 매우 나쁜 건강 상태를 가질 수 있다.

(2) 중복장애의 정의

일반적으로 중도·중복장애 학생이란 지능지수 50 이하인 자로서 중등도 자폐증, 중등도·중도·최중도 정신지체, 지체장애, 중복장애 및 시각·청각장애 등으로 분류한다. 그들은 전통적인 일반 교육 및 특수교육으로는 만족시킬 수 없는 특별한 요구를 지니고 있으므로 모든 발달 단계뿐 아니라 전 생애에 걸친 훈련과 많은 치료와 서비스, 적응 기기, 장애물이 없는 환경, 생활 기능 중심의 교육과정, 특수한 일반화 교수 방법 및 일반인과의 상호 교류가 필요한 학생으로 장애의 정도가 무겁고 또한 두 가지 혹은 그 이상 중복되어 있다.

① 미국 장애인교육법(IDEA, 1997)

- 심각한 교육적 문제를 초래함으로써 한 가지 장애를 지닌 학생을 위한 특수교육 프로그램에 맞지 않는 동시에 나타나는 손상들의 조합(예: 정신지체-맹, 정신지체-지체장애)(이소현, 박은혜, 2012)
- 중복장애(정신지체-맹, 정신지체-지체부자유와 같은)로 하나의 장애 영역에 하나의 특수교육 프로그램을 적용할 수 없는 심각한 교육적 문제를 야기하는 장애(Scheuermann & Hall, 2007; 김진호, 김미선, 김은경, 박지연, 2009 재인용).

② 농-맹 중복장애

〈미국 장애인교육법의 정의〉

- 심각한 의사소통장애와 다른 발달적 학습 욕구를 저하시키는 장애로서, 두 가지 장애를 함께 수반하는 장애이기 때문에 청각장애, 시각장애 또는 중도장애 학생들만을 위한 특수교육 서비스로는 적절한 교육을 받을 수 없다. 따라서 교육적 욕구를 검토할 때 적절한 보조 지원이 필요하다(IDEA, 1990).
- 심각한 의사소통 및 기타 발달적 교육 문제를 일으키는 청각과 시각의 동시 손상, 농이나 맹만을 지닌 학생을 위한 특수교육 프로그램에 맞지 않는 장애(IDEA, 1997; 이소현, 박은혜, 2012)

---

2) 중도 · 중복장애의 원인과 출현율

(1) 원 인

- 출생 전, 출생 시, 출생 후의 생물학적인 뇌장애
  - 뇌형성부전: 비정상적인 뇌 발달
  - 뇌손상: 뇌 기능과 구조의 변형

- 염색체 이상이나 유전병, 대사장애
- 미숙아, RH 불일치, 모체의 접촉에 의한 전염병
- 산모의 임신 중 약물 복용, 과도한 알코올 섭취, 영양실조
- 각종 사고, 학대, 영양실조, 방치, 독성물질 섭취 등

(2) 출현율

전체 인구의 약 0.1~1% 범위에 이르는 것으로 추정한다.

3) 중도·중복장애 학생의 특성

(1) 일반적 특성

- 새로운 기술 습득 시 낮은 학습 속도
- 새롭게 학습한 기술에 대한 일반화 및 유지의 곤란
- 제한된 의사소통 기술
- 자립 기술의 결함
- 부적절한 행동의 반복
- 신체적 운동 발달의 결함
- 낮은 빈도의 구조적 행동과 상호작용

(2) 세부적 특성

- 뇌·신경계의 손상이나 미분화에 따른 시·청각, 지각장애나 감각운동의 협응 곤란 등의 발달지체가 있고 느끼기, 보기 등의 수용 작용이 열악하다.
- 생체 내의 기본적 조건 기능, 환경 변화에 대한 적응력의 미발달, 신체적·심리적 부적응을 일으키기 쉽다.
- 언어장애나 언어 습득의 지체가 있고, 의사 전달과 교환이 극히 곤란하다.
- 기질적·기능적 장애에 의한 운동 기능의 장애나 발달의 지체, 자세 유지, 이동, 수지 조작 등이 곤란하다.

- 정신적 구조의 미분화나 부분적 결핍이 있고, 학습 능력의 심한 지체나 흥미·관심이 편중되어 있다.
- 새로운 경험을 획득하고자 하는 욕구가 부족하고, 획득한 지식·기능을 활용하거나 일반화하는 통합력이 부족하다.

4) 중도 · 중복장애 학생의 교육적 접근

(1) 교육의 방향

① 기능적 교육과정의 적용

기존의 발달론적 교육과정과 대비되는 개념으로서 학생이 실제로 다양한 환경에서 기능하는 데 필요한 기술을 교육 내용으로 삼는다.

② 최소제한환경에의 배치

적절한 지원이나 계획 없이 무조건적으로 완전통합을 주장하는 것도 바람직하지 않지만, 장애가 심하다는 이유로 통합을 고려하지 않는 것 또한 바람직하다고 할 수 없다. 적절한 계획과 지원을 통해 최소제한환경에 배치하도록 노력해야 한다.

③ 교육 내용의 연속성

개별화교육계획에 의해 수립된 교육 목표가 종단적인 연계성을 가지고 있어야 한다는 의미이며, 이는 중도·중복장애 학생의 교사들의 적극적인 노력, 협력과 교육과정에 대한 공통적인 견해를 필요로 한다.

④ 지역사회 중심의 교수

연령과 장애 정도에 따라 지역사회 기술의 중요도는 달라진다. 그러나 기능적인 교육 내용을 교수하고, 이러한 교수의 효과를 증진시키고자 할수록 지역사회 중심 교수의 중요성이 강조된다.

⑤ 관련 서비스의 통합적 제공

중도 · 중복장애 학생은 그들의 특성상 다양한 관련 서비스를 필요로 한다. 이러한 관련 서비스 중 가장 많이 적용되는 물리치료, 작업치료, 언어치료 서비스의 가장 적절한 제공 모델은 과거의 분리된 치료 모델이 아닌 통합적 팀 모델이다.

⑥ 사회적 통합의 강조

현재 및 미래 환경에서 사회적 상호작용을 위한 연령에 적합한 환경이 무엇인지 판별하여 교수에 반영하여야 한다.

⑦ 체계적인 문제 행동 지도

문제 행동의 기능 분석을 통해 행동 발생의 조건을 판별하여 체계적인 행동 관리를 시행하도록 한다.

⑧ 다양한 보조공학적 지원

자세, 의사소통, 학습, 이동을 위한 여러 가지 보조공학적 지원의 중요성이 강조된다.

(2) 교육 목표

- 효율적인 의사소통 기능 발달로 몸짓, 구어 · 문어 쓰기, 보완 · 대체 의사소통 기구, 보조공학 기구들을 활용하여 의사소통 기능을 극대화한다.
- 운동기능 발달의 최대화로 비정상적인 자세, 운동 형태 등을 보조기 등을 적용해 개선 · 교정한다.
- 일상생활에서 자립 능력을 기른다. 식사, 용변, 옷 입고 벗기, 위생, 이동 등의 기능 향상을 의미한다.
- 1차 장애로 수반되어 파생되는 문제를 치료하고 예방한다. 침 흘리기, 빈혈, 비만, 시각, 청각, 구토, 발작, 불면, 언어, 행동 문제 등을 치료하고 예방한다.

(3) 교육과정: 무엇을 가르쳐야 하는가

현재 그들에게 필요한 것이면서 미래의 가정과 직업, 지역사회, 여가 활동 등에 사용될 수 있는 기능적 기술에 중점을 둔 기능적 생활 중심 교육과정으로 가르친다.

- 기능성　옷 입기, 식사 준비하기, 대중교통 이용하기, 자동판매기 사용하기 등
- 생활연령의 적합성
- 선택하기　모든 활동에서 스스로 좋아하는 것을 표현하고 선택할 기회를 제공
- 의사소통 기술　반응적 상호작용, 보완·대체 의사소통, 그림교환 의사소통 등
- 레크리에이션과 여가기술　과제 분석, 그림 촉구, 수정된 게임 자료 등 이용
- 교수 목표의 우선순위와 선택

(4) 교육 방법

① 일반적인 교육 방법
- 학생의 현재 수행 수준이 정확하게 평가되어야 한다.
- 가르쳐야 하는 기술은 명확해야 한다.
- 가르쳐야 할 기술은 보다 세부적인 단계로 나누어야 한다.
- 교사는 명확한 촉구와 단서를 제공해야 한다.
- 학생은 교사로부터 피드백과 강화를 받아야 한다.
- 일반화와 유지를 촉진할 수 있는 전략을 사용해야만 한다.
- 학생의 수행 수준은 신중하게 자주 측정되고 평가되어야 한다.

② 부분적 참여
- 부분적 참여의 원리는 Baumgart 등(1982)에 의해 처음으로 제안되었다. 부분적 참여의 원리는 중도장애 학생들이 주어진 과제 활동의 모든 단계를 혼자의 힘으로 참여할 수 없다 하더라도 선택된 요소들 또는 적절히 수정된

과제를 수행하도록 가르칠 수 있다는 원리다.

● 부분적인 참여는 학습자가 과제에 보다 적극적으로 참여할 수 있도록 도와 줄 수 있으며, 어떻게 과제를 수행할 것인가와 관련된 선택의 폭을 넓혀 준다.

③ 긍정적 행동지원(네 가지 구성 요소)
● 학생의 행동이 지니는 의미 이해하기
● 학생에게 바람직한 대체 행동 제시하기
● 바람직하지 않은 행동 감소를 위한 환경 개조하기
● 통합학교와 지역사회 배치를 위해 사회적으로 채택되고 의도하는 전략 사용하기

④ 소집단 교수
● 소집단 교수의 장점
  - 소집단 교수에서 학습된 기술은 집단 환경에서보다 일반화되기 쉽다.
  - 소집단 교수법은 사회적 상호작용과 또래 강화의 기회를 제공한다.
  - 소집단 교수법은 우발적 학습 및 다른 아동으로부터의 관찰학습 기회를 제공할 수 있다.
  - 소집단 교수법은 교사의 시간 효율성을 높일 수 있다.
● 소집단 교수 효과를 높이기 위한 실천 사항
  - 교사는 학생들이 그 집단 구성원들의 말을 경청하고 행동을 주의 깊게 바라보도록 격려해야 하며, 그러한 행동이 나타나면 칭찬해 주어야 한다.
  - 수시로 개별 학생들의 주의를 환기시키며, 시범과 조작 가능한 자료를 제공함으로써 수업에 대한 관심과 흥미를 유지하게 한다.
  - 교사는 모든 학생에게 교수 활동의 참여자로서 활동할 수 있는 다양한 기회를 주어 흥미로운 활동이 되도록 해야 한다.
  - 가능한 한 짧은 시간 내에 해결할 수 있는 명확한 과제를 지도한다.
  - 교사는 각 학생의 목표 기술과 반응 양식에 따른 개별화된 수준의 다양

한 교수법을 적용하여, 모든 학생이 학습 활동에 참여하도록 해야 한다.

- 모든 학생이 반응할 수 있도록 부분적인 참여와 자료수정 방법을 이용해야 한다.
- 집단 구성원 간의 협동을 촉진해야 한다.

(5) 교육 장소: 중도장애 학생을 어디에서 가르칠 것인가

- **인근 학교의 이점** 분리는 분리를 낳는 법이다.
  - 일반 학생들은 장애학생들과 함께 통합된 학교에 다닐 때 다원화된 사회에서 성인처럼 책임 있게 역할을 더 잘 수행할 것이다.
  - 여러 가지 정보가 통합된 학교가 더 의미 있는 교육 환경임을 뒷받침한다.
  - 부모와 그 가족들은 이 학생들이 홈스쿨(집 근처 지역 학교)에 참여하고 있을 때 학교 활동들에 더 많이 접근한다고 한다.
  - 홈스쿨 참가는 일반 학생들과 폭넓게 사회적 관계를 형성할 수 있는 기회를 더 많이 제공한다.
- **사회적 유대관계** 정규 수업 참여는 적극적인 사회적 접촉과 친구관계 발전의 또 다른 기회를 제공할 수 있다. 사회적 접촉이란 장애학생들이 또래와 최소 15분 동안 점심을 먹는다든지 과학 과제를 해결하는 것과 같은 의미 있는 활동 상황 속에서 상호 교류하는 것으로 규정하였다.
- **일반 학급에서 보내는 시간은 어느 정도로 할 것인가** 중도장애 학생들이 일반 학급 활동에 참여하는 것이 사회적으로 이점이 있다는 것은 인정되지만, 개별화교육계획의 목표나 목적의 달성에서의 완전통합의 효과는 아직 알려지지 않고 있다. 소수의 완전통합 지지자들에 의해 장애학생들이 그들의 교육적 요구 특성에 관계없이 모든 시간을 일반 학급에서 보내야 한다고 주장되며, 중도장애 학생의 교육적 배려는 일반 학생들이 주로 생활하고 학습하는 일반 학교의 일반 학급에 기반을 두는 것이어야 할 것이다.

(6) 교육과정 편성 및 운영의 유의점

- 학습 성취율이 낮으므로 학습의 단기 목표보다 장기 목표를 설정하고 적절

한 평가 도구를 마련하여 사용한다.

● 신체적 피로감이 있고, 누워서 생활하는 시간이 많아 면역성이 약하므로, 가습기, 공기 청정기, 전자레인지, 재활 기구 등을 마련한다.

● 통합적 환경을 최대화한다.

● 치료교육 활동에 필요한 전문가의 자문 및 협력과 개인에게 요구되는 서비스 연계망을 구축한다.

● 부모에게 자녀의 모든 교육 활동에 관심을 갖고 협조할 수 있도록 충분히 알리고 제공한다.

● 중도·중복장애 학생은 심리치료, 언어치료, 행동치료, 물리치료, 운동치료, 수치료 등의 다양한 치료를 요구하므로 치료기관의 전문가와 긴밀한 협조가 필요하다.

요약

1. 중도·중복장애의 정의

• 중복장애: 그 원인이나 종류, 정도에 관계없이 단일 장애를 동시에 두 가지 이상 갖는 장애
• 중도장애: 일반적으로 지적·신체적·사회적 기능에 심각한 장애를 보임

2. 중도·중복장애의 교육적 접근

• 기능적 교육과정의 적용
• 최소제한환경에의 배치
• 교육 내용의 연속성
• 지역사회 중심의 교수
• 관련 서비스의 통합적 제공
• 사회적 통합의 강조
• 체계적인 문제 행동 지도
• 다양한 보조공학적 지원

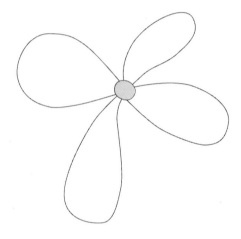
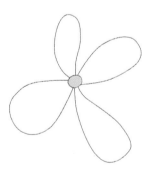

Part 3

통합교육의 이해

01 학교 관리자의 역할과 통합교육의 성패

1. 성공적인 통합교육을 위한 학교 관리자의 역할을 설명할 수 있다.
2. 성공적인 통합교육의 조건을 이해할 수 있다.

학교 현장에서 통합교육을 효율적으로 실시하기 위해서는 여러 가지 제반 여건이 조성되어야 한다. 그중에서 학교장은 통합교육 계획 및 수행에서의 의사결정권자로서 중요한 인적 요인으로 작용한다. 즉, 학교장이 통합교육을 잘 실행하기 위해서는 통합교육의 목적을 알고 장애학생에 대한 바른 인식을 하며, 특수교육에 관한 다양한 정보를 얻도록 해야 한다. 또한 학교장은 교직원, 학생, 학부모들이 장애학생을 바르게 인식할 수 있도록 리더십을 발휘하여 학교를 경영하여야 한다.

최근 사회에서 리더십은 정치, 경제, 사회뿐만 아니라 문화, 예술, 과학, 교육 등의 매우 다양한 영역에서 요구되고 있으며, 의미도 시대적·사회적 변화에 따라 달라지고 있음을 알 수 있다. 과거에 리더십은 주로 정치, 군사 분야에서 관심을 보였으며, 인력 관리의 기술과 능력, 카리스마, 통솔력 등의 용어로 표현되었다.

그러나 현대의 리더십은 '인간 관리 기술'이라는 좁은 개념에서 벗어나 삶에 영향을 준 깊이와 넓이를 가리키는 개념으로 변화되고 있다. 하버드 대학의 교육심리학자이며 다중지능(multiple intelligence)이라는 새로운 지능의 영역을 제시한 Howard Gardner는 『통찰과 포용(Leading Minds)』(1995)에서 리더십은 "삶의 모든 분야에서 변화를 일으키는 영향력의 크기"라는 의미라고 보고 다양한 영역에서 리더십이 발휘된 사례를 제시하고 있다. 예를 들면, 경제 분야의 빌 게이츠, 과학 분야의 아인슈타인, 교육 분야의 앤 설리번과 헬렌 켈러 등이다. Gardner가 우리나라 사람들 중에서 예를 든다면 아마도 음악의 서태지, 스포츠의 김연아 등을 선정하지 않을까 싶다. 이 세상 모든 과학자가 아인슈타인의 일반 상대성의 원리를 받아들이지 않으면 문제가 안 풀리듯이, 김연아의 피겨스케이팅의 기술은 피겨스케이팅의 교과서가 될 정도로 많은 사람에게 영향을 미치고 있다. 즉, 특정 분야에서 많은 사람에게 영향을 미치며 리더십을 발휘한 사람들의 삶을 들여다보면, 리더십은 시행과 착오, 실패와 성공을 되풀이하면서 키워지며, 타고나기보다는 만들어지는 것이라고 볼 수 있다.

이 장에서는 일반 학교의 현장에서 장애학생의 통합교육을 위해 보여 준 학교장의 리더십을 통하여 통합교육에서 학교장의 역할을 논하고자 한다. 학교 현장에서 장애학생과 일반 학생 모두 윈윈하며 공부할 수 있는 통합교육 환경을 구축하기 위해 자신의 철학과 교육이념을 바탕으로 많은 교사에게 영향을 주며 학교를 경영한 리더십과 성공적인 통합교육에 필요한 조건을 제시하고자 한다.

1) 학교 관리자의 역할

(1) 특수교육법 및 제도를 이행하는 역할: 장애학생에게 공교육을 제공하다

일반 교육에서 통합교육을 실천하기 위해서 학교장은 우선적으로 「장애인 등에 대한 특수교육법」 및 제도를 충실히 이행하는 역할을 담당해야 한다. 이는 의무이자 필수다. 왜냐하면 장애학생들도 국가에서 제공하는 공교육을 받을 권리가 있고 교육 앞에서 평등하기 때문이다. 아직도 장애학생들이 일반 학교에서 통합교육을 받는 것에 대해 부담을 나타내는 것은 외면할 수 없는 현실이다.

그러나 오늘날과 같이 특수학급 수가 기하급수적으로 증가하지 않은 1992년도에 몸소 「장애인 등에 대한 특수교육법」을 실천하고 장애학생들에게 공교육을 제공한 서울 S초등학교의 L 교장의 리더십을 통하여 그 역할을 알아보면 다음과 같다. 1992년 L 교장은 초등학교 1학년 입학생 중에 입학 유예를 신청한 학생들이 너무 많아 가정 방문을 실시하였는데, 그 학생들 모두가 장애학생이며 심지어 걷지도 못하는 중증장애 학생임을 파악하게 되었다고 한다. L 교장은 초등교육이 의무교육이고 장애학생도 당연히 교육을 받아야 하는데, 2~3년씩 가정에 방치되어 교육의 혜택을 받지 못한 점에 대해 매우 안타깝게 생각하였고, 그 문제를 해결하기 위해 장애학생 부모를 소집하여 상담을 하였다고 한다. 만약에 학생의 등하교를 부모가 책임진다면 학교에서 전문적인 특수교육을 받을 수 있도록 하겠다고 약속하여 그 이듬해에 취학 유예를 했던 학생들 중 전혀 움직일 수 없는 학생을 제외하고는 모두 입학하게 되었다고 한다.

L 교장은 장애 정도와 유형에 상관없이 장애학생들에게 특수교육과 통합교육을 받을 수 있는 기회를 제공하였다. 장애학생들이 행복하게 학교생활을 할 수 있도록 교육 환경을 조성하는 데 심혈을 기울였고, 교사들 또한 장애학생의 담임을 기꺼이 수용하고, 시간이 흐를수록 업무의 과중함에 대한 불만보다는 교육자로서의 보람에 더 우선순위를 두는 풍토가 조성되었다고 한다.

이는 결국 L 교장이 「장애인 등에 대한 특수교육법」을 실천하고자 하는 의지와 그의 리더십, 즉 '단 한 명도 포기하지 않는 공교육에 대한 책임감'은 장애학생들이 오늘도 일반 교육 환경에서 통합되어 교육을 받을 수 있게 한 본보기라고 생각한다.

(2) 특수교육 프로그램의 개발 및 이행 역할: 통합교육 모형을 개발하다

1990년 초 미국의 특수교육에서 일반 교사와 특수교사 간의 협력이 강조되었다. 이러한 특수교육의 패러다임은 특수교육과 일반 교육의 병합을 요구하게 되었으며, 많은 교육자는 일반 교사와 특수교사 간의 협력을 촉진시킬 수 있는 방법을 개발하는 데 몰두하게 되었다. 그러한 결과 협력의 실제적인 방법의 하나인 협력교수(cooperative teaching)를 통합교육의 방법으로써 학교 현장에 적용하게 되었다. 협력교수란 일반적으로 일반 교사와 특수교사가 장애학생이 통합된 상황에서 동등한 권한과 공동의 책임감을 갖고 모든 학생을 가르치는 교수 유형으로 개념화할 수 있다. 이때 일반 학생은 일반 교사가 책임을 지고 장애학생은 특수교사가 책임을 지는 것이 아니라 모든 학생의 학습 목표를 달성하기 위해 학급의 모든 학생을 공동으로 책임지고 그 역할을 맡는 것이다.

이러한 교육 시스템이 우리나라 학교 현장에서 이루어지려면 무엇보다 학교장의 동의가 있어야 한다. 학교장이 장애학생의 통합교육을 위하여 일반 교사와 특수교사 간의 협력교수에 대한 의사결정을 내려야만 현장에서 가능한 것이다. 1996년 새로운 특수교육 프로그램을 실천함으로써 우리나라 특수교육 현장에 변화를 가져온 S 교장의 리더십을 통하여 학교장의 역할을 알아본다.

S 교장은 국립특수교육원에서 효율적인 통합교육 모형의 개발을 위한 연구에 기꺼이 참여하였다. 그 당시 연구는 교육부 지정 혹은 시·도 교육청 지정 시범 연구 학교와는 성격이 전혀 다르게 어떤 부가적인 혜택(연구 점수)도 없었다. 다만 교육 활동에 필요한 교수-학습 자료를 구입할 수 있는 연구비만 지급되는 연구였다. 또한 이 연구는 연구자가 일 년 내내 학교에 상주하면서 장애학생이 통합된 학급에서 일반 교사와 특수교사가 함께 수업하는 '협력교수 모형'을 개발하는 것이었으며, 모든 수업 활동을 촬영해야 했고, 일반 학생과 장애학생의 학교생활 전반에 걸쳐 촬영이 이루어지는 연구였다. 이렇게 요구 사항이 많고, 특히 특수교사가 일반 학급에서 일반 교사와 함께 수업하는, 즉 우리나라 일반 학급 교실에서 있을 수 없는 수업 활동에 대한 연구였다. 그럼에도 불구하고 S 교장은 특수교육 프로그램의 개발에 참여하여 우리나라 특수교육의 발전에 기여했다. 그뿐 아니라 일반 학급에서 장애학생이 효율적으로 통합될 수 있는 교육과정적 통합이 가능한 환경을 조성하는 데 기여하였으며, 오늘날 우리나라 통합교육 모형을 개발하는 데 일조하였다.

(3) 모든 학습자를 수용하고 이해하는 역할: 장애학생의 수행 능력을 강화하다

장애학생은 학습 경험의 기회 제한으로 잠재적 능력이나 장점을 가지고 있음에도 불구하고 발휘하지 못하는 경우가 있다. 통합 상황에서 장애학생이 특정 교과나 영역에서 흥미를 보이고 잘하는 것이 있다면 그들의 수행성이 잘 나타날 수 있도록 기회를 제공해 주는 것이 매우 중요하다. 왜냐하면 많은 실패로 인해 학습 무기력을 보이는 장애학생들에게 자신감을 주게 되며, 교사와 일반 학생에게 장애학생에 대한 긍정적인 인식을 심어 주게 되기 때문이다. 이러한 학교 교육과정의 편성과 운영에 학교장의 핵심적인 교육관과 철학이 녹아들 수 있는데, H 교장의 리더십을 통하여 학교장의 역할을 알아본다.

H 교장은 '모든 학생을 위한 교육 활동'을 항상 강조하였고, 그런 교육이념과 철학은 고스란히 학교교육 계획에 반영되었다. 즉, 학교의 모든 행사에 모든 학생이 참여해야 했으므로 결코 장애학생도 예외가 될 수 없었다. 가을운동회(체육대회)에서 일반 학생들과 함께 자폐성장애 학생도 부채춤을 춰야 했으며, 시간이 걸리고 다른 경기가 다소 지연되더라도 지체장애 학생도 100m 달리기를 해야 했다. 학급 학예발표회에서 다운증후군 학생도 리코더를 불어야 했고, 자폐성장애 학생은 선생님의 지휘에 맞춰 악기를 연주해야 했다. 더 나아가서 학교의 특색사업인 '일기 쓰기' '글짓기 대회'에도 장애학생들이 적극적으로 참여하도록 했다. 그 당시 학교교육 계획에 일기 쓰기 지도를 통한 '일기 쓰기'에 대한 표창이 있었다. 4학년이었던 자폐성장애 학생은 '일기 쓰기'에서 우수상을 받았는데, H 교장은 그 학생의 성실함과 노력을 높이 평가하여 수상하였다고 한다.

H 교장의 리더십은 '모든 학생을 위한 실천교육'으로 장애학생들이 자신의 잠재 능력을 마음껏 발휘하게 하고 학생과 교사 그리고 학부모에게 감동을 주며, 함께 배우며 더불어 살아가는 법을 가르쳤으리라 본다.

(4) 모든 교사의 협력을 촉진하고 격려하는 역할: 교사를 격려하다

일반 교사와 특수교사 간의 협력은 통합교육의 성패를 좌우한다고 해도 지나치지 않을 정도로 매우 중요하다. 왜냐하면 장애학생의 교육적 배치는 일반 교사와 특수교사 간의 의사소통과 협력으로부터 결정되며, 그들에 대한 모든 교육 활동 지원이 시작되기 때문이다. 학교에서 교사들 간의 협력은 동 학년 단위 혹은 교과 단위로 자연스럽게 형성될 수도 있지만, 학교장이 교사들 간의 협력을 강조하며 그러한 분위기를 조성하는 역할을 할 때 더욱 협력의 문화가 이루어진다. 일반 교사와 특수교사 간의 협력을 촉진하고, 정서적 안정감으로 교사들에게 인격적 감화를 준 K 교장의 리더십을 통하여 학교장의 역할을 알아본다.

K 교장은 성품이 온화하고, 교직원들에게 관심이 많은 사람이다. 평소 그는 교사의 인간성은 매우 중요한 요소이고, 교사의 안정된 정서는 학생들의 얼굴에서 웃음을 만들고 배움을 독려하는 자양분과 같은 것이라고 강조하였다. 이러한 교육관을 지닌 K 교장은 평소 장애학생을 가르치는 특수교사를 격려하고 부족한 점이나 애로 사항을 점검하였으며, 장애학생이 통합된 학급의 담임교사들을 교장실로 불러 격려하며 어려움을 해소할 수 있는 시간을 할애하기도 하였다. 또한 장애학생 통합교육에서 교사들 간의 아이디어와 정보를 상호 교환하는 기회를 마련해 주는 간담회를 정기적으로 계획하고 실행하였다. 이러한 교사들의 상호작용은 장애학생들의 통합교육에서 두 전문가의 협력을 촉진하고, 서로의 전문적 지식을 양도하고 성장할 수 있도록 해 주었으며 학급 경영에 활력을 제공하는 근원이 되었다.

2) 성공적인 통합교육의 조건

(1) 장애의 바른 이해를 위한 사회 · 심리적 환경 구축

서로 다른 특성을 지닌 장애학생들이 통합학급에 통합되었을 때 개인에 따라 그들은 학습과 사회적 · 신체적 활동에서 다른 학생들의 도움을 필요로 한다. 이때 장애에 대한 바른 이해를 한 학생들은 장애학생들과 보다 적극적인 상호작용 관계를 맺을 것이고, 그렇지 못한 학생은 배척 혹은 소극적인 관계를 유지할 것이다. 이와 같이 장애에 대한 일반 학생의 태도는 그들의 통합교육의 성패를 결정하는 데 중요한 역할을 한다.

한 선행 연구에 따르면, 장애학생의 통합에 대한 사회적 태도가 '당연한 것으로' 혹은 '받아들일 수 있는 것으로' 그리고 '일반적인 것으로' 여겨질 때, 장애학생을 수용하는 태도는 긍정적이다(Baglieri & Knopf, 2004). 또한 이와 관련하여 통합교육에서 중요한 변인으로 작용하는 요인 중 하나는 교사들의 태도이며, 그들의 통합교육 경험은 장애학생들의 효율적인 통합교육의 성패를 좌우한다. 만약에 교사가 장애인에 대한 부정적인 견해인 상품이론, 편견이론, 분리이론, 재활이론의 측면에서 통합교육을 해석하고 주장한다면, 장애학생에 대한 태도는 부정적일 수밖에 없다. 또한 일반 학생들이 장애학생에 대해 잘못된 생각을 갖고 그들을 판단하고 이해한다면, 통합 상황에서 장애학생들의 교육 활동은 부정적인 결과를 가져오게 된다.

그러므로 교사와 일반 학생들이 장애학생들에 대한 올바른 시각을 가질 수 있도록 사회·심리적 환경을 구축하는 것이 매우 중요한데, 그러기 위해서는 그들의 태도 변화를 위한 활동을 제공해야 한다. 교사와 학생들을 대상으로 장애 체험 활동을 한다거나 장애학생들에게 1인 1역의 학급 구성으로 역할을 할 수 있도록 한다.

교실 환경에서 장애학생에 대한 바른 인식을 위해 적용해 볼 수 있는 전략으로 다음 몇 가지를 제시하고자 한다.

① **장애학생에 대한 일반 학생들의 태도 변화를 위한 실제**

- **장애 체험활동** 일반 학생들에게 장애를 가졌을 때의 느낌이 어떨지에 대해 생각해 보는 기회를 제공해서 장애인의 상황에 대해 지도한다.
- **장애인의 능력에 대해 소개하기** 장애인의 능력이나 그들이 어떻게 장애를 극복했는지 소개하는 것은 일반 학생들이 장애인들을 긍정적으로 보게 하는 데 도움을 줄 수 있다.
- **장애인에 대한 집단 토의** 집단 토의가 잘 계획되어 있지 않으면 장애인에 대한 학생들의 인식에 부정적인 영향을 줄 수 있으므로, 교사는 토의 시 장애인의 긍정적인 면을 부각해 주어야 한다.
- **장애인에 대한 영화 보기와 책 읽기** 영화나 비디오, 책을 보고 감상문을 쓴다.
- **장애와 관련된 정보의 제공** 장애의 유형과 원인, 장애 관련 용어, 장애인을 대할 때의 태도 등 장애와 관련된 정보를 제공한다.

- 개인차에 대한 수용 사람마다 강점과 약점, 선호도가 다르다는 개인차의 가치에 대한 수용과 인식을 일반 학생들에게 가르친다.
- 보장구에 대한 지도 장애학생들이 사용하는 보장구에 대해 일반 학생들에게 소개하고 지도한다.
- 장애를 가진 초청 강사의 강연 장애인을 초청 강사로 초대하여 일반 학생들이 장애인을 직접 대할 수 있도록 한다.

② 장애학생 학급 구성원 만들기
- 일상적인 일과에서 장애학생이 1인 1역 하기 책꽂이 정리, 일과표 정리
- 장애학생과 일반 학생이 함께 1인 1역 하기 신문, 공책, 일기장 나누어 주기
- 장애학생이 쉽게 1인 1역을 하도록 수정해 주기 교실 바닥에 떨어진 휴지 줍기
- 장애학생이 할 수 있는 새로운 역할을 만들어 주기 칠판지우개 정리하기
- 장애학생의 청소 당번이나 봉사 활동 지도하기

③ 장애학생의 수행성 강화와 강점 고취시키기
장애학생의 수행성을 강화하고 강점을 찾아 고취시키는 이유는, 첫째, 그들에게 자신감을 주며, 둘째, 교사와 일반 학생에게 긍정적인 인식을 심어 주고, 셋째, 교사와 장애학생, 장애학생과 일반 학생 간에 상호 교류할 여건을 마련할 수 있으며, 넷째, 장애를 극복할 수 있도록 최대한의 잠재력을 향상하고, 다섯째, 장애학생의 전환교육을 위한 정보를 얻을 수 있다는 것이다.

(2) 통합학급에서 교육과정 측면: 교수 적합화, 협동학습
장애학생이 통합학급에서 학습할 때 물리적인 공간을 차지하는 존재에서 탈피하여 적극적으로 수업에 참여할 수 있도록 하기 위해서는 그들에게 적합한 교육 활동이 제공되어야 한다. 즉, 통합학급에서 제공되는 교육과정을 그대로 적용하는 것이 아니라 장애학생의 교육적 능력에 맞게 교육 내용을 수정해야 한다. 교육과정을 수정한다는 것은 교육 목표나 교육 내용만의 수정을 의미하는 것이

아니고, 교육 활동 전반에 필요한 모든 교육 환경의 수정 및 보완을 의미하는 것이다. 즉, 장애학생 개개인의 능력에 맞게 교육 목표, 교육 내용, 교수-학습 방법, 학습 평가 절차 및 방법, 학급의 교수 환경, 교수-학습 자료, 교사와 학생 그리고 부모 등 모든 교육 환경 등의 조정을 의미한다. 이런 점을 고려하여 교수 적합화와 장애학생의 학습 활동의 참여도를 높이고, 일반 학생과의 상호작용을 촉진할 수 있는 학습 방법인 협동학습을 소개하고자 한다.

① 교수 적합화 실행하기
교수 적합화의 개념
교수 적합화에 대한 개념은 학자마다 다르다. 박승희(2003)는 교수적 수정을 일반 학급에서 이루어지고 있는 일상적인 수업에서 특수교육적 요구가 있는 학생의 수업 참여의 양과 질을 가장 적합한 수준으로 성취시키기 위해서 교수 환경, 교수적 집단화, 교수 방법(교수 활동, 교수 전략 및 교수 자료), 교수 내용 혹은 평가 방법을 수정 및 보완하는 것으로 개념화하고 있다.

이에 비해 신현기(2004)는 Wang(1985, 1989)을 비롯한 적응교수 연구자들의 관점에 비추어 볼 때 교수적 수정보다는 교수 적합화(curricular adaption 또는 instruction adaptation)라는 용어가 더 적합하다는 점을 강조하며 교수 적합화의 개념을 정의하고 있다. 즉, 교수 적합화란 다양한 교육적 요구를 지닌 학생들의 수행의 향상과 수업 참여의 범위와 양을 확장시키기 위하여 교수 환경, 교수 집단, 교수 내용, 교수 방법, 평가 방법을 포함하는 교육의 전반적인 환경을 조절(accommodation)하고 수정(modification)하는 과정(process)이다. 이는 상대해 줌(responsive)으로써 적응(adaption)할 수 있도록 제공되는 유관적(contingent) 교수 과정으로 이해될 수 있다(신현기, 2004).

이와 같이 교육과정의 수정은 학자에 따라 다양한 개념으로 정의되고 있지만, 결국 통합학급 상황에서 특수교육 대상 학생의 수업 참여를 가장 적합한 수준으로 성취시키기 위해서 교수 내용, 교수 방법, 교수 환경, 교수 전략 및 교수 자료 그리고 평가 방법을 수정 및 보완하는 것이라고 할 수 있다.

● 교수 적합화의 유형

교수 적합화의 유형에는 교수 환경, 교수 집단 형태, 교육 내용, 교육 방법, 교육 평가 방법의 적합화가 있다(신현기, 2004).

교수 환경은 물리적 환경과 사회적 환경으로 나누어 볼 수 있는데, 물리적 환경은 교실의 물리적 상태로 조명, 소음 정도, 교실의 가구 배열 등을 의미한다. 사회적 환경은 사회적 분위기로 협동심, 상호 의존감, 소속감 등을 의미한다.

교수적 집단화 형태의 적합화란 교사가 교육 내용을 가장 적절하게 교수하기 위해 사용하는 학생들의 교수적 집단 배열의 수정을 의미한다. 다양한 능력의 학생들이 한 공간에 공존하는 환경에서 장애학생들의 학습적 요구와 특성을 고려하여 사용할 수 있는 교수적 배치로는 대집단 혹은 전체 학급 교수, 교사 주도적 소집단 교수, 협동학습 집단, 학생 주도적 소집단 혹은 또래 파트너, 또래 교사 혹은 다른 연령의 학생 교사, 일대일 교수, 자습 등이 있다.

교수 내용의 적합화는 일반 교육과정의 내용을 장애학생의 독특한 교육적 욕구와 기술의 수행 수준에 적합하게 다양한 수준으로 수정하는 것을 의미하고, 교수 방법의 적합화는 교수 활동, 교수 전략 및 교수 자료의 적합화를 포괄할 수 있다. 교수 활동의 적합화는 교수 내용의 난이도나 양을 수정하는 것이며, 교수 전략의 적합화는 수업 형태, 교육공학 및 특수교육공학, 행동 강화 전략, 정보 제시 및 반응 양식에서의 수정을 뜻한다. 교수 자료의 적합화는 교사가 사용하는 모든 교수 자료를 특수교육 대상 학생 개개인의 능력과 수준에 맞게 변화시키거나 새롭게 만드는 것을 포함한다.

평가 방법의 적합화는 장애학생의 개개인의 독특한 요구를 고려하고 성취 기대 수준에 근거하여 평가하는 것을 의미한다. 예를 들면, 시험 시간을 일반 학생보다 길게 제공한다든지, 신체적 불편함으로 필기가 어려운 학생에게는 컴퓨터를 사용하게 할 수 있다. 또한 대안적인 평가 방법으로 IEP 수행 수준의 점수화, 준거 수준 점수, 일반 교사와 특수교사의 공동 평가, 학생의 자기 평가, 계약 평가 등의 유형을 적용할 수 있다.

② 협동학습 실시하기

협동학습은 다른 학습 능력을 가진 학생의 통합을 지원하는 하나의 적극적인 전략이다. 협동학습은 학생들에게 상호작용을 촉진시키고, 소속 학습 집단의 이동을 용이하게 하며, 개인에게 맞는 학습 양식을 수용할 수 있도록 해 준다. 예를 들어, 장애학생들은 활동이 적은 전통적인 교실보다는 활동 중심의 학습 형태에서 흥미를 유지하고 과제에 더욱 집중하게 될 것이다.

협동학습은 긍정적 상호 의존성, 개별적 책무성, 대인관계 · 소집단 기술 개발과 집단 과정, 면대면 상호작용 요인의 특성 때문에 교육적 및 사회적 기술을 강화시키는 데 가치가 있다.

협동학습의 일반적 유형에는 성취과제 분담학습(STAD), 팀 경쟁학습(TGT), 팀 보조 개별학습(TAI), 과제분담 학습(Jigsaw), 함께 학습하기, 교실 내 학생 개인 교수팀(CSTT), 읽기와 쓰기의 협력적 종합지도, 집단조사가 있다.

또한 Kagan(2001)의 협동학습 구조에는 돌아가며 말하기, 번갈아 말하기, 번호순으로 번갈아 가르쳐 주기, 부채 모양 뽑기 등 다양한 방법이 있다. 그리고 변영계와 김광휘(1999)의 협동학습 기법으로는 함께 생각하여 팀 내 해당 번호 학생이 답하기, 또래끼리 점검하기, 플래시카드 게임, 또래끼리 가르치기 등 다양한 영역의 기법이 제시되고 있다.

장애학생이 통합된 2학년과 3학년에서 적용한 협동학습 실천 사례를 제시하면 다음과 같다.

- 대상 학급 장애학생이 통합된 2학년과 3학년
- 학급의 구성 2학년은 경도장애 3명과 정신지체 1명, 3학년은 자폐성장애 2명, 지체부자유 1명, 경도장애 1명이 통합되었다.
- 모둠 구성 2학년은 한 모둠에 4인 1조, 3학년은 6인 1조로 하였으며, 3학년은 각 모둠의 특성을 나타내는 모둠의 이름을 지었다.
- 사용한 협동학습 전략(기법) 팀 내 해당 번호 학생이 답하기, 또래(짝꿍)끼리 점검하기, 돌아가며 말하기, 또래교수법

가) 사용 전략 및 절차

① 교사는 학생들에게 협동학습을 설명한다.

② 교사는 협동학습을 위해 학생들과 협의하여 모둠을 짠다.

③ 협동학습의 모둠 구성은 이질적으로 하며, 장애학생들은 각 모둠별로 1명씩 배치한다.

④ 장애학생들도 학습 활동에 모두 책임감을 갖고 참여할 수 있도록 협동학습 전략을 선택한다. 이때 선택한 전략은 모든 학생에게 이점이 있어야 한다.

⑤ '팀 내 해당 번호 학생이 답하기' 전략은 각 모둠원에게 고유의 번호를 주어 학습 활동에서 해당되는 번호의 모둠원들이 발표, 문제 풀기, 맡은 역할을 하는 것이다. 예를 들면, 국어 '읽기' 교과 시간에 오늘은 4번이 읽을 차례이면 모둠원의 4번이 차례대로 읽고, 3번이 알림장을 나누어 준다면 3번들은 각 모둠원에게 알림장을 나누어 준다.

⑥ '또래 점검하기'는 각 수업 준비, 학용품 준비, 알림장 쓰기 준비 등 학습 활동을 서로서로 점검하는 것이다.

⑦ '돌아가며 말하기'는 자신의 의견을 말할 수 없거나 구두로 의사 표현을 할 수 없는 경우 모둠원들이 도와 다양한 방법으로 표현하도록 하는 것이다. 예를 들면, 자폐성장애 학생의 경우에는 내용에 적절한 답을 써 주고 발표하도록 하고, 음성적으로 표현할 수 없는 언어장애 학생의 경우에는 종이에 써서 발표하도록 한다.

⑧ '또래교수법'은 수업 시간이나 쉬는 시간에 각각 맡은 학생들을 특별히 지도하도록 하는 것으로, 국어 읽기나 쓰기 그리고 수학 문제 풀기에 활용할 수 있다.

⑨ '복습카드'는 어려운 낱말 읽기와 쓰기에 매우 효과적이다.

⑩ 교사는 항상 협동학습을 효과적으로 활용할 수 있도록 수업 전 과정을 살펴보아야 하고, 수정해야 할 부분이 있으면 학생들과 협의하여 수정한다. 예를 들면, 학습 활동 결과물에 대한 보상체계, 개인별·전체별 보상 및 평가에 대한 부분을 구체적으로 정하여 모든 학생이 만족하도록 한다.

나) 기대되는 효과

① 장애학생들이 모든 학습 활동에 적극적으로 참여한다.

② 장애학생들의 책임감이 향상되고 학급 구성원으로서의 역할이 주어진다.

③ 비장애학생과 장애학생의 밀접한 사회적 관계 형성 및 의사소통의 기회가 많이 주어진다.

④ 장애학생들에 대한 비장애학생들의 인식 변화의 기회가 제공된다.

3) 맺음말

앞에서는 학교장의 리더십을 통하여 통합교육을 위한 학교장의 역할을 살펴보았다. 현재 주어진 교육 환경에서 장애학생과 일반 학생이 어떻게 하면 좀 더 잘 지내고 즐거운 학교생활을 하도록 할 것인가는 그다지 많은 것을 요구하지 않을지도 모른다. 등하교 시간에 만나는 장애학생과 일반 학생 간에 인사를 나눌 수 있도록 하는 교장의 진정 어린 훈화를 통해 학생들의 마음에 따뜻한 사랑이 채워질 것이고, 학부모 전체회의 시간에 이루어지는 장애학생이나 특수학급의 소개는 학부모들의 관심과 배려를 이끌어 낼 것이다. 장애학생을 맡고 있는 담임교사에 대한 격려는 특수교사와의 협력을 위한 징검다리가 될 것이다.

시대적 관점에서 볼 때 통합교육은 아무리 강조해도 지나치지 않을 만큼 당연한 것이고, 어떻게 하면 통합교육을 잘 실천할 수 있을지에 관심을 가져야 할 것이다. 그러나 통합교육을 성공적으로 실천한다는 것은 결코 쉽지만은 않다. 왜냐하면 현재로서는 통합교육에 필요한 교육 여건이 제대로 조성되지 않은 가운데, 결국 학교장, 교사, 학생 모두가 통합교육을 실천하겠다는 굳은 의지를 갖고 꾸준히 노력해야 하기 때문이다.

요약 📝

1. 성공적인 통합교육을 위한 학교 관리자의 역할
  - 특수교육법 및 제도를 이행하는 역할: 장애학생에게 공교육을 제공한다.
  - 특수교육 프로그램 개발 및 이행하는 역할: 통합교육 모형을 개발한다.
  - 모든 학습자를 수용하고 이해하는 역할: 장애학생의 수행 능력을 강화한다.
  - 모든 교사의 협력을 촉진하고 격려하는 역할: 교사를 격려한다.

2. 성공적인 통합교육의 조건
  ① 장애의 바른 이해를 위한 사회·심리적 환경 구축
  - 장애학생에 대한 일반 학생들의 태도 변화
  - 장애학생 학급 구성원 만들기
  - 장애학생의 수행성 강화와 강점 고취하기
  ② 통합학급에서의 교육과정 측면
  - 교수 적합화 실행하기
  - 협동학습 실시하기

02 | 교사의 장애 이해도 높이기

학/습/목/표

1. 교사의 장애이해 교육 필요성을 이해할 수 있다.
2. 교사의 장애 이해도를 높이는 방법을 알고 실천할 수 있다.

1) 들어가는 말

특수교육계에서는 「장애인 등에 대한 특수교육법」 시행 이후 통합교육에 대한 실천적 의지가 고조되고 있다. 성공적인 통합교육 실행을 위해서는 여러 가지 제반 조건이 필요하다. 장애 유형 및 특성에 따른 물리적 환경 조성, 사회 · 심리적 환경 조성, 행정적 · 재정적 지원 등의 여건이 마련되어야 한다. 그중에서도 특히 장애학생을 학급 구성원으로 인정하고 수용하는 분위기 조성을 위한 사회 · 심리적 환경이 매우 중요하다. 교실의 사회 · 심리적 환경은 장애학생들이 학급 구성원으로서 소속감을 갖고 친구들로부터 인격적인 대우를 받으며 서로 간에 상호 의존적으로 협력할 수 있도록 해 준다. 이러한 환경을 조성하기 위해서는 일반 학생들이 올바른 장애인관을 가질 수 있도록 교육이 필요하다.

서로 다른 특성을 지닌 장애학생들이 일반 학급에 통합되었을 때 개인에 따라 그들은 학습과 사회 · 신체적 활동에서 또래들의 도움을 필요로 한다. 이때 장애에 대한 바른 이해를 한 학생은 장애학생들과 보다 적극적인 상호작용 관계를 맺을 것이고 그렇지 못한 학생은 배척 혹은 소극적인 관계를 유지할 것이다. 이와 같이 장애에 대한 일반 학생의 태도는 그들의 통합교육의 성패를 결정하는 데 중요한 역할을 한다. 만약에 일반 학생들이 장애학생에게 역할 모델이나 또래 교사, 친구로서 혹은 학습 도우미로서의 역할을 해 준다면 장애학생들은 일반 학급에서 성공적으로 통합될 수 있을 것이다. 또한 일반 학생들도 장애학생들을 도와줌으로써 '서로 돕고 생활' 하는 따뜻한 마음을 배울 수 있고 '인간의 다양성' 을 경험함으로써 인간에 대한 이해가 넓어질 수 있을 것이다.

그러므로 통합 상황에서 일반 학생과 장애학생의 긍정적인 관계 형성을 위한 환경을 조성하는 데 중요한 역할을 하는 사람은 바로 교사다. 교사는 학생들의 거울이며 모델이다. 교사가 장애학생을 어떻게 대우하느냐에 따라 일반 학생들의 행동이 달라진다. 즉, 교사가 장애학생을 긍정적이고 수용하는 태도를 보이면 일반 학생들도 교사의 그런 행동을 보고 배울 것이다. 반대로 교사가 장애학생을 부정적으로 대하면 일반 학생들도 그렇게 할 것이다. 학생들은 교사의 행동을 보고 배우기 때문에 교사의 장애학생에 대한 태도는 통합교육의 성패를 좌우한다고 해도 과언이 아닐 것이다.

따라서 이 장에서는 장애학생의 성공적인 통합교육에 필요한 사회 · 심리적 환경을 조성하는 데 결정적인 영향을 미치는 교사의 장애 이해도를 높이는 방법에 대해 살펴보고 그에 대해 기술하고자 한다.

2) 교사의 장애 이해도 높이기

(1) 장애인에 대한 바람직한 태도

건강한 사회는 어떠한 사회일까? 건강한 사회일수록 소외된 계층이나 장애인에 대한 편견이나 오해가 적으며, 그들과 협력하여 공동체를 형성하고 배려하며 함께하는 사회일 것이다. 장인협(1987)은 장애인에 대한 사회의 바람직한 태도를 다음과 같이 설명하고 있다.

첫째, 장애인도 일반인과 동일하다는 생각을 갖는 태도다. 모든 인간은 태어날 때부터 평등하며 존중받을 권리가 부여된다는 것이 오늘날의 모든 민주국가의 기본 이념이다. 어떤 장애인이라도 기본적으로 인간으로서 존엄성과 인격을 갖춘 존재라는 인식이 필요하다. 장애는 어디까지나 이차적인 문제다. 그러므로 장애인은 기본적으로 일반인과 같지만 장애로 인해 갖게 되는 다양한 특성으로 인하여 학교와 사회에 적응하는 데 특별한 서비스가 필요한 사람이라는 점을 인식할 필요가 있다.

둘째, 장애인의 잠재 능력을 인정하는 태도다. 오늘날 우리 사회는 장애인들이 가지고 있는 잠재 능력을 경시할 뿐 아니라 그들을 무가치하고 비생산적인 존재로 여기는 경향이 많다. 인간이 가지고 있는 심리적, 지적, 정서적, 사회적, 심미적 영역의 잠재 능력을 발휘하게 하는 데는 개인에게만 그 책임이 있는 것이 아니라 사회에도 책임이 있는 것이다. 따라서 사회는 장애인들이 사회적 기능을 감당할 수 있도록 지원해 줄 의무와 책임이 있다. 즉, 장애인 개개인이 잠재 능력을 개발할 수 있도록 부모나 사회 및 지원 단체는 그들을 기꺼이 받아들여 사회적 인간으로서 자신 있게 생활할 수 있는 제반 교육이나 적절한 서비스를 제공해야 한다.

셋째, 장애인의 사회적 성숙에 대한 필요성을 절감해야 한다. 인간은 사회적인 존재이기 때문에 사회관계를 떠나서 존재할 수 없다. 인간은 출생과 동시에 가정이라는 사회 집단에 속하게 되며 점차 이웃, 학교, 직업 집단 등의 사회로 뻗어나가며 성장 · 발전하게 된다. 이런 측면에서 장애인들에게는 금지 사항이 많으며 활동 범위가 제한되어 성숙한 사회적 인간으로 성장할 수 있는 바탕이 마련되지 못하고 있음이 문제가 되는 것이다. 장애인들이 가능한 한 조기에 모든 교육 서비스를 받게 함으로써 장애의 제약을 딛고 일어나 사회화 과정에 적극 참여하게 함으로써 사회적 성숙을 획득하게 해야 할 것이다.

(2) 장애이해 교육의 필요성

① 교사의 장애이해 교육

첫째, 교사는 학생들의 인격적 모델로서 학생들의 행동에 직간접적으로 영향을 미치는 역할을 한다. 즉, 학생들은 교사에 의해 영향을 받기 때문에 교사가 학급의 모든 학생을 차별 없이 존중하는 모습을 보여 주는 태도와 행동을 함으로써 일반 학생들은 장애학생들을 학급의 구성원으로 인정하고 긍정적으로 수용할 것이다. 그러므로 교사가 장애학생을 바르게 이해하는 것은 매우 중요하며 필요하다.

둘째, 장애학생의 통합교육의 성패는 교사의 장애 이해 정도에 달려 있다고 볼 수 있다. 통합 상황에서 교육의 질을 결정하는 사람은 바로 교사다. 교사가 장애학생을 위해 무엇을 어떻게 할 것인가를 결정하는 것은 장애학생을 얼마나 이해하고 잘 아느냐와 상관이 있다. 이는 곧 장애학생의 교육 수월성과 직결되고, 장애학생이 장차 성인이 되어 사회에서 더불어 살아가는 데 필요한 기능을 습득하는 초석이 되는 것이다.

셋째, 교사는 일반 학생과 장애학생의 긍정적인 관계 형성을 위해 중요한 역할을 한다. 교사가 장애학생을 바르게 이해하는 태도는 곧 일반 학생과 장애학생 간의 교우관계에 긍정적인 영향을 미친다. 일반 학생들은 교사가 장애학생과 상호작용하는 모습, 의사소통하는 모습을 보고 배우게 된다. 즉, 교사가 장애학생의 문제 행동을 긍정적이며 수용적인 태도를 갖고 바람직한 방향으로 유도하고 변화시키고자 노력하는 모습을 보이면, 일반 학생들은 장애학생의 문제 행동을 부정적으로 보거나 방관하기보다 교사가 그들에게 하는 것처럼 하게 될 것이다. 이러한 태도나 행동은 곧 장애학생과 일반 학생 간의 교우관계를 형성시키는 계기가 된다.

넷째, 장애학생의 교육 수월성 강화를 위해 교사는 장애학생을 바르게 이해하는 것이 매우 중요하다. 교실에 들어오는 장애학생에게 교사가 미소를 머금고 다가가 맞이할 경우, 장애학생은 하루가 즐겁고 신나게 학교생활을 할 것이다. 반대로 교사가 장애학생에 대한 주관적인 잣대를 갖고 장애학생은 아무것도 할 수 없고 희노애락을 느끼지 못한다고 판단하여 대하면 장애학생뿐만 아니라 교사 자신도 하루가 힘들고 또 어려운 상황에 봉착할 것이다. 즉, 장애학생에 대한 교사의 긍정적 마인드는 장애학생을 바르게 이해하는 데서 비롯되며, 이는 교사의 교수 활동의 동기로 작용하여 피그말리온 효과(Pygmalion effect)를 극대화하게 된다. 피그말리온 효과는 타인의 기대나 관심으로 인하여 능률이 오르거나 결과가 좋아지는 현상을 말한다. 즉, 교사의 장애학생에 대한 믿음이나 기대, 예측이 그 학생에게 영향을 미쳐 그대로 실현되는 현상이다. 만약에 교사가 어떤 장애학생에 대해 긍정적으로 기대하면 그 학생은 그 기대에 부응하는 행동을 하면서 결과적으로는 기대가 충족되는 결과가 나오게 된다. 그러므로 피그말리온 효과가 극대화될수록 교사는 장애학생의 학습 활동을 격려하고 촉진할 것이며, 그로 인해 장애학생은 자신감을 갖고 즐겁게 수업에 참여하게 될 것이다.

장애학생은 장점이 있음에도 불구하고 학습 경험의 기회 제한으로 그것을 발휘하지 못하는 경우가 많다. 따라서 수업 시간에 장애학생이 특정 교과나 영역에서 흥미를 보이고 잘하는 것이 있다면 그들의 수행성이 잘 나타날 수 있도록 일반 학생들 앞에서 능력을 발휘할 수 있는 기회를 주어야 한다. 장애학생의 수행성을 강화하고 강점을 찾아 고취시키는 이유는 첫째, 그들에게 자신감을 주며, 둘째, 교사와 일반 학생에게 긍정적인 인식을 심어 주고, 셋째, 교사와 장애학생, 장애학생과 일반 학생 간의 상호 교류할 여건을 마련할 수 있으며, 넷째, 장애를 극복할 수 있도록 잠재력을 최대한 향상하고, 다섯째, 장애학생의 진로교육을 위한 정보를 얻을 수 있다는 것이다. 다음 시는 자폐성장애 학생이 교내 글짓기대회에서 우수상을 받은 것이다.

통 일

북한과 남한은 땅땅땅 이산 가족 기쁘다 반갑다
남한과 북한은 흥…… 맛있는 음식도 먹고 악수도 하고

북한아 미안해 형제끼리 만나고 아주아주 기쁘네
남한아 미안해 김대중 대통령 북한과 함께 악수하네
우리 모두 사과하고 호호호 같은 민족 우리나라 하나 되어 다 같이 놀러가세

② 일반 학생과 장애이해 교육

인간은 누구나 존엄성과 가치를 가진 존재라는 점은 부인할 수 없는 사실이지만, 사람들은 인종이나 성별, 사회경제적 지위, 장애 유무 등에 따라 편견을 갖는 경우가 많다. 이러한 편견은 잘못되고 불완전한 정보에서 나온 일반화에 근거하

고 있기 때문에, 어떤 대상에 대해 편견을 갖게 되면 그 개인의 능력이나 특성을 고려하지 않고 그들 자신이 가지고 있는 편견에 의해서 일방적으로 부정적인 생각이나 행동을 하게 되는 경우가 많다. 장애학생들은 일반 학급의 교육 활동에서 참여의 기회가 제한되거나 수행 능력을 발휘할 기회조차 주어지지 않는 경우가 많다. 교실에서 짝이 없는 경우라든지 운동회 활동 참여를 거부하게 만드는 경우는 장애학생들에 대한 편견 때문이다. 따라서 장애학생에 대한 바른 이해를 위한 교육의 필요성을 제안하면 다음과 같다.

첫째, 장애학생의 일반 학급 통합으로 공존하게 되므로 일반 학생이 장애학생을 바르게 이해하는 것이 매우 필요하다. 만약에 일반 학생이 장애학생에게 역할 모델이나 또래 교사, 친구로서 혹은 학습 도우미로서 역할을 해 준다면 장애학생들은 일반 학급에서 성공적으로 통합될 수 있을 것이다. 또한 일반 학생들도 장애학생들을 도와줌으로써 '서로 돕고 생활'하는 따뜻한 마음을 배울 수 있고 '인간의 다양성'을 경험하게 될 것이다.

둘째, 일반 학생들의 태도가 통합교육의 성패를 결정하기 때문에 장애이해 교육이 매우 필요하다. 이는 일반 학생들이 장애학생을 이해하고 수용하느냐에 따라 친구로서, 학급 구성원으로서 긍정적으로 역할을 할 수 있다. 서로 다른 특성을 지닌 장애학생들이 일반 학급에 통합되었을 때, 개인에 따라 그들은 학습과 사회ㆍ신체적 활동에서 친구들의 도움을 필요로 한다. 이때 장애에 대한 바른 이해를 한 학생은 장애학생들과 보다 적극적인 상호작용 관계를 맺을 것이고, 그렇지 못한 학생은 배척 혹은 소극적인 관계를 유지할 것이다. 이와 같이 장애에 대한 일반 학생의 태도는 그들의 통합교육의 성패를 결정하는 데 중요한 역할을 한다.

셋째, 장애학생과 일반 학생의 사회적 관계 형성을 위해 장애이해 교육이 매우 필요하다. 일반 학생들에게 장애학생들의 특성, 원인, 다른 점, 비슷한 점, 강점 등에 관한 정보를 알려 줌으로써 장애학생들과 편안한 관계를 형성하게 할 수 있다.

넷째, 인간의 다양성 이해와 협동학습을 위해 장애이해 교육이 필요하다. 학교 현장에서는 모둠별 수업이나 협동학습 활동이 주로 많이 이루어지고 있다. 이런 측면에서 모둠 수업이나 협동학습을 효과적으로 하기 위해서는 일반 학생이 장애학생을 바르게 이해할 필요가 있다.

(3) 교사의 장애 이해도 높이기

현대 산업화 사회에서 장애인에 대한 부정적인 견해가 지배적인 것은 아직도 상품이론에 비추어 장애인들이 갖고 있는 노동력, 지식 등을 상품화함으로써 부와 지위를 높일 수 있다고 보는 견해와 장애인들의 능력이나 일상생활 전반에 대한 잘못된 인식 때문이라고 보는 견해가 지배적이다. 이러한 장애인에 대한 잘못된 시각은 곧 교육 현장에서도 반영될 수 있기 때문에, 교사들의 올바른 장애인관 정립과 인식은 통합교육의 기저라고 할 수 있다.

학교 현장에서 교사들의 장애 이해도를 높이기 위한 방법들을 제시하면 다음과 같다.

① 학교 단위에서 맞춤형 특수교육 관련 연수 받기

인간의 태도는 본질적으로 어떤 정보에 의해서 형성되거나 영향을 받게 된다. 잘못된 정보는 사실을 왜곡하거나 인간의 행동에 부정적인 영향을 미치는 반면, 정확한 정보는 잘못된 개념과 이해를 수정해 주고 편견을 없애 주는 역할을 한다. 장애학생에 대한 정확한 정보를 습득할 수 있도록 하는 한 방법은 교사들에게 특수교육 및 장애학생에 대한 연수를 제공하는 것이다. 교사 연수는 교사의 수행 능력을 강화시켜 주는 중요한 요인이다. 따라서 학교 현장에서 교사들의 특수교육 전문성 신장과 장애 이해를 고취시키기 위한 방법 중 하나가 그들에게 특수교육 관련 연수를 제공하는 것이다. 현재 시·도 교육청별 혹은 학교 단위별로 다양한 특수교육 연수가 이루어지고 있다. 시·도 교육청별 특수교육 연수는 대의적인 측면에서 광범위하게 이루어질 필요가 있다. 이때 연수 내용으로는 특수교육의 전반적인 내용, 즉 특수교육 관련 법규, 특수교육 대상자의 유형 및 특성 그리고 교수 방법, 특수교육 관련 서비스 등 장애학생의 특수교육 지원 전반에 걸친 내용을 선정·조직할 수 있다. 반면에 학교 단위에서 이루어지는 교내 연수는 장애학생들의 효율적인 통합교육과 교육 효과성 제고를 위한 직접적인 연수가 되어야 한다. 다시 말하면, 현재 통합하고 있는 장애학생의 성공적인 통합교육이 이루어져야 하기 때문에, 그에 따른 맞춤형 연수가 이루어져야 하며, 일회적으로 실시하는 형식적인 연수가 되어서는 안 된다. 태도 변화는 지속적인 학습을 통하여 이루어지기 때문에 학교 현장에서 교사들의 장애 이해도를 높이는 것은 체계적인 연수 계획하에 이루어져야 한다. 그렇게 하기 위해서는 연수 계획을 세울 때 몇 가지를 고려할 필요가 있다.

첫째, 교사들이 특수교육 혹은 장애학생들에 대해 어느 정도 알고 있는지를 파악한다. 학교의 사회·심리적 환경을 구축하기 위해 필요한 사항들을 점검하여 설문지를 작성한다. 설문 내용에는 장애학생들 지원에 필요한 물리적 환경, 교육과정, 행정적·재정적 지원 등에 관한 내용도 포함하면 도움이 되겠지만, 무엇보다 중요한 것은 교사들의 장애학생 이해도를 직접적으로 파악할 수 있는 내용이다.

둘째, 교사들이 연수를 통해 알고자 하는 것이 무엇인지를 파악한다. 교사 개개인의 궁금한 사항이 모두 해결될 수는 없겠지만, 교사들의 요구를 파악하여 공통분모를 찾는 것이 중요하다. 그 결과에 따라 연수 계획을 세울 수 있기 때문이다.

셋째, 현재 재학하고 있는 장애학생의 유형, 특성 등을 파악한다.

넷째, 수집된 정보를 분석한 결과를 토대로 가장 시급하고 중요한 내용부터 연수 계획을 수립하여 연수를 실시한다.

마지막으로, 연수 후에는 연수에 대한 평가를 실시한다. 즉, 연수 후 교사들이 새롭게 알게 된 것, 아직도 궁금한 것, 좀 더 알고 싶은 것 등의 내용을 파악하여 다음 연수 계획을 세우거나 그에 관한 정보들을 유인물, 학교 홈페이지, 카페 등을 통해 제공한다. 그뿐 아니라 이러한 내용들을 중심으로 소집단의 콜로키엄을 할 수 있다.

② 장애 체험활동에 참여하기

일반 사람들이 장애인에 대한 차별의식을 갖게 되는 것은 장애인에 대한 제한된 경험이나 지식으로 그들에 대한 편견과 비수용적인 태도가 형성되었기 때문이다. 이는 결국 일반 사람과 장애인은 다르다는 왜곡된 생각이나 심한 편견을 야기시킨다. 일반 사람들이 장애인을 직접 만나거나 함께 활동하는 프로그램을 제공하는 것은 바로 그릇된 시각이나 태도를 수정할 수 있기 때문이다. 따라서 교사들이 장애 체험활동에 참여함으로써 장애학생에 대한 태도를 긍정적으로 변화시킬 수 있다. 장애 체험활동은 크게 두 가지로 나눌 수 있다.

첫째, 활동 중심의 방법으로 장애인과의 접촉 경험을 제공하는 것이다. 특수학교나 장애인복지관 등을 방문하여 장애를 가진 사람을 직접 도와주거나 그들과 만날 수 있는 기회를 가짐으로써 접촉하는 것이다. 이때 반드시 고려해야 할 점은 사전에 교사들에게 장애인에 대한 정보 및 지식을 제공해야 한다는 것이다. 예를 들면, 장애인을 만날 때의 주의 사항, 장애인의 성격 및 특성, 장애인의 강점과 약점, 장애인을 돕는 방법, 장애인과 상호작용하는 방법 또 장애인이 사용하는 보조공학기구가 있다면 그것을 다루는 방법, 특별히 질문을 해서는 안 되는 내용 등에 대한 오리엔테이션을 해 주어야 한다. 그리고 직접 특수교육기관을 방문할 수 없을 경우에는 모의 장애 체험활동을 해 보는 것이다. 청각장애, 시각장애, 지체장애, 정신지체, 학습장애 등을 지닌 장애인의 입장이 되어 실제로 생활 장면 혹은 교육 활동 장면에서 불편한 점 등을 체험해 보는 것이다. 장애 체험 활동 후에는 활동에 참여했던 교사들이 그에 대한 소감이나 느낌을 서로 나누는 시간을 갖는 것이 매우 중요하다. 예를 들면, 장애 체험활동을 하기 전 장애인에 대한 자신의 태도나 생각이 활동 후 어떻게 변했는지에 대해 공유하도록 한다. 또한 자신이 느끼지 못했던 점이나 미처 생각하지 못했던 것들을 동료 교사들로부터 배우는 계기가 된다.

장애 체험활동 중 두 번째는 이해 중심의 활동이다. 이해 중심의 활동은 간접적으로 장애인을 체험하는 것이다. 예를 들면, 장애를 가진 사람들의 능력에 대해 조사해 보고 그들이 어떻게 장애를 극복했는지 알아보며 토의를 하는 것이다. 또한 장애인에 대한 영화를 보거나 책을 읽고 그에 대해 토의를 하는 것이다. 그리고 장애를 가진 당사자를 초청하여 자신의 성장과정 혹은 장애 극복 및 성공 사례를 들을 수 있다. 혹은 장애 자녀를 둔 부모를 초청하여 어떻게 자녀를 수용하고 양육하였는지에 대한 사례를 듣는다. 이해 중심의 활동은 장애인 당사자 혹은 주변 사람들의 이야기를 통하여 장애인들의 삶을 이해하고 그들의 생각이나 생활을 공감함으로써 일반 사람들의 잘못된 시각을 수정할 수 있는 계기가 된다. 특히 이해 중심의 활동에서 장애인 당사자 혹은 부모를 초청하여 강연을 들을 때 주의해야 할 점은 상대방의 입장을 곤란하게 하는 질문을 하거나 심문하는 듯한 어투로 질문을 하지 않는 것이다.

이해 중심 활동을 한 후 교사들은 그에 대해 콜로키엄을 할 수 있으며, 가설적인 사례를 정하고 그에 대한 콜로키엄을 할 수도 있다. 최근 교육의 질을 높이기 위해 다양한 형태의 콜로키엄을 실천하고 있다. 콜로키엄(colloquium)이란 '모여서 말하기, 대화하기'라는 뜻을 담고 있으며 일반적 의미로 공공 장소에서 어떤 주제를 놓고 여러 사람이 함께 토의하는 방식을 의미한다. 예를 들어, 현재 어떤 학급에 정신지체 학생이 통합되어 있다고 가정하자. 이 경우 정신지체인에 대한 영화를 보거나, 책을 읽거나, 장애인 초청 강연을 듣거나, 그것들과 관련지어 정신지체 학생을 위해 교수-학습 활동을 어떻게 계획할 수 있는지에 대해 콜로키엄을 할 수 있다. 이러한 콜로키엄을 하기 위해 주 진행자를 정한다. 그리고 참여 교사들은 돌아가면서 자신의 의견을 이야기한다. 순서를 정해 놓고 이야기할 수도 있고 순서 없이 자유롭게 이야기할 수도 있다. 서로 이야기하는 과정에서 아이디어를 얻으며, 서로 좋은 생각들을 공유하고 배우게 된다. 주 진행자는 돌아가면서 할 수 있다. 콜로키엄의 영역은 큰 주제 아래 하위 토론 주제를 정할 수 있다. 예를 들면, 정신지체 학생에 대해 콜로키엄을 10회에 걸쳐 할 경우 각각 정신지체에 대한 하위 영역을 정하여 각각에 대해 토론하는 것이다. 또한 10회 동안 주제를 다르게 하여 콜로키엄을 운영할 수도 있다. 즉, 10회 동안에 장애 영역을 모두 다루기 위해서는 매회 장애 영역을 주제로 하여 토의할 수 있다.

교사들의 장애에 대한 가설적인 사례를 가정하고 또 장애 이해를 돕기 위해 Salend(1994)는 다음과 같이 가설적 실행 단계를 제시하고 있다.

- 1단계　학생들의 강점과 약점을 파악한다. 장애학생들의 강점과 약점이 무엇인지를 분석하고 최종 결정한다.
- 2단계　환경 요인들을 분석한다. 장애학생과 상호작용하는 물리적 환경, 사회·심리적 환경, 교육적 환경, 인적자원 환경, 지역사회 환경 등의 모든 환경 요인을 분석한다.
- 3단계　문제 영역을 결정한다. 환경 요인을 분석하고 그에 대해 나타나는

문제 영역이 무엇인지 찾는다.

- 4단계 가설적 사례에서의 문제 영역을 진술한다.
- 5단계 가설적 사례를 제시한다.
- 6단계 제시된 사례의 문제를 해결한다.

③ 특수학급 및 특수학교 수업 참관하기

일반 교사들은 장애학생들을 가르칠 때 여러 가지 어려움을 토로한다. '장애 학생과는 어떻게 의사소통하는가?' '문제 행동은 어떻게 중재하는가?' '학생과 학생 간의 상호작용은 어떻게 형성시키는가?' 등 참으로 많은 것을 궁금해하며 어려워한다. 따라서 일반 교사들의 장애 이해도를 높이며 통합 상황에서 장애학생의 효율적인 교육 활동을 수행하기 위해서 특수학급이나 특수학교의 수업을 관찰하는 것이다.

최근 학교 현장에서 교사들은 학부모들에게 자신의 수업을 공개하는 것이 의무화될 정도로 잦은 공개수업을 실시하고 있다. 그런데 교사들의 경우 자신의 수업을 누군가에게 공개한다는 것은 쉽지 않을 것이다. 이는 교사들에게 참으로 어려운 과정이기도 하지만, 학부모 입장에서는 자신의 자녀가 수업 시간에 어떻게 활동하고 공부에 임하는지, 교사가 자신의 자녀에게 어떻게 대하는지 그리고 친구들과는 어떻게 상호작용하는지 등의 궁금한 사항을 해소하는 시간이 되기도 할 것이다. 이와 같이 일반 교사가 특수학급에서 이루어지는 수업을 참관하는 것은 장애학생을 이해하는 데 많은 도움이 된다. 수업 참관 시 교사와 장애학생이 어떤 방법으로 의사소통을 하는지, 어떤 교재로 어떻게 수업을 하는지, 학생들 간의 상호작용은 어떻게 이루어지는지, 문제 행동은 어떻게 중재하는지 등을 배우게 될 것이다. 따라서 수업 참관 시 일반 교사는 관찰할 수 있는 능력이 있어야 한다. 관찰은 수업과정의 정보를 수집하는 데 필수적인 것으로, 학생이나 교사의 행동을 체계적으로 잘 관찰하여야 한다. 교사는 특수학급이나 특수학교의 수업을 참관하기 전에 자신이 알고자 하는 것에 대해 관찰 목록을 작성하여야 한다. 일반 교사는 학교생활 중 장애학생을 관찰할 기회가 자주 주어지는 것이 아니기 때문에 수업 관찰 시 꼭 알아야 할 것들을 중심으로 관찰 점검표, 관찰 일지 등을 작성할 수 있도록 준비한다. 또한 다른 교사의 학급을 관찰하는 것은 쉬운 일이 아니다. 일반 교사가 특수교사의 수업을 관찰하려고 할 때 두 교사 모두 불편할 수 있다. 그러므로 수업과정을 관찰할 때는 수업에 방해가 되지 않도록 각별히 주의를 기울여야 한다. 관찰과정을 촉진시켜 주면서 교사의 걱정을 줄여 주는 몇 가지 단계가 있는데 이를 제시하면 다음과 같다.

첫째, 교실에 들어갈 때 긍정적인 말을 한다. 수업 시작 전에 교실에 들어가서 수업 참관을 허락한 교사에게 감사의 말을 전하거나 교실 분위기, 수업 준비 등에 대한 긍정적인 말을 전한다.

둘째, 교사가 지정해 준 장소에 겸손하게 앉는다. 혹시 수업 참관 시 장애학생이 이탈하여 돌아다니거나 문제 행동을 할 경우에 순간적으로 그 학생을 통제하려는 행동을 보일 수 있는데, 이는 수업을 방해하는 요인으로 작용할 수 있을뿐더러 자칫 잘못하면 수업자의 교육 방식과 다른 교육적 접근을 하게 되어 일관성 없는 수업 진행이 이루어지게끔 할 수 있으므로 주의하여야 한다. 만약에 수업 상황에서 나타나는 돌발 상황이나 장애학생의 학습 활동을 지원해 주고 싶으면 수업 참관 전에 수업 교사의 동의를 얻거나 협의를 한 후에 하도록 한다.

셋째, 가능한 한 교실 활동에 참여하지 않는다. 수업 상황에서 나타나는 교사의 행동, 장애학생의 행동 등을 잘 관찰하여 정보를 수집하려면 가능한 한 관찰에만 집중하여야 한다.

넷째, 관찰 행동은 암호로 기록한다. 관찰 행동 내용 중에는 교사의 수업 행동에 대한 부정적인 내용 혹은 평가적인 내용이 있을 수 있으므로 가능한 한 암호로 기록한다. 또한 학생의 부적절한 행동 역시 암호로 기록하여 다른 사람이 관찰 내용을 읽지 않도록 한다.

다섯째, 수업 교사에게 미소를 보내며 관찰을 마치고, 관찰 후 수업에 대해 긍정적 및 감사의 말을 전한다. 혹시 수업 상황에 대한 궁금한 사항이나 잘 이해되지 않는 행동들에 대한 질문이 있다면 조심스럽게 질문을 하도록 한다.

질문하기는 정보를 수집하는 데 기본적인 원천으로 사용된다. 상대방 교사에게 적당히 질문하는 기술을 습득하는 것이 또한 중요하다. 질문은 의사소통의 과정을 명확히 해 줄 수 있고 또 안내해 줄 수 있는 도구다. 문제의 발생 빈도, 기간,

정도 그리고 행동이 일어나는 상황과 관련된 정보를 알아내기 위해 세부적으로 질문 목록을 작성한다. 비록 질문이 매우 유용한 것이라고는 하지만, 교사들 간의 질문이 심문처럼 들리지 않도록 세심한 배려를 할 필요가 있다. 더불어 상대방의 말에 주의를 기울이는 능력도 매우 중요하다.

듣기는 삶의 모든 면에서 가장 근본적인 요소이며, 협력적인 활동에서 특히 중요하다. 듣기는 어떤 사람이 말하고 있는 것을 이해하기 위한 관심과 기대를 나타낸다. 듣기가 정확하고 적절한 정보를 얻을 수 있게 해 주기 때문에, 훌륭하고 적극적인 듣기는 협력을 촉진시켜 준다고 한다. 따라서 듣기를 할 때는 상대 교사가 전달하고자 하는 메시지에 관심을 갖고 적극적으로 경청하여 공감대를 형성하도록 한다. 또한 상대방의 문제에 관심이 있음을 지속적으로 반응하며 신호를 보내고, 상대 교사의 문제 해결에 함께 협력하는 자세를 갖는다.

일반 교사는 관찰에서 수집된 정보를 잘 정리하여 통합 상황에서 장애학생의 교육에 적극 반영하며, 평소 잘 이해되지 않았던 장애학생의 행동을 이해하게 된 점, 수업 교사에게 배웠던 수업 전략, 의사소통 방법, 문제 행동 중재 방법 등을 적용하고 그 효과를 수업 교사에게 긍정적인 피드백으로 전달함으로써 다음 수업 관찰의 기회를 다시 갖기 위해 노력한다.

④ 학교 및 지역사회의 장애인 정보 지원망 구축 및 활용하기

인간의 태도는 학습을 통해 형성되며 지속적으로 어떤 정보에 노출됨으로써 그 행동의 변화, 즉 태도의 변화는 더 빨리 이루어진다. 인터넷 사이트를 통하여 어떤 한 정보에 접근하게 되면, 그 정보는 순식간에 다양한 형태로 확산된다. 즉, 인터넷의 블로그, 카페, 스마트폰의 페이스북, 카카오톡, 트위터 등 다양한 채널을 통해 우리는 정보에 쉽게 접근하게 되고, 그 내용을 반복해서 읽다 보면 자연스럽게 그 정보를 기억하게 된다. 보고 읽음으로써 새로운 정보를 습득하고 이해하게 된다. 이와 마찬가지로 교사들의 장애 이해도를 높이기 위해서는 학교 및 지역사회의 지원망을 구축하는 데 참여할 수 있는 기회를 제공하거나 그 정보를 활용하도록 한다.

학교의 경우에는 첫째, 학교 내 소식지를 활용한다. 학교에서 발간하는 가정통신문과 같은 소식지, 교사들에게 일일 업무를 알려 주는 일일 소식지 등을 활용할 수 있다. 이때 교사들에게 장애 이해에 관한 아이디어, 소재, 미담 사례, 교육 사례 등의 글을 기고하도록 한다.

둘째, 학교의 계기교육을 위한 게시판이나 공간을 활용하여 장애이해 교육에 해당하는 글이나 사진 등을 제시한다. 이때 교내 장애이해 교육 작품대회에 교사들과 학생들이 참여하도록 한다. 우수 작품을 전시하고 격려함으로써 교사들이 장애학생에게 관심을 갖도록 유도할 수 있다.

셋째, 학교 홈페이지나 카페 등을 활용하여 장애이해 교육의 자료를 전달한다. 장애학생의 성공적인 지도 사례, 장애학생 배려하기, 장애학생 도와주는 방법, 장애학생 학습 수행성 강화하기 등의 내용을 학교 홈페이지나 카페에 등록하여 교사들이 장애학생들에 대해 쉽게 경험할 수 있도록 시스템을 구축한다.

지역사회의 지원망을 활용하는 방법으로는 지역사회 기관과의 산학 협력을 체결하여 서로에게 필요한 정보를 주고받을 수 있도록 시스템을 구축하는 것이 있다.

3) 맺음말

인간은 누구나 존엄성과 가치를 가진 존재라는 점은 부인할 수 없는 사실이지만 사람들은 인종이나 성별, 사회경제적 지위, 장애 유무 등에 따라 편견을 갖게 되는 경우가 많다. 이러한 편견은 잘못되고 불완전한 정보에서 나온 일반화에 근거를 두고 있기 때문에 어떤 대상에 대해 편견을 갖게 되면 그 개인의 능력이나 특성을 고려하지 않고 그들이 가지고 있는 편견에 따라 일방적으로 부정적인 생각이나 행동을 하게 되는 경우가 많다.

인간의 태도 변화가 결국 행동의 변화를 가져올 것이라는 전제는 대부분의 태도 연구자들이 다 같이 설정하고 있는 것이다. 그러나 태도의 변화가 반드시 행동으로 반영되기 위해서는 그 태도 이외의 상황적인 요건이 알맞게 갖추어져야 한다. 그러므로 교사는 장애학생을 바르게 이해하고 배려하는 환경을 만들기 위해 노력하고 지속적으로 연구해야 한다. 장애학생에 대한 교사의 태도가 긍정적일 때, 그리고 그 환경이 장애학생을 수용하고 긍정적으로 이해할 때, 그들은 자기존중감을 갖게 되고 사회적 기능을 향상할 수 있는 자신감을 지니게 된다.

결론적으로 교사는 장애학생에 대한 통합교육 환경을 긍정적으로 만들려는 적극적인 태도를 가져야 하고, 통합에 방해가 되는 요인을 해결하려는 '최소의 진실된 노력'이 절실히 요구된다.

요약

1. 장애인에 대한 바람직한 태도

- 장애인도 일반인과 동일하다는 생각을 갖는 태도
- 장애인의 잠재 능력을 인정하는 태도
- 장애인의 사회적 성숙에 대한 필요성을 절감하는 태도

2. 교사의 장애이해 교육의 필요성

- 교사는 학생들의 인격적 모델로서 학생들의 행동에 직간접적으로 영향을 미치는 역할을 한다.
- 장애학생의 통합교육의 성패는 교사의 장애이해 정도에 달려 있다.
- 교사는 일반 학생과 장애학생의 긍정적인 관계 형성을 위해 중요한 역할을 한다.
- 장애학생의 교육 수월성 강화를 위해 교사는 장애학생을 바르게 이해하는 것이 매우 중요하다.

3. 교사의 장애 이해도 높이기

- 학교 단위에서 맞춤형 특수교육 관련 연수 받기
- 장애 체험활동에 참여하기
- 특수학급 및 특수학교 수업 참관하기
- 학교 및 지역사회의 장애인 정보 지원망 구축 및 활용하기

03 | 성공적인 통합교육을 위한 통합학급 교사의 역할

1. 통합학급 교사의 역할을 이해할 수 있다.
2. 통합학급 교사의 역할에 따른 다양한 방법을 습득하여 실천할 수 있다.

통합교육은 일반 학생들이 있는 환경에서 장애를 가진 학생들을 더욱 효과적으로 교육하기 위해 일반 교사와 특수교사가 함께 일하는 것을 전제로 하고 있다. 따라서 특수교사와 일반 교사의 협력은 성공적인 통합교육의 필수적 요소라고 할 수 있다. 만약 이러한 협력이 원활히 이루어지지 않는다면 교사들은 자신의 역할에 혼란을 경험할 것이며, 결과적으로 성공적인 통합교육은 기대하기 어려울 것이다.

장애학생들을 자신의 학급에 통합시키고자 하는 일반 교사들의 열의가 통합교육을 성공적으로 실현하기 위해 필요한 결정적인 요인임을 지적하는 연구 결과들은 통합교육에 대한 일반 교사들의 역할과 태도가 중요하다는 사실을 강조하고 있다.

이와 같이 통합교육이 성공적으로 이루어지기 위해서는 일반 교사들이 통합교육의 취지는 무엇이며 또 통합교육에서의 역할은 무엇인가를 이해하는 것이 무엇보다도 중요하다. 이 장에서는 통합교육의 취지를 성공적으로 실현하기 위한 일반 교사들의 역할을 살펴보기로 한다.

1) 통합학급을 운영하기에 앞서

(1) 교사 자신의 장애인관 점검

　장애란 무엇인지, 어떻게 정의해야 하는지에 대한 생각들은 장애와 관련된 모든 정책과 제도, 교육, 서비스의 전달 방식과 내용에 중대한 영향을 미친다. 장애 개념이 영향을 미치는 영역은 진단 · 평가, 예방, 처치, 교육과 지원, 법적인 보호, 국가 차원의 장애인 혜택, 장애 관련 연구 등이다. 실제로 교실에서 교사가 장애학생을 대하는 매 순간의 태도와 행동을 선택하고 결정할 때 한순간도 교사 자신의 장애 개념으로부터 자유로울 수 없다. 교사가 장애를 개인이 입은 질병 또는 손상으로서 '운명'적인 고정불변의 속성이라 생각한다면, 장애학생을 소개할 때 "이 아이는 아픈 아이이니까 잘 돌봐 줘야 해." "이 아이 마음속에는 아기가 들어 있어."와 같이 설명하게 된다. 장애를 개인 내의 문제로만 본다면 '아무리 해도 이 아이는 지능지수가 이것밖에 안 되니 소용없어.' '일반인들도 직장을 못 구하는데 이 정도 장애인이 어떻게 직업을 갖겠어?'라고 생각할 수밖에 없다. 그렇다면 직업을 구하고 유지하는 데 필요한 교육과정을 적용하거나, 생활연령에 적합한 교수를 할 가능성 역시 희박해진다. 이와 같이 장애를 개인의 질병으로 보고 장애 문제를 개인이 극복해야 할 문제로 여기는 것이 의학적 모델 혹은 개별적 모델인데, 이와 같은 관점이 사회 주류의 생각이라면 아무리 복지제도가 잘 갖추어지고 각종 장애 인식의 개선을 위한 캠페인이 대대적으로 이루어진다 할지라도 근본적인 장애인에 대한 편견과 장벽이 없어지기에는 한계가 크다.

　교사의 통합교육에 대한 신념은 장애학생과 일반 학생 모두에게 영향을 미친다. 교사의 장애학생에 대한 태도와 다른 일반 학생의 장애학생에 대한 태도에는 밀접한 관련이 있다. 교사의 장애학생에 대한 태도 역시 교사의 장애인관에 좌우된다. 기본적으로 교사는 장애를 개인의 속성, 성향으로 보아 개인의 비극적 문제로 돌리는 것이 아니라, 사회적 환경에 의해 창출된 문제로 보는 사회학적 접근이 필요하다. 또한 우리나라의 통합교육 실제의 고유한 역사적 배경을 이해하는 것이 필요하다. 우리나라에서 통합교육의 시작은 분리된 교육으로는 성취할 수 없는 교육의 질을 보장하기 위한 것이 아니라 장애학생의 교육 기회의 확충을 위한 임시 방편적인 성격이 강하였다. 따라서 분리된 환경인 특수학교보다 통합교육 환경에서 특수교육의 질이 월등히 높은 것은 당연한 일이어야 함에도 불구하고 그렇지 못한 실정이다. 법적으로 통합교육이 보장되고 장애학생 학부모를 중심으로 한 사회적 움직임이 통합교육을 거세게 주장하고 있다. 그러나 아직도 일선 학교에서 직접적으로 장애학생의 통합교육을 담당하는 일반 교사들은 실제 경험하는 통합교육의 성과 수준이 낮으므로 통합교육의 기본 원칙 및 철학에 대해서도 의구심과 혼란을 갖지 않을 수 없다. 통합교육의 성과 및 혜택은 충분한 지원이 제공되고 통합교육이 제대로 실행되어야만 쟁취할 수 있는 '과정'으로 이해해야 한다.

(2) 학급 분위기를 공동체 문화로 조성하기

통합학교 및 통합학급은 서로 돌보고 지원하는 공동체 문화가 조성되어야 한다. 이상적인 학교 환경을 위해서는 모든 학생이 소속되고, 다양성이 존중되며, 모든 학생의 욕구가 충족되도록, 공동체 의식이 함양될 수 있도록 지원하는 환경을 조성해야 할 것이다. 바람직한 공동체의 구성 요소 다섯 가지를 알아보면, 첫째, 바람직한 공동체라면 구성원들이 소속감과 자신이 집단의 가치 있는 구성원이라는 느낌을 갖게 한다. 둘째, 바람직한 공동체에서는 구성원의 자격이 개방되어 있으며, 다양성을 존중하고, 조정이 필요한 경우에 의도적인 노력을 기울인다. 반면 분리된 공동체에서는 인종적 · 문화적 배경 및 사회경제적 지위에 따라 사람을 집단화한다. 셋째, 공동체 안에서는 구성원들이 어려움을 극복하기 위해 필요한 지원과 도움, 조언, 배려를 제공받는다. 넷째, 바람직한 공동체에서는 모든 구성원이 공동체의 선에 기여할 수 있는 기회와 책임감을 모두 갖는다. 통합학급에서는 모든 학생이 능력에 상관없이 학급 공동체에 기여하는 바가 있다. 마지막으로, 어느 집단에서나 우선권 혹은 인간관계에서 발생하는 갈등을 피할 수 없다. 바람직한 공동체에서는 모든 구성원이 이러한 갈등을 해결하고 결정하기 위한 대화에 참여한다.

이러한 학급 및 학교의 분위기를 공동체 문화로 조성하는 것과 장애학생 통합교육은 어떤 관계가 있는가? 교실 뒤 게시판에 몇몇 학생의 잘된 작품만 선정되어 게시되어 있는 것이 아니라 모든 학생의 작품이 협동 작품의 형태로 게시되어 있다면, 그 게시판을 통해 전달되는 메시지는 바로 '통합'인 것이다. 한 명도 제외되지 않고 학급의 모든 학생이 존중되고 배려받는 학급의 분위기는 장애학생은 물론 어떤 학생들에게도 소속감과 가치를 느끼게 하는 좋은 환경이다. 나아가 통합된 학급에서 학급의 모든 행사와 일상에 장애학생을 참여시키기 위한 노력은 그 학급을 공동체로 만들 수 있는 강력한 힘이 될 수 있다. 협동이 아닌 경쟁과 서열을 강조하는 학급에서는 장애의 여부를 떠나 어떠한 학생도 소외되고 사회적으로 저가치화될 위험이 있다.

2) 담임교사로서 통합학급 교사의 역할

(1) 통합교육의 목적을 알고, 장애학생에 대한 바른 인식 갖기

통합교육은 반드시 정해진 정규 수업 시간에만 이루어지는 것이 아니고, 수업 시간은 물론 학교생활 전반에 걸쳐서 이루어지기 때문에 장애학생에 대한 통합학급 교사의 생각과 태도는 매우 중요하다. 장애학생을 향한 부정적인 감정은 교사들에 의해서도 조성될 수 있다. 긍정적인 태도를 견지한 교사의 학급에서 장애학생 따돌림 현상은 일어날 가능성이 희박하다. 교사가 장애학생에 대해 긍정적인 생각을 갖고 대하면 학급의 일반 학생들도 긍정적인 생각을 갖고 장애학생과 함께 교수−학습 활동 및 일상생활을 자연스럽게 할 수 있기 때문이다.

(2) 장애학생과 일반 학생이 자연스럽게 어울리고 협력할 수 있는 환경과 기회를 마련하기

모둠학습을 하거나 각종 놀이 등을 할 때 함께 어울릴 수 있는 기회와 환경을 제공한다. 또 학습 시간에 모둠별 협력이 잘 이루어진 조에 보상을 주면 더 효과적이다. 특히 현장학습의 경우에는 학교를 떠나 교외로 나가게 되므로 장애학생의 안전이나 관리에 매우 신경이 쓰이게 된다. 이때 조별 협력을 강조하고 장애학생과 같은 조인 일반 학생들에게 특별한 배려를 당부하면 현장학습을 유쾌하게 마칠 수 있다.

(3) 다양한 프로그램의 적용을 통해 일반 학생과 장애학생의 사회적 상호작용을 촉진한다

학급 구성원 간의 긍정적인 사회적 관계는 교사의 적합한 개입이 있을 때 촉진될 수 있다. 협력학습, 집단 강화, 또래교수 등을 사용한 학급 분위기 조성을 통해 일반 학생과 장애학생의 사회적 지원망을 구축할 수 있다.

(4) 장애학생과 일반 학생 간의 유사점을 인식한다

- 장애학생은 일반 학생과 다른 점보다 비슷한 점이 훨씬 많다. 결함이나 문제를 부각시킨 '장애학생'으로서가 아니라 나름대로 지니고 있는 기술과 능력을 가지고 많은 것을 할 수 있는 사람으로서 인식해야 한다.
- 장애학생의 강점과 우수한 능력이 무엇인지 파악한다. 차이를 인정하고 상대방의 강점을 찾으려고 노력한다. 장애학생에게 능력이 부족한 것이 있으면 강점과 우수한 능력, 흥미와 관심 분야 등을 파악하게 한다. 강점과 우수한 능력을 지원할 수 있는 방법을 모색한다. 장애학생을 지원할 방법이 모색되면, 그 강점과 우수성을 강화하기 위해 어떻게 행동할 것인가를 구체적으로 계획한다. 예를 들어, 매 시간 학습 목표를 달성했을 때 친구들에게 확인시켜 주고 그에 따른 적절한 칭찬 또는 보상을 강화한다.

(5) 통합학급에서 장애학생의 구성원 자격을 확보하도록 한다

학급의 구성원들이 가질 수 있는 구성원 자격은 청소 당번, 짝, 1인 1역, 개인 사물함 부여받기, 학교 및 학급 행사의 참여 등으로 나타날 수 있다. 장애학생이 통합학급에서 소속감을 갖도록 도와주며, 짝 활동, 또래 교수-학습 방안을 모색하여야 한다. 또한 장애학생의 사회성 신장을 위하여 적절하게 지도하고, 일반 학생에 대한 장애 체험 수업 및 장애인 바르게 알기 교육을 실시하며, 학생의 능력에 맞는 개별화 교육을 실시하고, 경쟁적인 환경보다 협력적인 환경을 조성하여야 한다. 시간표 작성 시 특수학급 교사와 통합학급 교사가 협의하여 작성하고,

통합학급 교사는 장애학생의 교수-학습 활동과 각종 활동을 도와주어야 한다.

(6) 통합교육이나 특수교육과 관련된 내용을 부단히 연수하여 전문가가 되도록 노력한다

장애에 대해 많이 알수록 장애학생을 더 잘 수용하게 된다. 또한 정확한 정보는 잘못된 개념을 없애 주는 역할을 한다. 부정확하고 불충분한 정보로 인해 장애학생에 대한 부정적인 태도가 형성될 수 있다. 통합학급 교사는 특수학교 교육과정, 장애학생 지도, 통합교육의 이해, 개별화 교육에 필요한 새로운 교수-학습 방법, 장애학생에 대한 바른 인식 등 특수교육에 관련된 다양한 연수를 통하여 전문적인 지식을 갖추어야 한다.

3) 장애학생을 위한 통합학급 교사의 역할

(1) 통합학급 생활에 필요한 사회적 행동의 강화 전략이 필요하다

사회적 기술의 습득은 훈련, 학습을 통해 얻어진다. 단순히 또래나 성인들과의 상호작용으로 행동을 학습시킬 수 있는 것 외에 모델링이나 연습 등이 필요하며, 특별한 교수가 필요하다. 정적 강화를 활용한 중재, 교사의 위치 변경, 무시, 주의 집중 전략 등의 행동 중재 전략의 계획이 필요하다.

(2) 장애학생을 통합학급 교육에 참여시켜야 한다

장애학생이 통합학급에서 소속감을 갖도록 도와주며, 짝 활동, 모둠 활동 등의 교수-학습 방법을 모색하여야 한다. 또한 장애학생의 활발하고 적극적인 수업 참여를 촉진시키는 역할을 해야 한다. 이를 위해서 장애학생의 능력에 맞는 개별화 교육을 실시할 수 있도록 교수적 수정의 내용과 방법에 익숙해져야 한다.

4) 일반 학생을 위한 통합학급 교사의 역할

(1) 장애이해 교육을 통해 장애인에 대한 바른 인식을 제공하여 다양성을 수용할 수 있게 한다

〈장애를 바라보는 일반 학생의 인식 변화〉

• 잘못된 인식: 무섭다, 이상하다, 불쌍하다, 무조건 도와주어야 한다.

↓

• 바른 인식-다양성 수용: 우리 모두는 조금씩 다르다. 우리에게 부족한 부분, 잘하는 부분이 모두 다른 것처럼 장애인 역시 부족한 부분이 우리와 조금 다를 뿐이다. 우리 모두가 그런 것처럼 도움이 필요한 상황에서만 도와주면 된다. 조금 다르지만 우리와 같은 우리 반 학생이다.

일반 학생들은 장애인과의 접촉 경험이 전혀 없을 수도 있다. 제한된 경험이나 지식은 장애인에 대한 편견과 비수용적인 태도를 형성시킬 수 있으며, 자연스럽게 '차별의식'이 생겨날 수도 있다. 가능한 한 편견을 갖지 않을 만한 범위 내에서 장애학생에 대한 올바른 정보를 제공한다. 필요한 경우에 협동하여 문제를 해결할 수 있도록 지도한다. 도서나 애니메이션 등의 매체를 사용하거나 특수학급 교사와 상의하여 정보를 제공하는 것도 좋다. 이러한 통합학급 교사 주도의 장애이해 교육은 가장 바람직한 결과를 가져올 것이다.

〈일반 학생의 장애이해 교육을 통한 태도 개선 전략〉

활동 중심 태도 개선 전략

• 모의 장애 체험   • 장애인과의 접촉 경험 제공

이해 중심 태도 개선 전략

• 장애인들의 능력 소개   • 집단 토의

• 장애인 관련 영화와 책   • 올바른 정보 제공

- 보조기구에 대한 지도
- 초청 강사 강연
- 가설적인 사례(에피소드나 일화) 제시

(2) 통합교육에 따른 일반 학생의 교육적 혜택을 극대화할 수 있어야 한다

최근의 통합교육 개념은 장애학생과 일반 학생으로 이분되는 집단의 단순한 통합이 아니다. 집단 구성원의 다양성과 이질성이 곧 모든 학생의 질 높은 교육으로 이어질 수 있으며, 다양한 능력을 가진 학생의 개별적인 욕구에 부합할 수 있는 교육이 바로 통합교육이다. 통합학급 교사는 통합교육에 따른 일반 학생의 교육적 혜택, 즉 개인의 차이에 대한 수용성, 민감성, 개인적인 원칙의 발달을 극대화할 수 있어야 한다.

5) 특수교사와의 협력을 위한 통합학급 교사의 역할

(1) 특수학급 교사와 격의 없는 인간관계가 형성되어야 한다

통합교육을 효율적으로 실시하기 위해서는 통합학급 교사와 특수학급 교사 간 팀워크가 잘 이루어져야 한다. 수시로 장애학생에 대한 정보를 교환할 뿐만 아니라 특수교사에게 통합학급 학생에 대한 정보를 제공함으로써 특수교사도 통합학급 학생의 개인적인 상황이나 반 전체의 운영 상황을 파악하고 있어야 보다 효과적인 통합교육이 이루어질 수 있다.

(2) 장애학생의 개별화교육 프로그램(IEP) 계획, 시행을 지원하는 역할을 해야 한다

장애학생의 개별화교육 프로그램(IEP)은 현재 특수교사가 담당하는 것이나, IEP에 명시된 교육 목표는 특수학급뿐 아니라 통합학급에서도 달성되어야 한다. 따라서 통합학급 교사가 IEP를 계획하고 시행하는 데 있어 여러 가지 지원을 제공할 수 있다. 이는 교수적 수정의 실행과도 관련되어 있다. 장애학생의 통합학급 수업에서의 수행과 관련된 자료를 수집하는 역할, 통합학급에서 이루어지는 수업에서 장애학생의 전반적인 목표 수립 및 교수 방법의 고안은 통합학급 교사의 지원이 있어야만 가능하기 때문이다.

(3) 특수학급 교사와 지속적인 상호 관계를 유지할 수 있는 전달 체계를 마련하고 협력체제를 구축한다

일반 교사는 특수교사에게 다양한 일반 교수 전략 및 교수 실제에 대해 나눌 수 있으며, 교육 장소에 따른 구분이 아니라 장애학생의 가장 적합한 교육의 질 성취를 위해 특수교사와 빈번한 의사소통과 교육 책무성을 공유해야 한다(예: 시간표 작성 시 특수학급 교사와 통합학급 교사가 협의하여 작성한다).

6) 학부모와의 협력을 위한 통합학급 교사의 역할

통합학급 교사는 학부모들과 유대관계를 갖고 끊임없는 정보를 교환할 수 있도록 한다. 장애학생과 한 학급에 배치된다는 사실에 많은 우려를 표명하는 일반 학생들의 학부모들이 있을 수 있다. 일반 학생과 장애학생의 학부모를 구분하지 않고 통합학급의 모든 학부모와의 대화 시간, 학교 또는 학급신문, 알림장, SNS 등을 통해 지속적으로 통합교육의 필요성과 학교생활의 모습을 전달할 필요가 있다.

요약

장애학생의 통합교육을 성공적으로 이끌기 위해서는 학부모, 학생, 교직원 모두가 관심을 갖고 노력해야 하나 장애학생을 직접적으로 맡고 있는 통합학급 교사의 역할은 누구보다 중요하다. 그 역할은 크게 다음과 같이 나누어 살펴볼 수 있다.

• 통합학급 교사는 통합교육의 목적을 알고 장애학생에 대한 바른 인식을 하며, 특수교육에 관한 다양한 정보를 얻도록 해야 한다.

- 통합학급 교사는 특수학급 교사와 끊임없는 상호관계를 유지할 수 있는 전달체계를 마련하고 협력체계를 구축한다.
- 통합학급 교사는 장애학생들이 통합학급에 잘 적응할 수 있도록 물리적·사회적·교수적 환경을 조성하도록 노력한다.
- 통합학급 교사는 장애학생과 일반 학생의 모든 부모와 유대 관계를 갖고 끊임없는 정보를 교환하여 학습자가 학교생활을 원만히 할 수 있도록 한다.
- 통합학급 교사는 통합에 방해가 되는 문제점을 해결하려는 적극적인 자세와 노력이 필요하다.
- 통합학급 교사는 장애학생을 사랑하고 긍정적으로 이해하며 학습자 개개인에게 적절한 개별화 교육이 이루어지도록 새로운 교수-학습 방법을 추구해야 한다.

04 | 월별로 알아보는 통합학급의 효율적인 운영 방법

1. 월별 통합학급 교사의 역할을 살펴볼 수 있다.
2. 효율적인 통합학급의 운영 방법을 알고 실천할 수 있다.

통합학급을 처음으로 맡게 된 교사들은 한동안 무엇부터 어떻게 시작해야 할지 몰라 당황하게 된다. 교직 경력이 많고 적음에 관계없이 장애학생 앞에서는 모든 것이 새로운 '신규 교사'가 되어 버리는 자신을 발견한다. 통합학급 교사를 위하여 통합학급을 효율적으로 운영할 수 있는 방법 몇 가지를 월별로 구분하여 주요한 학교행사를 중심으로 살펴보자.

1) 3월! 통합학급 1년 설계하기

(1) 학생에 대한 정보 수집

이전 담임	특수교사	학부모
• 좋아하는 활동 • 싫어하는 활동 • 학습 수행 능력 • 행동 특성 • 또래 관계 형성 및 유지 능력 등	• 전반적인 발달 수준 • 문제 행동 대처 방안 • 통합학급 적응 기간 운영 • 특수교육 보조원 활용 등	• 가정환경 • 건강 상태 • 등하교 방법 • 방과 후 활동 • 치료교육 • 여가 활동 • 부모님의 바람 등

(2) 새 학년 새 학기 첫날

줄 서기	• 키순으로 줄 서기: 장애학생이 잘하지 못하면 손을 잡고 이끌어 주기 • 앞뒤에 선 친구의 얼굴 확인시키기
자리 정하기	• 키순으로 자리 정하기 • 지난해 같은 반이거나 희망하는 친구 중에서 짝 선정하기

(3) 시간표 정하기

- 학생의 특성에 따라 통합 적합한 교과와 부적합한 교과를 구분하기
- 통합 적합한 교과의 예　예체능 교과, 학생이 좋아하는 교과, 창의적 체험 활동 등

(4) 짝(도우미) 정하기

- 3월에는 희망자 중심으로, 4월부터는 학급 전체가 윤번제로 참여하기
- 또래 도우미 운영 시 유의점　사전 교육 충분히 하기, 모든 활동 대신해 주지 않기, 특정 학생에게만 역할 맡기지 않기

(5) 알림장 쓰는 방법 익히기

- 가정학습 안내나 준비물, 행사 예고뿐만 아니라 학생의 학교생활을 간단히 알릴 수 있는 수단으로 사용하기
- 가급적 다른 사람이 대신 써 주기보다는 장애학생 혼자 힘으로 쓰기

(6) 친구들과 친해지기

- 공동체 놀이하기　이구동성 놀이, 짝짓기, 몸으로 글자 만들기
- 친구 이름 익히기　매일 한 명씩 친구 이름 외우기
- 친구와 악수하기　매일 새로운 친구와 악수하기

(7) 1인 1역할 하기

● 좋아하는 일이나 할 수 있는 일들의 목록을 만든 후에 능력에 맞는 역할 배정하기
● 친구와 2인 1조가 되어 맡은 역할 배우기
● 1인 1역 수행에 대하여 강화하기
● 1인 1역 수행 단계　교사가 시범 보이기 → 교사와 함께하기 → 친구와 함께하기 → 혼자 하기(지켜보기)

(8) 학급 규칙 정하기 - 모두에게 똑같이 적용하기

● 규칙 지키기는 장애학생이 사회적 기술을 익힐 수 있는 소중한 기회
● 정해진 규칙은 반복하여 숙지하도록 하며, 그림이나 사진으로 규칙 카드를 만들어 활용하기

(9) 장애학생 학부모와 상담하기

● 교사와 학부모를 연결해 주는 통로를 교사가 먼저 제안하기: 이메일, SNS, 학급 홈페이지 쪽지 보내기 등
● 장애학생과의 만남이 처음이라 '아무것도 해 줄 수 있는 게 없다.'고 말하지 않기

(10) 통합학급 운영 계획 세우기

● 통합학급 경영 목표
● 특수교육 대상 학생의 실태
● 통합학급 생활지도 계획
● 교과별 지도 내용의 재구성
● 소근육 강화를 위한 가정학습 계획
● 장애이해 교육의 연간 운영 계획
● 행동 관찰 및 상담일지
● 특수교사와의 상담 내용

(11) 특수교사와 협력관계 맺기

- 일반 학생, 일반 교사의 장애 인식과 특수교육 이해의 증진을 위해 학기별 1회 이상 학생교육, 직원연수 실시 및 지원 활동 강화
- **통합교육협의회 운영** 관리자, 특수학급 담당 교사, 통합학급 담당 교사, 학부모 등으로 구성된 협의회를 최소 분기별 1회 이상 운영

(12) 통합교육의 의의와 필요성 안내하기

- 학급 홈페이지나 가정통신문, 알림장 등으로 통합학급임을 알리기
- 학부모 총회 때 행사에 참가한 학부모에게 통합교육의 의의와 필요성을 안내하고 가정에 협조 구하기

2) 4월! 다양성 배우기

(1) 친구와 함께 하는 현장 체험학습, 수학여행

- 가는 곳, 가서 해야 할 일, 지켜야 할 규칙 등을 반복적으로 이야기하기
- 도움 줄 친구 정하기(버스 짝, 견학 장소별 짝, 점심 짝 등)
- 이름표 만들기

〈수학여행을 위한 준비〉

- 차량 배정: 친구들과 함께 차량에 탑승할 수 있도록 하여 장애학생이 급우들과 친해질 수 있는 기회를 제공한다. 멀미 증상이 있을 경우 되도록 좌석을 앞쪽으로 배치해 도우미나 친한 학생과 함께 앉도록 한다.
- 숙소 배정: 도우미 학생과 같은 방을 배정하여 친구들과 어울려 잠을 자게 한다.
- 통합학급 담임은 사전에 현지답사를 다녀온 선생님의 조언을 듣고 장애학생에게 힘든 활동은 교사와 함께 할 수 있도록 배려한다.
- 약 복용: 학부모 상담을 통하여 학생이 먹어야 할 약이 있을 경우 제시간에 먹을 수 있도록 한다.

- 수학여행을 가기 전에 교통안전, 안전한 먹거리, 소지품 챙기기에 대한 교육을 실시한다.
- 수학여행 코스별로 도우미 활동을 미리 정하여 여행지에서 장애학생이 혼자 다니는 일이 없도록 한다.
- 가능한 한 친구들과 어울릴 수 있도록 하고, 교사의 도움은 최소화한다. 또한 특정 도우미 친구에게만 전적으로 맡겨 도우미를 맡은 학생이 힘겨워하는 일이 없도록 유의한다.

(2) 장애인의 날 준비하기

- 특수교사의 도움을 받아 장애이해 교육 실시하기

3) 5~6월! 함께 어울림

(1) 가정의 달 학예행사

① 카네이션 만들기

- 만드는 방법이 간단한 카네이션을 선택하여 나란히 앉아 접어 보기
- 카네이션 밑그림에 색칠하여 카드 만들기

② 편지 쓰기

- 한글을 쓰지 못하는 경우   교사가 색연필로 쓴 글에 연필로 덧쓰기
- 문장 구성력이 부족한 경우   친구들이 쓴 편지를 보고 쓰기
- 글쓰기가 불가능한 경우   인쇄된 그림에 색칠하기

③ 효도 쿠폰 사용하기

- 학생이 수행할 수 있는 활동으로 효도 쿠폰 만들기
- 효도 쿠폰 사용 결과를 칭찬하기

(2) 수련회

수련회 프로그램 분석	도움이 필요한 프로그램	또래 도우미가 돕기 힘든 경우
프로그램 참여 시 어떤 도움이 필요한지 분석하기	또래 도우미 활용하기	교사가 직접 돕기

① 사전 준비
- 특수교사, 특수교육 실무원의 참석 여부 확인하기
- 부모님과 상담하기 수련 활동 경험, 복용하는 약, 잠자리가 바뀌면 우려되는 행동, 긴급 연락처 등을 반드시 알아보기
- 숙소 확인하기 교사 숙소, 화장실과 가까운 곳으로 정하기

② 수련회에서의 또래 도우미의 역할
- 버스 짝 안전벨트 착용 확인하기, 안전하게 앉아서 도착지까지 가기
- 프로그램 도우미 수련회 프로그램에 함께 참여하기
- 그림자 도우미 화장실 함께 가기, 이동할 때 함께 다니기
- 잠자리 도우미 옷 갈아입기, 옆자리에서 자기

(3) 운동회(체육대회)
- 연습할 때부터 소외되지 않고 반드시 참여하기
- 무용 종목 동작이 부정확해도 허용하고 칭찬과 격려로 중도에 포기하지 않도록 하기
- 경기 종목 규칙과 경기 방식을 반복하여 알려 주기

〈운동회(체육대회) 종목 수정은 이렇게〉
- 무용: 대형을 바꾸지 않아도 되는 위치에 서서 친구 따라 하기, 원을 만들 경우 장애학생이 중심이 되기

> - 줄다리기: 뒤에서 세 번째 정도에 서서 줄을 잡아당기도록 하여 집단에서 이탈하는 것 막기
> - 긴 줄넘기: 친구나 교사(보조원)와 함께 줄 돌리기
> - 큰 공 굴리기: 짝이나 모둠 친구들의 도움을 받아 함께 공 굴리기
> - 개인 달리기: 장애학생이 중간에 포기하지 않도록 교사가 격려하며 함께 달리기

4) 7월! 친구로 다가서기

■ 여름방학 계획하기

① 장애학생의 특성 및 교육적 요구에 맞는 방학생활 계획 세우기
② 방학 과제 예시
- 독서 과제　그림일기장에 그림으로 그리기, 부모님과 함께 동시 읽기(따라 읽기)
- 학습 과제　특수교사의 도움을 받아 학생의 수준에 맞는 학습 과제 주기
- 체험 보고서　입장권과 안내문 모아 오기, 부모님의 도움을 받아 사진 찍어 오기
- 특기 적성 활동　부모님과 함께 악기 연주하기, 노래하는 모습을 동영상으로 만들기

5) 9월! 늘 처음처럼

(1) 개학 첫날

- 3월 2일을 기억해 보기
- 새 학기가 시작되는 첫날 장애학생이 혼자 방치되어 있지 않은지 둘러보기
- 방학 과제물을 확인하기
- 방학 과제물을 전시할 때 장애학생의 과제물도 빠뜨리지 않고 전시하기

(2) 방학 동안 바뀐 학생의 생활 파악하기

- 방학을 보내며 흐트러진 생활 태도는 없는지, 학습 규칙은 잘 기억하고 있는지 반드시 확인해 보기
- 학생의 변화에 맞게 규칙과 약속 수정하기

(3) 2학기 학교행사 및 일정에 대한 안내

- 바뀐 시간표나 일과 운영을 반복하여 알려 주기
- 부모님께 직접 또는 메모하여 알리기

6) 10~11월! 내 꿈 펼치기

(1) 독서 학예행사

① 책 선택하기
글자를 읽지 못하거나 긴 글의 내용을 파악하기가 힘든 경우에는 독서 수행 능력에 맞게 글보다는 그림이 많은 책을 권장하기

② 독후감 쓰기
- 받아쓰기 형태로 쓰기　학생과 책의 내용을 이야기해 보고 그것을 교사가 요약하여 불러 주기
- 책을 읽고 난 후 느낀 점을 말하기 힘든 학생　책의 줄거리를 교사가 써 준 후에 따라 쓰기

③ 독후화 그리기
- 읽은 책을 보면서 그리기
- 도움을 받아 밑그림을 그리고 채색하기
- 교사나 부모님이 미리 그려 준 밑그림에 채색하기

(2) 공개수업

① 환경 정리

- 장애학생의 포트폴리오, 개인 작품이 빠지지 않았는지 점검하기
- 서로 돕는 학급 분위기를 나타내는 협동 작품 게시하기

② 수업 준비

- 장애학생을 고려한 교수–학습 지도안 작성하기 학습 목표 수정, 장애학생의 활동 내용, 또래 도우미의 활용 등 기재하기
- 장애학생을 위한 자료 준비하기 별도의 학습지나 교구 마련
- 장애학생의 발표 자료 준비하기 자연스럽게 발표할 기회 제공하기
- 돌발 상황 발생 시 대처 방안 마련하기

③ 수업 진행

학부모 공개	장학지도 공개	동료 교사 공개
• 학생의 학습 수준 • 학교에서의 생활 태도 • 학급에서의 1인 1역할: 학급에서 자리매김한 모습 • 가정과 연계된 수업 자료 준비: 완성의 기쁨, 알찬 수업 참여 유도 • 학부모와 함께하는 수업 • 자녀의 특기, 잘하는 내용 공개(수업에 반영)	• 수업의 참여도 • 활동의 짜임새, 주제와의 긴밀성 및 생활에의 적용성 • 수업 외적 요소(교실 환경, 자료 정리, 활동 내용, 포트폴리오 등) • 교사의 안정된 수업 진행 • 집중력을 높이는 활동의 전개 • 교사의 창의성, 시청각 자료 활용	• 학생의 현재 수준 및 행동 특성 공지 • 통합학급과 특수학급에서 학생의 수업 태도 • 주제와 관련된 자료의 활용법 • 주의 집중과 행동수정에 대한 포트폴리오 • 교과 내용의 수정 및 적용 사례 제시 • 학생의 문제 해결 방법 및 해결 후의 성취감 표현

7) 12월! 결실 맺기

(1) 나누는 기쁨 알기

- 알뜰시장 열기 수익금 기부하기
- 복지시설 친구들에게 따뜻한 마음을 담아 편지 쓰기

(2) 겨울방학 계획하기

- 졸업을 앞둔 학생에게는 진로지도에 역점 두기
- 진급하는 학생에게는 일 년 동안 배운 내용을 돌아보는 기회
- 일 년 동안 학습하고 활동했던 내용을 근거로 학생의 개인별 학습 능력에 따라 학부모의 요구를 반영하여 방학 과제물 제시하기

(3) 생활기록부 기록하기

- 행동 특성 및 종합 의견 장애학생의 장단점, 향후 진로에 대한 고려, 미래 의 삶 등에 대해 고려한 후 총체적으로 기술하기
- 부정적인 인식을 심어 줄 수 있는 '장애' 혹은 '특수'와 같은 용어는 자제 하기
- 긍정적인 용어 사용하기
- 특수교사와 의견 나누기 장애학생의 행동 특성에 대한 자세한 정보와 관찰 에 대한 누가 기록을 종합하기

8) 2월! 알찬 마무리

(1) 학급 마무리 잔치

① 1년 회상하기

- 기억에 남는 추억 생각하기
- 우리 반 10대 뉴스 발표하기

- 학생들의 장점과 강점에 알맞은 시상하기(담임상 또는 친구상)
- 평소에 학생들이 함께 어울리는 모습을 사진으로 남겨 두었다가 활용하기

② 장애를 가진 친구와의 1년 기록하기
- 기억에 남는 일을 돌아가면서 말하기
- 작은 종이(포스트잇)에 간단히 기록하기
- 교실의 일정한 장소에 붙여 두기

③ 나의 달라진 생각과 행동 발표하기
- 장애를 가진 친구와의 만남으로 변화된 생각이나 행동 찾기
- 모둠원과 협동하여 다양한 방법으로 발표하기   역할극, 노래극, 만화 등

④ 우정 나누기
- 협동놀이 하기
- 미니올림픽 하기

(2) 새 학년 준비하기
- 다음 담임을 위해 장애학생에 대한 자료 정리하기
- 학생의 학습 수준, 문제 행동 발생 환경, 강점과 약점 등 한 해 동안 통합학급을 운영하면서 파악하게 된 노하우를 자료화하기

(3) 반 편성하기
- 같은 반이 되면 좋은 학생 혹은 같은 반이 되면 문제를 일으킬 가능성이 많은 학생이 있다면 미리 감안하여 반 편성하기
- 교실 위치 고려하기   도움실과 근접한 곳에 있으면 좋은 학생, 화장실 가까이에 있어야 할 학생은 미리 협의하여 조정하기

요약 📖

■ 월별 통합학급 교사의 역할

- 3월: 학생에 대한 정보 수집하기, 새 학년 첫날 학생 관리하기, 장애 특성을 고려하여 시간표 정하기, 또래 도우미 정하기, 효율적인 좌석 배치, 알림장 쓰기 지도 및 활용, 친구들과 적절한 관계 맺게 하기, 1인 1역할 배정하기, 학급 규칙 정하기(표, 그림 등 제시), 학부모와 상담하기, 통합학급 운영 계획 수립하기, 특수교사와 협력관계 맺기, 통합교육의 의의와 필요성 안내하기
- 4월: 도우미 학생 지도하기, 친구와 함께 어울리는 현장학습, 모두가 즐거운 수학여행, 친구를 이해하는 장애이해 교육 실시
- 5~6월: 장애학생도 참여하는 가정의 달 행사, 수련 활동 사전에 준비하기, 장애학생을 배려한 체육대회, 수련 활동 프로그램 조정하기
- 7월: 장애학생의 학습 능력에 알맞은 방학 과제 제시하기, 1학기 통합학급 운영 되돌아보기
- 9월: 방학 과제물 확인하기, 방학 과제물 전시하기, 2학기 시간표 및 일정표 알리기(부모님께 전달 여부 확인), 학생의 변화에 맞게 규칙과 약속 수정하기, 도우미 교육하기
- 10~11월: 장애학생의 수준에 알맞은 독서행사, 교육과정 수정이 반영된 공개 수업안 작성하기, 장애학생의 작품집 점검하기, 장애학생을 위한 학습 자료 준비하기
- 12월: 생활기록부 작성 시 긍정적 기술하기, 장애학생의 학습 능력에 알맞은 방학 과제 제시하기
- 2월: 학급 마무리 잔치, 통합학급의 1년 돌아보기, 학습 결과물 정리하기, 장애학생에 대한 자료 정리하기, 장애학생을 고려한 반 편성하기

05 창의적 체험활동 및 동아리 중심의 장애이해 교육

1. 창의적 체험활동 중 장애이해 교육 활동을 할 수 있는 다양한 영역을 살펴볼 수 있다.
2. 창의적 체험활동 중 자율활동으로 장애이해 교육 활동을 계획하고 실시할 수 있다.
3. 창의적 체험활동 중 동아리 활동으로 장애이해 교육 활동을 계획하고 실시할 수 있다.

1) 들어가는 말

2009년 개정 교육과정은 21세기 글로벌 지식기반 사회, 지식정보화 사회, 세계화 시대에 슬기롭게 대처하고 미래를 주도하는 창의적인 인재 양성을 지향하기 위해 단위 학교의 교육과정 편성·운영의 자율성과 책무성을 강조하였다. 창의적 체험활동 교육과정은 교육 수요자의 요구, 지역 및 학교의 특성과 여건에 따라 재량으로 교육과정을 편성·운영할 수 있는 자율성과 그에 따르는 책무성이 강조되는 새로운 형태의 교육과정이라고 볼 수 있다. 이와 같이 새로운 교육을 지향하는 창의적 체험활동의 특징을 살펴보면 다음과 같다.

첫째, 창의적 체험활동 교육과정은 학생들의 창의성 신장과 인성 함양을 교육목표로 단순히 수학, 과학, 문화예술 영재교육 개념의 창의성이 아닌 공동체 구성원으로서 더불어 사는 바른 인성을 갖춘 학생을 양성하기 위한 새로운 개념의 창의성과 인성 함양을 지향하고 있다.

둘째, 창의적 체험활동 교육과정은 지역사회와 협력하는 지역 단위의 교육과정으로 지역사회의 인적·물적 자원을 학교 교육과정과 연계시켜서 다양한 체험활동을 실행하기 위해 유관 기관과의 연계를 통해 지속적인 체험활동을 성장 시켜 가야 한다.

셋째, 창의적 체험활동 교육과정은 학생 중심의 교육과정으로서 학생의 희망, 흥미, 소질, 적성, 진로 등을 고려하여 자율적인 참여와 실천을 돕기 위한 교육과 정이 되어야 한다. 특히 나 혼자가 최고라는 교육, 앞만 보고 달려가는 교육이 아 닌 멀리 보고 멀리 뛰는 교육이 되어야 하며, 급우들과 함께 배려와 나눔을 실천 하는 교육과정이다.

이러한 창의적 체험활동 교육과정의 특성으로 인해 장애이해 교육은 충분히 창의적 체험활동 교육과정이 지향하고 추구하는 가치를 발견하고 실행할 수 있 는 또 다른 교육과정으로 실행할 수 있는 근거로 발전할 수 있다.

창의적 체험활동과 함께하는 장애이해 교육은 단순히 장애인의 날에 실행하 는 일회성의 교육 활동이 아니라, 글로벌 리더로 성장하기 위해 사회적 약자를 보호하고 그들의 권익을 보호하며, 그들을 이해함으로써 지금 현재 내게 주어진 충분한 가치를 재발견할 수 있도록 하는 중요한 교육과정이 될 수 있다.

(1) 성 격

창의적 체험활동은 교과 이외의 활동으로서 교과와 상호 보완적 관계에 있으 며, 앎을 적극적으로 실천하고 나눔과 배려를 할 줄 아는 창의성과 인성을 겸비 한 미래 지향적 인재 양성을 목적으로 한다. 창의적 체험활동 교육과정은 자율활 동, 동아리 활동, 봉사활동, 진로활동의 4개 영역으로 구성되며, 각 영역별 구체 적인 활동 내용은 창의적이고 자유롭게 탄력적으로 운영한다. 창의적 체험활동 은 학습자의 단계를 고려하여 학습자의 다양한 욕구를 건전한 방향으로 유도하 고, 원만한 인간관계를 형성하며, 진로를 선택하여 자아실현에 힘쓰도록 하는 데 중점을 둔다. 창의적 체험활동에서는 학생의 자주적인 실천 활동을 중시하여 학 생들의 자발적이고 능동적인 활동에 바탕을 둔다.

(2) 목 표

● 각종 행사, 창의적 특색활동에 자발적으로 참여하여 변화하는 환경에 적극

적으로 대처하는 능력을 기르고, 공동체 구성원으로서의 역할을 수행한다.

- 동아리 활동에 자율적이고 지속적으로 참여하여 각자의 취미와 특기를 창의적으로 계발하고, 협동적 학습 능력과 창의적 태도를 기른다.
- 이웃과 지역사회를 위한 나눔과 배려의 활동을 실천하고, 자연환경을 보존하는 생활 습관을 형성하여 더불어 사는 삶의 가치를 깨닫는다.
- 흥미와 소질, 적성을 파악하여 자기 정체성을 확립하고, 학업과 직업에 대한 다양한 정보를 탐색하여 자신의 진로를 설계하고 준비한다.

(3) 영역별 내용 및 교수–학습 방법

영 역	성 격	활 동
자율활동	학교는 학생 중심의 자율적 활동을 추진하고, 학생은 다양한 교육 활동에 능동적으로 참여한다.	적응활동, 자치활동, 행사활동, 창의적 특색활동 등
동아리 활동	학생은 자발적으로 집단 활동에 참여하여 협동하는 태도를 기르고 각자의 취미와 특기를 신장한다.	학술활동, 문화예술 활동, 스포츠 활동, 실습노작 활동, 청소년 단체활동 등
봉사활동	학생은 이웃과 지역사회를 위한 나눔과 배려의 활동을 실천하고, 자연환경을 보존한다.	교내 봉사활동, 캠페인 활동, 지역사회 봉사활동, 자연환경 보호활동 등
진로활동	학생은 자신의 흥미, 특기, 적성에 적합한 자기계발 활동을 통하여 진로를 탐색하고 설계한다.	자기이해 활동, 진로정보 탐색활동, 진로계획 활동, 진로체험 활동 등

※ 영역별 활동 내용은 학생들의 단계와 본교의 실정 및 지역 특성 등을 고려하여 목표 달성에 적합한 내용을 선정·운영함

2) 창의적 체험활동 중 자율활동 중심의 장애이해 교육

창의적 체험활동 중 자율활동 중심의 장애이해 교육을 진행하기 위해서는 아래에서 밑줄 친 활동을 중심으로 장애이해 교육 활동을 계획할 수 있다. 예시된 자료들 외에도 이미 학교에서는 1인 1역할 부여하기, 통합교육 활동에 대한 토론

활동 등 다양한 자율활동의 장애이해 교육을 실행하고 있을 것이다. 다만 우리가 하는 활동들이 어떤 교육과정에 녹여 낼 수 있는지 정확하게 알고 장애이해 교육을 실행할 수 있다면 더 의미 있고 다양한 교육 활동을 계획할 수 있다.

〈자율활동〉

1. 적응활동
- 입학, 진급, 전학 등에 따른 적응활동 등
- <u>예절, 질서 등의 기본생활 습관 형성 활동, 축하, 친목, 사제 동행 등</u>
- 학습, 건강, 성격, 교우 등의 상담활동 등

2. 자치활동
- <u>1인 1역, 학급회 및 학급 부서활동 등</u>
- 학생회 협의활동, 운영위원 활동, 모의 의회, 토론회 등

3. 행사활동
- 시업식, 입학식, 졸업식, 종업식, 기념식, 경축일 등
- <u>전시회, 발표회, 학예회, 경연대회, 실기대회 등</u>
- 학생 건강 체력평가, 체격 및 체질 검사, 체육대회, 친선경기대회, 안전생활 훈련 등
- 수련활동, 현장학습, 수학여행, 학술 조사, 문화재 답사, 국토순례, 해외 문화 체험 등

4. 창의적 특색활동
- <u>학생 특색활동, 학급 특색활동, 학년 특색활동, 학교 특색활동, 지역 특색활동 등</u>
- 학교 전통 수립활동, 학교 전통 계승활동 등의 경우에도 관할 특수교육운영위원회의 심의를 거쳐야 한다.

예시 학급 특색활동으로서 장애이해 교육

〈학급 특색활동 중 통합교육 지원활동〉

1. 목 적
- 장애학생과 일반 학생이 어우러지는 다양한 활동의 제공
- 서로 다른 재료들이 만나서 하나의 하모니를 이루어 가는 경험의 제공
- 장점을 발견하고 그 장점을 격려해 주는 경험의 제공

2. 방 침
- 통합교육 지원활동비(학급당 10만 원 한도)는 통합학급 우선 배정
- 통합학급이 아닌 경우라도 통합교육 활동에 대한 열의를 가지고 합당한 주제활동이 가능한 학급에도 특수교육과 협의를 통해 배정
- 통합교육 지원활동에 따른 간략한 계획서 및 품의 계획을 제출받아 일괄 결재

3. 일시 및 장소
- 일시: 20○○. ○. ○. 9:00 ~ 12:00
- 장소: 학급별 특색활동 장소

4. 주제(예시): 행복김밥 만들기
- 서로 다른 재료들이 모여서 새로운 작품의 탄생
- 장점 발견해서 칭찬해 주기
- 서로 먹여 주며 배려와 나눔의 즐거움 공감하기

5. 소요 예산(예시): 총 100,000원
- 김밥용 재료: 6,000 × 10개 = 60,000원
- 음료수: 3,000 × 10개 = 30,000원
- 편지지: 1,000 × 10개 = 10,000원

3) 창의적 체험활동 중 동아리 활동 중심의 장애이해 교육

　창의적 체험활동 중 동아리란 흥미, 취미, 소질, 적성, 특기가 비슷한 학생들로 구성된 활동 부서에 자발적으로 참여하여 창의성과 협동심을 기르고, 원만한 인간관계를 형성하며, 다양한 활동에 참여하여 자신의 잠재 능력을 창의적으로 계발·신장하도록 한다. 이에 장애학생과 일반 학생이 함께 어울릴 수 있는 다양한 동아리 활동을 계획해 볼 수 있다.

〈동아리 활동〉

1. 학술활동
- 외국어 회화, 과학 탐구, 사회 조사, 탐사, 다문화 탐구 등
- 컴퓨터 · 인터넷 · 신문 활용, 발명 등

2. 문화예술 활동
- 문예: 창작, 회화, 조각, 서예, 전통예술, 현대예술 등
- 성악, 기악, 뮤지컬, 오페라 등
- 연극, 영화, 방송, 사진 등

3. 스포츠 활동
- 구기운동, 육상, 수영, 체조, 배드민턴, 인라인스케이트, 하이킹, 야영 등
- 민속놀이, 씨름, 태권도, 택견, 무술 등

4. 실습노작 활동
- 요리, 수예, 재봉, 꽃꽂이 등
- 사육, 재배, 조경 등
- 설계, 목공, 로봇 제작 등

5. 청소년 단체활동
- 스카우트연맹, 걸스카우트연맹, 청소년연맹, 청소년적십자, 우주소년단, 해양소년단 등

예시 동아리 발표회 중심의 장애이해 교육

〈(Happy-Friend & 문화체험활동반) 동아리 발표회〉

1. 목 적
- 교육 활동 결과물을 전시함으로써 학생의 성취감 고취 및 동기 부여
- 학생들의 흥미 분야 확대 및 정서 순화
- 전교생의 교육 결과물 공유
- 다양한 동아리 활동을 통해 참여하는 모든 ○○고 학생이 갖고 있는 스트레스를 시원하게 풀어 주기로 함

2. 방 침
- 학생들의 자발적인 참여 유도
- 학생들의 흥미를 유발할 수 있는 참신한 아이템 준비
- 동아리 활동 중 작품을 만드는 부서는 학생들이 만들어 낸 작품을 전시할 수 있도록 지도
- 학생의 작품 활동이 이루어지는 동아리는 발표회에 적극 참여

3. 일시 및 장소
- 일시: 20○○. ○. ○. 9:00 ~ 18:00
- 장소: 3층 학습도움실 및 홈베이스실

4. 운영 방식
- Happy-Friend는 교우봉사 동아리로서 교내 장애 인식 개선을 위해 다양한 자료를 만들어 3층 홈베이스실에 전시하고 장애 이해 UCC를 제작하여 상영한다.
- 문화체험활동반은 1학기 동안 특수교육 활동을 통해 만들었던 작품을 학습도움실 1실과 2실에 전시하고 '행복카페'를 운영한다.
- 특수교육 활동에 대한 이해를 돕기 위해 Happy-Friend 동아리 학생들과 문화체험활동반 학생들이 주축이 되어 핸드페인팅 체험활동을 선착순 200명 학생들에게 실시한다.
  - 장소는 학습도움실 1실에서는 2학년 학생들 위주로, 2실에서는 1학년

학생들 위주로 실시한다.
- 핸드페인팅 참여 학생들에게는 '네잎클로버 편들기 약속카드'를 증정하여 통합교육 활동에서 장애학생들을 배려하며 함께 살아가는 인식 개선을 약속받는다.

4) 창의적 체험활동 중 봉사활동 중심의 장애이해 교육

창의적 체험활동 중 봉사활동은 타인을 배려하는 너그러운 마음과 더불어 사는 공동체 의식을 가질 수 있도록 하고, 나눔과 배려의 봉사활동 실천으로 장애인에 대한 관심을 가질 수 있도록 지역사회 내 기관에서 봉사활동을 잘할 수 있도록 계획해 볼 수 있다.

〈봉사활동〉

1. 교내 봉사활동
- 학습부진 학생, 장애인, 병약자, 다문화가정 학생 돕기 등

2. 지역사회 봉사활동
- 복지시설, 공공시설, 병원, 농·어촌 등에서의 일손 돕기 등
- 불우 이웃 돕기, 고아원, 양로원, 병원, 군부대에서의 위문활동 등
- 재해 구호, 국제 협력과 난민 구호 등

3. 자연환경 보호활동
- 깨끗한 환경 만들기, 자연보호, 식목활동, 저탄소 생활 습관화 등
- 공공시설물, 문화재 보호 등

4. 캠페인 활동
- 공공질서, 교통안전, 학교 주변 정화, 환경 보전, 헌혈, 각종 편견 극복 등에 대한 캠페인 활동 등

예시 동아리 봉사활동 소감문으로서 장애이해 교육

본교의 동아리는 장애학생과 일반 학생이 함께 어우러져 문화 체험과 같은 다양한 활동을 공유하면서도 학교 안에서 장애학생들이 통합교육 장면에서 어려움 없이 활동할 수 있도록 교우 봉사 동아리의 형태로 운영하고 있다. 이 소감문은 동아리 봉사활동을 통해 개인의 생각이 변해 가는 과정을 살펴볼 수 있었으며, 이 소감문의 주인공은 올해 입학사정관으로 이러한 봉사동아리의 활동 경험을 바탕으로 법학과에 합격하였다.

나는 봉사활동을 하는 것을 참 좋아한다. 왜냐하면 나의 작은 손길이 다른 사람들에게 도움이 된다는 사실에 뿌듯하다. 내 꿈은 국선변호사다. 인권과 약자에 대해 관심이 많은데 학교에서 'Happy-Friend'라는 동아리를 발견하게 되었고 좋은 경험이 될 것이라고 생각했다. 더 나아가서는 서로 부족한 점을 채워 주는 친구가 되고 싶었다.

첫 모임을 가지고 선생님께 간단한 설명을 들었다. 나와 함께 할 친구는 '○○'였다. 자폐증을 가지고 있는 친구라고 했고, 마음과 달리 말로 표현하는 것이 서툴다고 했다. ○○이를 이해하려면 일단 자폐증에 대해 알아보는 게 중요하다고 생각했다. 자폐증이 무엇일까?

정 의

자폐증은 3세 이전부터 언어 표현-이해, 어머니와의 애착 행동, 사람들과의 놀이에 대한 관심이 저조해지는 양상으로 나타난다. 이는 3세 이후에는 또래에 대한 관심의 현저한 부족, 상동증(반복 행동), 놀이 행동의 심한 위축, 인지 발달의 저하 등이 함께 나타나는 발달상의 장애이며, 전반적으로 발달장애라는 이름으로 알려져 있다.

증 상

대표적인 증상으로는 사회적 상호작용에 질적인 문제를 보이고, 언어와 의사소통에 장애를 보이는 것이다. 또한 특정 행동을 반복하는 상동증을 보이고, 기분과 정서의 불안정성을 보이기도 한다. 75%의 자폐증 환자는 정신지체 문제를 보인다.

점심시간에 함께 밥을 먹으러 가기로 약속했고, 복도에서 만날 수가 있었다. 그리고 밥을 먹으러 식당에 가는데 □□와 나는 시간을 단축하기 위해서 한 명은 식판을, 다른 한 명은 수저를 가지고 오는데, 우리는 ○○의 몫까지 챙겨 주었다. 하지만 금방 후회를 했다. 우리가 저지르는 실수 중에 하나는 우리는 도움을 준다고 하지만 그것이 상대가 충분히 혼자 할 수 있는 경우에는 부담이 된다는 것이다. 스스로 하는 법을 배워야 한다고. 다음부터 조금 주의를 기울이는 것이 좋겠다고 생각했다. 밥을 먹고 나오는데 뒤에서 어떤 여자아이들이 수군거리더니 ○○보고 "○○야~ △△를 안아 봐." 하고 이야기 하는 것이 아닌가. 나는 화가 났지만 참고 ○○에게 이야기했다. "아니~ ○○야, 친구가 시킨다고 아무 여자 친구나 안으면 안 되는 거야." 그러자 ○○는 계속 "안 되는 거야." "안 되는 거지."라고 중얼거렸다. 그리고 헤어진 다음 교실로 돌아가는데 시간이 지날수록 여자아이들의 장난스러운 태도에 화가 났다.

이번 주는 처음 친구를 알아 가는 과정이라고 생각한다. 아직 서로에 대해서 잘 알지 못하고 부족하지만 시작의 문은 열었다. 시작이 반이니까.

5) 맺음말

장애이해 교육은 한 번의 교육이 아니며 장애학생이 있을 때만 해야 하는 교육 활동도 아니다. 장애이해 교육은 우리 자신의 미래를 위한 투자다. 올 1월에 저자는 작은 아이의 유학 문제가 있어서 캐나다에 잠깐 다녀올 기회가 있었다. 다행히 캐나다 공립중학교의 통합교육 현장을 볼 수 있었다. 내가 가르치는 학생들인지라 외국 학생일지라도 금세 눈에 띄었다. 캐나다 교육청의 통합교육에 대한 자료도 받고 교육 활동 내용도 안내받으면서 장애인을 위한 그들의 성숙한 투자와 배려를 알 수 있었다. 우리나라는 현재 장애이해 교육을 연 2회 의무적으로 실시할 수 있도록 하고 있으나 이는 단순히 장애에 대한 안내를 할 정도의 시간이고, 생각과 행동 및 태도의 변화가 나타나기에는 무리가 있다. 창의적 체험활동과 같이 다양한 교육 활동을 학교 특색, 지역사회의 여건과 연계할 수 있는 교육과정 가운데 다양한 형태로 녹여 낼 수 있는 장애이해 교육이 이루어져야 할 것이다. 현장에 다양한 자료가 없어서 안타깝지만, 이 또한 현장에 있는 우리 교사들이 관심을 가지고 다양하게 접근할 수 있다면 보다 알차고 특색 있는 교육과정으로 발전시킬 수 있을 것이다.

요약 📝

　학생들은 창의적 체험활동에 자발적으로 참여하여 개개인의 소질과 잠재력을 계발·신장하고, 자율적인 생활 자세를 기르며, 타인에 대한 이해를 바탕으로 나눔과 배려를 실천함으로써 공동체 의식과 세계 시민으로서 갖추어야 할 다양하고 수준 높은 자질 함양을 지향한다. 이러한 창의적 체험활동 교육과정의 교육 목표와 같이 장애이해 교육은 충분히 창의적 체험활동 교육과정이 지향하고 추구하는 가치를 발견하고 실행할 수 있는 실천적 교육과정으로 발전할 수 있다.

　창의적 체험활동과 함께하는 장애이해 교육은 단순히 장애인의 날에 실행하는 일회성의 교육 활동이 아니라 글로벌 리더로 성장하기 위해 사회적 약자를 보호하고, 그들의 권익을 옹호하며, 그들을 이해함으로써 지금 현재 내게 주어진 충분한 가치를 재발견할 수 있도록 하는 중요한 교육과정이 될 수 있다.

　창의적 체험활동 중 자율활동으로서 자치활동, 적응활동, 행사활동 등에서 장애이해 교육을 계획하고 실행할 수 있으며, 동아리 활동으로 장애학생과 일반 학생이 함께 활동하는 다양한 문화 체험을 공유할 수 있다. 그리고 봉사활동 중 교내 봉사활동으로서 학습부진 친구와 멘토로서 함께하며 교우 봉사를 실시할 수 있으며 반 편견 극복을 위해 다양한 캠페인 활동을 할 수 있다.

06 장애학생의 인권교육

1. 인권교육의 의미에 대해서 이해할 수 있다.
2. 장애학생의 인권교육의 실제에 대해서 이해할 수 있다.

1) 인권에 대한 이해

(1) 인권교육의 의미

인권교육은 '인간이 가진 기초적이고 보편적인 권리로서 자신이 가진 권리를 알고, 인권을 존중하고 보호하기 위한 행동 양식과 기술, 인권을 존중하는 태도의 형성을 동시에 추구하도록 하기 위한 일체의 교육적 노력' 이라고 볼 수 있다.

또한 '인권' 이 갖는 의미와 특징에 비추어 다른 교육에 비해 인권교육은 단순히 인권 내용을 강조하는 인권에 대한 교육(education about human rights)에 그쳐서는 안 되며, 동시에 인권을 위한 교육(education for human rights), 인권을 통한 교육(education through human rights)이 되어야 한다.

① 인권에 대한 교육

인권이 무엇인지 알도록 하는 것으로, 인권에 대한 인지적인 측면을 강조한다. 이 부분과 관련하여 다루어져야 할 내용으로 인권의 역사, 역사적 문건, 인권 관련 정책 등이 있다. 이러한 내용을 통해서 자신이 가진 기본적인 권리와 권리 침

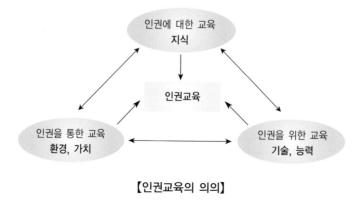

【인권교육의 의의】

해에 대해 이해하며, 이와 관련한 인권적인 행동을 할 수 있는 것에 초점을 둔다.

② 인권을 위한 교육

실제로 인권을 위한 노력을 할 수 있도록 하는 교육을 말한다. 이를 위해 타인의 인권을 보호하고 학습자 자신의 의지로써 인권을 기꺼이 받아들여 일상생활에서 인권의 가치를 실현할 수 있도록 교육하는 것을 말한다. 이러한 점에서 인권교육은 학습자가 인권에 대한 감수성을 가지고 사회적 삶을 살도록 하는 것에 초점을 둔다.

③ 인권을 통한 교육

인권을 알고 누리도록 학습 환경을 조성하는 것을 말한다. 인권교육을 할 때, 교육에 참여 하는 모든 당사자는 자신의 느낌과 생각, 경험에서 자유로움을 보장받아야 하며, 참여과정에서도 모든 참여자가 동등한 기회를 보장받아야 한다. 또 삶의 방식이나 문화적 차이로 인한 차별을 받지 않고, 민주적 논의와 합의로 공정하고 평화로운 문제를 해결하는 학습을 할 수 있어야 하며, 이를 통한 연대의 중요성을 인식하는 과정이 되어야 한다. 이러한 과정 자체가 인권을 완성해 가는 것이며, 인권과 관련한 다양한 가치를 체득하는 것이다.

(2) 인권교육의 필요성

현장 교사들을 대상으로 한 인권교육의 필요성을 묻는 질문에 '매우 필요하다.' (65.9%), '약간 필요하다.' (27.7%)고 답한 것에서도 학교 인권교육의 필요성을 알 수 있다. 그리고 많은 연구자는 초등학교 수준인 학생 중기가 구체적인 인권 문제에 대하여 관심을 가질 뿐만 아니라 인권에 관한 태도를 기르는 데 결정적인 시기라고 지적하고 있다. 따라서 학교 인권교육의 시작을 초등학교에서부터 실시할 필요성은 두말할 여지가 없다 하겠다.

학교교육에서도 소통과 나눔이 있는 학교를 위한 다양한 실천 중심 인권존중교육을 통해 민주시민 의식을 함양하고, 인간의 존엄성을 인식하도록 하고 있다. 이를 위해 교과 연계 지도, 재량활동 시간 등을 활용한 상호 인권존중과 교육을 강조하고 있으며, 인간 존엄성에 대한 이해와 인권 감수성 갖기 교육을 강화하는 것을 주요 교육 정책으로 강조하고 있다. 인권교육을 위한 교육 목표를 기술하면 다음과 같다.

① 인권교육은 인권과 기본적 자유에 대한 존중을 강화하도록 해야 한다

인권교육은 인간으로서 자신에 대한 정확한 인지의 과정이면서 자신의 최소한의 삶의 조건을 인식하도록 하는 교육이어야 한다. 결국 인권교육은 인간으로서 자신의 존엄성을 파악하도록 돕는 것이며 자존감을 갖도록 하는 것이다.

② 인권교육은 인간의 존엄성에 대한 이해와 감수성이 최대한 발현되도록 해야 한다

인권교육은 자신뿐만 아니라 자신과 동등한 존엄과 권리를 가진 타인의 인권을 고려하고 그에 대해 책임감을 갖도록 하는 것이다. 즉, 모든 사회적 맥락에서 인권을 고려하도록 하는 것이다. 이를 위해서는 '인권' 관점을 고려하여 이해하려는 감수성을 갖추어야 한다.

③ 인권교육은 다양한 인간과 집단에 대한 이해와 관용, 평등과 우정이 증

진되도록 해야 한다

현실적인 삶의 조건은 그 문화적 특성에 따라 매우 다양하고, 오늘날 지구촌 사회에서 이러한 다양성은 갈등의 원인이 될 수 있다. 이런 점에서 인권교육은 천부적으로 부여받은 양심과 이성에 따라 다양한 인간과 집단에 대한 이해가 가능하도록 돕는 것이어야 한다.

④ 인권교육은 모든 사람이 자유로운 사회에서 사회적 참여를 행할 수 있도록 해야 한다

인권교육은 인권을 누리지 못하는 사람들의 인권을 찾아 주기 위한 사회적 연대가 이루어지고 모든 사람이 자유로운 사회에서 살도록 하는 것을 목적으로 한다.

2) 장애학생의 인권

(1) 사회적 장애

'장애' 라 함은 '상황' 또는 '환경' 등이 특수한 것이지 그 '개인' 이 기능적인 '이상' 이 있다거나 '특별' 하거나 '비정상' 인 것이 결코 아니라고 보는 관점이다. 여기서 '비정상' 인 것은 그들에게 불편을 느끼게 하고 장애를 겪게 하는 '사회' 이며 '환경' 인 것이다. '다름' , 즉 '차이' 는 '비정상' 인 것이 아니며, '차별' 이 되어서는 결코 안 된다. '다름' 은 '다름' 으로만 인정되어야 하며, 이 '다름' 은 반드시 존중되어 '다양한 이' 가 만족할 만한 사회를 만들어 가는 것이 사회의 모든 구성원의 몫이자 책임이다.

(2) 장애인권 보장

인권은 인간으로서 갖는 사람(인간)의 권리다. 권리는 말 그대로 무엇이든지 자기 마음대로 할 수 있는 권세이며 자격이다. 그것은 혼자 주장한다고 되는 것이 아니고 서로 인정해 주어야 하는 사회적 대상이다. 그렇기 때문에 인권이란

개념에는 인간이 어떤 권리를 갖고 있다는 것에 대한 사회적 인정이 내포되어 있다. 만약 인간이 특정한 권리를 갖고 있는 존재라는 것을 부정한다면 인권에 대한 논의는 근본적으로 다르게 전개될 것이다.

세계인권선언문 제25조(적합한 생활 수준을 누릴 권리)에서는 "누구에게나 가족과 함께 건강하고 행복하게 살아갈 권리가 있다. 이 권리를 위하여 실업, 질병, 장애, 배우자와의 사별, 노령 또는 자신이 어찌할 수 없는 상황에서는 나라가 제공하는 보장 제도를 누릴 권리를 갖는다. 어머니와 아이는 특별한 보살핌과 도움을 받을 권리를 갖는다."라고 규정하고 있다. 유엔학생권리협약의 4대 원칙에는 '무차별의 원칙(Non-discrimination)' '학생 최선의 이익 원칙(Best Interests of the Child)' '생존 및 발달 보장의 원칙(Survival and Development Rights)' '참여의 원칙(Participation Rights)'을 규정하고 있으며, 그중 '무차별의 원칙'은 "모든 어린이는 부모님이 어떤 사람이건, 어떤 인종이건, 어떤 종교를 믿건, 어떤 언어를 사용하건, 부자건 가난하건, 장애가 있건 없건 모두 동등한 권리를 누려야 한다."는 것을 의미한다.

장애학생 인권에 대한 대표적인 규정으로 「장애인 등에 대한 특수교육법」과 「장애인 차별금지 및 권리구제 등에 관한 법률」을 들 수 있다. 2008년 5월 26일에 시행된 「장애인 등에 대한 특수교육법」은 「교육기본법」 제18조에 따라 국가 및 지방자치단체가 장애인 및 특별한 교육적 요구가 있는 사람에게 통합된 교육환경을 제공하고, 생애 주기에 따라 장애 유형과 장애 정도의 특성을 고려한 교육을 실시하여 그들이 자아실현과 사회통합을 하는 데 기여함을 목적으로 하고 있다.

2008년 4월 11일에 시행된 「장애인 차별금지 및 권리구제 등에 관한 법률」은 장애를 이유로 한 차별을 금지하고, 차별받는 사람의 권익을 구제함으로써 장애인의 사회 참여와 평등권 실현을 통해 인간으로서의 존엄과 가치를 구현하기 위해 만들어진 법으로, 장애인 당사자는 물론 장애인을 돕고 있는 사람에 대한 차별을 금지하고 보조견 및 장애인 보조기구 등의 정당한 사용을 방해해서는 안 된다는 내용을 담고 있다. 이처럼 「장애인 등에 대한 특수교육법」과 「장애인 차별금지 및 권리구제 등에 관한 법률」이 제정되고 시행됨에 따라 특수교육 현장에 변화가 오고 있으며, 장애학생 인권침해 예방을 위한 노력이 이루어지고 있다.

(3) 장애인에 대한 잘못된 인식

① 보호받아야 할 존재

스스로의 힘으로도 살 수 있어야 하는데도 사회적 현실이 그러하지 못하다. 그런데 이를 바꾸기 위한 노력은 하지 않고 장애의 책임을 당사자들에게 돌림으로써 나타나게 되는 행위가 바로 보호 행위인 것이다. 더불어 사는 환경을 만들기 위한 노력이 필요한 것이지, 보호하기 위한 노력이 필요한 것이 아니다. 장애인 당사자를 마주하였을 때 아무것도 할 수 없는 존재로 여기거나 무조건적으로 보호하고 도와주어야 할 존재로 여기는 것은 잘못된 태도인 것이다.

② 불쌍한 존재

장애인은 결코 불쌍한 존재가 아니다. 단지 다른 몸을 가지고 있을 뿐 그것 때문에 불쌍한 존재가 되는 것이 아니기 때문이다. 사회적인 차별이 장애인들을 불쌍하게 만들 수는 있을지 몰라도 장애인이기 때문에 불쌍한 것은 결코 아니다.

③ 특별대우를 받아야 할 존재

일반인 중심의 사회에서 장애인들은 배려가 필요한 사람들인 것은 맞다. 하지만 그 때문에 장애인이 특별한 존재로 간주되어 특별대우를 받아야 할 사람들로 인식되어서는 안 된다. 하지만 일반인들뿐 아니라 장애인 당사자들도 스스로 특별대우를 받아야 할 존재로 여기고 있다는 것이 큰 문제다. 일반인 중심의 사회에서 사회적 차별을 받고 있는 장애인을 배려하고 그들의 권리가 침해당하지 않도록 함께 도와 가는 사회적 풍토가 필요한 것이지, 특별한 존재이고 보호받아야 할 존재이기 때문에 장애인을 특별대우를 받아야 할 존재로 전락시켜서는 안 된다.

④ 아픈 사람들

장애의 개념을 '의료적' 장애로 인식했을 때, 장애인은 아픈 사람들이라고 생각할 수 있다. 하지만 장애인들은 이미 치료의 개념과는 무관하게 단지 다른 몸을 소유하고 있는 사람들일 뿐이다. 그들이 아픈 것은 몸이 아니다. 사회적 차별로 인해 마음이 병들어 가고 있는 사람들일 뿐이다.

⑤ 장애는 노력으로 극복할 수 있는 것

장애는 사회에서 장애물을 만났을 때 만들어지는 형태인 것이지 개인이 가지고 있는 것이 아니다. 그렇기 때문에 사회적인 장애물을 허물었을 때 장애는 사라질 수 있다. 장애는 극복하는 것이 아닌 허무는 것이다. 그래서 장애인들을 어떤 특수한 사람으로 바라보거나 장애의 요인을 당사자의 책임으로 돌려 그 한계를 극복하게 하는 형태가 아니라 사회적인 장애물을 허무는 노력이 필요하다. 이는 실제로 장애인이라 불리는 사람들 외에도 사회적으로 차별받고 억압받는 모든 이가 사람으로서의 권리를 누리며 살 수 있는 일일 것이다.

(4) 장애학생 인권교육의 실제

인권교육은 학생들에게 인간의 존엄성을 깨닫게 하고, 인권의 기본적 원리를 주장하는 데 적극적으로 참여하게 함으로써 정의롭고 인간적인 사회를 건설하는 주체로 세우는 것이다. 따라서 장애학생들에게도 이러한 의미의 인권교육이 필요하며, 이를 위해서는 장애학생 스스로 자신에 대한 자긍심(자신감, 자기 표현) 갖기, 사회적 관용(타인 존중하기, 다양성 인정, 대화와 조정) 익히기, 권리(학습권, 환경권) 찾기, 성평등, 사회적 약자에 대한 이해 등을 함양할 수 있는 감수성을 길러야 한다. 이러한 노력이 장애학생 인권교육의 첫걸음이 되어야 한다.

> '장애학생의 인권'은 자신이 얼마나 소중한 존재인지에 대해 깨닫고 자신의 가치를 발현하려는 내적인 '자신에 대한 자긍심'과 사회의 일원으로 타인을 존중하고 다양성을 인정하면서 익히게 되는 '사회적 관용'이 결합하여 자신의 장애를 긍정적으로 받아들이며 자신에게 주어진 역할을 할 수 있도록 지원해 주는 것이 필요하다.

요약 📝

인권은 인간으로서 갖는 사람(인간)의 권리다. 권리는 말 그대로 무엇이든지 자기 마음대로 할 수 있는 권세이자 자격이다. 그것은 혼자 주장한다고 생기는 것이 아니고 서로 인정해 주어야 하는 사회적 대상이다. 그렇기 때문에 인권이란 개념에는 인간이 어떤 권리를 갖고 있다는 것에 대한 사회적 인정이 내포되어 있다. 만약 인간이 특정한 권리를 갖고 있는 존재라는 것을 부정한다면 인권 논의는 근본적으로 다르게 전개될 것이다.

오늘날 인권에 대한 관심이 점차 커지고 있다. 동성연애자나 외국인 이주 노동자 같은 소수 집단의 인권이 사회적 논란거리가 되고 있고, 여성, 장애인, 노동자, 아동, 청소년과 같이 전통 사회에서 억압받던 집단들도 점차 인권을 내세우며 새로운 규범과 사회 제도를 구하고 나서고 있다. 국가인권위원회 발족도 인권 보호와 증진에 대한 사회적 관심 증대의 결과라고 이해된다.

장애학생 인권에 대한 대표적인 규정으로 「장애인 등에 대한 특수교육법」과 「장애인 차별금지 및 권리구제 등에 관한 법률」을 들 수 있다. 「장애인 등에 대한 특수교육법」과 「장애인 차별금지 및 권리구제 등에 관한 법률」이 제정되고 시행됨에 따라 특수교육 현장에 변화가 오고 있으며, 장애학생 인권침해 예방을 위한 노력이 이루어지고 있다.

07 장애 인식 개선교육

학/습/목/표

장애 인식 개선의 목표와 방향을 살펴보고, 일반 교사들이 현장에서
여러 가지 매체를 활용한 장애 인식 개선교육을 실시하는 데 도움이
되고자 한다.

1) 장애 인식 개선교육의 필요성

장애학생 통합의 궁극적 목표는 장애학생이 일반 학급의 일원으로서의 자격
을 가지고 또래 친구들과 긍정적인 사회적 관계를 맺어 가는 것이기 때문에, 성
공적인 통합교육을 위해서는 장애를 가진 학생을 둘러싼 모든 사람이 장애에 대
해 바르게 인식해야 한다(박승희, 2003).

그러기 위해서는 학교 현장에서 장애에 대해 올바르게 인식할 수 있도록 적극적
인 노력을 해야 한다. 기존에는 통합교육을 위해 장애학생을 변화시키기 위한 교
육이 대부분이었지만 진정한 통합을 위해서는 일반 학생의 인식과 태도의 변화를
위한 기회가 제공되어야 한다. 또한 이러한 변화를 위한 장애 인식 개선활동은 되
도록 어릴 적부터 시행되어야 하고, 지속적이고 정규적으로 시행되는 구조화 경험
을 제공해야 하며, 일상생활에서 교사 및 성인이 바람직한 태도에 대한 모델이 되
는 역할을 하는 등 여러 가지 측면에서의 접근이 필요하다(김수연, 1996). 학생의
태도 개선을 위해서 여러 분야에서 장애 인식 개선을 위한 프로그램을 개발하기
위해 노력하는 만큼, 그러한 방법들을 잘 활용하여 더불어 행복하게 살 수 있는 환

경을 조성하기 위해서 장애 인식 개선을 위한 활동은 반드시 필요하다.

2) 장애 인식 개선교육의 목적

장애 인식 개선교육은 다음과 같은 목적을 달성할 수 있도록 구성하고 적용한다(광주광역시교육청, 2010).

- 장애 혹은 장애인을 올바르게 이해하며, 이에 대한 태도나 인식을 개선하여 편견을 갖지 않고, 궁극적으로는 장애 및 장애인 관련 문제 해결에 적극적이고 지원적인 입장을 취한다.
- 인간의 다양성과 존엄성을 인정하고 수용하며 중요시한다.
- 통합교육이 성공적으로 이루어질 수 있도록 준비시킨다.
- 장애학생과 일반 학생 간 교우관계를 개선 및 증진시킨다.

3) 장애 인식 개선교육의 내용

- 인간의 존엄성, 인권, 반편견, 보편 윤리, 인간의 다양성, 인간 존재 자체 등에 대한 내용
- 장애학생을 지원하는 구체적인 방법이나 관련 사례
- 통합교육 상황에서의 구체적인 대응 방법
- 장애학생 또는 장애인과 협력하거나 적절한 관계를 형성하고 상호작용하는 방법

4) 장애 인식 개선교육의 방법

　장애이해 교육은 여러 가지 방법으로 각 학교에서 이루어지고 있다. 일반 학생들의 태도 개선에 관한 선행 연구들을 보면, 지식과 정보를 제공하거나 학습시킴으로써 장애인에 대한 이해와 태도를 향상한다고 할 수 있다. 이런 장애이해 방법에는 이해 중심의 태도 개선 방법과 직접 장애인을 만나서 장애학생들과 상호작용하거나 장애 체험을 통하여 장애인을 이해하고 태도를 개선시키는 활동 중심의 태도 개선 방법으로 나눌 수 있다(유장순, 2004). 이해 중심의 태도 개선 방법과 활동 중심의 태도 개선 방법 모두 교사의 입장에서 일방적인 주입식 교육으로 이루어지고 있다. 익숙해진 주입식 교육의 결과, 자율적이고 주도적인 학습이 이루어지지 않고 있다. 현재의 교육 환경은 학습자를 자율적이고 주도적으로 발전시키는 데 많은 문제점을 가지고 있다. 교육의 높은 효과를 위해서는 학습자들의 자율적이고 주도적인 태도가 중요하다고 할 수 있으며, 이를 위해서 교사는 주입식 교육과 교사 위주의 수업 방식을 지양하고, 학생들이 보다 능동적으로 학습에 참여할 수 있도록 하는 것이 중요하다(이지혜, 2010).

　또한 장애 인식 개선교육을 할 때는 다음과 같은 방법적인 요소들을 고려한다(광주광역시교육청, 2010).

- 교과서나 정규 교과 수업에 장애 인식 개선 관련 내용과 활동을 혼합 혹은 삽입한다.
- 교사에 의한 설명식 강의보다는 토론, 프로젝트 수행, 딜레마 상황, 게임 등의 다양하고 새로운 교수 방법을 적용한다.
- 일회적인 것보다는 정규적으로 그리고 지속적으로 실시한다.
- 장애 체험을 실시할 때는 장애로 인한 불편함을 체험하는 것을 목표로 두지 않고, 편의시설 확충 및 사회적 지원의 필요성을 느끼도록 구성한다.
- 장애인 인권뿐 아니라 보편적인 인권을 보호할 수 있는 방안에 대한 문제해결 학습을 한다.

5) 장애 인식 개선을 위한 영상 매체 활용

(1) 영상 매체의 효과

장애학생에 대한 일반 학생의 태도 변화에 가장 긍정적인 영향을 미치는 프로그램에는 장애 관련 비디오 자료 프로그램, 장애 정보 프로그램, 통합 프로그램 등이 있다. 이 중에서도 통합 프로그램보다는 비디오 자료, 장애 정보 등 단일 중재 프로그램을 사용하여 집중적으로 교육하는 것이 장애학생에 대한 일반 학생의 태도 변화에 더 효과적이다(최홍자, 2005). 실례로 전국의 장애이해 교육과 관련하여 활용하는 자료를 조사한 결과에서 애니메이션, 영화, 다큐멘터리와 같은 영상물의 활용 비율이 49.4%를 차지하고 있었다(최세민, 2006). 이러한 장애 관련 영상 자료의 시청은 장애학생에 대한 일반 학생들의 개인생활에 대한 장애 수용 태도, 학교생활에 대한 장애 수용 태도, 사회생활에 대한 장애 수용 태도에 모두 효과적이다.

장애이해를 돕는 영상물들은 지금까지 꾸준히 제작되어 보급되고 있다. 1996년 서울장애인종합복지관이 제작하여 보급한 〈우리 친구 까치〉(애니메이션)는 오랫동안 학교에서 장애이해 교육 자료로 활용되고 있으며, 〈나팔꽃과 해바라기〉(드라마, 국립특수교육원, 2004)가 나오기까지 8년이 걸렸다. 이후 〈우리 사이 짱이야〉(애니메이션, 서울장애인종합복지관, 2006), 〈함께 가는 길〉(다큐, 국립특수교육원, 2006), 〈렛츠 댄스〉(애니메이션, 국립특수교육원, 2007), 〈내 꿈은 온에어〉(애니메이션, 부산광역시교육청, 2008), 〈넌 내 친구〉(UCC, 장애인먼저실천본부, 2008), 〈굿 프렌즈〉(드라마, 장애인먼저실천본부, 2009) 등 일 년에 한 편 이상의 장애이해 자료들이 등장하고 있다(윤성덕, 2010).

앞에서 살펴본 것처럼 장애 인식 개선교육을 위해 주로 사용되는 매체는 영상이다. 이러한 영상물을 활용한 교육은 적용이 쉽고 이해가 빨라 유용하게 사용되고 있으며 그 효과도 크다. Edger Dale은 영상 매체의 특징에 대하여 학습 동기를 높여 주고, 신선함과 다양성을 부여하고, 여러 가지 능력으로 학습자에게 어필을 하고 능동적인 참여를 재촉하고 필요한 강화를 주며, 학습자의 경험을 확대한다고 하였고, Kinner는 영상 매체의 장점이 학생들의 높은 흥미를 유발할 수 있으며, 모든 학생이 동시에 같은 내용의 화면을 볼 수 있어 수업의 진행이 용이하다고 하였다(최선화, 2005).

특히 여러 영상물(영화, UCC, 다큐멘터리, 애니메이션 등) 중에서도 애니메이션은 아동과 청소년을 대상으로 했을 때 언어와 문화적 장애가 없어서 누구나 공유할 수 있다는 장점이 있으며, 일정 기간의 교육을 필요로 하는 아동과 청소년들에게 교육적으로 적합한 미디어다. 또한 아동이나 청소년들이 공감할 수 있는 주제와 인물을 창조하여 지식을 자연스럽게 습득시키는 일은 매우 바람직한 교육방법이다. 이미 서구에서는 아동 연령층을 세분화하여 연령에 적합한 내용을 개발하는 것이 붐을 일으키고 있다(서혜옥, 2001). (장애와 관련된 도서들, 즉 만화, 소설, 수필 등도 많이 있다.)

일반 학교에 다니고 있는 장애학생의 사회적 통합을 증진시키는 목적을 위해서는 일반 학생의 장애학생에 대한 긍정적인 태도 변화가 전제되어야 한다. 이러한 일반 학생들의 태도 변화를 위해 영상 자료를 활용한 중재 전략이 장애 체험활동이나 장애인의 수기 등의 다른 중재 전략보다 단기간의 태도 변화에서 가장 큰 영향을 미치는 전략으로 나타나고 있다(차수연, 2002; 하성수, 2004). 또한 교육 현장에서 영상 자료를 활용하여 장애이해 교육을 실시하는 것은 제한된 시간에 장애이해 교육의 목표를 달성할 수 있다는 점에서 권장할 만하다(김다영, 2008).

(2) 장애 인식 개선교육에 활용할 수 있는 좋은 영상의 조건

장애 인식 개선교육을 위해 다양한 방법으로 영상물들이 제작·활용되고 있다. 장애 인식 개선교육에 활용할 수 있는 좋은 영상의 조건을 살펴보면 다음과 같다(최원아, 2005).

- 장애인에 대한 바른 인식을 심어 주어야 한다.
- 실제적이고 현실적인 자료가 효과적이다.
- 유형이나 분량이 적절해야 한다.
- 영상물과 관련하여 사용할 수 있는 학습 자료가 포함되어 있으면 좋다.
- 다양한 수준을 고려해야 한다.

- 다양한 장애 유형을 다루어야 한다.
- 시대에 맞는 자료여야 한다.

6) 장애 인식 개선을 위한 영상 매체의 실제 활용 방안

(1) 애니메이션 활용의 예

① 별별 이야기-동물농장

- 양들은 염소를 어떻게 대했나요?
- 염소는 양들과 친해지기 위해서 어떤 노력을 했나요?
- 내가 '염소'라면 어떤 기분이 들었을까요?
- 나는 친구들을 대할 때 이 영화 속의 '양'처럼 행동한 적이 있나요?
- 이 영화에서 우리가 배울 수 있는 점은 무엇인가요?

② 별별 이야기-낮잠

- 아빠가 집을 팔아 바로에게 사 주는 것은 무엇인가요?
- 의족을 신고 산책을 하던 바로는 길에 버려진 강아지를 발견했습니다. 그 강아지는 왜 버려졌을까요?
- 바로는 그 강아지를 어떻게 했나요?
- 바로가 받고 있는 부당한 차별은 무엇이라고 생각하나요?
- 주인공 바로에게 편지를 써 봅시다.

(2) EBS 지식채널 e 활용

- 탄생의 순간은 모두 같다. [지식채널 002 Baby Sign]
- 우리는 바르게 보고 있는가? [지식채널 016 난 알아요]
- 무엇이 우리의 시선을 가리고 있는가? [지식채널 032 황우석과 저널리즘, 050 눈의 착각]
- 어떻게 바라보아야 하는가? [지식채널 099 현실, 비현실, 바른길, 어긋난 길]

- 어떻게 바라보아야 하는가? [지식채널 102 180°의 진실]
- 그들의 모습 속에서 무엇이 보이는가? [지식채널 084 나는 달린다, 133 왜 공부를 하냐고요, 159 He is wonder, 322 영순 씨 가족의 하루]

(3) 장애 인식 개선 UCC 공모전 작품집, 「세상을 바꾸는 따뜻한 시선」

장애 인식 개선 UCC 공모전 작품집은 6개의 수상작과 함께 장애 인식 개선교육 자료로 활용할 수 있는 활동지를 포함하고 있다. 각 영상을 학생들에게 보여 주고 주어진 교육 활동지를 활용하여 장애 인식 개선교육을 진행하면 된다. 또한 〈우리 친구 까치〉〈우리 사이 짱이야〉〈술래잡기〉 영상도 함께 활용하면 좋은 수업 자료가 될 것이다.

- 〈동그라미〉 세상에 존재하는 많은 동그라미를 주제로 틀린 것이 아니라 다르다는 것을 설명하는 작품
- 〈우리 마음속 잠금 해제〉 장애와 장애인을 향한 편견과 오해의 자물쇠를 풀 수 있는 것은 따뜻한 시선을 가진 친구들이라는 것을 설명하는 작품
- 〈스노우볼 효과〉 어린 시절 장애인에 대한 작은 편견들이 커져서 점점 장애에 대한 큰 편견이 된다는 것을 보여 주는 작품
- 〈우리 친구 까치〉 지적장애 학생인 까치가 엄지와 함께 반 아이들과 친구가 되는 과정을 담고 있는 감동적인 작품
- 〈우리 사이 짱이야〉 뇌성마비 소년인 아람이와 천방지축 말썽꾸러기이지만 마음은 누구보다 따뜻한 준호의 우정을 담은 애니메이션
- 〈술래잡기〉 장애아동이 느낄 수 있는 배려에 대한 작은 고마움을 나타낸 이야기

7) 장애 인식 개선교육의 방향성

현장에서는 다양한 장애 인식 개선교육이 이루어지고 있다. 하지만 그 실효성과 효과 측면에서는 개선이 많이 필요한데, 다음과 같은 조치들이 필요하다.

- 일회성 교육이 아닌 사회적 소수자에 대한 지속적인 인권교육이 강화될 필요가 있다.
- 학교 현장에서 실제적으로 활용할 수 있는 장애 인식 개선교육 프로그램의 계속적인 개발이 필요하다.
- 교육의 효과와 실효성을 높이기 위해서는 지역사회의 인적·물적 자원의 활용과 연대, 기관 간의 네트워크 구축이 필요하다.
- 장애 인식 개선교육과 관련된 각 기관의 현장 활동가들 간의 활발한 교류가 필요하다.

요약 📝

1. 장애 인식 개선교육의 내용

- 인간의 존엄성, 인권, 반편견, 보편 윤리, 인간의 다양성 등에 대한 내용
- 장애학생을 지원하는 구체적인 방법이나 관련 사례
- 통합교육 상황에서의 구체적인 대응 방법
- 장애학생 또는 장애인과 협력하거나 적절한 관계를 형성하고 상호작용하는 방법

2. 장애 인식 개선을 위한 매체 활용

① 영상 매체의 효과: 장애 인식 개선교육을 위해 주로 사용되는 매체는 영상이다. 이러한 영상물을 활용한 교육은 적용이 쉽고 이해가 빨라 유용하게 사용되고 있으며 그 효과도 크다. 영상 매체는 학습 동기를 높여 주고 신선함과 다양성을 부여하고, 여러 가지 능력으로 학습자에게 어필을 하고 능동적인 참여를 재촉하고 필요한 강화를 주며, 학습자의 경험을 확대한다. 또한 학생들의 높은 흥미를 유발할 수 있으며, 모든 학생이 동시에 같은 내용의 화면을 볼 수 있어 수업의 진행이 용이하다. 특히 여러 영상물 중에서도 애니메이션은 아동과 청소년을 대상으로 했을 때, 언

어와 문화적 장애가 없어서 누구나 공유할 수 있다는 장점을 지니고 있으며 일정 기간의 교육을 필요로 하는 아동과 청소년들에게 교육적으로 적합한 미디어다. 또한 아동이나 청소년들이 공감할 수 있는 주제와 인물을 창조하여 지식을 자연스럽게 습득시키는 일은 매우 바람직한 교육 방법이다.

② 장애 인식 개선교육에 활용할 수 있는 좋은 영상의 조건: 장애 인식 개선교육을 위해 다양한 방법으로 영상물이 제작되어 활용되고 있다.

• 장애인에 대한 바른 인식을 심어 주어야 한다.
• 실제적이고 현실적인 자료가 효과적이다.
• 유형이나 분량이 적절해야 한다.
• 영상물과 관련하여 사용할 수 있는 학습 자료가 포함되어 있으면 좋다.

08 연간 장애이해 교육

1. 장애이해 교육의 필요성을 알고 장애이해 교육의 현 실태를 파악한다.
2. 장애이해 교육의 문제점을 알고 장애이해 교육의 방법과 방향성을 알아본다.
3. 장애인에 대한 인식과 태도 개선 전략의 실제를 알아본다.

　　특수교육의 궁극적인 목표는 '자립생활' 이다. 장애학생들이 학교에서 사회생활을 위한 기능적 기술과 지식들을 배우고 활용할 수 있다면 자립생활이 가능할까? 물론 아니다. 장애학생들의 자립생활을 위해 가장 우선시되어야 할 것은 '장애 인식 개선' 이라 할 수 있다. 더 이상 장애가 개인의 책임과 소유가 아니라 사회와 그 구성원의 책임임을 인식하여, 장애로 인해 가지는 불편함을 공유하고 불편함을 해소하기 위한 방법을 찾고 함께하기 위한 방안을 마련해 가야 한다. 그 방안을 찾기 위한 방법으로 장애이해 교육이 있는 것이며, 이는 통합학급 안에서 자연스럽게 이루어져야 한다. 장애학생들이 학령기 후에 사회에 나왔을 때 장애라는 한계로 인해 주위의 도움을 필요로 하겠지만 그런 도움을 받으면서도 지역사회의 한 구성원으로서 함께 살아가기 위해서는 장기적이고 계획적인 장애 인식 개선이 우선되어야 할 것이다.

1) 장애이해 교육의 현실과 한계점

특수교육이 시작되고 통합교육이 현실화되면서 장애 인식 개선을 위한 장애이해 교육은 계속해서 연구되고 발전되어 왔다. 하지만 이러한 노력에도 불구하고 장애이해 교육이 극복해야 할 한계점도 나타나고 있다.

- 장애이해 교육의 주요 내용이 장애인의 특성, 장애 극복 사례, 장애인에 대한 예절, 지원 절차 등 매우 협소한 범위에서 이루어지는 것으로 나타났다.
- 일회성 교육을 실시한다. 장애인의 날을 기점으로 연간 1~2회의 장애이해 교육을 실시하고 있으며, 이는 태도, 신념, 인식 등의 정의적 영역의 변화를 이끌어 내기에 너무 짧은 시간이다.
- 장애이해 교육이 일방적인 강의식 수업과 장애 체험으로 실시되고 있다. 아이들과의 상호작용 없이 이루어지는 교육으로서 큰 효과를 기대하기 어렵다.
- 장애이해 교육에서 주로 다루는 장애가 감각장애와 지체장애로 한정되어 있다. 학교 현장에는 발달장애나 지적장애가 과반수를 차지함에도 이러한 아이들을 위한 자료가 부족한 실정이다.

장애 인식 개선과 관련된 연구들을 종합해 보면, 결론적으로 장애이해 교육은 어릴 적부터 지속적이고 정규적으로, 구조화된 경험을 통해서 제공될 때 가장 효과적으로 할 수 있다고 한다.

2) 장애이해 교육의 방법과 방향성

(1) 장애이해 교육 방법

장애이해 교육을 할 때는 다음과 같은 방법적인 요소들을 고려한다.

- 교과서나 정규 교과 수업에 장애이해 관련 내용과 활동을 혼합 혹은 삽입한다.
- 교사에 의한 설명식 강의보다는 토론, 프로젝트 수행, 딜레마 상황, 게임 등의 다양하고 새로운 교수 방법을 적용한다.
- 일회적인 것보다는 정규적으로 그리고 지속적으로 실시한다.
- 장애가 있는 급우나 장애인의 장점, 긍정적인 면을 소개하고 인식시킨다.
- 장애 체험을 실시할 때는 장애로 인한 불편함을 체험하는 것을 목표로 두지 않고 편의시설 확충 및 사회적 지원 확대의 필요성을 느끼도록 구성한다.
- 장애인 혹은 장애가 있는 급우와 직접 접촉하거나 활동을 같이 하는 기회를 마련한다.
- 장애인 인권뿐 아니라 보편적 인권을 보호할 수 있는 방안에 대한 문제 해결 학습을 한다.

(2) 장애이해 교육의 방향성

장애이해 교육이 갖는 한계점과 장애이해 교육의 올바른 방법 그리고 특수교육의 패러다임을 통해 사회적 통합을 하기 위한 장애이해 교육의 방향성은 다음과 같이 정리할 수 있다.

- 장기적이고 지속적인 교육 활동이 필요하다.
- 지속적이고 다양한 측면에서 장애를 이해하는 내용이 강화되어야 한다.
- 개인의 다양성 측면에서 장애를 이해하는 내용이 강화되어야 한다.

3) 장애인에 대한 인식과 태도 개선 전략의 실제

장애인이 학교와 지역사회에 통합되기 위해서는 무엇보다도 함께 생활하는 사람들의 인식과 태도가 긍정적이어야 할 것이다. 그러나 우리나라의 경우 장애인에 대한 인식과 태도가 부정적이고 이로 인해 장애인의 통합에 많은 어려움이 있기 때문에 장애인에 대한 인식과 태도를 보다 긍정적으로 변화시키려는 노력이 필요하다.

　일반 학생들의 태도 개선에 관한 선행 연구들은 지식과 정보를 제공하거나 학습시킴으로써 장애인에 대한 이해와 태도를 향상하는 이해 중심의 태도 개선 전략과 직접 장애인을 만나서 장애학생들과 상호작용하거나 모의장애 체험을 통하여 장애인을 이해하고 태도를 개선시키는 활동 중심의 태도 개선 전략으로 나누어지는데, 이에 대한 내용을 구체적으로 살펴보면 다음과 같다.

(1) 장애 체험활동

　장애 체험활동의 목표가 장애인의 불편함을 체험하는 것이라면 활동 후 경험자들은 장애가 불편하고 불쌍한 것이라고 인식하게 될 것이다. 불편함을 체험하는 것에 그치지 않고 편의시설 및 보조공학 기기를 통하여 장애로 인한 불편이 경감됨을 경험하게 하거나, 장애를 지닌 사람들이 사용하는 그들의 문화(점자 등)를 경험하게 하는 것이 좋다. 또는 일상에서 장애인을 지원하는 방법을 배우는 것이 장애 인식 개선에 더 좋은 방법이라 할 수 있다. 예를 들면, 다음과 같은 방법들이 있다.

- 점자 스티커를 만들어서 교실의 모든 사물에 붙인다.
- 안내견을 다루는 방법을 배워 본다.
- 휠체어 운전면허를 따는 방법을 알아본다.

(2) 이해 중심 활동

① 장애인들의 능력 소개

　유명한 사람들이나 크게 성공한 사람들 중에는 여러 가지 장애를 가진 사람들이 있다. 이러한 사람들의 능력이나 그들이 어떻게 장애를 극복했는지 소개하는 것은 일반 학생들이 장애인들에 대해 긍정적인 시각으로 보게 하는 데 도움을 줄 수 있다(Jairrels, Brazil, & Patton, 1999).

　예를 들면 세종대왕, 김대중 대통령, 루스벨트 대통령, 베토벤, 헬렌 켈러, 스티비 원더 등의 생애에 대한 책을 읽고 독후감을 쓰게 하는 것도 장애인들의 능력을 일반 학생들에게 소개하는 좋은 방법이다(Bryde, 1998; Prater, 1998; Safran, 2000). 소개뿐만 아니라 인터넷 검색 등을 통해 스스로 알아보도록 하는 것도 능동적인 장애이해 교육으로서 좋은 방법이다.

단, 이러한 인물들이 장애를 극복했다는 이미지를 일방적으로 전달해서는 안 된다. 장애 극복의 이미지를 전달할 경우 서로 다른 조건의 모든 장애인에게 장애 극복을 요구하게 되는 잘못된 인식이 생겨날 수 있으므로, 모두 같은 인간으로서 자신의 능력을 펼쳤다는 것을 전달해야 한다.

② 장애인의 삶을 다룬 영화와 책

장애인의 삶을 다룬 영화나 비디오도 일반 학생들의 장애학생들에 대한 수용 태도를 개선하는 데 효과적인 방법이다(Kelly, 1997; Safran, 2000). 장애를 다룬 영화와 책은 장애인에 대한 긍정적인 태도를 촉진시킬 수 있으며, 학생들에게 개인차와 장애에 대한 이해를 돕는 데 도움을 줄 수 있다(Bryde, 1998; Prater, 1998; Safran, 2000). 또한 이러한 영화와 책은 장애학생에게도 자신이 가지고 있는 장애와 다른 사람들과의 관계에 대한 분명한 이해에 도움을 줄 수 있다(Robinson, 1999).

영화와 책을 이용하여 장애인에 대한 일반 학생의 태도를 개선시키기 위한 방법으로 영화 감상과 독서 후 토의를 한다거나 이야기 줄거리, 장애에 대한 정보, 주인공과 학급에 있는 장애학생들 간의 유사점 등과 관련된 활동을 함으로써 더

〈장애 관련 비디오 자료〉

번호	제 목	등 급	줄거리
1	카드로 만든 집	전체	자폐아 진단을 받은 딸의 특별한 의사소통 방법을 찾게 되는 엄마의 사랑과 노력을 그린 영화
2	작은 신의 아이들	성인	청각장애학교에 부임한 젊은 교사와 청각장애 여성의 사랑 이야기
3	레인 맨	전체	자폐증이 있는 형을 동생이 점차 이해하고 받아들이게 되는 과정
4	아이엠 샘	전체	지능이 낮다는 이유로 사랑하는 딸의 양육을 포기해야 하는 상황에 직면한 아빠 샘의 눈물겨운 이야기
5	포레스트 검프	전체	순수하게 살아가는 정신지체인의 이야기

〈장애 관련 도서 자료〉

제 목	내 용	지은이
내 짝꿍 최영대	지저분하고 말도 잘 못하는 전학 온 영대가 따돌림을 받다가 아이들 속에 스며들어 지내게 되는 이야기	채인선
네 손가락의 즉흥 환상곡	네 손가락의 피아니스트 희아에 대한 이야기	고정욱
가끔씩 비 오는 날	소외된 계층에 대한 따듯한 시각을 갖게 하는 이야기	이가을
왔다갔다 우산 아저씨	현직 특수교사가 쓴 아홉 편의 장애 관련 짧은 동화	공진하
나와 조금 다를 뿐이야	정서장애 아이와 일반 아동의 갈등과 화해의 이야기	이금이

출처: 손오공의 특수교육 홈페이지(http://speedu.cafe24.com)

좋은 효과를 얻을 수 있다(Favazza & Odom, 1997). 또한 독후감을 통한 교내 백일
장 대회를 개최하여 학생들이 능동적으로 참여할 수 있도록 유도하는 것도 하나
의 방법이다.

③ 장애에 대한 정보 제공

정확한 정보는 잘못된 개념과 이해를 수정해 주고 편견을 없애 주는 역할을 한
다. 일반 학생들은 통합된 장애학생이 지니고 있는 능력과 문제에 대해서 더 많
이 알수록 더 잘 수용하는 것으로 나타났다. 장애와 관련된 정보에 대한 범주
적 · 비범주적 교육과정 모두 장애학생들에 대한 긍정적인 태도를 촉진하는 역
할을 할 수 있다고 주장한다(Fiedler & Simpson, 1987).

장애학생에 대한 정보는 앞서 언급한 영화와 책, 텔레비전 등의 매체를 통하여
제공할 수 있고, 전문강사나 특수학급 교사, 일반 교사 또는 장애인 당사자가 직
접 장애에 대한 정보를 수업을 통해 전달할 수 있다. 중요한 것은 장애인에 대해
더 많이 알면 알수록 점점 더 친숙해지고 더 잘 수용한다는 것이다.

(3) 기타 장애이해 교육 방법과 자료

① 소식지, 가정통신문 활용

일반 학급에서 일 년 동안 한 달에 한 번 정도 소식지(또는 학급신문) 형식으로

학생들에게 정보를 제공하는 방법이 있다. 이를 환경 게시판에 활용한다면 일반 학생들이 일 년 동안 다양한 정보를 자연스럽게 알게 될 것이다.

또한 주기적인 가정통신문을 통하여 가정에서 부모와 학생이 함께 장애를 이해할 수 있는 기회를 제공하는 것도 장애이해 교육의 좋은 방법이다.

② 동아리 활동

일반 학생들의 자발적인 동아리 활동을 통해 장애에 대한 인식을 개선할 수 있다. 이는 학생들의 자발적인 참여라는 점에서 매우 좋은 방법이라 할 수 있다.

〈경기 S고등학교 Happy-Friend 봉사동아리〉

월	활동 내용
4	장애 체험활동-반편견 교육 참여
	장애인의 날을 맞이하여 친구 초청하기
	학교생활 지지해 주기-수행평가 등 자료 함께 나눔
	매월 활동 소감문 작성
5	문화 체험활동-함께 영화관 가기
	또래 청소년 문화 함께 즐기기(문자 나눔, 메일 나눔)
	학교생활 지지해 주기-학교도서관 함께 이용하기
	매월 활동 소감문 작성
	중략
12	동아리 활동 마무리-한 해 동안 활동의 좋았던 점과 아쉬웠던 점
	동아리 활동 마무리-멘토 친구에게 편지 쓰기
	다음 학년도 동아리 회장 선출

③ 장애 이해와 관련된 퀴즈쇼

통합교육의 확대로 많은 장애학생이 학교에 통합되어 교육을 받고 있지만, 일반 학생의 장애 이해는 부족한 실정이다. 장애학생의 바람직한 통합을 위해서는 일반 학생의 올바른 장애 이해가 필요한데, 학교에서 이루어지고 있는 장애이해

교육은 대부분 교사 입장에서 이루어지고 있어 자발적인 학생들의 참여를 유도하기에 어려움이 있다. 장애 이해와 관련된 퀴즈쇼는 일반 학생 스스로 장애에 대해 관심을 가지고, 행사에 참여하여 장애에 대한 올바른 정보를 습득하고, 장애에 대해 바른 태도를 형성하게 한다. 학교 내에서 자체적으로 장기적인 계획으로 실시하거나, 교육청 또는 지역에서 실시하는 장애 이해 관련 퀴즈쇼에 참여할 수 있도록 지원해 주도록 한다.

(4) 장애이해 교육 자료 공간

장애이해 교육에 관한 자료는 인터넷 검색을 통하여 쉽게 찾아볼 수 있다. 그 중에서 특히 다음에 제시된 기관은 장애이해 교육에 대하여 많은 자료를 보유하고 있으므로 이곳의 자료들을 잘 활용하면 일 년간의 장애이해 교육이 충분히 가능할 것이다.

장애이해 교육이 실시되었다고 해서 장애인에 대한 태도와 생각이 하루아침에 변화될 수는 없다. 장애학생의 자립생활과 사회통합을 위해 필요한 인식 개선을 위해서는 장기적이고 지속적인 장애이해 교육이 이루어져야 한다. 통합학급에서의 단순한 물리적 통합이 아니라, 학생들 간의 활발한 상호작용과 활동을 이끌어 낼 수 있는 구조화되고 체계적인 계획으로 장애이해 교육을 실시해야 한다. 앞서 언급된 여러 가지 활동을 잘 활용하여 정보 제공, 체험활동, 동아리 활동 등으로 일 년간의 장애이해 교육을 실시한다면, 이러한 시간이 모여 장애에 대한 잘못된 인식의 틀을 충분히 깰 수 있다고 생각한다.

한국통합교육연구회
(http://www.inclusion.co.kr)

손오공의 특수교육
(http://speedu.cafe24.com)

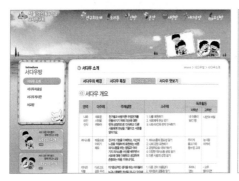

서울경인특수교사연구회
(http://www.tesis.or.kr)

국립특수교육원
(http://www.knise.kr)

요약

1. 장애이해 교육 방법

장애이해 교육을 할 때는 다음과 같은 방법적인 요소들을 고려한다.

- 교과서나 정규 교과 수업에 장애이해 관련 내용과 활동을 혼합 혹은 삽입한다.
- 일회적인 것보다는 정규적으로 그리고 지속적으로 실시한다.
- 장애가 있는 급우나 장애인의 장점, 긍정적인 면을 소개하고 인식시킨다.
- 장애인 혹은 장애가 있는 급우와 직접 접촉하거나 활동을 같이 하는 기회를 마련한다.
- 장애인 인권뿐 아니라 보편적 인권을 보호할 수 있는 방안에 대한 문제 해결 학습을 한다.

2. 장애이해 교육의 방향성

- 장기적이고 지속적인 교육 활동이 필요하다.
- 지속적이고 다양한 측면에서 장애를 이해하는 내용이 강화되어야 한다.
- 개인의 다양성 측면에서 장애를 이해하는 내용이 강화되어야 한다.

3. 장애이해 교육의 실제 방법

- 장애 체험활동
- 장애인의 삶을 다룬 영화와 책
- 소식지, 가정통신문 활용
- 장애이해와 관련된 퀴즈쇼
- 장애인들의 능력 소개
- 장애에 대한 정보 제공
- 동아리 활동

09 | 일반 학생 학부모 상담

1. 부모상담의 이론적 배경을 알 수 있다.
2. 통합을 위한 일반 학생 학부모 상담의 필요성을 인식할 수 있다.
3. 통합을 위한 일반 학생 학부모 상담의 실제를 통하여 학교 현장 상황에 맞게 적용할 수 있다.

1) 부모상담의 이론적 배경

(1) 부모상담의 의미

상담은 인간관계 속에서 나타나는 여러 가지 상황에서 상담자와 내담자 간의 의사소통을 통해 문제를 해결하는 의미로 널리 이해되고 있다. 상담과정을 통해 사람들의 심리상의 갈등과 문제를 예방 및 치료하며, 인격의 성장을 조력하고 자아실현을 돕게 된다.

부모상담도 이 같은 면에서 일반적인 상담과 같은 맥락으로 정의될 수 있는데, 부모상담에서 상담자는 학생이 직면하고 있는 다양한 문제를 해결하기 위하여 부모와의 신뢰관계 속에서 상담을 진행하게 된다. 이때 상담자는 부모가 자신의 감정을 솔직하게 드러내고 표현하며 있는 그대로 수용하고 이해하도록 도와야 한다.

(2) 부모상담의 단계(Heward, 1996)

① 라포 형성하기

상담의 첫 번째 단계는 라포 형성 단계로 부모와 좋은 관계를 유지하기 위해서 교사로서의 신뢰감을 주는 것이 중요하다. 상담 시 학생에 대한 긍정적인 이야기로 시작하며, 시간 안에 필요한 대화를 편안하게 할 수 있도록 상담 소요 시간을 미리 알려 주는 것이 좋다.

② 부모에게 유용한 정보 수집하기

부모에게 질문을 함으로써 학생에 대한 유용한 정보를 수집하는 단계다. 부모에게 질문할 때는 단답형으로 답할 수 있는 질문보다 개방형 질문을 하는 것이 유용한 정보 수집에 도움이 된다.

③ 부모에게 유용한 정보 제공하기

교사는 학생에 대한 정확한 정보를 부모에게 주어야 한다. 무엇을 지도하고 있는지, 학생의 현재 수행 능력은 어떠한지에 대한 정보를 자료와 함께 제시하는 것이 좋으며, 어려운 전문용어의 사용을 자제하고 이해하기 쉽게 풀어서 설명한다.

④ 정리 및 차후 상담 날짜 정하기

상담의 마무리로 지금까지 나눈 이야기를 정리하고 동의한 내용을 재확인할 필요가 있다. 더 나눌 내용이 있는지 질문하고 다음 상담 일정을 부모와 상의하여 결정한다.

(3) 부모상담의 기본 원리(강혜경, 2004)

- 내담자의 문제 해결을 최우선으로 한다.
- 비밀을 보장한다. 자살, 타살, 자해, 가출 등의 경우는 예외 규정을 적용하는 것이 좋다.
- 관계를 규정한다. 상담자와 내담자의 관계 이외의 관계를 맺지 않는다.
- 의뢰할 수 있어야 한다. 상담자가 자신의 능력과 상황으로 적절한 도움을 주기 어렵다고 판단되는 경우 내담자에게 도움이 될 수 있는 타 상담자에게 의뢰할 수 있어야 한다.
- 격려와 지지가 필요하다. 부모가 노력하지 않으면 학생의 교육이 이루어지

기 어려우므로 부모에게 끊임없는 격려와 지지를 보이는 것이 중요하다.

2) 일반 학생 학부모 상담의 목적과 필요성

(1) 목 적

장애학생의 사회적 통합을 위해서는 장애학생을 대상으로 하는 인지적 · 정서적 · 사회적 영역에서의 다양한 교육적 지원과 더불어 주변인들의 장애 인식 개선이 필요하다. 장애학생이 통합되어 있는 학교 환경에서 일반 학생 학부모를 대상으로 하는 장애 인식 개선교육 및 다양한 방법의 상담을 통하여 자녀들이 장애를 가진 친구를 수용하고 다양한 사회 구성원에 대한 이해를 높이는 것이 정서 및 인성적인 면에서 긍정적인 영향이 많음을 인식시킴으로써 통합 분위기를 조성하고자 하는 데 목적을 둔다.

(2) 필요성

학교 구성원 가운데 속해 있는 물리적인 통합뿐 아니라 진정한 의미의 통합을 위해서는 학교 관리자 및 교직원, 학생, 학부모의 이해 및 지지가 필요하고, 그들을 대상으로 하는 장애 인식 개선교육을 바탕으로 다양한 방법의 상담 전략이 필요하다.

3) 일반 학생 학부모 상담의 실제

통합교육 장면에서 장애학생이 피해자가 되기도 하고 가해자가 되기도 하여 일반 학생 학부모와 상담을 해야 하는 사례가 발생할 수 있다. 일반 학생이 피해자인 경우와 가해자인 경우에 학부모 상담 전략은 달라질 수 있으므로 여러 가지 상황에 대처할 수 있는 학부모 상담 전략을 살펴보기로 한다(경기도교육청, 2012).

(1) 피해학생 학부모 상담 방법

학부모의 감정이 격양됨을 이해한다.	"많이 놀라셨죠?"
학부모의 감정을 수용하고 이야기를 경청한다.	"많이 속상하셨죠? 저도 몹시 가슴이 아픕니다."
학생의 현재 상태에 대해 질문한다.	"○○는 현재 어떤 상태인가요?"
학부모에게 정서적 지지를 보낸다.	"힘내세요. 저도 함께 노력하겠습니다."
학생의 피해 사실에 대해 객관적으로 인지한다.	"학생의 피해 상황을 언제, 어떻게 알게 되셨습니까?" "학생은 누구에게, 얼마 동안 어떤 일이 있었다고 이야기하였나요?" "혹시 주변에 이 사실을 객관적으로 본 친구가 있나요?"
학생의 피해 사실을 구체적으로 메모한다.	학생의 피해 사실을 육하원칙에 따라 구체적으로 메모한다.
학생의 피해에 대해 진심 어린 사과와 유감을 표한다.	"이런 일이 생겨 죄송하게 생각합니다. 저도 걱정이 되고 속상한 마음이 듭니다."
피해학생과 부모가 원하는 것을 묻는다.	"지금 가장 원하시는 게 어떤 것인가요?"
추후 처리 과정과 예상되는 결과에 대해 설명한다.	"앞으로 이 일이 자치위원회에 회부되면 이러이러한 방식으로 절차가 진행됩니다."
진실과 사실에 근거하여 문제를 해결할 것을 약속한다.	"실제로 어떤 일이 일어났는지와 그 과정에서 ○○가 어떤 어려움이 있었는지를 객관적으로 조사하여 그에 맞는 조치를 취하게 될 것입니다."
학생의 보호와 안전, 적응을 위해 노력할 것을 약속한다.	"현재 가장 중요한 것은 ○○가 안전하게 학교생활을 하는 것이며, 심리적인 충격 없이 학교에 잘 적응하는 것이라고 생각합니다. 학교에서도 노력하겠습니다."

(2) 가해학생 학부모 상담 방법

학부모의 감정을 수용하고 이해한다.	"많이 놀라셨죠?"

⬇

상대 학생의 피해 정도를 정확하게 알려 준다.	"현재 ○○는 신체적인 피해로는 _____ 하고 심리적으로는 _____ 상태로 알고 있습니다."

⬇

궁극적인 학생지도 방안에 대해 말한다.	"이 문제를 해결하는 데 가장 중요한 것은 앞으로 우리 학생들이 안전하게 학교생활을 하며 두 학생 모두 심리적인 충격 없이 학교에 잘 적응하는 것이라고 생각합니다. 그러기 위해 한 발짝 뒤로 물러서서 무엇이 문제 해결과 궁극적인 자녀지도에 도움이 될지 어른의 입장에서 함께 생각해 보는 것이 좋겠습니다." ※ 가해학생 부모의 경우에 자신의 자녀가 피해 보지 않을까 하는 걱정이 많으므로, 담임교사가 객관적인 입장에서 가해학생 역시 걱정하고 있음을 알려 주어야 한다.

⬇

추후 처리 과정에 대해 설명한다.	"앞으로 이 일이 자치위원회에 회부되면 이러이러한 방식으로 절차가 진행됩니다."

⬇

진심 어린 사과의 중요성을 인지시킨다.	"가해 측에서 피해학생의 신체적·심리적 후유증에 대해 이해하고 진심으로 사과한다면 피해학생이 안정을 찾는 데 큰 도움이 됩니다."

⬇

진실과 사실에 근거하여 문제를 해결할 것임을 알린다.	"실제로 어떤 일이 일어났는지와 그 과정에서 △△가 어떤 행동을 했는지를 객관적으로 조사하여 그에 맞는 조치를 취하게 될 것입니다."

〈흥분한 학부모를 만날 때의 대처〉

1. 교사는 흥분한 학부모의 태도에 동요하지 말고 침착해야 한다.
2. 학교에서 피해·가해 학생들에 대한 보호 및 지도 조치를 통하여 책임지고 돕겠다는 것을 분명히 알린다.

3. 감정이 격앙되어 오히려 문제 해결을 악화시킬 수 있으므로, 학부모가 흥분한 상태에서는 피해 · 가해 측 학부모들을 같은 자리에서 만나지 않게 한다.

4. 피해 · 가해 학생 학부모의 심정을 충분히 공감하고 이해하며 경청한다.

〈학부모를 화나게 하는 교사의 표현〉

1. 책임을 회피하려는 태도

"앞으로 어떻게 될지 잘 모르겠습니다."

"이번 일은 조용히 넘어가길 바랍니다."

"제 일이 아니어서……."

"학교 책임은 없으니 법대로 하시지요."

"학교에서는 할 만큼 다 했으니 알아서 하십시오."

• 학교에서 교사가 양쪽 부모의 원만한 화해와 중재를 이끌어 내며 가능한 한 법적 단계를 거치지 않도록 하는 것이 피해 · 가해 학생 모두에게 도움이 된다. 가해학생은 처벌을 받으면 재범이 이루어질 수 있고, 피해학생은 제2의 피해도 예상되기 때문이다.

2. 학생과 가정의 책임으로 돌리는 태도

"학생에게도 책임이 있습니다."

"처음에 왜 이런 일이 일어났는지 아십니까? 학생이 사회성이 너무 없기 때문입니다."

"가정에서 잘했으면 이런 일이 생겼겠어요? 가정에서 도대체 뭘 가르쳤어요?"

"또 싸웠습니다. 맨날 사고만 치니, 앞으로 뭐가 될는지……."

• 이런 말 한마디로 인해 '때리는 시어머니보다 말리는 시누이가 더 밉다.'는 상황이 될 수 있다. 피해학생의 부모는 피해 사실에 대해서도 속이 타는데 학교마저 이런 말을 한다면 당연히 사건을 축소하고 은폐하려고 학교와 가해학생이 사전에 모의했다고도 생각하게 된다.

3. 사건을 축소하려는 태도

"뭐 이런 일로 학교까지 오십니까?

"이번만 참으시고 앞으로 한 번 더 일어나면 그때 처리하겠습니다."

"학생은 다 싸우면서 크는 겁니다."

"이건 학생들 일이니 학생들끼리 해결하도록 해야 합니다."

- 학생의 피해를 엄살이나 부풀리기로 이해하는 교사의 태도는 학부모에게 자신의 자녀를 보호해 주지 못한다는 의식을 심어 준다. 이후 피해학생이 폭력의 후유증이 심각해질 때 이런 억울함과 분노는 학교와 교사에게로 향하게 된다. 이런 마음이 커지면 학교나 교사를 압박하고 보복하려는 마음에 모든 극단적인 행동을 취하는 경우도 있다.

요약

1. 부모상담의 이론적 배경

① 부모상담의 의미: 부모상담이란 학생이 직면하고 있는 다양한 문제의 해결을 위하여 부모와의 신뢰관계 속에서 상담을 진행하는 것을 의미한다.

② 부모상담의 단계(Heward, 1996)
- 라포 형성하기
- 부모에게 유용한 정보 수집하기
- 부모에게 유용한 정보 제공하기
- 정리 및 차후 상담 날짜 정하기

③ 부모상담의 기본 원리(강혜경, 2004)
- 내담자의 문제 해결을 최우선으로 한다.
- 비밀을 보장한다.
- 관계를 규정한다.
- 의뢰할 수 있어야 한다.
- 격려와 지지가 필요하다.

2. 일반 학생 학부모 상담

① 목적과 필요성: 장애학생의 사회적 통합을 위해서는 일반 학생 학부모를 대상으로 하는 장애 인식 개선교육 및 다양한 방법의 상담을 실시하여 장애를 수용하고 통합의 긍정적인 면을 인식함으로써 통합교육 분위기 조성에 도움이 되도록 해야 한다.

② 일반 학생 학부모 상담의 실제
- 피해학생 학부모 상담 방법
- 가해학생 학부모 상담 방법

10 │ 장애학생 학부모 상담

1. 장애학생 학부모 상담의 이론적 배경을 알 수 있다.
2. 장애학생 학부모의 심리 · 정서적 특징 및 상담 전략을 이해할 수 있다.
3. 장애학생 학부모 상담의 실제를 통하여 학교 현장 상황에 맞게 적용할 수 있다.

1) 장애학생 학부모 상담의 이론적 배경

(1) 장애학생 학부모 상담의 필요성과 목적

장애의 유형과 상관없이 장애를 지닌 자녀를 양육하는 것은 쉬운 일이 아니다. 장애학생의 부모는 자녀의 장애를 수용하고 적응해 나가는 과정 및 정서적인 안정감을 유지하며 자녀를 양육하는 과정에서 어려움을 겪고 있다. 장애학생 학부모의 심리적인 상태의 이해 및 자녀 양육의 과정 중에 필요한 정서적 지원은 장애학생의 통합 및 사회적응에도 많은 영향을 미치고 있으며, 반드시 필요한 과정이라고 할 수 있다.

(2) 장애학생 학부모의 심리 · 정서적 변화 및 수용 단계

장애 자녀를 출산한 부모의 반응 및 적응에 대해서 연구자마다 조금씩 다르게 제시하기는 하나 전반적으로 충격에서 수용까지 다음의 과정을 거친다고 볼 수 있다(서명옥, 2008; 임윤채, 2011).

① 충격, 불신, 거부 단계

이 단계는 장애 자녀를 둔 부모가 경험하는 최초의 감정으로 충격, 불신, 무력감, 수치, 당황, 죄의식을 느끼고, 자녀를 거부하는 단계라고 할 수 있다.

② 분노 단계

자녀의 장애에 대해 더 이상 거부할 수 없게 됨에 따라 분노를 느끼게 되는데, 이러한 분노가 내재화되어 자기 증오감을 경험하게 된다. 또한 이러한 분노 감정은 신, 의사, 간호사, 치료사, 교사 등 다른 대상에게 투사되기도 한다.

③ 협상 단계

자신의 모든 에너지를 자녀에게 쏟으며 자신을 희생하고자 한다.

④ 실망 단계

장애에 대해 인식하고 알게 되면서 점차 실망에 빠져 장애 자녀에 대한 사랑과 증오로 갈등하며 이러한 감정을 노출하게 된다. 이러한 실망은 일반 부모들이 자녀들로 인해 즐거운 순간을 느낄 때마다 반복된다.

⑤ 수용 단계

이 단계에서 부모는 자신의 감정을 극복할 수 있고 자녀의 능력과 제한을 이해하게 된다. 하지만 장애학생의 부모는 자신 및 자녀가 장애에 대해 완전히 수용하는가에 대해 많은 의문을 제기하기도 한다.

(3) 장애학생 학부모의 상담 욕구

장애학생 학부모는 자신의 심리적 건강을 위한 프로그램의 필요성에 높은 공감을 나타내고, 각종 상담 프로그램 참여를 희망하는 학부모가 60~70%에 달하고 있는 것으로 나타났다. 이처럼 장애 자녀를 둔 부모들은 상담에 대한 욕구를 보여 주고 있는데, 상담하고자 하는 다양한 문제를 정리해 보면 다음과 같다(송종원, 2004).

- 장애 자녀의 진로나 미래와 관련된 문제
- 장애 자녀의 형제, 자매, 가족, 이웃, 친지와의 관계와 관련된 문제
- 장애 자녀로 인한 경제적 문제
- 부모 자신의 가치관이나 대인관계에서 어려움을 일으키는 성격 등에 관한 문제

〈교육 현장에서의 장애학생 학부모 상담〉

교육 현장에서 이루어지고 있는 장애학생 학부모 상담의 실태를 조사한 결과, 부모들의 심리적 욕구보다는 장애학생의 문제 행동 및 학습 과정, 학생의 발달 등 자녀를 위한 교육, 치료에 대한 상담이 주를 이루고 있다.

---

(4) 장애학생 학부모 상담 전략

가) 장애학생 학부모 이해

① 장애 자녀를 둔 학부모는 심리적으로 불편한 상태에 있다.
② 대인관계에서 방어적 태도를 갖게 되며, 방어적 태도는 교사와의 관계에서 부정적으로 작용할 수 있다.

※ 방어적 태도를 가진 사람이 공격받았다고 생각할 때 보이는 반응
- 맞받아서 상대방을 공격함
- 마음의 문을 닫고 그 관계로부터 회피함

③ 장애로 인한 상실감이 생김

※ 상실에 대한 반응
- 부인 자녀의 장애를 받아들이고 싶지 않고 부인하려는 단계
- 분노 더 이상 부인할 수 없이 받아들여야 할 때 심한 분노를 느끼는 단계
- 슬픔 자녀의 장애 및 자신의 상황에 대해 슬픔을 느끼는 단계

● **수용과 극복** 장애를 사실로 받아들이고 적응하며 상실을 극복하는 단계

④ 교사의 신뢰도를 탐색하고 의문을 가지는 성향이 강하다.
- 장애학생 학부모는 일반 학생 학부모에 비해 불안감이 크기 때문에 교사를 탐색하려는 경향이 강하다.
- 교사의 신뢰도에 의문을 갖는 부모의 마음까지 공감하고 이해하는 여유 있는 자세를 보이는 것이 중요하다.

나) 장애학생 학부모를 대하는 교사의 태도
① 부모의 불안을 이해하고 긍정적인 만남을 통한 라포 형성하기
② 무조건적 수용, 공감적 이해, 일치된 태도로 대하기
③ 장애에 대한 부모의 수용 단계가 어느 단계인지 파악하여 수용과 극복의 단계로 순조롭게 이행하도록 배려하기
④ 장애학생을 도울 수 있는 자질과 강점이 있음을 구체적으로 인식할 수 있도록 신뢰감 유지하기

2) 장애학생 학부모 상담 사례

사례 1) 장애학생의 문제 행동 수정을 위한 교사의 전략에 학부모가 동의하지 않는 사례

5학년에 재학 중인 자폐성장애 1급 ○○는 나무 막대에 집착하여 손에서 막대를 놓지 않으려고 한다. 그러다 보니 수업 시간에 집중할 수 없고, 막대로 인해 친구가 다치거나 둔탁한 소리의 소음으로 인해 수업 중에 방해가 많이 된다.
교사는 수업 중에는 막대를 보관함에 두게 하려고 문제 행동을 수정하기 시작했는데, ○○의 어머니는 교사의 행동이 너무 강제적이고 학생의 특징을 이해하지 못하는 행동이라고 항의하며 문제 행동 수정에 동의하지 않고 있다.

- 문제 제기　학급에서 일어나는 문제 행동 수정에 대해 학부모의 동의가 필요한가?

- 사례 해석　장애학생의 문제 행동 수정은 학교와 가정이 연계하여 일관성 있게 진행할 필요가 있다. 학생의 다양한 문제 행동 중에서 수정하고자 하는 목표 행동 설정 및 방법과 과정에 대해 학부모와 사전에 의논하고 의견을 합의한 뒤에 진행하면 학부모의 지지와 도움을 받아 문제 행동 수정이 효과적으로 이루어질 수 있다.

- 대처 방안

  - 학부모가 교사를 신뢰하고 마음의 문을 열 수 있도록 라포를 형성한다. 학부모의 장애 수용 단계 및 개별 특성을 파악하고 공감하며 수용하는 것이 중요하다.

  - 문제 행동 수정을 위한 상담을 실시한다. 첫째, 통합하는 데 방해가 되는 문제 행동 목록을 작성하고 학부모와 상담한다.(장애학생의 긍정적인 부분도 반드시 이야기한다.) 둘째, 가장 시급한 문제 행동이 무엇인지 상담과정을 통해 합의한다. 셋째, 상담을 통해 문제 행동 수정을 위한 전략을 작성하고, 부모와 협력하여 실시한다.

사례 2) 통합학급의 체험활동 및 학교 행사에 장애학생을 참여시키지 않으려는 사례

장○○은 정신지체 1급인 초등학교 5학년 남학생이다. 지적 능력 및 의사소통 능력은 떨어지나 신체적 기능에는 문제가 없고 온순하고 밝고 긍정적인 성격으로 학급 친구들이 좋아하며 장○○도 통합학급에서 친구들과의 활동을 굉장히 즐거워한다. 그런데 장○○의 학부모는 통합학급 및 학교 행사 시 장○○가 힘들어할 뿐 아니라 돌출 행동을 보여서 방해가 될 수 있다는 이유로 통합학급 현장체험 학습 및 학교 행사(체육대회, 학예회 등)에 참여시키지 않고 있다.

- 문제 제기　장애학생이 통합학급 현장체험 학습 및 학교 행사에 참여하는 것이 장애학생 및 일반 학생에게 부정적인 영향을 미치는가?

● **사례 해석** 통합교육의 궁극적 목표가 장애학생이 자립할 수 있는 능력을 배양하여 사회적 통합을 이루는 것이라고 볼 때, 통합학급에서의 또래와의 관계 및 다양한 체험활동은 장애학생의 사회적응 능력 향상 및 의사소통 능력의 증진에 큰 도움이 된다. 그러므로 장애 정도가 심한 경우라고 하더라도 개인의 능력을 고려하고 보조인력을 활용하여 통합의 기회를 제공하는 것이 마땅하다. 그럼에도 불구하고 이 사례에서와 같이 통합의 기회를 제한하는 학부모의 경우 장애 수용 정도가 낮은 단계로 파악하고, 학부모를 대상으로 하는 상담 전략을 수립할 필요가 있다.

● **대처 방안**

– 학부모가 교사를 신뢰할 수 있도록 라포를 형성한다. 학부모의 장애 수용 단계가 낮은 단계라면, 무조건 공감하고 수용하는 과정을 통하여 학부모가 교사를 신뢰할 수 있는 단계로까지 나아간 후에 통합을 위한 다양한 전략을 제시할 필요가 있다. 통합에 도움이 된다는 이유로 학부모의 의견을 무시하거나 심리 상태를 파악하지 않은 상태에서 교육과정을 진행할 경우, 학부모와의 관계에서 계속적인 어려움을 경험할 수 있다.

– 통합의 기회를 제공함으로써 나타나는 긍정적인 효과에 대해 계속적으로 이야기한다. 학부모가 자녀의 긍정적인 부분과 장점을 파악하지 못한 경우도 있으므로 장애학생의 인지 및 심리·정서적인 면에서의 강점 및 통합학급 친구들의 긍정적인 지원에 대해 이야기하고 실제 사례를 보여 주는 것이 중요하다.

– 통합교육에 적극적이고 자녀의 장애를 수용하고 극복한 단계에 있는 장애학생 학부모와의 만남을 주선한다. 같은 장애를 가진 학부모가 이야기할 때 설득력 및 신뢰도가 더 높으며 빠르게 수용할 수 있다. 통합학급에서의 현장체험 학습 및 학교 행사에 참여시킴으로써 나타나는 긍정적인 효과에 대한 다양한 경험담을 통하여 장애학생 학부모는 시도해 볼 수 있는 용기가 생긴다.

요약

1. 장애학생 학부모 상담의 이론적 배경

① 장애학생 학부모 상담의 필요성과 목적

장애학생 학부모의 심리적인 상태의 이해 및 자녀 양육과 정서적 지원은 장애학생의 통합 및 사회적응에도 많은 영향을 미치고 있으며, 반드시 필요한 과정이라고 할 수 있다.

② 장애학생 학부모의 심리 · 정서적 변화 및 수용 단계
- 충격, 불신, 거부의 단계
- 분노의 단계
- 협상의 단계
- 실망의 단계
- 수용의 단계

③ 장애학생 학부모의 상담 욕구
- 장애 자녀의 진로나 미래와 관련된 문제
- 장애 자녀의 형제, 자매, 가족, 이웃, 친지와의 관계와 관련된 문제
- 장애 자녀로 인한 경제적 문제
- 부모 자신의 가치관이나 대인관계에서 어려움을 일으키는 성격 등에 관한 문제

④ 장애학생 학부모 상담 전략
- 장애학생 학부모 이해하기
- 장애학생 학부모를 대하는 교사의 바람직한 태도 기르기

2. 장애학생 학부모 상담 사례

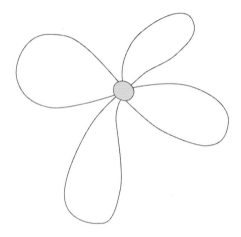

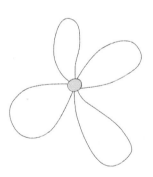

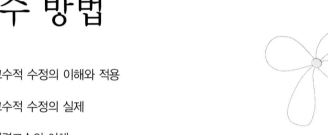

Part 4

통합교육 계획 및
교수 방법

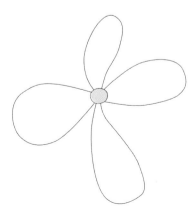

01 ° 교수적 수정의 이해와 적용

학/습/목/표

1. 교수적 수정의 의미에 대해 알 수 있다.
2. 교수적 수정의 적용 실제에 대해 알 수 있다.

1) 교수적 수정의 이해

(1) 교수적 수정(교수 적합화)의 의미

① 교수적 수정

모든 학생이 또래들과 분리되지 않고, 자신이 속한 지역사회의 일반 학교에서 자신이 학습할 필요가 있는 것을 배울 수 있다는 신념에 기초한 기술적인 전략을 말한다.

② 교수 적합화

장애학생을 통합학급에서 효과적으로 그리고 각자에게 유의미하게 지도하려면 교육 내용이나 교육 방법 및 교육 평가 방식에서 모종의 조절과 변화가 필요하며, 이때 교육과정 혹은 교수 활동 측면에서의 노력을 말한다.

③ 신현기의 교수적 수정의 정의

다양한 교육적 요구를 지닌 학생들의 수행 향상과 수업 참여의 범위와 양을 확장하기 위하여 교수 환경, 교수 집단, 교수 내용, 교수 방법, 평가 방법을 포함하는 교육의 전반적인 환경을 조절하고 수정하는 과정이다.

④ 박승희의 교수적 수정의 정의

교수적 수정(교수 적합화)은 일반 학급의 일상적인 수업에서 특수교육적 요구가 있는 학생의 수업 참여의 양과 질을 가장 적합한 수준으로 성취시키기 위해서 교수 환경, 교수 집단화, 교수 방법(교수 활동, 교수 전략 및 교수 자료), 교수 내용 혹은 평가 방법을 수정 및 보완하는 것이다.

(2) 교수 적합화의 대상 영역

① 교수 환경

조명이나 소음, 자리 배치, 물리적인 배치 상태, 교수 자료 배치 등을 말한다.

② 교수 집단화

또래지도, 협력학습을 위한 소집단 및 또래 팀 구성 형태로의 학생 집단 재편성 방안을 말한다. 좁은 의미의 교수 적합화란 수업 계획을 수립하고, 수업을 진행하고, 그 수업 결과를 평가하는 과정에서 능력과 수준이 다양한 학생들에게 최대한으로 유의미한 학습 경험을 제공하는 활동으로 규정되어야 할 것이다. 교수 환경이나 교수 집단화 측면에서 필요한 적합화 항목은 비교적 적은 반면, 교육 내용, 교수 방법, 평가 방법에서는 대상 학습장애 학생의 능력, 교육 목표 등에 따라 광범위한 적합화가 필요하다.

③ 교육 내용 측면

같은 주제를 다루면서 내용의 수준이나 목표를 달리할 수 있으며, 보조 자료 혹은 별도의 자료를 필요로 한다.

④ 교수 방법 측면

과제의 양을 줄이거나 수업 형태를 강의형 대신 게임, 역할놀이, 활동 중심 수업 등으로 변형할 수 있다. 컴퓨터와 각종 매체 같은 교육공학을 활용할 수 있고, 교수 자료도 크기, 디자인, 구조화, 분량 등에서 또래들이 갖는 교수 자료와 다른 형태로 특수교육 대상 학생들에게 제공할 수 있다.

(3) 교수 적합화 원칙

- **교수 적합화의 궁극적인 목표** 동일한 시간에, 동일한 공간에서 각 학생들의 교육 요구에 부응하는 다양한 학습 경험을 제공하는 것(예: 다양한 난이도의 자료를 구비하는 것, 학생들의 관심도를 반영한 다양한 주제를 준비하는 것, 학습이나 학습 결과를 표현하는 데 학생이 선호하는 방식을 사용하도록 하는 것 등)을 말한다.
- **교수 적합화 ≠ 개별화 교육**
  - 모든 학생에게 각기 다른 학습 경험을 제공한다는 것은 원칙적으로 불가능함
  - 교수 적합화가 구현되는 교실의 전형적인 모습은 2~4가지의 서로 다른 유형의 학습 경험이 제공되는 수업 형태를 띰
- **효과적으로 교수 적합화가 이루어지는 학급의 특징**
  - 교사와 학생은 서로 간의 차이점과 유사점을 수용하고 존중한다.
  - 평가는 지속적으로 이루어지며, 학습 과제는 평가 자료에 근거하여 계획한다.
  - 모든 학생은 자신에게 유의미하고 흥미 있는 학습 활동에 몰두한다.
- 교사는 일차적으로 정보 제공자라기보다는 학습 환경이나 활동의 조정자이자 안내자 역할을 한다.
- 교사와 학생은 학급 환경 조성 및 개인적인 목표 설정을 위해 서로 협력한다.
- 학생들은 때로는 개인적으로, 때로는 집단별로 융통성 있게 학습한다.
- 수업 진행 속도나 진도는 학생의 요구에 따라 신축성 있게 조정된다.
- 학생들은 종종 자신이 원하는 학습 주제, 자신이 원하는 학습 방식, 자신이 원하는 학습 결과 발표 방식을 선택할 수 있다.

(4) 교수적 수정을 고안하고 적용하기 위한 기본적인 지침 열 가지

- 장애학생과 일반 학생의 통합학급 수업 참여의 차이를 최소화할 수 있는 교수적 수정을 개발한다.
- 장애학생과 일반 학생의 사회적 상호작용과 상호 의존성이 육성되고 존중되어야 한다.
- 장애학생 수업 참여의 양과 질을 최대화하고, IEP 목표의 달성을 촉진할 수 있어야 한다.
- 장애학생의 강점을 강화하고 약점을 보완하는 교수적 수정을 개발한다.
- 장애학생이 일반교육 활동에서 분리되는 것보다는 되도록 동일한 활동에 일반 학생과 함께 참여하는 것을 선호한다.
- 장애학생의 활발한 수업 참여를 위한 일반 교사, 특수교사, 다른 관련 교사 혹은 또래 교사들에 대한 의존도를 줄여 나가는 데 기여해야 한다.
- 통합학급 수업에서 일어나는 다양한 활동에 특수교육 대상 학생의 '독립적인' 참여의 성취를 목표로 한다.
- 일반교육과정 내용을 가능한 한 유지하면서 장애학생을 위한 적합한 교육 내용의 복잡성을 최대화한다.
- 장애학생의 일반 교육 환경에의 참여를 위해 필요한 특정한 교수적 수정을 장애학생의 IEP 안에 기입할 수 있다.
- 일반 교사와 특수교사 및 다른 교사들의 시간적 및 자원적 변수들 안에서 교수적 수정의 고안과 사용이 가능하도록 계획하여야 한다.

2) 교수적 수정의 적용 실제

(1) 교수적 수정의 적용을 위한 통합교육 실행 교육팀의 역할

① 통합교육 실행 교육팀
- 장애학생이 통합학급에서의 통합교육이 의미 있고 효과적이기 위해 필요한 교육팀을 말한다.

- 주요한 협력 대상 일반 교사 + 특수교사 + (관련 서비스 교사)
- 현실적으로 전문가들 사이에 정교한 역할 배분과 협력은 이루어지지 않는다.

② 통합교육 실행 교육팀의 교수 계획 목적
- 개별 장애학생들의 긍정적인 교육 성과를 촉진한다.
- 통합학급 활동에 개별 특수교육 대상 학생의 물리적 · 사회적 · 교수적 통합을 최대화한다.

③ 통합교육 실행 교육팀 교수 계획 구축 시 고려할 점
- 장애학생의 교육적인 성과를 성취하기 위해서 필요한 교수적 수정의 성격과 지원을 결정한다.
- 교수가 '어떻게' 일어날 것인가를 결정한다.
- 통합학급 활동에서 어떻게 하면 장애학생의 물리적 · 사회적 · 교수적 통합을 최대화할 수 있을까에 대해 다양한 방법을 강구한다.

(2) 교수적 수정의 적용 절차

① 박승희(2003)의 교수적 수정 적용 7단계
- 1단계 장애학생의 IEP 장단기 교수 목표를 검토한다. IEP에 포함된 교육과정 영역의 학습 목표가 성취 가능하고 촉진될 수 있는 것인지 판별한 후 IEP 안에 일반 교과들이 누락되어 있다면 목표를 첨가해야 한다.
- 2단계 일반 학급 수업 참여를 위한 특정 일반 교과를 선택한다. 목표의 성취가 가능하고 촉진될 수 있는 일반 교과를 한 교과 또는 그 이상 선정 가능하고, 장애학생의 경험도, 교사의 준비도, 장애학생의 강점 및 약점, 장애학생의 교과 흥미 및 특정 교과 수업의 성격과 교수 환경 등을 고려한다.
- 3단계 일반 학급 환경에 대한 정보를 수집한다. 전형적인 일과 및 주간 계획의 개요, 교실의 물리적 환경, 사회적 분위기, 일반 교사가 선호하는 교수 형태, 교수 집단화, 교수 자료, 장애학생의 평가 방법 등을 조사한다.
- 4단계 일반 교과 수업에서 장애학생의 학업 수행과 행동을 평가한다. 우

선 장애학생이 통합학급의 교수적 수정을 할 교과 수업에 참여하도록 하고, 학업 수행과 행동 능력 관찰을 통한 기초 정보를 획득한다.

- 5단계 선택된 일반 교과의 한 학기 단원들의 학습 목표를 검토한 후, 장애학생의 한 학기 개별화된 단원별 학습 목표의 윤곽을 결정한다.
- 6단계 장애학생의 수업 참여를 위한 교수적 수정 유형을 결정 및 고안한다.
- 7단계 개별화된 교수적 수정을 적용하고, 교수적 수정이 적용된 수업 참여의 양과 질을 평가한다.

② 박승희(2003)의 교수적 수정 적용 7단계 절차 참고 사항

특수학급이나 특수학교에서 이제 막 통합학급에 들어왔거나 장차 통합될 학생을 대상으로 교수 적합화를 할 때 주로 해당된다. 모든 학생이 각 단계를 처음부터 끝까지 모두 밟아야 하는 것은 아니다. 장애학생이 대부분의 시간을 통합학급에서 보내는 상황에서 교사가 해당 장애학생에 대해서 이미 충분히 알고 있거나 해당 장애학생이 일반 학급의 사정에 이미 익숙하다면 3~4단계는 생략될 수 있다. IEP가 없는 경우에는 해당 학생의 능력과 장애 정도에 따라 교육 목표를 별도로 설정한다.

③ 그 외 교수적 수정의 절차 이론

- 정주영과 신현기(2001)의 교수 적합화 8단계 모형
    - 1단계: 통합교실의 교수 환경 및 요구 확인
    - 2단계: 특수교육 대상 학생의 학습상의 강점과 약점 확인
    - 3단계: 참여 교과의 선택
    - 4단계: 교과 관련 학업 수행과 행동평가 및 목표 설정
    - 5단계: 교과 특성에 알맞은 교수 적합화 유형에 관한 검토
    - 6단계: 알맞은 교수 적합화 유형의 선택 및 계획
    - 7단계: 교수 적합화의 실행
    - 8단계: 학생의 수행평가

Peterson과 Hittie(2003)의 교수 적합화 절차

- 1단계: 학생의 교육 요구를 이해한다. 학생의 능력, 흥미, 두려움, 이용 가능한 자원, 지원 등을 파악한다. 이때는 문제 확인과 규명보다는 '어떻게 학생이 자신의 수준에서 학습에 참여하고 학습할 수 있도록 도울 것인가?' 하는 긍정적이고 처방적인 접근을 한다.
- 2단계: 학급과 학교 환경을 분석한다. 기대치, 규준, 이용 가능한 자원, 지원, 문화 등을 분석한다.
- 3단계: 학생과 환경 간의 불일치나 부조화를 규명한다. 문제 진술, 문제의 원인 제공자를 규명한다.
- 4단계: 요구 충족 해결 방안을 개발한다. 학생이 유의미하게 참여하고, 자신의 수준에 맞게 학습할 수 있도록 하는 전략을 개발한다.

(3) 교수적 수정의 적용 실제

① 수업 계획 단계에서의 교수 적합화(목표 진술 적합화 방안)

- 목표는 가급적 분명하고 구체적으로 진술한다.
- 목표 달성 여부 평가 방안과 준거를 분명히 한다.
- 이전 수업 목표와 이후 수업 목표에 현재의 목표가 어떻게 관련되는지 가급적 그림이나 도표로 제시한다.
- 목표들 간의 위계를 분명히 표현하고, 가급적 문장보다 그림이나 도표로 표현한다.
- 각 목표별로 필수 선수 학습기능을 확인한다.
- 학습자에게 유의미한 학습 목표를 진술한다.

② 수업 진행 단계에서의 교수 적합화

- **도입 단계** 학습할 것을 전체적으로 개관한 다음 학생들이 배우게 될 것을 시범 보이며, 학생들의 동기와 흥미 유발을 위해 가급적 움직임이 많고 직접 참여를 요하는 구체물 조작이나 손발의 움직임을 요하는 활동으로 수업을 시작한다. 학생은 현재의 수업이 과거의 수업과 어떻게 연결되는지, 미

래의 자신의 삶이나 향후 수업과 어떤 관련이 있는지를 인식할 수 있어야
한다.

- 전개 단계   정보의 획득과 유지 및 일반화를 촉진할 수 있는 전략을 구사한
다. 교수 적합화의 구체적인 모습은 학생의 특성, 수업 내용과 목표에 따라
다양하며, 특히 학생들의 다양한 수준을 고려하는 것이 핵심이다.
- 정리 단계   목표했던 학습 내용을 모든 학습자가 완전히 습득했는지 확인
하고 모든 학생에게 자신이 학습한 것을 다양한 방법으로 표현하도록 한다.
학습 경험을 공유하고, 한편으로는 학습한 것에 대한 피드백을 통해 강화받
을 수 있도록 한다.

③ 집단화 방식 적합화

수업 목표와 내용 그리고 적합화 대상 학생의 특성에 따라 협동학습이나 또래
지도 방식을 도입한다.

④ 교재 및 매체의 선정과 활용 측면의 적합화

기본적으로 각 학생들의 다양한 학습 양식을 고려하여 가급적 다양한 유형의
자료와 매체를 구비하여 활용하고, 시청각 교재와 기자재는 기본적으로 갖추고,
실물화상기, OHP, 분필, 백보드, 전자게시판, 스케치북, 컴퓨터 등을 구비한다.
읽기에 문제가 있는 학생을 위해 음성이 지원되는 프로그램을 같이 사용하거나,
음성을 인식하여 텍스트로 전환해 주는 프로그램을 사용한다.

⑤ 교수적 수정의 적용 실례

〈3학년 1학기 − 과학 단원〉

1단계: 장애학생의 IEP 장단기 교수 목표를 검토한다.

• ○○의 IEP 장기 목표 일곱 가지 중 두 가지
  − 오늘 날씨가 어떤지 간단하게 말할 수 있다.
  − 날씨에 맞게 옷이나 필요한 소지품을 챙길 수 있다.

2단계: 일반 학급 수업 참여를 위한 특정 일반 교과를 선택한다.

• 3학년 1학기 과학 교과의 단원이 IEP 관련성이 가장 많으므로, 과학 교과를 선택, 날씨에 관련된 말하기를 위해 국어 또는 그 외의 교과를 선택할 수 있음

3단계: 일반 학급 환경에 대한 정보를 수집한다.

• 과학과 수업은 교사의 설명, 발문 후의 모둠 활동, 실험관찰 조사 발표로 진행함
• 교사가 모둠별로 안전 점검에 유의할 필요가 있음
• 교재는 주로 과학, 실험과 관찰, 학습지를 이용함
• 모둠 활동으로 실험을 하는 경우, 적극적으로 참여하지 못하는 아동들을 순서에 맞게 참여하도록 개별적으로 지도하기 어려움

4단계: 일반 교과 수업에서 장애학생의 학업 수행과 행동을 평가한다.

• 문제 행동 없이 자리에 앉아 있기는 하나 모둠 활동에 참여하는 경우가 매우 적고 교사의 설명 시 집중을 잘하지 못함. 다른 아이들도 아동을 도와줄 방법을 모름

5단계: 선택된 일반 교과의 한 학기 단원들의 학습 목표를 검토한 후, 장애학생의 한 학기 개별화된 단원별 학습 목표의 윤곽을 결정한다.

• 과학과 단원별 학습 목표의 윤곽
  − 단원 1: 같은 물질로 된 물체끼리 분류할 수 있다.
  − 단원 2: 여러 가지 물체에 자석을 대 보고 붙은 물체를 그림 중에서 찾아 ○표를 할 수 있다.
  − 단원 3: 풍선을 불어 보고 크기가 제일 큰 풍선을 고를 수 있다.

6단계: 장애학생의 수업 참여를 위한 교수적 수정 유형을 결정 및 고안한다.

• 같은 주제로 일반교육과정에서 도출되면서도 아동의 IEP의 핵심적인 목표와 목적

에 부합하는 활동을 함

- 교수 환경: 모둠학습(교사와 가장 근접함)
- 교수 집단화
  - 모둠 구성원 조정(아동을 잘 아는 학생)
  - 또래 파트너를 활용
  - 아동에게 일대일 교수를 할 수 있도록 시간을 마련함
- 교수 방법
  - 모둠 발표 시 ○○가 할 수 있는 역할을 부여함
  - 수업 자료 세트를 모둠 수만큼 제공함
  - 기능적인 활동의 실제적인 연습이 필요한 경우 과제나 숙제를 제시함

7단계: 개별화된 교수적 수정을 적용하고, 교수적 수정이 적용된 수업 참여의 양과 질을 평가한다.

- 4단계의 수업 참여와 7단계의 수업을 비교함
- 수정된 평가방법으로 참여와 질을 평가함
- 수정된 평가방법으로 IEP 수행 수준과 점수화, 준거 수준 점수, 합격 / 불합격 체계를 사용함

출처: 박승희(2003). 한국 장애학생 통합교육. 발췌 및 수정.

요약 📝

1. 교수적 수정의 이해

① 교수적 수정(교수 적합화)의 의미: 교수적 수정은 통합학급의 일상적인 수업에서 특수교육적 요구가 있는 학생의 수업 참여의 양과 질을 가장 적합한 수준으로 성취시키기 위해서 교수 환경, 교수 집단화, 교수 방법(교수 활동, 교수 전략 및 교수 자료), 교수 내용 혹은 평가 방법을 수정 및 보완하는 것

② 교수 적합화의 대상 영역: 교수 환경, 교수 집단화, 교육 내용, 교수 방법, 평가 방법 등

③ 교수 적합화 원칙: 동일 시간에, 동일 공간에서 각 학생들의 교육 요구에 부응하는 다양한 학습 경험을 제공하는 것이다. 교수 적합화가 구현되는 교실의 전형적인 모습은 2~4가지의 서로 다른 유형의 학습 경험이 제공되는 수업 형태를 띤다.

2. 교수적 수정의 적용

① 교수적 수정의 적용 실제: 수업 계획 단계에서는 가급적 분명하고 구체적인 목표로 진술한다. 수업 진행 단계 중 도입 단계에서는 학습할 내용을 시범 보이고, 흥미를 유발할 수 있는 활동을 하며, 전개 단계에서는 정보의 획득과 유지 및 일반화를 촉진할 수 있는 전략을 구사한다. 정리 단계에서는 목표했던 학습 내용을 모든 학습자가 완전히 습득했는지 확인한다.

② 교수적 수정 적용 절차, 적용 실제, 적용 실례를 참고하여 학습자가 스스로 교수적 수정을 하여 적용할 수 있다.

02 | 교수적 수정의 실제

1. 공을 던지거나 굴려서 목표물을 맞힐 수 있다.
2. 여러 가지 방법의 공차기를 할 수 있으며, 게임의 규칙을 지키며 경기에 참여할 수 있다.

1) 공놀이 1 – 목표물 맞히기

● 준비물 콩 주머니, 바구니, 여러 종류의 공(티볼, 배구공, 축구공, 농구공, 고무공 등), 페트병, 후프
● 유의 사항
  – 학생이 자신감과 여유가 생길 때까지 가능한 한 기다려 주어야 하며, 목표물에 정확하게 조준되었는지를 확인한 후에 실시하도록 유도한다.
  – 학생들의 수준에 따라 목표물의 거리와 크기 및 움직임 여부 등을 조정하여 그 난이도를 조절해 나가도록 하되, 장애학생의 경우 친구들과 어울려 자연스럽게 활동할 수 있도록 한다.
  – 학생들이 공을 굴리는 힘과 속도에 따라 정확성이 어떻게 달라지는지를 스스로 판단할 수 있는 기회를 제공하고, 공을 너무 세게 굴리면 오히려 실패할 가능성이 높다는 것을 인식시킨다.

(1) 목표물에 던져 넣기

① 콩 주머니 던지고 받으며 준비운동 하기

- 콩 주머니를 머리 위로 높게, 낮게 번갈아 가며 던지고 받기
- 두 사람이 마주 보고 던지고 받기
- 가까운 거리부터 거리 넓히기
- 제자리에서 뛰면서 던지고 받기
- 혼자 콩 주머니 두 개를 가지고 번갈아 가며 던지고 받기

② 콩 주머니 넣기 게임

바구니 안에 주어진 수만큼의 콩 주머니를 던져 넣는다. 인원이 많을 경우 일렬로 서서 기다리는 시간을 줄이기 위해 콩 주머니 둘레를 원형으로 만들어 바구니를 여러 개 준비해 두면 학생들의 활동 시간을 늘릴 수 있다.

〈정확도를 높이기 위한 요령〉

- 던지고자 하는 목표물을 정확히 보기
- 몸의 힘을 빼고 집중하여 던져 넣기
- 던지는 물체를 너무 힘주어 잡지 않기
- 던질 때 날아가는 물체가 직선보다는 포물선을 그리도록 던지기

---

(2) 공 굴려 원 안의 공 맞히기

① 여러 가지 공을 다양한 방법으로 굴려서 주고받기

- 가볍고 작은 티볼이나 고무공을 굴려서 약하게, 세게, 가까이, 멀리 주고받기
- 무거운 농구공이나 축구공을 굴려서 약하게, 세게, 가까이, 멀리 주고받기

② 게임하기

- 공을 굴려서 모아 놓은 여러 개의 공을 정확하게 맞혀 선 밖으로 내보내기

- 두 팀으로 나눠 게임을 실시한 후 선 밖으로 내보낸 공의 개수가 많은 팀이 승리
- 바닥에 표시를 해 두어 목표물의 위치와 배열 상태가 항상 일정하게 하기

(3) 간이 볼링

- 일정한 거리에 볼링 핀(볼링 핀이 없을 경우 페트병으로 제작하여 사용 가능)을 놓아 두고, 공을 굴려 쓰러뜨리기
- 처음에는 볼링 핀과의 거리를 가까운 곳에서부터 시작하여 점점 멀리 한다.
- 한 명당 2번의 기회를 준다.
- 공 굴리기를 잘하는 학생들은 바닥에 공을 튀겨 볼링 핀을 쓰러뜨리거나, 공을 발로 차서 볼링 핀을 맞히는 게임으로 응용할 수도 있다.

〈볼링 핀을 잘 맞히기 위한 요령〉

- 목표물을 주시하며 공을 굴린다.
- 정확하고 똑같은 자세로 공을 굴린다.
- 바닥에 표시를 해 두어 볼링 핀의 위치와 배열 상태가 항상 일정하도록 주의해야 하고, 공을 굴릴 때는 가급적 스트레이트로 굴린다.

---

(4) 응용 활동

① 막대로 공 쳐서 골대에 넣기

- 조그만 골대를 놓고 일정한 거리에서 막대로 공을 쳐서 골대에 넣도록 한다.
- 플로어 하키 세트가 준비되어 있으면 기구를 활용할 수 있도록 한다. 만약 기구가 없다면 막대, 테니스 및 배드민턴 라켓, 탁구 라켓, 미니 골프채 등 다양한 도구를 사용할 수 있다.
- 공의 크기, 골대와의 거리, 사용 도구 등을 다양하게 하여 게임하도록 한다.

② 막대로 공을 쳐 목표물 맞히기

- 적당한 거리에 목표물을 두고 막대로 공을 쳐서 맞히게 한다.
- 플로어 하키 세트가 준비되어 있으면 기구를 활용한다.
- 도구를 사용할 때는 함부로 휘두르거나 장난치지 않도록 하며, 안전에 유의하도록 한다.

③ 후프와 공을 이용한 골프놀이 1

- 후프와 공을 각각 한 개씩 갖고 선다.
- 후프를 출발선에서 1m 정도 떨어진 바닥에 내려놓고, 공을 굴려 그 안에 넣는다. 실패하면 성공할 때까지 계속 도전한다. 성공하면 후프를 다시 1m 정도 더 멀리 떨어뜨려 출발선에서 다시 굴려 넣기에 도전한다.
- 공을 굴려 후프에 넣을 때마다 1m 뒤로 옮겨 가장 먼 거리까지 후프를 보내면 우승한다.

④ 후프와 공을 이용한 골프놀이 2

- 2인 1조가 되어 한 사람은 공을, 다른 한 사람은 후프를 잡고 선다.
- 둘이 마주 보고 2m 정도 떨어져 서서 후프를 가진 사람이 후프를 세우면, 공을 가진 사람이 굴려서 그 사이를 통과시킨다.
- 실패하면 계속 반복하고, 성공하면 1m씩 뒤로 옮긴다.
- 정해진 시간 동안 후프에 공을 굴려 넣기를 반복해 최종 거리를 측정한다.
- 역할을 바꿔 진행한 후 두 사람 중 누가 더 먼 거리에서 골인시켰는지 알아본다.

⑤ 터널 공 이어 가기

- 4~6명의 학생들이 같은 방향을 보고 다리를 벌리고 한 줄로 선다.
- 줄의 첫 번째 사람이 다리 사이로 공을 건네주어 제일 뒷사람에게까지 전달한다.
- 마지막 사람은 공을 가지고 줄의 가장 앞자리로 간다. 남은 사람들은 뒤로

조금 움직인다.

● 여러 번 반복한다.

● 변형하여 공을 위로, 공을 위로 아래로, 공을 옆에서 옆으로 등 다양하게 게임할 수 있다.

2) 공놀이 2 – 공차기 게임

● 준비물　축구공 또는 미니 축구공, 미니 골대, 콘, 허들, 호루라기

● 유의 사항

－ 학생들이 공을 드리블할 때 너무 세게 차면 원하는 곳으로 보내기가 어렵다는 것을 알고, 최대한 공을 자기 몸 가까이에서 몰고 가는 것의 중요성을 경험으로 익히도록 지도한다.

－ 게임 시 승부에 집착하는 학생들의 경우 규칙을 어길 가능성이 많으므로, 공을 손으로 잡거나 다른 사람을 방해하는 것과 같은 규칙을 어기지 않도록 지도한다. 만약 규칙을 위반하면 2분간 퇴장 등의 조치를 취하도록 한다.

－ 아래 활동을 모두 한 차시에 하기보다는 장소(실내 · 실외 여부)와 학생 수준에 맞는 활동을 뽑아서 지도하거나 상황에 맞게 내용을 적절히 변형하여 적용하는 것이 훨씬 더 효과적인 수업이 될 것이다.

(1) 공차기

① 기본적인 공차기

축구공과 친해지고 공을 쉽게 다룰 수 있도록 여러 가지 기본적인 공차기를 해 본다.

● **제자리에서 멀리 차기**　한 줄로 서서 차례대로 공을 놓고 세게 찬다. 찬 사람은 공을 주워 뒤에 가서 줄을 선다.

● 둘이서 주고받기　짝과 마주 보고 서로 공을 주고받는다. 이때 실력이 비슷한 학생끼리 짝을 정해 주어야 하며, 너무 세게 차지 않고 정확하게 차도록 한다.
● 굴러 온 공 멈춘 후 차기　교사가 공을 굴려 주면 발로 공을 멈춘 후 바로 찬다.
● 굴러 오는 공 바로 차기　교사가 굴려 주는 공을 세우지 않고 바로 찬다.

② 공차기 게임
공차기에 어느 정도 익숙해졌다면 간단한 게임을 통해 더욱 흥미를 키워 보자.

● 모양과 크기가 다른 여러 가지 목표물을 세워 놓은 후 일정한 거리에서 공을 차서 맞힌다.
● 큰 목표물에서 작은 목표물로, 가까운 거리에서 먼 거리로 점점 난이도를 높여 간다.
● 실내에서 할 경우 여러 가지 모양과 크기의 점수판을 벽에 붙인 후 발로 차서 맞히는 게임으로 변형이 가능하다.

(2) 공 몰기

① 공 몰기(드리블) 연습하기
● 공을 몰면서 이동하기　공을 살살 차거나 세게 찼을 때 얼마나 천천히 혹은 빨리 뛰어야 하는지 느껴 보게 한다.
● 공 몰며 반환점 돌아오기　공이 다른 곳으로 벗어나지 않도록 천천히 몰게 하고, 공이 다른 곳으로 벗어나더라도 손을 대지 않고 발로만 몰고 오도록 한다.
　※ 축구공 몰기를 잘하는 학생이라면 럭비공 몰고 반환점 돌아오기를 해 본다. 여러 방향으로 굴러가는 럭비공에 학생들이 더욱 흥미를 가질 수 있다.

② 공 몰기 게임

- 바닥에 구불구불한 길을 그려 놓고 공을 몰며 들어오게 한다. 이때 공이 길에서 벗어나지 않게 최대한 공을 자신의 몸에 가깝게 하도록 지도한다.
- 두 모둠으로 나누어 게임한 후 마지막 주자가 먼저 들어오는 모둠이 승리한다.

(3) 축구를 응용한 게임

① 승부차기 게임

- 미니 골대 앞에서 한 명은 공격수, 나머지 한 명은 골키퍼가 되어 대결한다.
- 한 명당 3~5번 정도의 공격을 한 후 역할을 바꿔서 한다.
- 학생들이 골을 막는 것을 어려워할 경우 골키퍼를 두 명 두거나, 교사가 골키퍼 역할을 한다.
- 학생 실력에 따라 골대와의 거리를 멀게 하거나, '코끼리 코를 5번 돈 후에 차기' 등의 핸디캡을 적용하면 더욱 재미있게 게임할 수 있다.

② 미니 축구

학생들은 공을 가지고 운동장에서 뛰어 노는 것만으로 충분히 즐거워한다. 학급 체육 시간에 실시하는 축구 경기에 참여할 기회가 적은 장애학생에게 공을 차서 골인시키는 경험을 하게 하는 것은 학생들에게 자신감을 북돋워 주는 기회가 될 것이다.

- 경기장을 사각으로 작게 그린 후 미니 골대를 세워 두고 학생들을 두 팀으로 나누어 축구 경기를 한다.
- 많은 인원이 참여할 경우 공을 한 번도 못 차는 학생이 생길 수 있으니 한 모둠의 인원을 3~4명 정도로 한다.

지나치게 엄격한 규칙을 정하면 장애학생이 자유롭게 경기를 진행하기 어려우므로 손을 사용하거나 다른 사람을 밀거나 잡는 것과 같은 반칙만 규제하는 것이 좋다.

요약

통합 체육 수업은 일반 학생과 장애학생이 동일한 체육 수업 환경에서 교육받도록 하는 물리적 통합의 개념뿐 아니라 장애학생에게 반드시 필요한 구체적인 체육 수업 환경을 충분히 조성하여 장애학생과 일반 학생 모두에게 질적으로 향상된 체육 수업의 경험을 가질 수 있도록 하는 것을 의미한다. 이러한 통합 체육 수업의 성공 여부는 장애학생을 바라보는 교사의 태도가 가장 중요한 요소로 작용할 수 있는데, 교사는 장애학생에 대해 긍정적인 감정으로 모든 학생은 또래들과 함께 교육받고 그들의 요구에 부합하는 교육 서비스를 받을 권리가 있다는 태도를 가져야 하며, 장애학생과 일반학생이 적극적인 상호작용을 할 수 있는 기회를 다양한 방식(또래 관찰, 장애 체험, 자원봉사 참여, 장애인 선수의 고난 극복 사례 영화 감상 등)으로 제시해 주는 것이 중요하다.

통합 체육 시 고려해야 할 사항을 준수하여 체육 활동 동안 장애학생이 일반 학생들과 함께 똑같이 즐거움을 느낄 수 있으며, 신체 활동이 장애 유무와 관계없이 즐거움을 줄 수 있는 소중한 시간이 된다.

03 협력교수의 이해

1. 통합 장면에서 협력교수 전략을 살펴봄으로써 장애학생뿐만 아니라 모든 학생의 교육의 효율성을 높일 수 있다.
2. 실제 교실 현장에서 협력교수를 적용해 볼 수 있다.

1) 협력교수의 이해

(1) 협력교수의 정의

협력교수란 일반 교사와 특수교사가 특수교육적 지원이 요구되는 학생을 통합된 학급에서 공동으로 수업하며 일반 학급 내의 모든 학생에게 질적인 교육을 제공하기 위해 평등한 입장에서 업무 및 역할, 교수, 학습평가, 학급 관리, 학생 관리 등 제반 결정 사항에 대해 주도적으로 참여하는 교수 활동이다. 이때 직접 교수하지 않는 다른 한 명의 교사가 감독만 하거나 장애학생 옆에서 보조교사처럼 도와주는 것은 협력교수의 정의에 해당되지 않는다.

(2) 협력교수의 필요성

통합교육이 성공적으로 실현되기 위해서는 학교가 협력적인 공동체가 되어 함께 문제를 해결하고, 함께 책임을 공유하며, 학습과 발달을 지원하기 위해 협력해야 한다.

- 통합교육의 성공적인 실현
- 다양한 문제 해결
- 책임의 공유성
- 학생의 학습과 발달 지원

(3) 협력교수의 특징

- 협력은 자발적이다.
- 협력은 평등을 기초로 하여야 한다.
- 협력은 공유된 목표를 요구한다.

(4) 협력교수의 장점

① 장애학생에 대한 올바른 이해

교사들 간에 협력이 잘 이루어지면 장애학생에 대한 바른 이해를 할 수 있게 된다. 이런 이해가 바탕이 되면 장애학생에게 가장 적합한 교수 방법을 찾는 것이 훨씬 쉽고, 특수교사와 일반 교사가 각자의 전문성을 효과적으로 결합할 수 있다.

② 일관성 있는 교수

일반 교사와 특수교사의 협력이 잘 이루어지면 교육과정 운영의 연계성을 확보하게 되어 장애학생이 단절된 교육을 받기보다 일관성 있는 교육을 제공받게 된다.

③ 교사들 간의 상호 이해

장애학생이 일반 교사 또는 특수교사 중 어느 한 사람만이 일방적으로 떠맡는 짐이 아니라는 점만 서로 잘 공유되고 협력체제가 구축된다면 서로의 고충을 더잘 이해하게 되며, 더욱 창의적이고 효율적인 교수 활동을 펼칠 수 있다.

④ 사각지대 학생에 대한 효과

사각지대 학생들의 교육은 장애학생을 대상으로 하는 것과 질적으로 다르지 않기 때문에, 협력체제가 잘 구축되어 있다면 이런 학생들을 소외시키지 않을 수 있으며 통합학급의 상황은 한층 더 개선될 수 있다.

(5) 협력교수의 유형

① 교수-관찰교수

유형	특징
개념	한 교사는 학생들을 지도하고 다른 한 교사는 교수하는 동안 세부적인 관찰을 하여 수업 이후에 교사들이 함께 수집된 정보를 분석하는 것
적용	• 학생의 진전을 점검하기 위해 적용 • 학급에서 다른 학생과 목표 학생을 비교하기 위해 적용 • 아동이 주어진 과제를 하면서 혼란스러워할 때 무엇을 해야 하는지 관찰하기 위해 적용

② 교수-지원(한 명은 교사, 한 명은 보조자)

유형	특징
개념	두 교사의 역할이 전체 수업과 개별 지원으로 구분되는 협력으로, 한 교사가 전체 학습지도에 우선적인 책임을 지고 다른 한 교사는 학생들 사이를 순회하면서 개별적으로 지원이 필요한 학생을 지도함
장점	• 각 교사의 역할이 수업 내용에 따라 수시로 서로 바뀔 수 있는 융통성을 지닌다. • 도움이 필요한 학생을 개별적으로 지원할 수 있다.
단점	• 각 교사의 역할이 수시로 바뀔 때 수업의 흐름이 끊길 수 있다. • 지원하는 교사가 보조원처럼 보이거나 학생의 주의를 산만하게 할 수 있다.

③ 평행교수

유 형	특 징
개 념	두 교사가 함께 수업을 계획하고 학급을 여러 수준의 학생들이 섞인 집단으로 나눈 후 같은 내용을 동시에 각 집단에 교수한다.
장 점	• 효과적인 복습 형태를 제시한다. • 학생들의 반응을 독려할 수 있다. • 집단학습과 복습을 위한 교사와 학생 간의 비율을 감소시킨다.
단 점	• 동일한 수준의 내용을 성취하기가 어려울 수 있다. • 모둠 간 경쟁이 될 수 있다. • 상대방 교사의 속도에 대해 점검해야 한다.

④ 스테이션 교수

유 형	특 징
개 념	교사는 수업 내용에 대한 세 개 이상의 교사 주도 또는 독립적 학습을 할 수 있는 학습 스테이션을 준비하고, 학생은 수업 내용에 따라 집단이나 모둠을 만들어 자연스럽게 이동하면서 모든 영역의 내용을 학습함
장 점	• 능동적인 학습 형태를 제시한다. • 소그룹 수업을 통해 주의 집중을 증가시킨다. • 협동과 독립성을 증진시킨다. • 학생들의 반응을 증가시킨다.
단 점	• 많은 계획과 준비가 필요하다. • 교실이 시끄러워진다. • 집단으로 일하는 기술과 독립적인 학습 기술이 필요하다.

⑤ 대안적 교수

유 형	특 징
개 념	한 교사가 대집단을 상대로 전체적인 수업지도에 책임을 지고 학급을 지도하는 동안 나머지 한 교사는 도움이 필요한 소집단의 학생에게 추가적인 심화학습이나 보충학습을 하는 등의 부가적인 지원을 제공함

장점	• 심화학습의 기회를 제공한다. • 결석한 학생의 보충 기회를 제공한다. • 개인과 전체 학급의 속도를 맞출 수 있다. • 못하는 부분을 개발해 주는 시간을 만들 수 있다.
단점	• 도움이 필요한 학생만 계속 선택하기 쉽다. • 분리된 학습 환경을 조성한다. • 학생을 고립시킬 수 있다.

⑥ 팀티칭

유형	특징
개념	두 교사가 모든 학생을 대상으로 동등한 책임과 역할을 가지고 함께 수업을 하는 동안 번갈아 가며 다양한 역할을 함으로써 반 전체 학생들을 위한 교수 역할을 공유한다.
장점	• 체계적 관찰과 자료 수집이 가능하다. • 역할과 교수 내용의 공유를 돕는다. • 개별적인 도움을 주기 쉽다. • 학업과 사회성에서 적절한 도움을 구하는 행동의 모델을 보여 줄 수 있다. • 질문하기를 가르칠 수 있다.
단점	• 학습을 풍부하게 하는 것이 아니라 교사의 업무를 분담하는 것에 머무를 수 있다. • 많은 계획을 필요로 한다. • 모델링과 역할놀이 기술이 필요하다.

2) 협력교수의 실제

(1) 협력교수의 준비

① 협력교수의 적절성 결정

학년, 학급, 학생들의 특성이 협력교수 실시에 적절한지의 여부를 살펴보기 위한 것이다.

② 협력교수의 준비도 측정

협력교수를 실시함에 있어 교사가 어느 정도 준비되었는지 살펴보고, 필요에
따라 개별적인 연수 또는 각종 자료를 활용할 수 있다.

③ 협력교수의 시작을 위한 협의

일반 학급에서 통합교육이 이루어지기 때문에 일반 교사를 중심으로 생활지
도 및 교수 활동이 주도되어 학생들에게 특수학급 교사가 임시 개입자라는 이미
지를 심어 줄 위험이 있다. 따라서 학기 초에 두 교사가 합의하여 통일성을 가지
고 지도하는 것은 무엇보다 중요하고 기초가 되는 부분이다.

④ 협력교수 오리엔테이션 자료의 작성

- 일반 학생 일반 학생들이 장애학생들을 이해하고 그들을 도와 함께 공부
  하고 생활할 수 있도록 하는 것이 중요하므로 장애이해 교육과 협력교수에
  대한 사전 교육을 실시한다.
- 장애학생
  - 가방 챙기기: 공책과 책, 필통을 꺼내 놓고 가방을 책상 옆이나 의자 뒤에
    잘 걸어 보기 좋게 해야 한다. 반드시 스스로 하게 한다. 물론 처음에는
    교사가 한 번 시범을 보여 준 다음에 해 보도록 하거나 손을 잡고 같이 할
    수 있다.
  - 책 꺼내기: 매 시간 책을 꺼내어 준비하도록 하는 훈련이 필요하다. 교과서
    를 통해 교육적 효과를 얻지 못한다 하더라도 학습에 필요한 준비를 하는
    것 역시 학습되어야 할 목표이므로 스스로 할 수 있도록 반복 훈련한다.
  - 알림장 쓰고 챙기기: 시간이 오래 걸리더라도 교사가 제시한 글씨를 보고
    쓰는 것은 연습을 통해 가능하므로 자신이 할 수 없는 숙제라 하더라도
    빠짐없이 쓰도록 훈련한다.
  - 또래와의 관계를 위한 사회성 기술: 사회성 기술은 단정한 외모 가꾸기와
    같은 자조 기술을 비롯하여 사회적으로 허용되는 행동하기, 사회적 단서
    (표정, 몸짓, 음성) 해석하기, 의사소통 행동(자신의 감정 표현하기, 역할

수행, 감정이입 등) 등이다. 이러한 사회성 기술을 갖추기 위한 특수학급에서의 훈련이 필요하다.

- 부모님 오리엔테이션 협력교수를 실시하기 전에 회의 또는 가정통신문 등을 통해 정보를 제공하는 것이 필요하며, 프로그램이 진척됨에 따라 보다 공식화된 정보를 제공하는 것이 필요하다.

(2) 협력교수-학습 지도 계획안

학습목표	1. 구체물, 반구체물, 수식을 이용하여 받아 올림이 있는 세 자릿수의 덧셈의 계산 원리와 방법을 이해하고 문제를 풀 수 있다.		차 시	1/9
			교과서	수학 18~19쪽 수익 17쪽

교재	• 교사: 수 모형, 모형 동전(100, 10, 1원), 수판, ppt(또는 인터넷 사이트), 모둠별 학습지 (3장×12모둠, 여분 3장×12모둠) • 학생: 수 모형, 모형 동전(100, 10, 1원), 수판

단계	활동	협력형태	교수-학습 활동		특별한 지원	시간	유의점
			교사 A	교사 B			
도입	① 나그네 이야기 ② 학습 문제 확인	1교수 1보조	① 나그네 이야기 들려주기(p. 185) ② 나그네가 해결한 문제는 어떤 연산 방법과 관계가 있을지 발문. 학습 문제 확인			3분 2분	
전개	① 전체, 개별 활동 472+169 해결 방법 찾기	1교수 1보조	① 472+169 해결 방안 찾기 → 결과 발표 - 식을 제시하고 몇 가지 해결 방안에 대한 힌트를 제공하여 여러 가지 방법으로 답을 찾아보도록 함(수 모형 또는 동전 이용, 이전에 배웠던 154+473 문제를 통	① 아동의 탐색 활동 감독	① 수 모형으로 472+169를 놓아 주고 일, 십, 백의 자리로 같은 것을 모을 수 있도록 도움 제공	3분	

		해 해결해 보기 등 이용)				
② 전체 활동 – 덧셈의 계산 원리와 방법	팀 교수	② 수 모형 조작 → 타일 이용 → 수식 의 과정으로 계산 원리와 방법을 함 께 제시하며 확인 (십의 자리 담당)	② 수 모형 조작 → 타일 이용 → 수식 의 과정으로 계산 원리와 방법을 함 께 제시하며 확인 (일의 자리, 백의 자리 담당)		5분	
③ 모둠별 활동 – 수 모형, 타일, 수식으로 문제 풀기	병행 교수	③ 모둠 1, 2, 3, 4 를 맡아서 감독함 – 학습지를 돌려 가며 모두 참여하 는지, 문제 풀이 과 정을 감독하고 도 움을 제공	③ 활동 설명 – 돌아 가며 쓰기 (rolling paper)의 형태로 학습지를 세 가지 방법으로 풂(p. 183) – 장애아동과 모둠 5, 6 감독 및 도움 제공	③ 장애학생이 문 제를 풀 수 있도록 언어적 촉진 제공	15분	③ 한 모둠 을 다시 2개 로 나누어 활동함. 활 동이 느리거 나 어려움을 겪는 학생에 게는 모둠원 들이 서로 도와줄 수 있도록 미리 안내
④ 채점	1교수 1보조	④ 각 모둠의 채점 활동 감독	④ 답 확인, 채점하 도록 함		2분	

정 리	① 합 구하는 방법 정리 ② 개별 활동 – 수학 19쪽 풀기	팀 교수 병행 교수	① 합 구하는 방법 ppt로 제시 ② 모둠 1, 2, 3을 맡아서 수학 19쪽 풀이를 감독	① 합 구하는 방법 수판으로 제시 ② 모둠 4, 5, 6을 맡아서 수학 19쪽 풀이를 감독	② 수식쓰기, 문제를 풀 수 있도록 도움 제공	5분 5분	

평 가	수행평가	모둠별 활동에서 수 모형과 타일, 수식으로 받아 올림 2회 있는 세 자릿수끼리의 덧셈을 할 수 있다(2문제 이상: 상 / 2문제 미만: 하).
	대안적 평가	모둠별 활동에서 교사의 도움을 통해 수 모형과 타일, 수식으로 세 자릿수끼리의 덧셈을 할 수 있다(2문제 이상: 상 / 2문제 미만: 하).
숙제		수익 17쪽 풀어 오기
추후지도 사항		수 모형과 타일을 이용하여 받아 올림 있는 세 자릿수 덧셈 연습, 세로식 알고리즘 익히기

요약 📝

1. 협력교수 정의

일반 교사와 특수교사가 특수교육적 지원이 요구되는 학생을 통합된 학급에서 공동으로 수업하며 일반 학급 내의 모든 학생에게 질적인 교육을 제공하는 것

2. 협력교수의 필요성

- 통합교육의 성공적인 실현
- 다양한 문제 해결
- 책임의 공유성
- 학생의 학습과 발달 지원

3. 협력교수의 특징

- 협력은 자발적이다.
- 협력은 평등을 기초로 하여야 한다.
- 협력은 공유된 목표를 요구한다.

4. 협력교수의 장점

- 장애학생에 대한 올바른 이해
- 일관성 있는 교수
- 교사들 간의 상호 이해
- 사각지대 학생들에 대한 지원

5. 협력교수의 여섯 가지 유형

- 교수-관찰교수
- 교수-지원교수
- 평행교수
- 스테이션 교수
- 대안적 교수
- 팀티칭

04 교과별 지도 방법

1. 교과별 학습부진 학생의 특성을 파악할 수 있다.
2. 교과별 지도 방법을 파악할 수 있다.
3. 통합학급 상황에서 장애학생에게 알맞은 지도 방법을 적용할 수 있다.

1) 교과별 지도 방법을 배우기 전 우리의 자세

장애학생을 교육하기 위해서는 무엇인가 매우 특수한 방법을 사용해야만 한다고 생각하기 쉽다. 물론 장애학생을 위한 효과적인 교수 방법이 많이 개발되고 있는 것은 사실이지만, 일반 학생을 위한 교육학적 교수 원리 역시 장애학생에게 적용될 수 있음을 기억하는 게 좋다. 따라서 지금부터 배워 볼 교과별 지도 방법은 각 과목의 기본적인 교수 방법과 더불어 첨가되거나 수정되는 방법으로 지도하기를 바란다.

2) 교과별 학습부진 학생의 특성

(1) 국어과 영역별 학습부진 학생의 특성

① 듣기 영역의 부진

- 내용 확인 능력의 부족

- 추론 능력의 부족
- 평가와 감상 능력의 부족

② 읽기 영역의 부진
- 한글 미해득 및 낱말 이해 부족
- 사실적 이해 능력의 부족
- 추론 능력의 부족
- 평가와 감상 능력의 부족

③ 쓰기 영역의 부진
- 맞춤법에 대한 개념 부족
- 문장 유형과 문장 성분에 대한 이해 부족
- 내용 생성(쓸 내용을 생각하는 것) 능력의 부족
- 내용 조직 능력의 부족
- 표현 능력의 부족

④ 문법 영역의 부진
- 문장 구성 성분에 대한 이해 부족
- 낱말의 분류 및 일반화 방법의 부족
- 지식 판단과 적용 능력의 부족

⑤ 문학 영역의 부진
- 내용 이해 능력의 부족
- 감상과 비평 능력의 부족
- 작품의 창조적 재구성 능력의 부족

(2) 수학과 영역별 학습부진 학생의 특성

〈수학 교과목 각 영역별 특성〉

• 기본 연산: 빠르고 정확한 처리의 어려움
• 응용 문제: 문제를 읽고 이해하는 데 필요한 읽기 능력, 기본 계산 능력, 단기기억 능력의 부족
• 수학 개념의 이해: 기본적인 수학 개념(크기, 양, 대소, 순서 등)과 추상적인 수학 개념(집합, 확률)의 어려움
• 도형: 선과 면, 기본 개념과 수리적 연산, 공간 시각화 등 복잡한 인지 과정을 요구하는 부분에서의 어려움

---

3) 교과별 지도 방법

(1) 국어과

교사와 학생 간 상호작용의 결정적 요인은 수업 대화의 질에 달려 있다. 따라서 국어과 지도 시 교사가 발문을 어떻게 하면 효과적인지 발문 전략과 예시를 알아보기로 한다.

① 구체적이고 명시적인 발문은 어떻게?
● 가르치려는 지식 또는 기능에 대해 명시적으로 설명하라.
> **예** "오늘은 문단의 중심 내용을 찾는 방법을 알아보겠습니다. 문단의 중심 내용을 찾으려면, 글을 읽을 때 중요하다고 생각하는 단어에 동그라미를 치거나 밑줄을 그으면서 읽어 보면 됩니다."

● 시범은 구체적으로 보이라.
> **예** "문단의 중심 내용은 어떻게 찾을 수 있을까? 먼저 선생님이 이 문단의 중심 내용을 찾아볼게요."(한 문장씩 읽는다.)
> "봄에는 꽃이 핍니다. 봄에는 겨울잠을 자던 동물들이 나옵니다……."

"어, 보니까 봄에 대한 설명이네. (봄에 동그라미를 친다.) 봄의 무엇에 대한 설명일까? 꽃이 피고, 겨울잠 자던 동물들이 나오고……. 봄이 오면 일어나는 변화에 대한 설명인가 보다. 그러면 '봄에 일어나는 변화'라고 하면 되겠다."

② 학생 발문에 대해 반응하는 역할은 어떻게?

- 질문을 구체화하라.

  예 "~에 대하여 더 자세하게 이야기해 볼까요?"
  "~와 다른 점은 무엇일까요?"
  "~가 왜 맞다고 생각하는지 말해 줄래요?"

- 대화 주제를 초점화하라.

  예 "우선 ~에 대해서만 이야기 나누어 봅시다. ~에 대해서는 그다음에 말하기로 해요."

- 복잡한 질문은 단계적으로 하라.

  예 "첫 번째 질문으로는 ~에서 등장인물이 누구일까요? 옳지, 잘했어. 두 번째 질문으로는 ~의 성격에 대해서 말해 줄래요?"

- 학생의 반응을 수업 내용과 연결시켜라.

  예 "○○의 말은 우리가 배운 ~와 관련이 있네요."

③ 학생의 흥미를 지속시키고 참여를 이끌어 내려면 어떻게?

- 칭찬하라.

  예 "오늘 수업 태도가 굉장히 훌륭하네요."
  "아주 잘했구나!"
  "옳지, 그렇게 하는 거야."

- 가끔 모르는 척 딴청을 부려라.

  예 "선생님은 기억이 잘 나지 않는데 ○○○의 뜻이 무엇이죠?"

- 학생의 반응을 기다려라.
- 학생에게 교사의 역할을 넘겨라.

> **예** "○○가 다음 사람을 지정해 주세요."

(2) 수학과

① **통합학급에서의 수학 지도 방향**

단순히 선수 학습기능이 약하다는 이유로 단순 연산 문제만을 한 시간 내내 해결하는 과제를 하는 수업은 지양되어야 한다. 이들 나름대로의 수준에서 실생활에 수학을 활용하거나, 실생활에 수학이 가지고 있는 의미를 느끼고 접할 수 있는 기회를 제공해야 한다.

② **일반적인 지도 방안**

- 성취 가능한 최저 수준의 학습에서 높은 수준의 학습으로 점진적으로 목표에 접근시킨다.
- 학습에 대한 흥미와 자신감을 가질 수 있도록 학습 활동을 자신이 선택하고 해결할 수 있는 참여학습 기회를 제공한다.
- 자기의 학습 속도나 능력에 맞게 과제를 숙달할 수 있도록 복잡한 내용이나 단계는 피한다.
- 가능한 한 피드백 기회를 많이 준다.
- 성공할 경우에는 즉시 보상을 주어 강화시킨다.
- 힌트나 암시를 적절하게 주고, 교수-학습 자료를 다양하게 제공한다.

4) 통합학급 수업 시간에 사용할 수 있는 지도 방법

(1) 국어 시간

- 책을 읽을 때는 친구와 같이 손가락을 대어 가며 읽을 수 있도록 한다.
- 글을 자유롭게 읽을 수 있는 학생은 학습 목표를 읽도록 한다.
- 받아쓰기를 할 때 친구의 것을 보고 쓰게 하거나 아는 글자만 쓰도록 한다.
- 집중력을 높이기 위해 정보를 묶어서 짧게 제공한다.

- 수업의 효율성을 높이기 위해 동영상이나 그림 등 시각적 자료를 사용한다.
- 들은 내용을 잘 기억하기 위해 친구와 말 모방 훈련을 한다.
- 일기 쓰기, 메모하기, 알림장 쓰기를 통해 글을 쓰는 훈련을 지속적으로 제공한다.
- 신문광고 읽기, 표지판 읽기, 버스 노선 읽기 등 생활에서 활용하도록 지도한다.

(2) 수학 시간

- 짝꿍이 빨리 푼 문제의 답을 베껴 쓸 수 있도록 한다.
- 초보적인 개념을 경험하도록 한다. 예를 들면, 길이 재기는 자 대고 줄 긋는 활동, 점 잇기 활동 등으로 다양하게 경험할 수 있게 한다.
- 계산기를 이용해서 형식 계산을 경험하게 한다.
- 수 개념과 기초 연산 개념을 이해하도록 구체적인 조작 경험을 많이 제공한다.
- 과제 분석을 하여 단계적으로 제시하고, 한꺼번에 너무 많은 문제를 주지 않는다.
- 수학적 개념이나 공식은 노래와 율동을 통해 다양한 감각을 이용한다.
- 수학적 연산도 중요하지만, 가게에서 물건 사기처럼 실제 생활에 활용할 수 있는 것을 중심으로 지도한다.

(3) 사회 시간

- 사회와 관련된 개념을 설명할 때는 시각적 자료를 활용한다. 예를 들면, 우체국에서 편지나 소포를 배달하는 장면은 잡지 또는 신문에서 관련된 내용과 그림을 찾아 오려 붙이는 활동을 대신한다.
- 수업 목표와 관련된 중요 개념이나 핵심 단어는 써 보도록 한다.
- 컴퓨터를 통한 동영상이나 시뮬레이션을 제시할 때 교사의 컴퓨터를 조작하거나 텔레비전의 전원을 조작하는 역할을 준다.
- 사회과는 한 장면에 여러 개념을 담고 있다. 이런 경우 가능하면 한 문장으

로 요약해서 말해 준다. 예를 들면, 교통과 관련해서 안전한 생활은 신호등이 파란불일 때 길을 건넌다고 알려 준다.

- 지역사회 자원을 활용하여 체험학습을 한다. 예를 들면, 학교 주변의 동사무소나 소방서 등을 견학한다.

(4) 과학 시간

- 체험활동에 중심을 두어 지도한다. 예를 들면, 공기와 풍향을 학습할 때 장애학생은 부채질하기와 풍선 날리기로 대신하며 개념을 형성할 수 있다.
- 실험을 준비할 때 할 수 있는 일을 찾아서 역할을 정해 준다. 예를 들면, 수조에 물 떠오기나 실험 도구 정리는 충분히 할 수 있다. 또 식물의 자람 단원에서는 1인 1역할과 연계하여 화분에 물 주기를 할 수 있다.
- 태양과 우주와 같이 추상적인 개념은 모형이나 구체적인 조작 자료를 통해 개념을 형성하도록 도와준다.
- 힘과 운동, 전기, 파동의 단원에서 실험을 할 때 안전사고에 유의하며 장애학생이 알코올램프나 위험한 용액과 되도록 멀리 있도록 자리를 배정할 수 있다.
- 인터넷을 자유롭게 쓰거나 컴퓨터로 문서 작성을 할 수 있는 학생이라면 최신 과학이나 과학자 이야기, 시사성 있는 과학 내용을 찾아서 수업 시간에 친구들에게 보여 주도록 하는 방법도 좋을 것이다.
- 실험 기구는 장애학생에게 친숙한 음료수 통이나 아이스크림 통, 우유 상자와 같은 폐품을 활용하면 수업의 흥미를 높일 수 있으며 깨지지 않고 편리하다.

(5) 체육 시간

- 집단에 함께 참여하는 놀이 활동으로 학습 내용을 구조화하여 즐거움과 만족감을 느끼며 기초 체력을 향상하고 집단 내에서 어울리는 방법을 알게 한다.
- 체육 교과는 장애학생의 특성을 고려하여 수업 구성 및 경기 규칙 등을 수

정해 준다.

- 달리기를 잘하지 못하는 장애학생은 친구와 손을 잡고 뛰게 한다.
- 전체 달리기를 할 때 지체장애 학생은 달리는 거리를 줄여 준다.
- 지체장애 학생은 이동이 적은 활동에서 성취감을 맛보도록 한다.
- 집단 활동에서 이탈이 많은 장애학생은 친구들이 도움을 줄 수 있도록 한다.
- 시각장애 학생은 이동하는 데 단서가 될 수 있도록 소리 나는 도구를 이용한다.
- 집단 활동 시 장애학생이 속한 조에도 경기 규칙을 수정해 준다.

(6) 음악 시간

- 음악적 개념은 의미 있는 신체적 활동과 함께 연관 지어 지도한다. 예를 들면, 올라가는 멜로디의 경우 손을 같이 위로 올리며 노래한다.
- 음정, 리듬, 소리의 세기, 소리의 색깔을 느낄 수 있도록 아침 자습 시간이나 쉬는 시간, 자투리 시간에 전래동요나 피아노, 플루트, 바이올린 등의 연주곡을 들려준다.
- 앞 소절을 부르면 친구들이 뒤 소절을 따라 부르는 경험을 하게 한다.
- 소리의 세기나 특정 음에 부적응을 보이는 자폐학생은 점차적으로 소리를 들려주어 적응하게 한다.
- 장애학생이 리듬악기를 쳐야 할 순서가 왔을 때는 단서를 제공한다.
- 청각장애 학생은 잔존 청력을 최대한 활용할 수 있도록 하고, 메트로놈 등의 시각적 정보를 활용한다.
- 시각장애 학생은 악보 작성에 필요한 음표를 표기할 때 손상된 시각 대신 촉각을 사용하도록 한다.

(7) 미술 시간

- 기본적인 그리기 활동을 충분히 경험하도록 두꺼운 도화지, 색지, 스케치북, 달력 종이를 제공하여 학생이 마음대로 그리도록 한다.
- 형태 감각을 발달시키기 위해 밑그림을 그려 주어 대고 그리도록 여러 가지

모양 그림을 코팅해서 제공한다.

● 색칠하기는 색의 이름을 알려 주고 구분하여 색칠하도록 한다.

● 오리기 활동은 단계적으로 접근한다(예: 직선 오리기 – 직각 오리기 – 곡선 오리기).

● 조각칼이나 위험한 학습 자료를 다룰 때는 교사가 옆에서 도와주거나 안전한 도구로 바꾸어 준다.

(8) 영어 시간

● 발음이 부정확하더라도 말하는 활동에 중점을 두어 지도한다.

● 영어 단어를 학습하는 시간에는 단어를 외우고 암기하는 활동 대신 영어 철자의 바탕 그림을 제시하고 학생이 색칠하도록 한다.

● 노래를 이용하여 학생의 흥미를 유발한다.

● 교실에서 사용하는 간단한 지시 따르기와 관련된 표현에 중심을 두어 지도하여 학습 장면에서 사용할 수 있도록 한다.

● 영어의 억양과 강세, 발음은 교사의 바람직한 모델을 보고 따라 하도록 한다.

요약 📖

1. 국어과 영역별 학습부진 학생의 특성

- 듣기 영역의 부진: 내용 확인 능력의 부족, 추론 능력의 부족, 평가와 감상 능력의 부족
- 읽기 영역의 부진: 한글 미해득 및 낱말 이해 부족, 사실적 이해 능력의 부족, 추론 능력의 부족, 평가와 감상 능력의 부족
- 쓰기 영역의 부진: 맞춤법에 대한 개념 부족, 문장 유형과 문장 성분에 대한 이해 부족, 쓸 내용을 생각하는 능력의 부족, 내용 조직 능력의 부족, 표현 능력의 부족
- 문법 영역의 부진: 문장 구성 성분에 대한 이해 부족, 낱말의 분류 및 일반화 방법의 부족, 지식 판단과 적용 능력의 부족
- 문학 영역의 부진: 내용 이해 능력의 부족, 감상과 비평 능력의 부족, 작품의 창조적 재구성 능력의 부족

2. 수학과 영역별 학습부진 학생의 특성

- 기본 연산: 빠르고 정확한 처리의 어려움
- 응용 문제: 문제를 읽고 이해하는 데 필요한 읽기 능력, 기본 계산 능력, 단기기억 능력의 부족
- 수학 개념의 이해: 기본적인 수학 개념과 추상적인 수학 개념의 어려움
- 도형: 선과 면, 기본 개념과 수리적 연산, 공간 시각화 등 복잡한 인지 과정을 요구하는 부분에서의 어려움

3. 국어과 지도 방법

① 구체적이고 명시적인 발문은 어떻게?
- 가르치려는 지식 또는 기능에 대해 명시적으로 설명하라.
- 시범은 구체적으로 보이라.

② 학생 발문에 반응하는 역할은 어떻게?
- 질문을 구체화하라.
- 대화 주제를 초점화하라.
- 복잡한 질문은 단계적으로 하라.
- 학생의 반응을 수업 내용과 연결시켜라.

③ 학생의 흥미를 지속시키고 참여를 이끌어 내려면 어떻게?
- 칭찬하라.
- 가끔 모르는 척 딴청을 부려라.
- 학생의 반응을 기다려라.
- 학생에게 교사의 역할을 넘겨라.

4. 수학과 일반적인 지도 방안

- 성취 가능한 최저 수준의 학습에서 높은 수준의 학습으로 점진적으로 목표에 접근시킨다.
- 학습에 대한 흥미와 자신감을 가질 수 있도록 학습 활동을 자신이 선택하고 해결할 수 있는 참여학습 기회를 제공한다.
- 자기의 학습 속도나 능력에 맞게 과제를 숙달할 수 있도록 복잡한 내용이나 단계는 피한다.
- 가능한 한 피드백 기회를 많이 준다.
- 성공할 경우에는 즉시 보상을 주어 강화시킨다.
- 힌트나 암시를 적절하게 주고, 교수-학습 자료를 다양하게 제공한다.

05 통합학급에서
보조인력 운영 1

1. 보조인력제도의 배경과 현황을 알 수 있다.
2. 보조인력의 자세와 역할을 알 수 있다.
3. 보조인력의 활동 영역별 지원 방법을 알 수 있다.

1) 보조인력제도의 배경

〈'보조인력' 용어의 정의〉

보조인력이란 특수교육 요구 학생(장애를 지닌 학생)에게 특수교육이 이루어지는 교육 장면(특수학교, 특수학급, 일반 학급)에서 담당 교사를 도와 장애학생을 지원하는 일을 담당하는 사람을 말한다.

현장에서 보조인력제도의 도입의 필요성이 제기된 것은 크게 두 가지 차원으로 생각해 볼 수 있다. 하나는 특수교육 교사 1인에게 맡겨진 과다한 장애학생 수로 인해 초래되는 교육 서비스 문제의 해결이요, 다른 하나는 일반 학급에서의 장애학생에 대한 교육적인 조치다. 대부분의 특수학교 재학생은 다양한 장애 특성과 개인차가 심한 중도·중복장애 학생들로 구성되어 있어서 교사 1인이 다수의 각기 다른 특성과 요구를 지닌 학생에게 충분한 교육 활동을 전개하면서 학급의 모든 관리를 감당하기에는 한계와 어려움이 있다. 특히 중도·중복장애 학생의 지적 및 신체 기능의 이중장애로 인해 교사는 학습지도나 생활지도 시 더 많은 고충을 가지게 되어 개별 학생의 요구에 적절한 교육을 제공하지 못하게 된다. 또한 일반 학교의 경우, 일반 학급에서의 수업 지원을 위한 인력 부족으로 장애학생들은 제대로 된 교육을 받을 수 없다. 실제로 일반 학급에 있는 장애학생의 과잉행동이나 자리 이탈 등 행동을 관리하고 학업 장면에서 적절한 지원을 할 인력의 부족 현상은 일반 교육 현장에서 통합교육을 기피하는 상황으로 몰고 가는 주요 원인이 되기도 한다. 이러한 현실적인 문제를 해결하고자 특수교육 및 통합교육 현장에 교사 이외의 보조인력을 투입해야 한다는 주장이 강하게 제기되고 있는 상황이다. 그러나 학부모들의 요구에 의한 보조인력제도는 보조인력만 있으면 우리 학생은 완전통합을 할 수 있다는 몇 가지의 오류를 포함하고 있다. 장애학생의 개별화된 지원과 교육이 포함되지 않은 통합은 물리적인 통합 수준 이상의 의미는 아니다. 보조인력은 단순히 학생을 보살피는 것 이상으로 학생을 교육할 책임을 가지고 있는 학교교육의 주요한 요원임에는 틀림이 없으며, 교육을 책임지기 위해서 교사를 통해서 충분한 사전 교육과 수업 협의, 수업평가 등이 필수적으로 이루어져야 한다(강경숙, 강영택, 김성애, 정동일, 2002). 따라서 특수교육 상황에서 보조인력 운영의 현황을 파악하고, 그 요구를 분석하여 보조인력의 자원 및 역할, 선발과 배치, 복무 및 관리를 중심으로 한 보조인력 운영 방안을 우리 실정에 맞게 제시할 필요성이 있다.

2) 보조인력제도의 현황

일반 학교에서 교육받는 장애학생에 대한 교육의 책임이 특수교사 혼자의 몫인 특수학급의 현실 속에서 보조교사의 필요성에 대해서는 지속적으로 문제가 제기되어 왔다. 특히 일반 학급에서 이루어지는 교육이 물리적 통합에 그치지 않고 의미 있는 통합교육이 되기 위해서는 보조인력이 반드시 필요하다.

보조인력제도는 이와 같은 사정의 절박함 때문에 국가적인 차원에서 논의되기 이전에 학부모 개인이 비용을 부담하여 학생의 학교생활을 돕는 개인보조인력(개인 보조교사)을 두는 것에서 시작하여 단위 학교에서 뜻이 맞는 부모들이 비용을 추렴하여 보조인력을 고용하는 등 개별적인 접근 속에서 싹을 틔우게 되었고, 마침내 2000년 인천 지역에서 최초로 교육청이 예산을 지원하여 보조인력이 배치되었다. 우리나라에는 2001년에 보조인력 도입 방안이 제시되었고, 2002년 국립특수교육원에서 보조인력 운영 방안 연구를 수행하여 2004년부터 전국적으로 보조인력제도를 운영하고 있다.

3) 특수교육 보조인력의 목적

교수-학습 활동, 신변 처리, 급식, 교내외 활동, 등하교 등 특수교육 대상자의 교육 및 학교 활동에 대하여 보조 역할을 담당하는 특수교육 보조인력 지원을 통해 특수교육의 질을 제고하는 것[「초·중등교육법」 제59조(통합교육), 「장애인 등에 대한 특수교육법」 제22조(개별화교육), 제28조(특수교육 관련 서비스)]을 목적으로 한다.

4) 보조인력의 역할

보조인력의 역할로는 '교사의 교수 지원, 교수 자료 개발, 문서 관리, 통학 보조, 식사 지원, 여가 시간 지원, 도우미 역할 등을 수행해 낼 수 있어야 한다.'고 제안하고 있다. 학생으로 하여금 학습 내용을 이해하도록 하고, 학급 활동 시간에 다른 아이들과 같이 참여할 수 있도록 도와주며, 사회성 향상을 위하여 장애 학생과 다른 학생 간에 다리 역할을 하고, 다른 학생들로부터 차별을 받거나, 따돌림 당하거나 혹은 가해를 받지 않도록 도움을 주는 역할을 제시하고 있다.

보조인력의 정의 및 법적 조항에 근거한다면, 보조인력은 교수 능력을 가진 자로서 전문가의 감독하에 교수 지원을 하는 것으로 요약될 수 있고, 이러한 개념은 보조인력의 역할을 규명하는 기초적인 틀을 제시한다. 통합교육의 실제에서 보조인력에 대한 의존도는 꾸준히 높아지고 있다. 자격을 갖춘 전문가의 지도 아래 훈련된 보조인력은 교사의 계획된 교수를 실행하고, 긍정적인 행동지원 계획을 이행하고, 운동장이나 수련 활동 등의 단체생활 환경에서 장애학생을 보살필 수 있고, 사무적인 일을 함으로써 교사가 교수 시간을 더 확보할 수 있게 한다. 보조인력은 제한이 많은 분리된 교육 환경보다는 일반 학교의 일반 교실에서 중증 장애학생을 지원함으로써 일반 환경에서 장애학생이 교육받도록 할 수 있다. 그동안 특수교육 현장에서 보조인력들은 교사들의 감독과 지시를 받으면서 실제적인 역할을 담당해 온 것으로 나타났다. 역할에 대해서는 사무행정 지원, 개인적 욕구 지원, 건강 및 안정 지원, 학생 지원, 보조 장비 사용 지원, 의사소통 지원, 행동 지원, 교수적 지원, 팀의 구성원으로서의 역할 수행, 가족과의 상호작용으로 제시하고 있다.

교사의 권리를 침해하지 않으면서 한 교실에서 생활하는 교사에게 학급을 감시하고 있는 듯한 인상을 주지 않도록 해야 할 것이다.

장애학생을 지원할 수 있는 기회는 소중하다. 보조인력으로서 주어진 역할을 감당하여 특수교육 현장에 일익을 감당하는 소중한 지원이 될 것으로 본다.

06 통합학급에서 보조인력 운영 2

1. 시각장애 학생의 지원 방법을 알 수 있다.
2. 청각장애 학생의 지원 방법을 알 수 있다.
3. 정신지체 학생의 지원 방법을 알 수 있다.

1) 시각장애 학생의 지원 방법

(1) 직접적인 학생 지원

운동장에서 운동과 놀이, 학급 활동(장비의 관리와 유지), 이동, 시험 등에서 아이들을 관찰할 수 있다. 그리고 학생을 관찰한 보조인력은 학생 개인을 지도하기 위한 프로그램 작성 시 정보 수집, 시간 운영에 대한 모니터링, 학습 기술 기록, 환경적인 상황 모니터링, 기능적인 시력 모니터링 등을 통해 교사를 지원할 수 있다. 추가로 지원 가능한 부분은 조기 촉각 학습, 조기 점자 읽고 쓰기, 타자, 안내 기술, 실내 적응, 입기, 먹기, 수공예, 손질 등과 같은 생활 기술, 저시력 보조 기구와 장비의 모니터링 및 관리, 공학기기 활용 기술 등이다.

(2) 교수-학습 환경 준비

교수-학습 환경의 준비는 학급에서 품목별 점자 라벨 붙이기, 장비 세팅, 과학이나 체육 수업에서 자료 수집과 세팅 등이 있다.

(3) 자료의 수집과 보관

시각장애 학생들은 다양한 학습 자료를 필요로 할 수 있는데, 어떤 학생은 점자 이외에 특별한 장비를 필요로 할 수 있고 또 어떤 학생은 인쇄 자료를 원할 수도 있다. 점자 사용자는 점자를 읽고 쓰기 위한 장비와 자료를 원할 수 있는데, 점자 타자기(한소네, 브레일라이트 등), 컴퓨터 소프트웨어(가라사대, 스크린리더 등), 점자용지 등이 있다. 인쇄물을 사용하는 학생들은 망원경, 확대독서기, CCTV, 확대교과서 등이 필요할 수 있다.

(4) 장비 전문가로서의 역할

학교에 있는 장비의 위치 기록, 고장 난 장비 수선, 장비의 대여·관리, 대여 목록에 고장 여부 기록, 장비 대체 요구 등이 있다.

(5) 자료의 수정과 개발

보조인력은 시각장애를 가진 학생이 학급에서 사용하게 될 학습 자료를 변환하거나 새롭게 만들어 낼 수 있어야 한다. 학생은 촉각 자료, 음성 자료, 확대된 인쇄물 등을 필요로 하기 때문이다.

2) 청각장애 학생의 지원 방법

(1) 유의할 행동

- 천천히 명확하게 말하기
- 청각장애인 쪽으로 얼굴을 향하고 말하기
- 말하는 동안 입에 물건을 물고 있거나, 입 근처에 사물을 두지 않기
- 창문이나 밝은 불빛 근처에서 떨어져서 말하기

(2) 공감대

- 좋지 않은 청력과 보청기에 의존해서 말소리를 듣는 어려움 이해하기

- 독화의 어려움 이해하기
- 청력 손실로 인한 스트레스와 분노, 피로, 사회적 고립감 이해하기

(3) 조직된 메시지

- 장황한 설명을 피하고 간결하고 통사적으로 간단한 문장 사용하기
  - 예 "난 별로 생각해 본 적은 없지만, 토요일에 할 일이 없으니 영화나 보러 가자."와 같은 장황한 문장보다는 "영화 보러 가자."와 같은 단순한 문장의 사용
- 간결한 용어를 사용하기
  - 예 "그녀 거야."보다는 "그 가방은 영희 거야."와 같은 모호함이 없는 문장의 사용

(4) 이 해

- 메시지를 이해했는지 자주 물어보기
- 그들이 말한 것을 다시 반복해 주도록 요청하기
- 메시지를 정확하게 이해했는지에 대한 피드백을 제공하기

(5) 의사소통 단절의 회복

- 메시지의 반복
- 메시지의 절을 반복하고 다른 방법으로 말하기
- 대화의 주제를 알리기 위해 중요한 단어를 반복하기
  - 예 철수가 넘어졌다는 것을 인식하지 못했을 때 의사소통 상대자는 "철수, 철수가 넘어졌어."라고 반복하기
- 적은 단어와 쉬운 단어를 사용하여 메시지를 단순화하기
  - 예 "친구가 갈색 중절모자를 가지고 왔어."라는 문장을 "철수가 모자를 가지고 왔어."라고 단순화하기
- 더 많은 정보를 제공하고 중요한 단어를 반복함으로써 정교화하기
  - 예 "나는 종이를 잘랐어."라는 문장이 잘못 이해되었을 때, 의사소통 상

대자는 "나는 가위를 갖고 있고 그 가위로 종이를 잘랐어."라고 정교
화하기

- 알고 있는 것으로 설명하고, 해당 상황에서 쉽게 이해될 수 있는 정보를 제
공하기

> [예] 원래 문장이 "지갑을 내 핸드백에 넣어 주세요."라면, 의사소통 단절
> 이 일어났을 때 "(지갑을 가리키며) 지갑을 (핸드백을 가리키며) 내 핸드
> 백에 넣어 주세요."라고 상황을 좀 더 쉽게 이해할 수 있는 정보를 제
> 공하기

3) 지적장애 학생의 지원 방법

(1) 일반적 지원

- 반복의 원리를 적용한다. 구체적으로 단계화되고 세분화된 직접교수가 효
과적이다. 따라서 보조인력은 학습 상황에서 교사가 지도한 내용에 대해 다
시 한 번 직접 모델을 보여 주고 반복 지도하는 것이 필요하다.
- 어릴 적부터 일반 학생과의 상호작용 기회를 많이 주는 것이 언어 발달과
사회성 발달에 도움이 된다. 따라서 보조인력은 점심시간과 쉬는 시간을 이
용하여 장애학생이 일반 학생과 상호작용할 수 있는 놀이 활동을 많이 유도
하는 것이 좋다.
- 보조인력은 주지 교과의 학습이 어려운 경우에는 교사의 지시에 따라 일상
생활 중심의 기능적인 교육과정이 이루어질 수 있게 한다.

(2) 행동 특성에 따른 지원

① 공격적 행동
- 학생다운 활동을 격려하기
- 학생의 공격 표출을 이해하기 마음속의 누적된 공격심을 마음껏 발산할
수 있는 기회를 제공하기

건전한 행동으로 유도하기 자신의 내적인 역동성을 긍정적인 활동으로 유
도하게끔 환경 조건을 조성하기
교사나 부모는 스스로 자기를 비판해 보기

② 지나치게 인정받으려는 행동이나 이기적 행동
관심 깊은 배려와 이해, 주의 기울이기
같은 또래와 접촉하도록 배려하기
자극 주기 칭찬과 인정을 통해 과제를 해내려는 의지와 책임감 기르기
일관된 양육 태도 예외 상황 만들지 않기

③ 고집 부리기
기다려 주기 학생이 하던 작업을 서서히 그만둘 수 있는 여유를 제공하기
결과에 대한 책임 인식시키기
일관성 있게 무시하기 부적절한 행동 시 일관성 있게 무시하기

(3) 학습 활동 지원

① 미술 교과
재료를 바꿔 주기 테이프를 잘 뜯는 학생은 풀 대신 테이프를 사용한다.
난이도 조정 곡선을 자르는 것이 어려우므로 직선 모양을 자르게 한다.
개별적인 도움 교사나 다른 학생이 과제의 일부분을 해 준다.

② 체육 교과
신체적 촉진 학생의 손이나 신체의 일부분을 잡아 주면서 도움을 준다.
언어적 촉진 말로 설명하고 강화하면서 도와준다.
새로운 역할 창출 장애학생이 할 수 있는 역할을 제공한다(달리기의 반환점
역할, 깃발 들기).

③ 수학 교과

- **난이도 조정** 쉬운 문제를 풀게 한다.
- **자료 수정** 같은 수학 문제를 일반 학생은 종이에 써서 직접 계산하고 장애 학생은 계산기로 계산한다.

④ 자연, 과학 교과

- **기능적인 활동과 연결 지도** 장애학생에게 반드시 필요한 내용을 강화시켜 서 교수한다('전류의 흐름' 단원에서 장애학생은 건전지의 +극과 −극을 구분하 고 호출기나 시계에 건전지를 바르게 끼워 넣는 활동을 한다).

요약 📝

1. 시각장애 학생의 지원 방법

시각장애 학생들은 다양한 학습 자료를 필요로 할 수 있는데, 어떤 학생은 점자 이외 에 특별한 장비를 필요로 할 수 있고 또 어떤 학생은 인쇄 자료를 원할 수도 있다. 점자 사용자는 점자를 읽고 쓰기 위한 장비와 자료를 원할 수 있는데, 점자 타자기(한소네, 브 레일라이트 등), 컴퓨터 소프트웨어(가라사대, 스크린리더 등), 점자용지 등이 있다.

2. 청각장애 학생의 지원 방법

청각장애 학생을 대할 때 메시지를 이해했는지 자주 물어본다. 그들이 말한 것을 다 시 반복해 주도록 요청하고, 메시지를 정확하게 이해했는지에 대한 피드백을 제공한다. 메시지와 메시지의 절을 반복하고 다른 방법으로 말해 본다. 대화의 주제를 알리기 위 해 중요한 단어를 반복해야 한다.

3. 지적장애 학생의 지원 방법

지적장애 학생을 대할 때는 반복의 원리를 적용한다. 구체적으로 단계화되고 세분화 된 직접교수가 효과적이다. 따라서 특수교육 보조인력은 학습 상황에서 교사가 지도한 내용에 대해 다시 한 번 직접 모델을 보여 주고 반복 지도하는 것이 필요하다.

07 통합학급에서 보조인력 운영 3

1. 지체장애 학생의 지원 방법을 알 수 있다.
2. 정서·행동장애 학생의 지원 방법을 알 수 있다.
3. 자폐성장애 학생의 지원 방법을 알 수 있다.

1) 지체장애 학생의 지원 방법

지체부자유 학생들은 운동 기능이 떨어지고 체력이 약하여 신체적인 보호나 지속적인 의료적 조치를 병행해야 할 경우가 많다. 또한 장애로 인한 심리적·정서적 어려움을 겪기도 한다. 따라서 보조인력은 이들 학생의 장애에 대한 기본적인 의료적 지식 습득과 심리적·정서적 안정을 위한 지속적인 관심과 상담도 게을리해서는 안 된다.

(1) 학생 개인에 대한 이해 및 지원

① 학생의 기초 자료 수집
- 첨부된 서류 참고하기, 부모나 전임교사, 본인과의 상담 실시하기
- 정확한 장애명, 병력, 장애 특성, 학력 수준, 가족의 수용 태도, 좋아하는 사람이나 선호하는 것(그 반대의 것)을 파악하기

② 학생의 보장구에 대한 이해

- 장애학생들이 사용하는 개인 보장구(목발, 휠체어, 보조기 등)의 사용법이나 기능, 수리와 관련된 정보 숙지하기
- 보장구는 정형외과나 재활의학과 전문의, 치료교육 교사 등의 전문적인 상담과 진단을 받아 결정하기
- 보장구를 사용하면 신체 기능에 긍정적인 변화를 가져오므로 의존적이거나 소극적인 태도를 극복할 수 있음

③ 학생의 의료적 이해

- 학생 개개인의 장애를 정확히 파악하기
- 해당 장애에 관한 원인, 특성, 교육 관련 지원 방법, 예상되는 문제점 및 해결책 등을 숙지하기
- 학생들이 상시 복용하는 약물에 대해서 인지하고 복용 시간을 일러 주기
- 체력과 면역력이 약하여 행사 후나 환절기에 유의해야 할 의료적 조치를 숙지하기
- 간질 학생이 있을 경우 꼼꼼히 체크하기

(2) 교수-학습 지원

- 기본적으로 일반적인 교과별 지도 원리와 단계를 따른다.
- 언어장애가 있거나 손으로 쓰기 어려운 경우 대체 수단을 강구한다.
- 동시에 여러 가지 답변을 요구하는 질문을 피한다.
- 대화할 때 인내를 가지고 기다려 준다.
- 과제 수행이나 시험 시간을 연장해 준다.
- 정당한 격려와 강화를 준다.
- 지명이나 과제물 검사에서 제외하거나 예외를 두지 않는다.
- 같은 과제라도 수행 가능한 형태로 재구조화하여 제시한다.
- 보조인력의 지원이 쉽게 이루어질 수 있는 자리에 앉힌다.
- 필요할 경우 휠체어나 체형의 지지를 위해 주문 제작된 의자 및 책상을 마

련한다.

학생이 요청할 때는 쉴 수 있게 한다.

간질을 보이는 학생의 경우 환절기나 시험 기간에는 특히 주의를 기울인다.

(3) 또래 학생들에 대한 중재

또래 학생들과 동등한 기회를 제공하고 동등한 기준으로 평가한다.

또래 학생들의 고충에 항상 귀 기울여 들어 준다.

장애학생의 입장을 객관적으로 대변한다.

또래 학생들이 장애학생을 돕는 일을 학생들 스스로 결정하도록 한다.

학급 내에서 장애인에 관한 긍정적인 화제를 자연스럽게 다룬다.

장애학생이 학교 및 학급 내 모든 활동에 참여하도록 유도한다.

2) 정서·행동장애 학생의 지원 방법

(1) 자신의 감정을 조절하지 못할 때

교실이 아닌 장소를 이동하여 분위기를 바꾸어 준다.

장소를 이동하여 감정을 가라앉힐 수 있는 시간을 준다.

갈등 상황이나 과제를 수행해야 하는 상황을 설명하며 이해시킨다.

(2) 관심을 끌려는 행동이나 위협을 할 때

아주 심각한 자해 행동이 아닌 경우에는 무시하는 것이 좋다. 무시를 하면 주의를 더 끌기 위해 일시적으로 자해 행동이 심해지기도 하는데, 자해 행동이 주의를 끄는 방법이 아님을 깨달을 때까지 태연하게 지속적으로, 무시하는 것이 좋다. 무시할 때는 일반 학생과 미리 약속해서 함께 하는 것이 필요하다.

심각한 자해 행동일 때는 화를 내거나 당황하지 말고 제지한다. 감정 변화가 없는 침착한 표정으로 신속하게 제지하는 것이 좋다. 제지한 후에는 야단을 치기보다는 무시한다. 교사나 학생이 장애학생의 행동에 당황하거나 흥분하면 그것이 장애학생에게는 강화 요소로 작용할 수 있다.
- 자신의 감정 폭발 후의 결과에 대해 수시로 이야기해 주며 이해시킨다.
- 타인에 대한 관심을 긍정적인 행동으로 표현할 때 칭찬해 준다.

3) 자폐성장애 학생의 지원 방법

'사회성 발달장애'를 자폐의 일차적인 장애로 인식함에 따라 자폐학생 교육 역시 사회성 발달을 촉진할 수 있는 기능적인 언어교육에 초점을 두고 강조하게 되었다. 이에 자폐학생이 통합교육을 통해 언어와 인지, 사회성 발달을 촉진할 수 있도록 도와주어야 한다. 그러므로 보조인력은 장애학생이 되도록 다른 학생과 접촉할 수 있는 기회를 주고, 또래 학생과 함께 학습하고 상호작용할 수 있는 기회를 제공할 수 있는 방법을 교사와 협의하여 지원하도록 한다.

(1) 이상한 몸짓을 자꾸 할 때

자폐성장애 학생이 같은 말을 되풀이하거나 이상한 몸짓을 반복적으로 할 때 옆에서 그 말이나 행동을 따라 하는 것은 옳지 않다. 그렇게 하는 것이 바람직한 행동인 줄 알고 계속할 수 있기 때문이다.

보조인력은 학생이 어디가 불편해서 그런지 물어보고, 대답하지 않고 계속하면 그만하라고 이야기해 주어야 한다.

(2) 대화 방법

자폐성장애인과 대화할 때는 '분명한 목소리로 천천히 말하고, 말을 끝까지 잘 들어 주는 태도'가 필요하다.

말이 안 통해 간혹 바닥에 드러누워 고집을 부리거나 이상한 행동을 할 때는 특수교사에게 어떻게 해야 하는지 물어보는 것이 좋다.

(3) 수업 시간에 반향어나 혼자 중얼거림을 계속할 때

- 반향어를 할 때는 다른 말을 시키거나 다른 과제를 제시한다.
- 반향어를 자폐학생에게 말을 가르칠 수 있는 좋은 기회로 활용한다. 학생이 반향어를 할 경우 무조건 "하지 마!"라고 하는 것보다는 반향어를 이용해 가르치고 싶은 말, 학생에게 필요한 말을 지도하는 것이 필요하다. 반향어가 의미 없어 보이지만 의사소통을 위한 시도일 수 있으므로 발전시켜 주어야 한다. 예를 들어, 자폐증 학생이 "호빵맨, 호빵맨" 하고 반복해서 말하면 "어, 너 어제 호빵맨 텔레비전에서 봤니? 재미있었어?"라고 반응해 주면 학생이 자신이 한 말에 의미를 갖게 된다.
- 다른 학생들이 웃거나 따라 하지 않도록 지도한다. 다른 학생들이 반향어가 재미있어서 따라 하거나 웃을 경우 상황과 때에 맞지 않는 반향어를 더 하거나 심해질 수 있다.

(4) 자해 행동을 할 때

자해 행동(손 물기, 뛰어내리기)은 일반적으로 과제가 하기 싫거나 어려울 때 회피 반응으로 나타나거나, 목적하는 바를 이루려고 주의를 끌기 위해 시도되기도 한다.

〈어렵거나 하기 싫은 과제의 회피 반응일 때〉

- 쉬운 과제를 주거나 줄여 준다.
- "쉬었다 할래요." "이거 어려워요. 도와주세요." 등 휴식이나 도움을 요청할 수 있는 말을 가르친다.
- 학생이 하고 싶어 하는 과제를 선택하게 해 준다.

---

1. 지체장애 학생의 지원 방법

지체부자유 학생들은 운동 기능이 떨어지고 체력이 약하여 신체적인 보호나 지속적인 의료적 조치를 병행해야 할 경우가 많다. 또한 장애로 인한 심리적·정서적 어려움을 겪기도 한다. 따라서 보조인력은 이들 학생의 장애에 대한 기본적인 의료적 지식 습득과 심리적·정서적 안정을 위한 지속적인 관심과 상담도 게을리해서는 안 된다.

2. 정서·행동장애 학생의 지원 방법

- 교실이 아닌 장소를 이동하여 분위기를 바꾸어 준다.
- 장소를 이동하여 감정을 가라앉힐 수 있는 시간을 준다.
- 갈등 상황이나 과제를 수행해야 하는 상황을 설명하며 이해시킨다.
- 아주 심각한 자해 행동이 아닌 경우에는 무시하는 것이 좋다.
- 심각한 자해 행동일 때는 화를 내거나 당황하지 말고 제지한다.
- 자신의 감정 폭발 후의 결과에 대해 수시로 이야기해 주며 이해시킨다.
- 타인에 대한 관심을 긍정적인 행동으로 표현할 때 칭찬해 준다.

3. 자폐성장애 학생의 지원 방법

'사회성 발달장애'를 자폐의 일차적인 장애로 인식함에 따라 자폐학생 교육 역시 사회성 발달을 촉진할 수 있는 기능적인 언어교육에 초점을 두고 강조하게 되었다. 이에 자폐학생이 통합교육을 통해 언어와 인지, 사회성 발달을 촉진할 수 있도록 도와주어야 한다. 그러므로 보조인력은 장애학생이 되도록 다른 학생과 접촉할 수 있는 기회를 주고, 또래 학생과 함께 학습하고 상호작용할 수 있는 기회를 제공할 수 있는 방법을 특수교사와 협의하여 지원하도록 한다.

08 | 통합학급에서 보조인력 운영 4

1. 의사소통장애 학생의 지원 방법을 알 수 있다.
2. 학습장애 학생의 지원 방법을 알 수 있다.
3. 건강장애 학생의 지원 방법을 알 수 있다.

1) 의사소통장애 학생의 지원 방법

● 긍정적인 분위기 조성하기
  - 말장애 학생들을 말더듬이 등으로 생각하여 의뢰하지 않기
  - 말·언어 전문가와 가까이 지내면서 제안을 듣고, 특정한 기술을 익히려고 노력하기
  - 학생을 격려하기
  - 학급에 있는 다른 학생처럼 그 학생을 수용하기
  - 말로 하는 집단 활동에 참여할 수 있는 기회 제공하기
  - 적절한 말의 모델을 보여 주고 연습할 기회 제공하기
  - 학생이 말할 때 눈 맞추기
  - 좋은 의사소통 대상자가 되어 주기
  - 학생의 문장을 중단시키지 말기
  - 적절한 때에 교실의 다른 학생들에게 장애학생의 수용과 이해에 대해 교육하기

- 학생 자신의 말을 점검할 수 있도록 돕기
- 연습을 위해 또래 친구와 협력하기
- 자신감을 갖게 하기
- 교수 및 자료 수정하기
  - 동기 유발 체계를 설정하기
  - 한 구절에서 핵심이 되는 음절과 단어를 알 수 있도록 자료를 강조하기
  - 듣기 연습 기회를 주어 소리를 변별할 수 있도록 돕기
  - 학생들의 읽기를 녹음하여 생략, 첨가, 대치 혹은 왜곡 등 자신의 말을 평가하게 하기
  - 경쟁적인 활동은 학생에게 스트레스를 주며, 보다 많은 오류를 가져오므로 강조하지 않기
- 부모가 자녀와 함께 할 수 있도록 격려하기
- 학생 자신의 전략을 가르치기
  - 심호흡 혹은 상상을 통해 이완하는 것을 가르치기
  - 개인적으로는 만들어 낼 수 없는 반응을 끌어내는 집단에 참여하도록 격려하기
  - 실제 상황에서 친구와 함께 기술을 연습하게 하여 실제 사물이 있을 때 두려워하거나 조바심을 내지 않도록 하기
  - 그들 자신의 말을 녹음하여 오류에 대해 주의 깊게 듣게 함으로써 정확한 음과 부정확한 음을 변별할 수 있게 하기
  - 학생들을 긴장시키는 특정한 사람이나 상황에 대처하는 전략을 보충하도록 돕기

2) 학습장애 학생의 지원 방법

(1) 개별화된 교육 실시

보조인력은 교사의 지시에 따른 보충교육보다는 학생의 특성에 맞는 개별화

된 교육을 실시해야 한다.

- **읽기** 단어를 빠뜨리고 읽거나 첨가, 단어를 거꾸로(예: 자기 → 기자) 읽고 쓰므로 이러한 읽기의 오류 패턴을 파악하여 개별화된 지도하기
- **수학** 자리 값 이해, 다른 방식의 계산법을 이용(예: 더하기 세로 셈은 일반적으로 오른쪽에서 왼쪽으로 계산하나 왼쪽에서 오른쪽으로 계산함을 고집함)하므로 이러한 오류 패턴을 파악하여 개별화된 지도하기

(2) 시범 보이기

학생들이 어려움을 겪고 있을 때 보조인력이 시범을 보임으로써 부담감을 줄이고 동기를 부여해 준다.

(3) 촉진 · 촉구법 사용하기

촉진은 학생들의 참여를 유도하는 교사의 언어적 · 신체적 도움으로, 수업의 주요 요소가 된다. 그러므로 보조인력은 교사의 수업 진행 시 개별적으로 학생에게 언어적 · 신체적 촉진을 사용하여 학습 활동에 의미 있게 참여하도록 유도한다. 촉진은 교수와 교사의 시범 후 즉각적으로 이루어져야 하며, 점진적으로 소멸되도록 하여야 한다.

- **신체적 촉진** 연필 잡기, 공책 펼쳐 주기 등 학생에게 신체적인 도움을 준다.
- **시각적 촉진** 줄을 그어 주기라든지 시각적으로 돋보이게 하여 학생이 과제에 집중하도록 한다.

3) 건강장애 학생의 지원 방법

(1) 지원자로서의 역할

- 무엇보다도 건강장애 학생을 맡고 있는 교사는 학교, 가족, 의료팀 간의 중

계자로서의 역할을 하는 것이 중요하다. 학생의 학습을 책임지는 교사들뿐만 아니라, 건강장애를 가진 학생의 형제의 교사와도 정보를 교환하는 것이 바람직하다.

- 학생이 갖고 있는 질병과 그 합병증에 대해 잘 알고 있을 필요가 있다. 교사와 그 밖의 지원자들은 학생들을 관찰하고 변화를 모니터링하여 문제를 조기에 발견할 수 있는 위치에 있다.
- 의료진과 학생 건강 상태에 대해 적극적으로 의사소통하기 위해 노력해야 한다.
- 건강장애 학생들이 경험할 수 있는 사회 · 정서적 문제를 고려하여 또래 수용, 자긍심, 심리적 기능, 장기 결석 후의 학교 사회로의 복귀 등에 대해 민감하게 계획하고 대처해야 한다.
- 학생의 질병 상태에도 불구하고 그들의 학업적 성취에 대하여 적절한 기대를 가져야 한다. 과제의 양이나 제출하는 시간, 시험 등에 관하여 융통성을 발휘해야 하지만, 학생의 최종적인 과제의 질이나 숙달 수준에 대하여서는 확고한 기대 수준을 유지해야 한다.

(2) 학교생활을 위한 지속적인 지원

만성적 건강장애를 가진 학생들 중에는 학교에 있는 시간 중에도 일상적인 보건교사 직무 이상의 건강 관리를 필요로 하는 경우가 있다. 이 경우, 대부분의 학생들은 특수교육 대상자로 분류되지 않으면서도 필요한 건강 관련 서비스를 받기를 원하고 있기 때문에 이에 대한 대처가 필요하다. 단, 장기간의 결석이나 질병 및 치료의 결과로 인해 특수교육적 지원이 필요한 경우도 있으므로 개별 학생의 상태에 대한 진단과 이에 따라 필요한 교육적 · 의료적 서비스를 제공하는 것이 바람직하다. 또한 학교에서의 약물 복용과 응급 상황 시 대처 등에 대해서도 학교 측에서 구체적 절차를 수립해 놓는 것이 좋다.

요약

1. 의사소통장애 학생의 지원 방법

① 긍정적인 분위기 조성
- 학생을 격려하기
- 학급에 있는 다른 학생처럼 그 학생을 수용하기
- 말로 하는 집단 활동에 참여할 수 있는 기회를 제공하기
- 적절한 말의 모델을 보여 주고 연습할 기회를 제공하기
- 학생이 말할 때 눈 맞추기
- 좋은 의사소통 대상자가 되어 주기

② 부모가 자녀와 함께 할 수 있도록 격려하기

③ 학생 자신의 전략을 가르치기
- 개인적으로는 만들어 낼 수 없는 반응을 끌어내는 집단에 참여하도록 격려하기
- 실제 상황에서 친구와 함께 기술을 연습하게 하여 실제 사물이 있을 때 두려워하거나 조바심을 내지 않도록 하기

2. 학습장애 학생의 지원 방법

① 개별화된 교육 실시
② 시범 보이기
③ 촉진 · 촉구법 사용하기

3. 건강장애 학생의 지원 방법

- 무엇보다도 건강장애 학생을 맡고 있는 교사는 학교, 가족, 의료팀 간의 중계자로서의 역할을 하는 것이 중요하다. 학생의 학습을 책임지는 교사들뿐만 아니라 건강장애를 가진 학생의 형제의 교사와도 정보를 교환하는 것이 바람직하다.
- 학생이 갖고 있는 질병과 그 합병증에 대해 잘 알고 있을 필요가 있다. 교사와 그 밖의 지원자들은 학생들을 관찰하고 변화를 모니터링하여 문제를 조기에 발견할 수 있는 위치에 있다.
- 의료진과 학생의 건강 상태에 대해 적극적으로 의사소통하기 위해 노력해야 한다.

09 개별화교육계획(IEP)

1. 개별화 교육의 개념과 법적 근거를 이해하고 설명할 수 있다.
2. 개별화교육계획의 구성 요소를 이해하고 적절한 평가를 할 수 있다.

1) 개별화교육계획(IEP)의 개념

(1) 개별화 교육의 정의

「장애인 등에 대한 특수교육법」 제2조(정의) 제7항에는 개별화 교육에 대하여 다음과 같이 정의하고 있다.

'개별화교육' 이란 각급 학교의 장이 특수교육 대상자 개인의 능력을 계발하기 위하여 장애 유형 및 장애 특성에 적합한 교육 목표 · 교육 방법 · 교육 내용 · 특수교육 관련 서비스 등이 포함된 계획을 수립하여 실시하는 교육을 말한다. 즉, 특수교육 대상자의 학업 성취를 위하여 적절한 교육계획을 수립하여 교육하여야 함을 의미하는데, 이는 특수교육 대상 학생들을 위하여 국가 수준의 교육과정, 학교 수준의 교육과정, 학급 수준의 교육과정과 함께 이 학생만을 위한 교육계획이 별도로 작성 · 제시되어야 함을 의미한다.

(2) 개별화교육계획의 구성 요소

개별화 교육을 실천하기 위해서는 앞서 살펴본 것처럼 개별화교육계획 (Individualized Education Program: IEP)을 작성하여야 하는데, 「장애인 등에 대한 특수교육법 시행규칙」 제4조 제3, 4항에서는 개별화교육계획에 포함되어야 할 사항을 다음과 같이 제시하고 있다.

> 개별화교육계획에는 특수교육 대상자의 인적 사항과 특별한 교육 지원이 필요한 영역의 현재 학습 수행 수준, 교육 목표, 교육 내용, 교육 방법, 평가 계획 및 제공할 특수교육 관련 서비스의 내용과 방법 등이 포함되어야 한다.

> 각급 학교의 장은 매 학기마다 개별화교육계획에 따른 각각의 특수교육 대상자의 학업 성취도 평가를 실시하고, 그 결과를 특수교육 대상자 또는 그 보호자에게 통보하여야 한다.

(3) 개별화교육지원팀

개별화 교육을 계획하고 실천하기 위해서는 개별화교육지원팀을 구성하여야 하는데, 이에 대해 「장애인 등에 대한 특수교육법」 제22조 제1, 2항, 동법 시행규칙 제4조 제1, 2항에서는 다음과 같이 명시하고 있다.

① 「장애인 등에 대한 특수교육법」 제22조
- 각급 학교의 장은 특수교육 대상자의 교육적 요구에 적합한 교육을 제공하기 위하여 보호자, 특수교육 교원, 일반 교육 교원, 진로 및 직업 교육 담당 교원, 특수교육 관련 서비스 담당 인력 등으로 개별화교육지원팀을 구성한다.
- 개별화교육지원팀은 매 학기마다 특수교육 대상자에 대한 개별화교육계획을 작성하여야 한다.

② 「장애인 등에 대한 특수교육법 시행규칙」 제4조

- 각급 학교의 장은 법 제22조 제1항에 따라 매 학년의 시작일부터 2주 이내에 각각의 특수교육 대상자에 대한 개별화교육지원팀을 구성하여야 한다.
- 개별화교육지원팀은 매 학기의 시작일부터 30일 이내에 개별화교육계획을 작성하여야 한다.

개별화교육지원팀 협의록(1차)

■ 일시   ○○○○년 ○○월 ○○일(수) 00:00~00:00

■ 참석자   교장, 교감, 특수교육 담당교사, 통합교육 담당교사, 학부모, 특수교육지원인력

■ 협의 내용
1. 개별화교육지원팀 구성 및 개별화교육계획 수립
2. 특수교육 관련 서비스 및 특수교육 인력 지원 계획 수립

협의 내용 1. 개별화교육지원팀 구성 및 개별화교육계획 수립	
위원장	– A 학생에 대한 개별화교육지원팀 협의를 시작하겠습니다. 오늘 안건은 개별화교육지원팀 구성 및 개별화교육계획 수립, 특수교육 보조인력 지원 계획 수립, 원거리 특수교육 대상 학생 교통비 지원, 기타 특수교육 관련 서비스에 관한 내용입니다. 그럼 먼저 서류를 검토하겠습니다.
위원장	– 서류 검토 작업이 모두 끝나셨으면 의견을 말씀해 주시기 바랍니다.
특수교사	– 「장애인 등에 대한 특수교육법」에 의거하여 개별화교육지원팀은 학생의 개별화 교육과 관련된 인력으로 구성하며, 개별화교육계획 수립 등의 안건을 논의하게 되어 있습니다. 이에 따라 개별화교육지원팀은 위원장(교장)과 교사위원(특수교육 및 통합교육 담당 교사, 진로·직업교육 담당 교사, 보건교사 등) 외에도 A 학생을 지도하는 모든 특수교육 관련 서비스 담당 인력과 학부모의 참여를 기본으로 하고 있습니다.
위원장	– 우리 학교의 개별화지원팀 구성에 따른 자료를 보시고 더 추가되어야 할 구성원이 있으십니까?
위원들	– 없습니다.

위원장	– 그러면 현재 구성된 위원으로 개별화교육지원팀을 구성하며 법규에 명시된 안건을 처리하도록 하겠습니다. – 먼저 개별화교육계획 수립을 위한 특수교육 담당 교사의 의견을 말씀해 주시기 바랍니다.
특수 교사	– 올해 학급 특색은 '자율적으로 솔선수범하는 어린이'로 스스로 자기의 역할을 책임지고 솔선수범하도록 하며, 학생들이 학교에 잘 적응하고 즐겁고 편안한 학교생활이 될 수 있도록 노력하고자 합니다. 학생 개개인의 특성과 능력을 잘 이해하고 학생들 마음이 즐겁고 행복한 교실수업이 되도록 하며 무엇보다 기초생활 훈련이 바르게 정착되고 스스로 독립적인 생활 기능을 습득하도록 지도할 계획입니다.
특수 교사	– A 학생은 평소 소극적이고 스스로 학습하려는 자발성이 많이 부족하여 일상생활에 독립적으로 수행하는 데 어려움이 있는데, 교실 수업에 적극적으로 참여할 수 있도록 언어적 촉진과 칭찬을 많이 하려고 합니다. 또한 학생이 자발적인 언어 표현이 부족하고 수 개념이 부족하여 일상생활에서 사용되는 수 개념 및 자기 표현력이 향상되는 것에 중점을 두고자 합니다.
위원장	– 개별화교육계획 수립을 위한 학부모님 의견을 말씀해 주시기 바랍니다.
학부모	– 제 아이는 구석구석 고르게 양치하는 습관과 비누를 사용하여 손 씻는 습관이 필요합니다. 또한 대소변 표현을 전혀 하지 않고 바지에 실수를 할 수 있어서 정기적으로 쉬는 시간마다 화장실에 다녀와야 합니다.
통합 교사	– A 학생이 바르게 양치하고 손 씻는 습관을 위해 노력하겠으며, 정기적인 대소변 훈련을 실시하도록 하겠습니다.
학부모	– 또 아이가 균형감각이나 평행감각이 부족하여 잘 넘어지거나 다치는 경우가 많습니다. 또한 자세가 구부정하여 체력적으로도 많이 힘들어 합니다.
위원장	– 체육시간을 담당하는 교과전담 선생님께서 좋은 의견을 주시면 감사하겠습니다.
통합 교사	– 학생들의 균형감각 및 체력 향상을 위해 안전매트가 있는 운동기능실이나 종합놀이실에서 걷는 자세나 앉는 자세를 교정하면서 운동기능을 향상시키는 기초체력 훈련을 실시하며, 건강증진 및 생활체육 활성화를 위해 자전거나 인라인, 평균대 등을 활용하여 감각운동 향상에 주력할 계획입니다.
위원장	– 의견 주셔서 감사합니다. 학생의 개별화교육계획 수립에 참고하셔서 학생이 필요한 교육적 내용을 계획하여 주시기 바랍니다.

협의 내용 2. 특수교육 관련 서비스 및 특수교육 인력 지원 계획 수립

위원장	– 이번에는 특수교육 관련 서비스 및 특수교육 인력 지원에 관한 사항에 대해 말씀해 주시기 바랍니다.

학부모	– 저희 아이는 교과 수업이나 운동장 이동, 창체 시간 등에 보조원의 도움이 반드시 필요합니다. 아직 여러모로 수업에 도움이 필요하기 때문에 수업 참여를 위한 보조가 필요합니다. 특히 현장학습과 같은 교외 활동 시에는 안전 문제로 인하여 보조원이나 특수교사의 인솔 보조가 필요합니다.
특수교사	– A 학생의 등하교 및 점심 식사 지도와 신변처리 시 특수교육 보조인력을 지원하도록 하겠으며, 학생이 필요로 하는 교과 시간에 수업 보조를 하고, 교과 시간 외의 학교(급) 행사에는 특수교육보조원과 특수교사가 함께 보조하는 것으로 하겠습니다.
특수교사	– 특별히 올해 언어치료를 신청하여 주 1회 언어치료사의 내방 치료 지원을 받게 되었으며, 매 학기마다 통학비 신청자(보호자) 및 해당 학생에게 통학비를 지원합니다. 또한 방과 후 특수교육지원 서비스를 통해 방과 후 바우처를 지원받도록 신청하였습니다.
통합교사	– 개별화교육계획을 위한 상담은 학기 초 매 1회 실시하며, 비정기적으로 개별상담이 필요한 경우 수시로 하고 있으며, 전체 공지 및 가정통신알림은 학교홈페이지나 알림장, SNS로 안내해 드리겠습니다.
위원장	– 이상 협의된 사항을 잘 준수해 주시고, 학생의 학교생활 지원에 협조해 주시면 감사하겠습니다. 그럼 더 이상 의견 없으십니까? 이상으로 개별화교육지원팀 협의를 마치겠습니다. 감사합니다.

2) 개별화교육계획 및 평가의 실제

(1) 개별화교육계획의 작성

① 특수교육 대상 학생의 진단 및 평가

개별화교육계획의 수립을 위한 진단·평가 시에는 학생의 강점과 약점 등 전반적인 상황을 알아보기 위해 표준화 검사와 기타 검사를 실시하고, 검사자가 검사 과정에서의 소견을 적어 교육 계획의 작성에 참고하도록 한다. 그리고 학부모의 협조를 얻어 전반적인 특성(병력에 대한 기록, 친구관계, 가정환경, 학부모의 관찰 기록)에 대한 내용을 기록하도록 한다.

표준화 검사 시 주의해야 할 점은 검사 결과를 참조할 때 검사 결과만 고려할 것이 아니라 검사 과정에서 발견되는 학생의 문제 해결 특성에 주의를 기울여야 하며, 전체적인 결과보다는 하위 영역별 점수에 초점을 두어 그 결과를 학생의 교육 목표 설정에 참조하여야 한다는 것이다.

② 현재 수행 수준 파악

학생의 현행 수준을 정확하게 파악하는 것은 교육 목표 설정과 교육 실행을 위한 기초 정보가 된다. 이러한 수행 수준의 파악으로는 주로 교육과정 목표에 기초한 평가를 통해 각 교과 또는 영역에 대한 정확한 학업 성취 수준을 파악할 수있다. 그리고 형식적·비형식적 사정, 행동 특성의 기술, 체크리스트 등을 통해학생들의 학업과 행동적 특성을 파악하여야 한다.

③ 장·단기 교육 목표의 설정

장기 목표는 주로 연간 목표로서 일 년 동안 이루어져야 할 교육 목표를 말한다. 개인별 학생에 대한 연간 목표는 독특한 요구를 충족하고 능력에 맞도록 개별적으로 결정되어야 하지만, 일 년 후의 성취 정도를 정확하게 예견하기란 어려우므로 학생의 생활연령, 예상되는 학습 속도, 학생의 과거 성취 정도, 현행 수준, 목표의 현실성 등을 고려하여 합리적이고 적절하게 연간 목표를 설정하도록한다.

연간 목표가 설정되면, 그 목표를 달성하기 위하여 이를 바탕으로 단기 목표를정하게 된다. 장기 목표가 주로 포괄적인 학습 내용과 방향을 정한 것이라면, 단기 목표는 실제적인 학습 활동 내용을 말한다. 단기 목표를 계열적인 요소로 분석하는 과정에서는 과제 분석 방법을 사용하게 되는데, 과제 분석은 특정의 과제나 행동의 완성에 필요한 하위 과제나 행동의 더 작은 요소를 확인하는 것을 뜻한다. 이를 교육과정 목표와 관련지어 보면, 각 교과별로 마련한 목표에서 현재수행 능력 수준에 해당하는 항목에서 점차 한 단계 다음의 항목으로 나아가도록하여 설정한다.

이러한 단기 목표는 물론 모든 목표를 행동적인 기준을 마련하여 설정하는 것은 어렵지만 '도구를 사용할 줄 안다.' 등과 같은 모호한 진술보다는 성공적인수행 기준이 포함된 행동 목표를 포함하여 진술하는 것이 좋다.

④ 교육 목표의 평가 계획

장·단기 교육 목표가 설정되면, 목표의 성취 여부를 평가할 구체적인 평가 계획을 마련하여야 한다. 이러한 평가 계획에는 다음의 요건이 갖추어져야 한다.

첫째는 평가를 위한 목표 준거의 설정이다. 해당 과제에서 어느 정도를 성취해야만 목표를 달성하였나를 판단할 수 있는 기준을 제시하는 것으로서, 교육 목표의 평가 준거를 밝혀야 함을 말한다.

둘째는 적절한 평가 절차의 결정이다. 이는 어떤 도구와 방법으로 평가할 것인지를 결정하는 것을 말한다.

셋째는 평가의 시간 계획이다. 교사는 매일의 수업 장면에서 계속적으로 평가를 실시해야 하며, 가능한 한 계획된 단기 목표 수행이 끝난 후 월별 평가를 계획함이 바람직하며, 종합적인 평가는 학기별로 연 2회 하는 것이 바람직하다.

⑤ 특수교육 관련 서비스의 내용과 방법

「장애인 등에 대한 특수교육법」 제2조의 정의에 따라 특수교육은 특수교육 대상자의 교육적 요구를 충족하기 위하여 특성에 적합한 교육과정과 특수교육 관련 서비스 제공을 통하여 이루어지는 교육을 말한다. 여기서 특수교육 관련 서비스란 '특수교육 대상자의 교육을 효율적으로 실시하기 위하여 필요한 인적·물적 자원을 제공하는 서비스'다. 동법 제28조(특수교육 관련 서비스)와 동법 시행령 제23조(가족 지원), 제24조(치료 지원), 제25조(보조인력), 제26조(각종 교구 및 학습보조기 등 지원), 제27조(통학 지원), 제28조(기숙사의 설치·운영), 제29조(기타 특수교육 관련 서비스의 제공) 등에 근거하여 특수교육 관련 서비스를 제공하여야 한다.

동법 제16조에 따라 교육장 또는 교육감은 특수교육 대상자 선정 여부를 결정하여 부모 등 보호자에게 서면으로 통지할 때 특수교육 관련 서비스를 포함한 구체적인 교육 지원 내용도 결정하여야 한다. 이러한 과정에서 특수교육 관련 서비스가 결정되므로 학생마다 각기 다른 내용의 관련 서비스가 제공될 수 있다. 특수교육 관련 서비스를 제공하기 위한 근거와 대책을 알아보자.

특수교육 관련 서비스

- **가족 지원** 「장애인 등에 대한 특수교육법」 제28조 및 동법 시행령 제23조에 따라 교육감은 특수교육 대상자와 그 가족에 대하여 가족상담, 양육상담, 보호자 교육, 가족 지원 프로그램 운영 등의 방법으로 가족 지원을 제공하여야 한다.

- **치료 지원** 언어치료, 청능훈련, 물리치료, 작업치료, 감각 · 운동 · 지각 훈련, 심리 · 행동 적응훈련, 보행훈련, 일상생활 훈련 등 8개 영역의 활동으로 나뉘어 모든 학생을 대상으로 정해진 수업 시간에 제공된다. 치료 지원은 진단 · 평가 결과를 바탕으로 학생 개개인의 치료 지원 내용이나 방법 등이 결정된다.

- **보조인력** 「장애인 등에 대한 특수교육법 시행규칙」 제5조에 따라 보조인력은 교사의 지시에 따라 교수-학습 활동, 신변 처리, 급식, 교내외 활동, 등하교 등 특수교육 대상자의 교육 및 학교 활동에 대하여 보조 역할을 담당하게 된다.

- **각종 교구 및 학습보조기 등 지원** 「장애인 등에 대한 특수교육법 시행령」 제26조에 따라 교육감은 각급 학교의 장이 장애학생에게 필요한 각종 교구, 학습보조기, 보조공학 기기를 제공할 수 있도록 특수교육지원센터에 필요한 기구를 갖추어 두어야 한다. 학생들은 필요에 따라 각종 기기를 대여하여 사용할 수 있다.

- **통학 지원** 「장애인 등에 대한 특수교육법」 제28조에 따라 지적장애 학생의 취학 편의를 위하여 통학차량 지원, 통학비 지원, 통학 보조인력 지원 등 통학 지원 대책을 마련하여야 하며, 특히 동법 시행령 제27조에 따라 장애학생이 현장체험 학습, 수련 활동 등 학교 밖 활동에도 참여할 수 있도록 조치를 취하여야 한다.

요약

개별화교육이란, 각급 학교의 장이 특수교육 대상자 개인의 능력을 계발하기 위하여 장애 유형 및 장애 특성에 적합한 교육 목표, 교육 방법, 교육 내용, 특수교육 관련 서비스 등이 포함된 계획을 수립하여 실시하는 교육을 말한다.

개별화교육 프로그램(Individualized Education Program)에는 특수교육 대상자의 인적 사항과 특별한 교육 지원이 필요한 영역의 현재 학습 수행 수준, 교육 목표, 교육 내용, 교육 방법, 평가 계획 및 제공할 특수교육 관련 서비스의 내용과 방법 등이 포함되어야 한다. 또한 각급 학교의 장은 매 학기마다 개별화 교육계획에 따른 각각의 특수교육 대상자의 학업 성취도 평가를 실시하고, 그 결과를 특수교육 대상자 또는 그 보호자에게 통보하여야 한다.

개별화교육을 계획하고 실천하기 위해서는 개별화교육지원팀을 구성하여야 하는데, 「장애인 등에 대한 특수교육법」 제22조에서 명시된 것을 따라야 한다. ① 각급 학교의 장은 특수교육 대상자의 교육적 요구에 적합한 교육을 제공하기 위하여 보호자, 특수교육 교원, 일반교육 교원, 진로 및 직업교육 담당 교원, 특수교육 관련 서비스 담당 인력 등으로 개별화교육지원팀을 구성하여야 한다. ② 개별화교육지원팀은 매 학기마다 특수교육대상자에 대한 개별화교육 프로그램을 작성하여야 한다. 또한 각급 학교의 장은 「장애인 등에 대한 특수교육법」 시행규칙에 따라 매 학년의 시작일부터 2주 이내에 각각의 특수교육 대상자에 대한 개별화교육지원팀을 구성하여야 하고, 개별화교육지원팀은 매 학기의 시작일부터 30일 이내에 개별화교육계획을 작성하여야 한다.

10 | 긍정적 행동지원 계획

학/습/목/표

긍정적 행동지원의 의미를 이해하고 개별 학생에 대한 긍정적 행동
지원을 계획할 수 있다.

1) 긍정적 행동지원의 의미

교사라면 누구나 항상 고민인 것은 학생들에게 '무엇을 어떻게 지도할 것인
가'다. 교수 목표에 따라 교수 내용을 어떤 교수 방법으로 가르칠 것인가 계획하
기 이전에 먼저 개인별 학습자 특성을 이해해야 하는데, 개인별로 관심과 흥미가
다르고 적성과 이해에 대한 차이가 있다는 사실에 주목해야 한다. 모든 학생은
고유한 행동적 특성을 지니고 있어 학습 상황에서 많은 갈등과 문제를 일으키게
된다. 학생들의 학습 상황을 바르게 이해하는 것은 학생들의 학습 태도를 결정짓
는 동기와 무관하지 않다. 학생들의 학습 태도에 미치는 행동에는 바람직한 행동
도 있지만 바람직하지 않은 행동도 있어서 다른 사람에게 나쁜 영향을 미치거나
수업에 방해가 되기 쉽다.

그렇다면 학습 상황에서 문제 행동은 도대체 왜, 무엇이 원인인가? 그 이유를
찾으려면 개인의 독특한 사회 · 문화적, 물리 · 환경적으로 갖고 있는 선행 사건
및 배경에 대한 종합적인 이해가 선행되어야 한다. 학생 개개인의 종합적이고 총
체적인 이해를 돕기 위해서는 개인의 생육사와 함께 개인의 독특한 요구와 환경,

개인의 관심사와 선호도 등에 초점을 맞추어 어떤 행동을 함으로써 발생되는 개인의 유익이나 기능을 파악하는 것이 우선되어야 한다.

그래서 긍정적 행동지원은 문제 행동의 기능을 평가하여 나타나는 문제 행동에 대해 가설을 수립한 후 선행 사건 및 후속 사건에 대해 다양한 중재를 실시함으로써 문제 행동을 예방하고 감소시키는 중재 전략으로 널리 사용되고 있다.

긍정적 행동지원은 다인수학급에서 개별 학생에게 의미 있는 것만 아니라 전체 학생에게도 매우 효과가 높다. 개별 학생 및 학급 학생을 대상으로 적용한 긍정적 행동지원은 문제 행동과 주변 환경의 관계를 파악하고 이를 바탕으로 중재 절차를 개발하고 지도하는 과정에서 충분히 의미 있는 전략이라고 많은 연구에서 보고되었다.

개인별 문제 행동에 대한 기능평가를 실시하여 문제 행동과 관련한 선행 사건 및 후속 결과를 찾아내고, 환경 변인을 조작하여 중재를 계획하여 실시하였는데, 학생 간의 수업 방해 행동이 감소하고 수업 참여 태도에 매우 긍정적인 효과가 나타났다.

또한 학생에 대한 긍정적 행동지원은 교사의 교수-학습 지도 방법 및 태도에도 긍정적인 영향을 미치며, 교사의 수업 준비도와 학생과의 상호작용에 상관도가 매우 높은 것으로 나타났다.

2) 긍정적 행동지원 계획

(1) 긍정적 행동지원을 위한 기능평가

학생들의 모든 행동을 바라볼 때 가장 중요한 것은 정확하고 면밀한 관찰과 분석이다. 모든 행동에서 심리적 · 환경적 원인이 있다고 보고, 학생들의 행동에는 어떤 목적이나 기능, 즉 행동의 원인을 잘 파악하는 것이 중요하다. 그래서 모든 행동에 대해 기능 분석으로 정보를 수집하고, 수집된 정보를 통하여 문제 행동의 원인과 목적, 역할 등의 환경적인 조건을 정확하게 파악하는 것이 필요하다.

다음은 A 학생의 개인별 문제 행동의 기능평가 내용이다. A 학생은 주의 집중력이 낮고 산만하며 과제에 관심이 없다는 것을 알 수 있다. 수업에 흥미가 없어 시선이 다른 곳으로 집중되면서 자리 이탈이 생기고, 자신이 집착하는 종이나 학습지, 교과서 등을 뜯고 던지며 놀이하고 싶은 것이다. 하지만 교사는 그런 행동을 수업 방해 행동으로 보고 부정적 행동을 취하게 되고, 결과적으로 A 학생은 다른 친구들의 시선과 관심을 받게 되며 교사의 부정적인 반응을 획득하게 된다. 결국 A 학생은 어떤 행동을 보임으로써 교사의 반응과 친구들의 관심을 얻게 되는 것에 만족하며 반복된 행동을 하게 된다. 결국 학생은 원하는 반응을 얻기 위해 이런 행동을 한 것일까? 아니면 우연찮게 얻은 결과에 만족해서 반복된 행동을 하는 것일까?

〈개인별 문제 행동의 기능평가〉

선행 사건 (배경 사건)	문제 행동	결 과	문제 행동의 기능
관심 있는 것에 대한 집중	자리 이탈 및 학습지 찢기	교사의 부정적 반응 획득	교사의 관심 얻기
종이에 대한 집착	다른 친구의 과제 가져가기	다른 친구의 관심 유발	또래의 반응 얻기
강의식 수업에 대한 무관심	소리 지르기 및 노래 부르기	감각 충족	감각놀이

이와 같은 개인별 정보를 수집하는 방법에는 면담, 체크리스트, 학생 기록 검토 등의 간접적 방법과 직접 관찰, 일화 기록, ABC 분석 등의 방법이 있다.

(2) 행동의 특성

문제 행동은 타인에게 신체 또는 심리 · 정서상의 피해를 주는 공격 행동, 자신의 신체에 상해를 가하는 등의 자해 행동, 기물을 파손하는 등 사회적으로 용납되지 않는 행동을 하는 것을 말한다. 이러한 문제 행동으로는 자리 이탈, 소리 지르기, 또래 방해하기, 때리기 혹은 싸움, 교사 무시하기, 불평하기, 지나친 논쟁, 훔치기, 거짓말, 물건 파괴, 지시에 대한 거부, 또래 활동 참여 거부, 교사의 훈계 무시, 숙제 불이행 등이 있으며, 이러한 행동은 학교나 사회적응에 심각한 문제를 보이게 한다. 그리고 내면화 행동 문제는 다른 사람과의 사회적 상호작용이 거의 없는 상태를 말하는데, 이러한 행동은 다른 사람을 위협하지는 않지만 자신의 발달에 심각한 문제를 일으킬 수 있다.

A 학생의 경우 학교 상황에서 자주 발생할 수 있는 행동 유형으로 다른 친구의 과제를 뺏거나 친구의 물건을 만지는 등 친구의 관심을 끌기 위한 수업 방해 행동, 소리를 갑자기 크게 지르거나 울고 주저앉는 등의 도전 행동, 수시로 책상을 두드리거나 책을 펼치며 계속 책장을 넘기는 소리 자극을 즐기는 행동, 일부러 책상을 넘어뜨리거나 색연필을 꺼내서 계속 부러뜨리는 등의 행동뿐 아니라 자리 이탈과 주의 산만 등의 부주의 행동 등 다양한 행동을 보였다.

〈문제 행동 관찰 결과〉

행동 유형	행동 특성	행동 기능	중재 전략 및 중심 가설
방해 행동	• 친구 건드리기 • 친구의 과제 뺏기	관심 끌기	다른 사람의 관심을 얻으려는 목적의 행동으로 인사를 하거나, 자기와 함께 있어 달라고 요구하거나, 자신을 보게 하거나, 자신에게 말을 걸어 주기를 원하는 등의 기능을 한다.
도전 행동	• 소리 지르기 • 주저앉기	과제나 자극 회피	특정 사람이나 활동 등을 피하기 위한 목적의 행동으로 "싫어요." "하기 싫어요." 등의 거부 표현, 과제가 너무 어렵거나 쉽거나 지루하다는 표현, 쉬고 싶다는 표현 등의 의사소통적 기능을 한다.
자기자극 행동	• 책 넘기기 • 책상 두드리기	자기조절	자신의 에너지(각성) 수준을 조절하기 위한 목적의 행동으로 손 흔들기, 손가락 두들기기, 물건 돌리기 등의 행동으로 나타나며, 상동 행동이나 자기자극 행동으로 나타난다.
공격 행동	• 책상 넘어뜨리기 • 색연필 부러뜨리기	원하는 물건 얻기 또는 활동하기	원하는 물건을 얻기 위한 목적의 행동으로 특정 음식이나 음료수, 놀잇감 등의 물건을 얻거나 특정 활동을 하고자 하는 기능을 지니며, 때로는 원하는 물건을 잃게 되거나 원하는 활동이 종료될 때 물건을 잃지 않거나 활동을 지속하고자 하는 기능을 지닌다.

| 기타
행동 | • 울거나 소리 지르기
• 노래 부르기 | 놀이 또는
오락 | 단순히 하고 싶어서 하는 행동으로 특히 다른 할 일이 없는 경우에 나타나곤 한다. 자기조절의 기능을 지닌 행동과 유사하게 반복적인 돌리기나 던지기 등의 형태로 나타나지만 자기조절 행동과는 달리 행동에 완전히 몰입되는 경우가 많아 다른 활동이나 과제에 집중할 수 없게 만든다. |

(3) 행동 개선 지도 방법

모든 행동은 장애의 유무, 연령, 학년을 떠나 모든 학생에게 나타나는 것으로서 이러한 문제의 통제를 위해 교사들은 많은 노력과 시간을 투자하게 된다. 특히 장애아동들의 경우 복잡하고 다양하게 나타나는 경향이 있어 교사들이 학급 운영에 많은 어려움을 느끼게 된다. 이러한 행동의 문제는 아동의 학업 성취는 물론, 또래와의 상호작용과 관계 형성에도 부정적인 영향을 미치고, 교사는 학생들의 학업보다는 문제 행동을 중재하는 데 보다 많은 시간을 할애하는 악순환을 가져온다. 그리고 무엇보다 심각한 것은 이러한 학생들의 문제 행동으로 인해 교사들은 행동에 문제를 보이는 학생 개개인에 대한 부정적인 인식을 가지게 된다는 것이다. 따라서 문제 행동을 지도하는 것은 학생과 교사 모두에게 매우 중요한 과업 중 하나다.

문제 행동을 감소시키기 위한 지도 방법으로는 여러 가지가 있지만, A 학생의 경우는 주로 혐오적인 방법보다는 공간 안에서의 타임아웃이나 보상, 토큰경제와 같이 정적 강화 및 물질적 보상 제공 등의 긍정적인 중재 방법을 제공하는 것이 효과적이었다.

- 자리 이탈이 일어나면 즉시 학생의 의자를 빼어 자리를 이탈한 곳에 두고 그곳에 앉게 했다. 그런 반응을 보일 때는 "네가 자리를 이탈했으니 넌 거기에 앉아."라고 말하며 벌을 주는 것이 아니라 긍정적인 태도를 보이는 것이 중요하다. "네가 관심 있는 곳이 이 자리구나. 그럼 한 시간 동안 이 자리에 앉아도 좋아. 하지만 다시 자리를 옮겨서는 안 된다. 다른 친구들의 수업에

방해가 되기 때문이지."

● 학생이 말의 의미를 이해하든 못하든 간에 학생은 처음에는 이 자리에서 주는 특혜를 생각하기도 전에 다시 원래 자리로 돌아오려는 태도를 보인다. 교사는 학생이 움직이는 대로 의자를 옮겨 주기보다는 다시 자기 자리에 돌아오더라도 의자가 없다는 생각을 하도록 한 시간은 약속대로 의자를 움직이면 안 된다.

● 대부분의 학생은 옮겨진 의자에 앉아 있으면서 또 다른 행동에 주의를 기울이게 되고, 창밖을 바라보고 소리를 지른다든가, 창문을 두드린다든가 하는 또 다른 문제 행동을 할 수 있다. 그러므로 옮겨진 의자 주변에는 다른 관심을 끌 만한 요소는 치워 두고 그 자리에 앉아서도 과제를 끝내야 한다는 사실에 초점을 두어야 한다.

● 무엇보다 중요한 것은 이 학생이 노래나 율동을 좋아하므로 좋아하는 노래를 부르거나 영상을 보여 주어 원래 앉은 자리에 앉아 수업에 참여하고 싶도록 다른 학생들과 즐거운 수업을 하는 것이다. 원래 자리에 의자를 되돌려 놓는 것은 종이 친 다음이므로 원칙과 약속을 잘 이행하도록 한다.

● 어떤 행동을 보여서 어떤 결과가 나타났는지, 어떻게 하면 그런 결과가 나타나지 않을 것인지 명확하게 인지하기 어려운 학생이라면 본인의 행동 사진 옆에 ○와 × 카드를 붙여 주어 자신의 행동을 피드백할 수 있도록 항상 모니터링하는 것이 중요하다. 또한 그런 행동이 우발적으로 일어났을 때 칠판 앞에 붙은 행동점검표를 보고 "이런 행동을 하면 안 돼요. 이렇게 자리에 앉아야 해요."라고 설명해 주고 스스로 따라 하도록 하여 자기점검 및 자기교시 훈련도 함께 하도록 한다.

〈문제 행동 지도 방법〉

지도 방법	내 용
보상	학생이 잘한 행동에 대해서 학생이 좋아할 수 있는 물질적인 강화물을 제공함
토큰경제	문제 행동을 보이면 × 스티커 벌점을 주고, 긍정적인 행동을 보이면 ○ 스티커를 주어 나중에 각각의 개수를 합산하여 보상을 제공함

모델링	바르게 앉아 있거나 바른 수업 태도를 보이는 또래의 행동을 칭찬하고 그대로 혹은 비슷하게 모방하도록 하는 방법
훈화	학급 규칙 PPT나 영상 등을 제시하고 학급 규칙을 설명하고 가르치는 방법으로 사회적 기술을 가르침
자기 관리	자기 교수, 자기점검, 자기 평가 등 스스로를 통제하도록 하는 방법을 사용함
타임아웃	일정 시간 동안 생각하는 의자에 앉혀 수업 활동에서 배제하는 방법을 사용함

3) 긍정적 행동지원의 실행

(1) 학급 규칙 만들기

개인별 긍정적 행동지원을 계획하기에 앞서 한동안 교실에서 일어나는 문제 행동을 관찰한 다음, 문제 행동을 바로잡기 위한 학급 규칙을 만들고 이에 따라 지켜야 할 약속을 선정하여야 한다. 학생들은 교사가 보여 주는 시범이나 다른 학생들의 긍정적인 모델링을 통해 행동에 대한 대가를 보고 배울 수 있다. 학생의 바람직한 행동에 대한 기대와 보상에 대한 계획을 수립해야 하는데, 이에 대한 효과적인 전략으로 행동도표를 작성하여 게시하고 수시로 바람직한 행동에 대한 긍정적인 피드백을 주는 것이 의미 있게 작용할 수 있다.

(2) 긍정적인 학급 환경 만들기

학생들은 교실 환경에 따라 집중하는 관심사가 달라진다. 학습 상황에 필요한 물건이나 자료는 적절한 곳에 배치되어야 하고, 필요한 자료만 적절한 타임에 노출되어야 한다. 또한 또래관계나 교수 계획에 맞게 상호작용할 수 있는 공간적 배치와 교수 환경을 조성해야 한다.

대부분의 학생은 특정 물건이나 학용품에 집착해서 수업 내내 가지고 있으려는 행동을 보이는데, 대부분이 소유욕에 의한 행동이라 판단된다. 주어진 학용품 중에서도 색연필이나 크레파스 등을 가지고 계속 넣었다 뺐다 하거나 색연필심을 부러뜨리거나 바닥에 떨어뜨리는 행동을 계속 반복한다. 주의를 주거나 빼앗으면 바로 그 장소에서 움켜잡고 바닥에 주저앉는 행동을 보인다. 이런 특정 물건들은 보이지 않는 곳에 보관하였다가 필요한 경우에만 제시하고 바로 수거하는 조치가 필요하다.

〈긍정적인 학급 환경 조성을 위한 전략〉

사회적 환경

• 학생이 교실에 들어오면 이름을 부르며 인사한다.

• 스스로 알림장을 교사 책상 위에 올려놓도록 안내한다.

• 실내화를 갈아 신고 가방을 사물함에 넣도록 순서를 이야기한다.

• 또래와 인사하며 상호작용할 수 있는 기회를 제공한다.

• 교실의 실내 환기를 하여 쾌적함을 제공한다.

물리적 환경

• 학생의 개인 물품을 보관할 수 있는 사물함에 얼굴이 담긴 이름판을 붙인다.

• 학생이 교육 자료를 쉽게 찾을 수 있도록 사물함에 그림과 이름표를 붙여 놓는다.

• 독서 영역, 집단학습 영역, 또래 교수 영역, 놀이 영역 등 특별한 활동을 할 수 있는 공간을 갖추어 놓는다.

• 학생의 흥미와 관심을 끄는 물건들을 치워 둔다.

• 조명, 기구, 가구, 창문, 벽 등 모든 것을 잘 정돈하여 이동에 어려움이 없도록 한다.

• 학습에 적당한 크기의 교재 · 교구를 구비한다.

교수적 환경

• 교수 활동에 필요한 모든 자료가 교수 상황에 맞게 잘 구비되어 있다.

• 학습 활동은 학생들이 교수 목적을 달성할 수 있는 유의미한 활동들로 이루어진다.

• 다양한 교수 활동(독립 과제, 또래 교수, 협동학습, 코너학습 등)을 활용한다.

• 다양한 교수 형태(소집단, 대집단 등)를 활용한다.

행동 관리 환경

• 학급 규칙과 행동도표 등의 사진 자료를 전면 칠판 앞에 게시한다.

• 규칙 위반에 대한 후속 결과를 가르치고 점검한다.

• 규칙 위반에 대해 일관성 있게 반응한다.

- 학생이 규칙적이고 일관성 있게 강화를 받는다.
- 학생들의 관심과 불평에 대해 알고 귀를 기울인다.

(3) 사회적 기술 가르치기

사회적 기술은 긍정적인 학급 분위기를 조성하고 바람직하지 못한 행동을 예방하기 위하여 학급의 규칙과 대인관계 및 의사소통 기술을 가르치는 것이다. 학생들의 강점과 약점을 파악하고 상호관계의 특성을 이해하여 모델링 및 역할놀이 등의 다양한 접근 방법을 통해 사회적 기술을 습득하도록 지도해야 한다.

특히 학생들에게 공통되는 사회적 기술을 가르치기 위하여 학급 규칙을 만들어 매일 아침 첫 시간에 함께 학급 규칙을 읽어 보고 바람직한 행동과 바람직하지 않은 행동에 대한 피드백을 즉시 제공하는 것이 중요하다.

또한 학급 규칙에 개개인의 행동을 보여 주는 사진을 넣어 칠판에 게시함으로써 자신의 행동에 대해 도표화하여 제시한다.

〈사회적 기술 교수〉

회기	기술	내용	방법
1	규칙의 필요성 이해하기	적절한 행동이 안전하고 정돈된 환경을 만드는 데 도움이 된다는 것 배우기	시범 보이기, 역할놀이
2	교실 규칙의 중요성 인정하기	어떻게 행동해야 하는지 알기 위해서 교실에는 규칙이 있어야 함을 알기	행동 시연
3	주의 깊게 듣기	다른 사람들이 말하는 것을 주의 깊게 듣는 것이 우리가 배우는 한 가지 방법이기 때문에 중요하다는 것 알기	행동 시연, 역할놀이, 소리 들려주기
4	지시 따르기	구두로 지시 따르기 배우기	행동 시연, 역할놀이, 구슬 고르기
5	부적절한 행동의 결과 알기	자신이 한 행동의 결과를 알고 규칙을 지킬 수 있는 능력 키우기	행동 시연, 역할놀이
6	다른 사람과 의사소통하기	말, 칭찬, 몸짓, 그림, 노래를 사용하여 의사소통하고 친구가 되는 것을 배우기	행동 시연, 역할놀이

매해 새로운 학급을 맡으면 담당할 학생들에 대한 정보를 먼저 듣게 된다. 공격 행동, 자해 행동, 충동성, 자리 이탈, 산만함 등 다양한 문제 행동으로 많은 고민과 노력을 기울이게 되는데 긍정적 행동지원 계획을 세우고 나면 마음이 한결 가벼워진다.

그동안 학생들을 지도하면서 문제 행동의 결과에 대해 부정적인 반응을 보이기보다는 그 행동이 어떤 문제를 일으켰는지 일러 주고 왜 문제가 되는지 가르쳐 주려고 노력했다. 학생들의 장애 정도에 따라 의사소통이 어려운 경우 반복적으로 보여 주고 훈련하는 인내심과 행동에 대해 일관성이 필요하다.

또한 학생들의 상호관계를 파악한 자리 배치나 물리적 환경 조성이 필요하다. 학생들의 충동성이나 자리 이탈을 막기 위해 정적 보상이나 강화물을 제시하는 것도 방법이다. 교탁이나 텔레비전장 위에 작은 선물함(사탕 바구니) 등을 두어 수업과정에서 중간 중간 칭찬의 보상으로 주면 자리에 잘 앉아서 수업을 하고, 학생들은 결과적으로 작은 강화물을 받는 것에 만족하는 경우가 많다. 수업 방해 행동이나 공격적인 행동도 다른 학생들이 관심을 갖지 않고 수업에 집중할 수 있도록 유도한다면 문제 행동이 누그러들 때가 많다. 수업에 방해되지 않는 선에서 학생의 문제 행동에 대해 긍정적인 수용 태도를 기를 수 있도록 서로 배려하는 마음을 길러야 한다.

무엇보다 교사는 수업 계획을 수립할 때 모든 학생의 흥미와 수준에 맞는 적절한 학습의 노출과 지속적인 흥미를 유지할 수 있는 다양한 시청각적 자료를 충분히 준비해야 한다.

이 모든 계획은 학생에 대한 관심과 긍정적인 마인드에서 출발하며, 긍정적인 행동으로 끌어올리기 위해서는 문제 행동보다는 수업 참여 행동에 더 집중해야 할 필요가 있다.

A 학생의 문제 행동은 학년 초와 많이 달라졌으며 특히 다른 친구에게 관심 끌기 위한 수업 방해 행동과 자리 이탈 행동은 거의 사라졌고, 수업 태도와 수업 참여 행동은 매우 향상되었다. 한 해 동안 연구를 계획하고 실천하면서 무엇보다 교사의 끊임없는 관심과 지속적인 노력이 학생들의 수업에 보다 깊은 관심을 갖게 하였고, 이는 수업의 질과 매우 큰 상관관계를 보였다. 학생들의 적성과 흥미

를 고려한 구체적인 수업 계획은 학생들을 더 의미 있게 수업에 참여시킬 수 있었으며, 수업 참여에 집중함으로써 수업 방해 행동이 자연스럽게 개선되는 효과를 보았다. 무엇보다 개인별로 나타나는 문제 행동의 감소는 한 해를 시작할 때의 산만하던 모습과 무척 대조를 이루었다. 교사의 긍정적인 행동지원은 학생들의 긍정적인 수업 태도를 향상하였다.

요약

　긍정적 행동지원은 문제 행동의 이유를 이해하고, 문제 행동이 왜 발생하는지에 대한 가설에 따라 개인의 독특한 사회적·환경적·문화적 배경에 적합한 종합적인 중재를 고안하는 문제 해결 접근 방법이다. 즉, 어떤 문제가 되는 행동의 기능을 평가하여 나타나는 행동에 대해 가설을 수립한 후 선행 사건 및 후속 사건에 대해 다양한 중재를 실시함으로써 문제가 되는 행동을 예방하고 감소시키는 중재 전략이다. 긍정적 행동지원의 가장 중요한 목표는 단기간에 문제 행동을 감소시키는 것이 아니라 개인의 전반적인 삶의 질에 영향을 미칠 수 있도록 장기간에 걸쳐 지속되는 변화를 만들어 내도록 공동으로 노력하는 것이다.

　학교교육 현장에서 교사들이 개개인의 특성과 요구에 맞는 맞춤식 교육을 하고, 엄격한 규율 없이 학생들을 선도하는 것이 많이 어려운 현실이지만, 장애학생을 포함한 특별한 요구가 있고, 자기 의사 표현 능력이 부족하여 어떤 행동에 적절한 이유를 말할 수 없을 때 긍정적 행동지원 방법은 모든 학생의 교육적 권리를 보장할 수 있는 좋은 전략이 될 수 있을 뿐만 아니라 누구에게나 적용할 수 있는 바람직한 교육 방법이 될 수 있다. 좀 더 현실적이고 체계적인 행동지원 계획을 개인별로 일관성 있게 적용하다 보면 모든 학생들이 학급의 규율과 약속을 잘 수행할 수 있는 일거양득의 효과를 볼 수 있을 것이다.

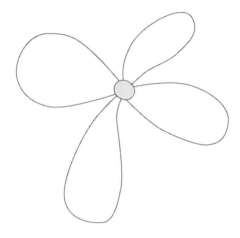

Part 5

생활지도 및 문제 행동 지도

01 │ 장애학생의 성교육

학/습/목/표

1. 장애학생의 성교육 지도 방법을 알아본다.
2. 장애학생의 성폭력 예방교육의 지도 방법을 알아본다.

1) 장애학생의 성에 대한 이해

사람으로 태어나서 누군가를 사랑하고 사랑받으며 살아간다는 것은 굉장히 큰 축복이다. 여기서 우리는 '성'에 대해 생각해 볼 수 있다. 우리가 '성'이라고 하는 부분은 단순히 행동으로서의 '성'이 아니라 인간 존재 자체에 의한 것으로 출발해야 한다. 고등학생들을 가르치다 보면, 이제 곧 2~3년만 있으면 성인이 될 이 친구들에게 '성'에 대해서 어떻게 가르칠지가 가장 큰 고민이 된다.

실제로 성적인 문제는 비단 장애학생뿐만 아니라 일반 학생들에게도 크지만 조심스럽게 다가가는 문제이고, 이러한 고민을 해결하기 위해 교육부에서 발간한 성교육 지침서를 참고하여 함께 고민해 보고자 한다.

장애학생은 특히 지적장애나 발달장애(자폐성장애 포함)를 가진 학생들은 일반 학생들에 비해 다소 성적 발달이 지체되며, 지적장애의 정도가 심해질수록 더 늦어지는 경향은 있으나 단계적인 성적 발달은 정상적으로 이루어진다. 그러나 지적장애 학생들은 다음과 같은 여러 가지 이유로 일상생활에서 성적인 정보를 습득하고 이를 올바르게 사용하는 데 제한점을 갖는다(전용호, 1995).

- 지적장애 학생들은 인지적인 제한성 때문에 사회적인 단서를 판별하지 못하며, 성인의 성적 세계로 동화되지 못하고, 친밀감과 애정을 표현하는 능력이 부족하다. 이들 장애학생은 사물에 대하여 충동적이며, 그들의 행동이 타인에게 어떤 영향을 주는지 인식하지 못한다.
- 지적장애 학생들은 간접적인 관찰, 책, 또래로부터 정확한 정보를 얻을 기회가 부족하며, 적절한 사회적·성적 행동을 관찰하고 개발하며 연습할 기회가 부족하다.
- 지적장애 학생들의 성과 성 표현에 대한 부모, 보호자, 교사들의 보수적이고 억압적이며 무시하는 태도는 이들 학생에게 성적인 충동성을 충족할 기회를 주지 않으며 성적인 혼돈, 고통, 파괴를 불러일으킨다. 그러므로 그들은 타인의 주목을 끌기 위해 무차별적이고 부적절한 성 표현과 성행동을 하게 된다.

이상과 같은 제한점으로 인해 지적장애 학생들은 성적 기능에 대한 올바른 정보 없이 성인기에 도달하기 쉽고, 그에 따라 다음과 같은 몇 가지 부적절한 결과를 초래하는 경우가 많다.

- 자신에 대한 관심에 과민 반응하며, 그에 대한 보답으로 무분별하게 애정을 준다.
- 의심 없이 요구에 응하기 때문에 성적으로 이용되거나 착취되는 위험에 빠진다.
- 실재와 비실재의 구별이 어렵기 때문에 잘못된 믿음과 틀린 정보로 인해 쉽게 혼란스러워하거나 두려워하게 된다.
- 부적절한 성행동으로 인해 지역사회에서 거부당하기 쉽다.

따라서 일반 학생들에 비해 지적장애 학생들은 인지적 능력의 부족으로 부적절한 성적 행동과 표현을 할 가능성이 더 높고, 환경적으로 바른 성 정보를 접할 기회는 더 제한되어 있다. 그러므로 학교에서의 체계적인 성교육은 지체장애 학생들의 사회적 적응을 돕는다는 측면에서 일반 학생들보다 더욱 필요하다.

2) 성교육 지도

성교육 지도 전에 생각해야 할 목표로는 다음과 같은 것이 있다.

- 청소년기 발달적 변화에 대한 지식의 습득과 성인기의 준비를 하도록 한다.
- 적절한 성 충동 표현 방법을 학습하여 사회적응 능력을 키우도록 한다.
- 사회인으로서 성적 의사결정 능력을 키우도록 한다.
- 성폭력으로부터 자신을 보호하는 능력을 키우고, 성폭력 가해를 예방하도록 한다.
- 원만한 인간관계를 형성하게 한다.
- 지적장애 학생들의 전인적인 성장을 돕는다.

(1) 공적인 장소와 사적인 장소의 지도

- **사적인 장소** 자기 방, 아무도 없는 곳, 화장실처럼 혼자만 있는 공간
- **공적인 장소** 교실, 복도, 집의 거실, 공원과 같이 여러 사람이 함께 쓰는 공간
- **지도 방법**
  - 공적인 장소와 자신만의 장소를 구분할 수 있도록 직접적이고 구체적으로 구분하여 교육한다(예: 내 방과 거실의 차이, 우리 집 화장실과 공공 화장실의 차이).
  - 관심을 끌기 위한 것이라면 일시 격리하는 방법을 사용할 수도 있다.
  - 성적인 행동을 못하게 하기보다는 관심을 다른 곳으로 돌려 주고 장소에 따른 행위의 구분을 분명하게 해 준다.

(2) 자위 행위에 대한 교육

지적장애인들도 자위 행위를 통하여 성 충동을 해소하고 불안을 극복하려는 경향이 있다. 그리고 자위 행위는 지적장애인에게 있어 부적절한 성행동, 과도한 충동이나 성적 공격성을 감소시킬 수 있는 좋은 방법이기도 하지만 해롭지 않은

자위 행위의 선택 방법을 모르는 경우가 많다. 따라서 지적장애인의 성행동 중에는 자위 행위에 대한 지도가 중요한 부분이다.

〈자위 행위의 지도 방법〉

• 다른 사람에게 방해가 되지 않도록 때와 장소를 가려서 한다.

• 자위 행위를 해도 좋은 장소를 결정하여, 그 이외 장소에서는 부끄럽다는 기분을 갖게 한다. 자신의 방이나 화장실(개인 화장실)과 같은 사적 장소에서 하며, 문을 닫고(장애 정도에 따라 문을 잠그지 않고 닫고 사용하고, 다른 사람은 노크를 한다) 한다.

　예 다른 사람 앞에서 계속해서 자위를 하는 중증도 지적장애인에게 무조건 혼을 내기보다는 먼저 그 개인을 일관성 있게 공공 장소에서 개인 공간(화장실, 자신의 침실)으로 이동시켜 행동하게 한다.

• 청결을 유지한다. 손톱을 깨끗하게 자르고 손을 자주 씻도록 하며, 생식기를 만지기 전에는 항상 손을 청결히 해야 함을 동성의 교사나 부모가 가르친다.

〈자위 행위에 대한 욕구를 줄이기 위한 방법〉

• 운동을 생활화하고 다양한 취미나 여가 활동을 경험하게 한다(예: 등산, 수영, 페인팅, 찰흙놀이, 요리 활동, 콜라주).

• 흥미가 있는 수업이나 여러 활동을 하는 동안에는 자위를 하지 않는다.

• 텔레비전 시청 시에는 누워서 보지 말고 바른 자세로 앉아서 본다.

• 수업 중 음경을 만지거나 자위를 하면 짧은 율동을 하고 손을 책상 위에 올려놓을 수 있게 손을 이용한 조작 활동을 하는 것이 좋다.

• 행위가 한창 진행 중일 때는 그대로 내버려 두는 것이 좋으며, 공포심이나 위협, 죄의식을 느끼지 않게 한다.

• 개별지도를 원칙으로 하면서 가정과 학교가 연계 지도하는 것이 바람직하다.

(3) 좋은 느낌과 싫은 느낌

① 좋은 느낌

- 부모님이 나를 안아 주신다.
- 친구하고 손잡고 율동을 한다.
- 수업 시간에 선생님이 머리를 쓰다듬어 주신다.
- 아버지나 어머니의 어깨를 주물러 드린다.
- 동성의 친구하고 팔짱을 끼고 이동수업을 간다.
- 친구들과 땀 흘리며 농구를 하면서 몸을 부딪힌다.

② 싫은 느낌

- 친구가 소변을 볼 때 문을 닫지 않아서 성기가 보였다. ('부끄럽다.')
- 슈퍼 아저씨가 빳빳한 수염으로 내 뺨을 비빈다. ('아프다.')
- 모르는 아저씨가 바지를 벗으면서 성기를 보여 준다. ('창피하다.')
- 친하지 않은 친구가 손을 잡으려고 한다. ('어색하다.')

(4) 관계에 따른 올바른 신체 접촉

- 나와 손을 흔들 수 있는 사람
- 나와 인사(목례)할 사람
- 나와 악수할 사람
- 나를 껴안을 사람
- 나와 키스(뽀뽀)할 사람
- 나와 성관계를 할 수 있는 사람

3) 성폭력에 대한 예방과 대처

(1) 예 방

- 성에 대해 알며 성폭력이 무엇인지 알도록 한다.

- 신체 각 부분에 대한 올바른 이름과 기능을 알아 정확한 의사소통을 할 수 있도록 한다.
- 타인의 행동에서 불편함이 느껴질 때 분명하게 "싫어요."라고 거부할 수 있도록 한다.
- 잘 아는 사람이라도 내 몸의 은밀한 부분을 만지거나 옷을 벗기려 하면 거부의 표현을 정확히 하도록 한다.
- 밤늦게 나갈 때는 친구나 다른 사람과 같이 나가도록 한다.
- 낯선 사람의 차에 혼자 타지 않도록 한다.
- 낯선 사람이 길을 물으면서 함께 가자고 할 때 따라가지 않도록 한다.
- 낯선 사람이 주는 술, 약물, 음료수, 음식 등을 함부로 먹지 않도록 한다.
- 집에 혼자 있을 때 낯선 사람이 오면 문을 열어 주지 않도록 한다.
- 공공화장실에 가거나 엘리베이터를 탈 때는 아는 사람과 함께 가도록 한다.
- 성추행이나 성폭력의 공격을 받으면 큰 소리를 치고 도망가서 도움을 청하도록 한다.
- 집, 부모님의 전화번호, 신고전화(예: 112) 등의 필요한 전화번호를 알도록 한다.

(2) 대처 방법

지적장애 성폭력 피해자에 대해서는 다음과 같은 지원이 유용할 수 있다(김돈규, 2001).

- 침착하게 대처하며, 장애아에게 성폭력 피해 사실에 대해 직접적인 분노를 나타내지 않는다. 그들이 분노를 자신에게 향한 것으로 오인할 수 있기 때문이다.
- 장애아의 말을 믿는다.
- 피해 사실을 이야기하도록 또는 더 이상 이야기하지 말도록 아이에게 강요하지 않는다. 필요한 경우 녹음을 해서 여러 번 반복 진술하거나 하는 상황을 피한다.

- 스트레스가 과도할 수 있기 때문에 장애아가 보는 앞에서 가해자와 대면하지 않는다.
- 긍정적인 메시지를 주도록 한다(예: "네가 정말 어쩔 수 없는 상황이었구나." "말해 줘서 정말 고맙다." "넌 정말 용기 있는 아이구나.")
- 피해자의 잘못이 아니며 비난받을 일이 아니라는 것을 설명해 준다.
- 병원 진단을 받는다. 이를 통해 더 이상의 신체적인 피해가 없는지를 확인하고, 중요한 증거 자료(정액 채취, 음모 등)를 확보하고, 성병에 대한 예방 및 임신의 가능성에 대해 조치를 한다.
- 가해자가 장애인을 또 괴롭히면 즉시 보호자에게 이야기할 수 있도록 교육시킨다.
- 장애아의 사생활을 존중하여 반드시 알아야 할 사람에게만 아이의 피해 사실을 알린다.
- 단지 나에게만 이런 일이 일어난 것이 아니라고 생각하게 도와준다.
- 일상생활을 그대로 유지하도록 한다.
- 아이가 평소에 하지 않던 행동을 하거나 불안과 두려움을 나타내면 전문의의 치료를 받도록 한다.
- 아이가 어려운 시기를 극복할 수 있도록 적극적인 지지와 도움을 준다.

요약

　장애학생의 성교육이라고 해서 일반 학생들과 다를 것은 없다. 다만 그 내용의 수준을 단순화하고 반복해서 해야 장애학생들이 더 쉽게 이해할 수 있다. 성교육을 위해서 생각해야 할 목표를 기술하면 다음과 같다.
- 청소년기 발달적 변화에 대한 지식의 습득과 성인기의 준비를 하도록 한다.
- 적절한 성 충동 표현 방법을 학습하여 사회적응 능력을 키우도록 한다.
- 사회인으로서 성적 의사결정 능력을 키우도록 한다.
- 성폭력으로부터 자신을 보호하는 능력을 키우고, 성폭력 가해를 예방하도록 한다.
- 원만한 인간관계를 형성하게 한다.
- 지적장애 학생들의 전인적인 성장을 돕는다.

02 통합교육 환경에서의 성교육

1. 통합교육 환경에서 발생할 수 있는 장애학생의 성적 문제 행동을 살펴본다.
2. 장애학생의 성적 문제 행동에 바르게 대처한다.

1) 사례 중심 성교육 살펴보기

이 장에서는 사례 중심으로 통합교육 환경에서 일어날 수 있는 성적 문제 행동을 살펴보고 그 대처 방안을 통해 통합교육 장면에서 장애학생에 대한 성교육을 어떻게 해야 하는지 살펴보고자 한다.

(1) 사례 1: 성격 밝은 애교쟁이 은주 이야기

은주는 친구들과 어울리는 것을 참 좋아한다. 그래서인지 친구들만 보면 남자 친구, 여자 친구 할 것 없이 다가가서 손을 잡거나 어깨동무를 스스럼없이 한다. 하지만 통합학급 친구들뿐만 아니라 다른 반 친구들도 은주만 보면 슬슬 피해 가기 일쑤다. 오늘도 종례 시간에 도우미로 앉은 친절이는 자꾸 은주가 배시시 웃으며 자신을 쳐다보는 것이 부담스럽기만 하고, 이를 보는 다른 친구들은 은주가 친절이를 좋아한다고 놀린다고 하였다. 그래서 담임선생님께 도저히 도우미를 할 수 없다고 이야기했다.

담임선생님은 통합학급 친구들에게 은주가 친구들을 좋아해서 그런다고 이해하라고 설명은 하지만 아무래도 사춘기에 접어든 여학생이 이성 친구, 동성 친구 할 것 없이 자꾸만 손을 잡거나 어깨동무를 하는 것을 일반 학생들에게 어떻게 설명해 주어야 하는지 난감하다. 이제 2년 있으면 졸업을 할 은주에게 누구의 손을 잡을 수 있고 어떤 상황에서 손을 잡으면 안 되는지 어떻게 설명해 주어야 할까 고민스럽다.

① 이럴 땐 정말 당황스럽죠!

● 은주가 친구들을 좋아하는 것은 좋지만 그래도 손을 잡는 것은 좀 그렇다.

가끔 친구들을 너무 좋아하는 개방적인 성격의 장애학생이 있다. 중·고등학교에 올라오면서 일반 학생들은 대부분 이성 친구와 동성 친구를 나누는 경향이 있다. 그런데 장애학생 중에는 아직도 초등학교 때처럼 친구와 손잡고 노는 것을 더 좋아하는 경우가 있어서 난감할 때가 있다. 사회 연령에 맞추어 친구를 좋아하는 것을 말로써 표현하도록 가르쳐야 할 것 같다.

● 은주는 성격이 좋은 거야, 아님 부끄럼을 모르는 거야?

이런 행동에 다른 친구들이 싫은 내색을 해도 은주는 잘 모를 수 있다. 어떻게 보면 성격이 좋은 것이다. 일반 학생들은 자신의 행동 하나하나를 다른 사람의 기준으로 맞추어 보기 때문에 대인관계에 어려움을 겪는 경우도 많지만, 은주는 자신의 감정에 충실하기 때문에 자신의 행동이 부끄러운 행동이라고 생각하지 않는다. 하지만 다른 친구들의 마음을 이해하도록 알려 줄 필요는 있다. 친한 친구와 친하지 않은 친구에 대해 알려 주며 가까운 친구에게 하는 행동과 그렇지 않은 친구에게는 하는 행동이 다름을 알려 주어야 할 것 같다.

● 아이들이 은주의 행동을 부담스러워하거나 짜증을 내는데 은주의 행동을 받아 주지 못하는 아이들이 너무 이기적인 것은 아닐까?

중·고등학생의 경우 한창 사춘기이고 감수성이 예민할 시기인지라 충분히 은주의 행동에 부담을 느낄 수 있음을 이해해야 한다. 다만 은주의 장애 특성을 고려하여 짜증을 내거나 화를 내는 것 외에 정중하게 거절하는 방법도 가르치면서 함께 성장하여야 함을 알려 주는 것이 좋을 듯싶다.

② 은주의 상황 읽어 주기!

● 장애 특성에 따른 원인

발달장애와 정신지체를 가지고 있는 은주는 사람을 참 좋아한다. 그래서인지 자신의 마음에 담아 두고 있는 감정을 그대로 표현한다. 예쁜 친구를 보면 예쁘다고 말하고, 멋진 친구를 보면 멋지다고 말한다. 선생님을 봐도 마찬가지다. "선생님 참 멋있어요." "선생님은 대머리이시네요." "선생님은 너무 무서워요."처럼 각 선생님의 특성에 맞게 말한다. 이렇듯 장애학생은 어떤 면으로는 아이처럼 순수한 마음으로 자신이 느끼는 감정을 그대로 행동이나 말로 옮기기 때문에 주변 사람들을 당황하게 할 수 있다. 하지만 은주가 하는 말이나 행동은 악의적이기보다는 너무 순수해서 하는 것인데 주변 사람들은 은주의 이런 말이나 행동에 너무 민감하게 반응하여 오히려 은주를 당황하게 만든다. 원인은 은주가 아직 나이에 비하여 미성숙하고 순수함을 잃지 않고 있는 것이라고 할 수 있다. 또한 사랑의 감정, 좋아하는 감정을 적절하게 표현하는 방법을 잘 모르기 때문이다.

● 가정환경과 이전 학교 환경 등의 원인

은주의 부모님은 은주를 사랑하는 방법이 조금은 특이한 편이다. 은주가 장애가 있다는 것은 인정하지만 그렇기 때문에 눈에 넣어도 아프지 않을 정도로 과잉보호를 하는 편이다. 은주가 하는 모든 행동은 그저 안쓰럽고 미안하다는 감정에서 출발한다. 그렇기 때문에 잘못된 행동을 하여도 야단치기보다는 말로써 설명만 해 준다. 사실 은주와 같은 정신지체 학생이 심하게 야단치거나 혼을 내면서 행동수정을 한다고 해서 바뀐다고 보기도 어렵다. 또한 은주의 부모님의 경우에는 늘 가까이에서 양육하고 지도하기 때문에 이런 행동을 가볍게 보았을 수 있으며 또 어릴 때는 그것이 큰 문제가 되지 않을 수 있다. 하지만 고등학생이 되었을 때는 문제가 될 수 있다. 은주의 경우도 장애학생이라고 마냥 이해하고 받아 주었기 때문에 청소년기에 적합한 행동을 이해하지 못하고 있을 수 있다. 그래서 어떤 학생에게나 일관된 지도 방법은 매우 중요하다.

③ 이런 방법은 어떨까?

● 은주에게 맞는 표현 방법 익히기

은주는 사실 중학교 때까지는 완전통합 교육을 해 왔다. 그렇기 때문에 상황에 적절한 말을 배울 수 있는 기회가 적었다고 보아야 한다. 초등학교 때는 담임선생님이 하루 종일 학생들과 함께하기 때문에 그래도 적절한 교육과 훈련이 있었겠지만, 중학교 3년 동안은 교과 담당으로 이루어지는 교실 안에서 친구들이 하는 말을 관찰하기만 할 뿐 상황에 맞는 적절한 말을 배울 수 있는 기회는 적었다.

실제로 학부모 상담에서 중학교 시절에는 고등학교에서처럼 많은 말을 하지 않고 가만히 교실에 앉아 있는 내성적인 학생이었다고 한다. 그러므로 은주는 할 수 있는 말이 많지는 않았다. 상황에 적절하게 말하는 것이 어렵기 때문이다.

하지만 고등학교 기간 동안 꾸준한 교육과 훈련을 통해서 상황에 적절한 말을 할 수 있도록 하는 것이 관건이다. 보조인력이 배치되어 있어 주로 친구들과의 접촉이 많은 쉬는 시간이나 점심시간에 은주가 친구들에게 적절한 말을 할 수 있게 가르쳐 주도록 했다. 그리고 때로는 친구가 쉬는 시간에도 공부를 하거나 숙제를 하고 있는 경우에는 말을 걸지 않아야 한다는 것도 함께 가르쳐 주었다. 정신지체 3급 정도인 은주는 처음에는 어려워하였지만, 시간이 흐를수록 친구들에게 말을 걸어야 할 때와 말을 걸지 않아야 할 때를 인지하였다.

(2) 사례 2: 얌전한 신사 용진이 이야기

초등학교 5학년의 용진이는 키도 크고 얼굴도 잘생겨서 많은 여학생이 예뻐해 주고 친절하게 대해 준다. 그렇지만 용진이는 친구들이 잘 대해 주는 것은 알지만 단순한 대답 외에는 말을 하지 않는다.

수업 시간에 용진이 주변의 학생들이 웅성거리는 소리가 들려 교사가 뒤돌아보니 용진이가 손을 바지 속에 넣고 기분 좋게 웃고 있었다. 가끔 용진이가 이런 모습을 보였기 때문에 아이들에게 신경 쓰지 말라고 하였고 교사도 대수롭지 않게 대처하였다. "용진아, 손을 빼고 바르게 앉아라."라고 말하면 용진이는 금방 바른 자세를 취하곤 하였다. 그런데 오늘은 유독 심한 것 같다. 다른 아이들이 이런 모습을 본다면 어떻게 생각할까 생각하니 아직도 뚜렷한 지도 방법이 생각나지 않는다.

① 이런 땐 정말 당황스럽죠!

● 당황스럽네. 이럴 때는 어떻게 하지?

그런 행동을 보니 교사로서 당황하지 않을 수 없다. 어떻게 교실에서, 그것도 친구들이 모두 보고 있는데 바지에 손을 넣고 있을 수 있을까 하는 생각에 조금 혼란스러워졌다. 저 녀석은 창피하지도 않을까? 용진이에게 성교육을 별도로 해야 하나? 다른 아이들이 저런 행동을 하는 용진이를 어떻게 생각할까 갑자기 생각이 많아진다.

● 발달장애인데 다른 아이들보다 조숙한 것 아냐?

발달이 다른 아이들보다 좀 늦을 것 같았는데 용진이의 성적인 발달은 오히려 빠른 것 같다. 이런 경우 성교육을 모두를 대상으로 해야 하나, 용진이만 별도로 해야 하나 좀 고민이 된다. 그리고 보건선생님에게 부탁해야 하는지 담임인 내가 해야 하는지도 판단이 서지 않는다.

● 아이들이 용진이를 싫어하면 어떡하지?

용진이의 이런 모습을 특히 우리 반 여학생들이 안다면 용진이를 피하거나 왕따를 시킬 수 있어서 조심스럽다. 우리 반 아이들에게 용진이에 대하여 설명해 주고 이해하도록 하고 싶은데 마땅히 교육해야 할 내용을 모르겠다. 무조건 장애 학생이라서 그런 것이라고 할 수도 없고 발달장애에 대해서도 잘 모르겠고…… 고민이다.

● 용진이 어머니에게 연락해서 고쳐야겠다

용진이 어머니에게 연락하여 오늘 수업 시간에 용진이의 문제 행동으로 수업을 진행하기 어려웠다고 말할 수 있다. 그러면 용진이 어머니는 어떻게 하실까? 어머니는 용진이의 이런 행동을 못하게 할 수 있는 방법이 있을까? 그것도 학교에서 벌어지는 일인데 오히려 속상해하지나 않을까 생각된다. 분명히 부모라 해도 뾰족한 방법이 없을 것이다. 언제부터 시작된 행동인지는 알아봐야겠다.

② 용진이의 상황 읽어 주기!

● 장애 특성에 따른 원인

용진이는 발달장애(자폐성장애) 학생으로 인지적으로나 정서적으로 일반 아동들에 비하여 떨어진다고 할 수 있다. 하지만 신체적으로는 오히려 일반 아동들보다 더욱 성숙하고 성적인 발달에서는 더욱 조숙한 측면이 있다. 그러한 신체적인 발달에 비하여 정신적인 발달이 늦기 때문에 자신의 행동을 부끄러운 행동이라고 생각하거나, 친구들이 좋아하지 않을 것이라는 생각에 미치지 못하고 있는 것이다.

구체적으로 알아보면 용진이는 자신의 몸에서 일어나는 상황을 이해하지 못하고 있는 것이다. 자신의 몸에서 남성호르몬이 왕성해지고, 2차 성징이 나타나기 시작하며, 신체적으로나 정서적으로 변화가 이루어지고 있지만 정신적인 준비가 되어 있지 않은 것이다.

특히 단체 생활하는 교실 상황에서 사회성이 많이 요구되지만 용진이에게는 그런 눈치가 많이 부족하고, 자신의 신체적 변화에 적절하게 대처하지 못하고 있다. 그리고 운동이나 활동적인 생활로 스스로 자신의 신체 리듬을 조절해야 하는데 그렇게 하지 못하고 있다.

③ 이런 방법은 어떨까?

● 두 손을 이용해야 하는 활동적인 학습을 통해 다른 곳에 신경을 쓰도록 한다.

언제나 수업 내용과 방법을 수정해서 적용할 수 있도록 준비해야 한다. 수업에서 용진이가 두 손을 활용하는 활동으로 수정하여 제시하면 좋다. 예를 들면, 가위를 이용하여 오리기, 색종이 찢어 붙이기, 찰흙을 이용하여 만들기, 수수깡을 이용하여 만들기 등 용진이가 흥미를 가지고 접근할 수 있는 활동적인 과제를 제시하면 된다.

● 상담을 통해 구체적인 전략을 짜고 표현하게 한다.

이런 경우는 용진이와의 개별적인 상담과 학부모 상담이 필요하다. 우선 용진이와의 대화를 통하여 수업 중에 그런 행동을 하면 안 된다는 것을 단호하게 알리고 다짐을 받을 필요가 있다. 그리고 학부모 상담을 통하여 의료적인 문제나 위생적인 문제가 있는지 확인할 필요도 있다. 우리가 설마 하면서 그냥 넘어갈 수 있는 사소한 문제일 수도 있지만 해결 방법이 간단할 수 있기 때문이다.

용진이의 사례는 아니지만, 중학교 1학년생이 된 동호는 최근 들어 매일 "배가 아파."라고 말하며 울상인 표정을 지었다. 담임교사와 부모는 아무리 해도 그 이유를 알 수가 없었다. 그러던 어느 날 담임교사가 보건교사에게 배가 아프다는 동호를 살펴봐 달라고 했고, 장애학생 지도 경험이 풍부한 보건교사는 동호의 성기가 발기되어 '아프다.'고 표현한 것을 알아내었다. 이럴 때 보건교사는 면봉으로 귀를 판다든가 동호의 관심을 다른 방면으로 전환시킬 수 있겠다. 하지만 보다 적극적인 지도 방법으로 동호의 아버지가 사정하는 방법을 알려 주는 것이 효과적일 수 있다.

2) 일반 학생 대상 장애학생 인권교육 및 성폭력 예방 교육

(1) 장애이해 교육과 장애인권 교육

장애이해 교육이 장애인을 보호 및 수혜의 대상으로 보고 이해와 배려를 해 주어야 한다는 관점에서 하는 교육이라고 본다면, 장애인권 교육은 장애인을 인권을 가지고 있는 주체로 보고 비장애인과 동등한 처우를 받을 수 있도록 정당한 편의 제공 등을 해야 한다는 관점에서 하는 교육이다.

(2) 장애학생 대상 인권침해 유형

① **장애를 이유로 한 차별**(「장애인 차별금지 및 권리구제 등에 관한 법률」 제4조, 제10조, 제13조, 제14조, 제35조, 제37조)

> 예 장애를 이유로 한 입학 거부 금지 → 학교는 장애학생이 입학했을 때 받을 수 있는 정당한 편의 제공을 할 의무가 있다.

② 장애를 이유로 한 괴롭힘(학대와 동일한 의미) 등 (「장애인 차별금지 및 권리 구제 등에 관한 법률」 제32조)

성적 자기결정권 침해, 언어적 성희롱, 물리적 성폭력 금지, 폭력으로부터 자유로울 권리, 집단 따돌림, 모욕적/비하적 언어 표현이나 행동 금지 등

- 예 같은 반 학생들이 장애학생에게 교복 위 이름표를 가리고 자기 이름을 묻는 행위를 지속적으로 가해 왔음. 가해학생들이 장난으로 했다는 의도와는 달리, 이와 같은 행위는 장애학생에 대한 심각한 괴롭힘이 될 수 있음

③ 장애인의 프라이버시권 침해(「장애인 차별금지 및 권리구제 등에 관한 법률」 제30조 제2항)

장애인의 의사에 반하는 외모 또는 신체의 공개 불가

- 예 선거 후보자가 장애인생활시설을 방문하여 봉사 활동을 하는 장면이 방송을 통해 보도된 경우, 후보자의 의도와 달리 장애인의 프라이버시권이 침해될 우려가 있음

(3) 장애학생 대상 범죄 행위 유형

① 신체 및 정신적 건강을 해하는 범죄 – 폭행 및 상해, 유기 및 학대

- 예 장애아동에 대한 학교 내 과도한 물리력이 행사된 경우(장애학생의 잘못된 행동을 바로잡기 위해 보호자의 동의를 얻어 체벌한 행위), 보호자의 동의 유무를 떠나 정당한 학생지도권의 범위를 넘어 장애아동에 대한 폭행죄에 해당 → 법규에 위반되는 것에 대해서 동의한 것은 동의한 것이 아니다. 모든 폭행은 범죄, 반의사불벌죄라 하여 교사의 행동에 대해 보호자가 체벌을 원하지 않는다고 하면 종결 처리함

② 신체 및 정신적 자유를 침해하는 범죄: 협박, 강요, 감금, 약취 및 유인

- 예 바닥에 금을 그어 놓고 그 안에서 나오지 못하게 하는 것도 감금이 될 수 있음. 감금은 물리적 공간뿐만 아니라 심리적 공간도 포함됨

③ **성적 자기결정권의 침해 범죄: 강제 추행, 강간 등의 성범죄**

성폭력에는 강간, 준강간이 있는데 둘 다 폭행과 협박이 있어야 함. 단, 음주, 수면 또는 장애로 인해 의사 능력을 상실하였을 때는 준강간으로 성립되어 성범죄에 해당됨. 이 두 가지 경우에는 신고로써 처벌 가능함. 하지만 강제 추행(쓰다듬거나 만지는 것), 심신 미약자 강간은 친고죄에 해당하므로 당사자가 직접 소송해야 함

> 예 지적장애인에 대한 지속적인 성폭행 행위, 언어 및 행동을 통한 성적 수치심 야기 행위도 처벌 가능함

④ **명예 등 프라이버시권의 침해 범죄**

의사에 반하는 신상 정보 공개나 사실의 공연한 적시, 성적 비하, 신체적 · 정신적 모멸감을 주는 언행

> 예 외모와 관련된 언행을 하거나 언급한 사실을 전해 들을 경우
> 뇌병변 학생의 행동을 흉내 내거나 언어장애 학생의 말투를 흉내 내는 행동

⑤ **금전적 손실을 초래하는 범죄**

횡령, 배임, 금전 갈취(사기나 공갈)

(4) 학교폭력과 학교폭력 예방법

- 모든 학교폭력은 절차에 따라 처리하는 것이 원칙
- 경미한 학교폭력도 원칙상 모두 조사와 자치위원회 회부 대상
- 단, 예외적으로 담임교사에 의한 종결 인정: 학교폭력이라고 보기 어려운 학생 간 갈등 상황, 피해자와 가해자 간의 화해로 별도의 조치가 불필요한 상황. 하지만 일지 작성 및 결재 필요
- 담임교사 인지 후 전담 기구의 조사 절차 진행
- 조사 후 학교폭력대책자치위원회 회부로 종결 처리 및 최종 결정

(5) 성폭력 예방교육

- 학생들과의 지속적인 소통이 필요하다.
- 성폭력은 나이, 성별, 외모, 계절에 상관없이 발생한다.
- 한 학생의 장난이 상대방에게는 치명적인 상처가 될 수 있다.
- 안전 삼각지대   고속도로에 안전 삼각대가 세워져 있으면 피해 가야 하듯이 몸에도 안전 삼각지대가 있고, 삼각지대는 소중한 부분이므로 다른 사람이 함부로 만져서는 안 되는 곳이다. 나에게 안전 삼각지대가 있듯이 상대방에게도 안전 삼각지대가 있다는 것을 알려 준다.

요약

통합학급에서 우리는 다양한 장애학생의 문제 행동을 만나게 되고, 그중 성적 문제 행동은 여러모로 당황스럽기도 하다. 하지만 장애학생의 모든 문제 행동이 사실 문제 행동이라기보다는 표현 방법이 서툰 것으로, 일반 학생 및 교사의 배려와 포용력이 선행된다면 해결될 수 있는 것들이 많다는 것을 감안하면 성적인 문제 행동 또한 마찬가지다.

장애학생의 지적 수준에 맞추어 성교육을 실시하고 성적 문제 행동이 발생하지 않도록 교육과 훈련을 병행하고, 일반 학생들을 대상으로도 장애학생의 성적 문제 행동에 대해 이해할 수 있도록 다양한 교육을 실시한다. 자칫 일반 학생들이 무심코 하는 말이나 행동이 성폭력이나 성추행이 될 수 있으며, 특히 성폭력 예방을 위해 일반 학생과 장애학생 모두에게 안전 삼각지대를 알려 주고 이 부분을 침범하는 행위를 했을 경우 성폭력이나 성추행이 될 수 있음을 인지하도록 교육한다면, 통합학급에서 장애학생의 성적 문제 행동이나 성폭력 예방에 잘 대처할 수 있을 것이다.

03 통합학급 생활지도 1

1. 통합학급의 생활지도 개념 및 원리를 알 수 있다.
2. 학급 규칙 제정의 필요성을 알고 제정 절차를 알 수 있다.
3. 학급 규칙의 적용 및 운영 방법을 알고 학급에 적용할 수 있다.

1) 통합학급에서 생활지도의 의미

(1) 생활지도의 개념

학교에서 생활지도란 '교육의 목적을 달성하기 위하여 학생들이 저마다 지니고 있는 독특한 개성과 잠재력을 발견하여 개발·신장하도록 도와 개인적으로 행복한 삶을 개척하고 사회적으로 현명한 선택과 적응, 가치판단과 자기 지도를 하도록 하는 활동'이라고 정의할 수 있다.

(2) 통합학급 생활지도의 일반적인 원리(김남순, 2008)

- 장애 및 일반 학생들의 개인차를 이해해야 한다. 학생들의 신체적 발달, 학습 성취 정도, 흥미의 유형, 심리적 발달 정도, 인격의 성숙 정도 등에 대하여 이해할 필요가 있다.
- 가정과 학교 생활과 관련된 내용의 이해가 중요하다. 학생들의 가정 사정 변화 과정과 내용, 생활 조건의 변화, 종교적 특성, 가족 구성원들의 관계, 학교생활에 대한 관심과 교우관계, 가족 구성원들의 괄목할 만한 특징 등이

이해되어야 한다.

- 장애 및 일반 학생의 진로와 관련된 지도가 이루어져야 한다. 학생들의 성격과 태도에 관한 개괄적인 내용, 학생의 미래에 대한 설계 내용과 의지, 흥미를 가지고 있는 교과와 활동, 직업 적성과 제한점, 성장 과정과 특징 등에 대하여 이해한다.

- 생활지도는 궁극적으로 바람직한 성장을 돕기 위한 것이며, 특히 장애학생들의 부적응 사태로 발생할 수 있는 다양한 문제를 사전에 예방하고 문제 발생 시에는 사안에 따라 다각적이면서 지속적인 노력으로 해결하도록 도와주어야 한다.

- 학생의 일상생활과 관련된 구체적인 정보 수집 활동을 통해 가정환경에 대한 이해로부터 학업 성취도, 특별활동, 교외 활동, 지능과 적성, 흥미, 성격, 장래 희망 등이 객관적이고 신뢰성 있게 분석되어 생활지도에 도움이 되어야 한다. 그리고 문제가 예견되는 내용이 발견되면 관련 전문가들의 도움을 받아 사전 조치를 취하고 적절한 지도를 해야 한다.

① 교실에 대한 올바른 시각 정립의 필요성

『가르칠 수 있는 용기(The Courage to Teach)』(2008)라는 책에서는 교실에 대해 다음과 같은 정의를 내린다.

> 교실은 결국 다음과 같이 결론지을 수 있다. 나와 나의 학생들이 교육이라는 저 오래된 어려운 과제를 수행하기 위해 얼굴과 얼굴을 맞대고 앉아 있는 공간. 내가 습득한 기술은 어디로 가지는 않지만, 그렇다고 해서 충분하지도 않았다. 내 학생들과 대면하고 있으면, 딱 한 가지 자원만 즉시 가동할 수 있을 뿐이다. 즉, 나의 정체성, 나의 자기의식, 가르치는 '나'라는 인식이 그것이다. 이것이 없으면 배우려는 '대상'에 대한 의식도 없게 된다.

② 생활지도의 성공을 위한 전제

통합학급을 운영하며 생활지도의 성공을 위해 어떤 방법을 사용해야 하는가

를 생각하기 전에 '훌륭한 가르침은 하나의 테크닉으로 격하되지 않으며, 훌륭
한 가르침은 교사의 정체성과 성실성으로부터 나온다.' 는 것을 전제해야 한다.

즉, 생활지도는 어떤 하나의 잘 만들어진 규칙이나 기술에 의해 좌우되기보다
교사 자신과 아이들을 이해하려는 노력으로부터 시작된다.

2) 학급 규칙 제정 및 운영의 필요성

(1) 학급 규칙의 개념

'학급 규칙' 은 학급이라는 공동체를 하나로 묶고 교사와 학생의 상호 존중 관
계, 학생과 학생의 긍정적인 상호관계를 통해 서로를 배려하는 평화로운 학급 분
위기를 조성하기 위해 필요한 것이라고 볼 수 있다.

(2) 학급 규칙 제정에 대한 오해

학급 규칙은 학급을 민주적으로 좀 더 질서 있고 평화롭게 이끌어 간다는 목적
을 추구한다고는 하나, 그 의도 이면에는 교사도 느끼지 못하는 교사의 이기심이
숨어 있다. 즉, 학생들의 생각과 행동을 교사의 눈앞에 머무르게 하겠다는 생각
이 더 깊게 숨어 있을 수 있다는 것이다. 이러한 의도가 통합학급에서 시행된다
면 아마 더욱 학급 규칙을 제정하거나 운영하는 데 어려움이 따를 것이다. 왜냐
하면 통합학급 속에서 장애학생과 일반 학생이 동시에 지킬 수 있는 규칙을 만들
거나 또 만들었다 하더라도 학급 운영 중 일어나는 수많은 변수를 해결하기란 그
리 쉬운 일이 아니기 때문이다.

(3) 학급 규칙 제정의 목적

① 교사와 학생의 상호 욕구 존중

학급 규칙이 학급 구성원들의 행복한 삶을 위한 하나의 약속으로서의 가치를
가지고 성공하려면 교사는 학생들을 의사소통의 주체로 받아들여야 한다. 학생
의 삶에 영향을 끼치는 문제에 대해서는 학생들이 선택할 수 있게 해 주어야 한

다. 교사와 학생 사이에 권력관계가 작동할 때는 솔직하고 합리적인 대화가 불가
능하게 된다.

② 교사의 교육 목표 실현을 위한 수단

학급 규칙을 정하기 전에 교사들은 교육의 목적이 무엇인가를 생각해야 한다.
특히 통합학급에서는 교육의 목적에서 평등, 조화, 다양성의 인정 등이 중요하게
여겨져야 한다. 장애학생과 일반 학생이 함께 사는 세상을 위한 '협동'의 개념이
목적에 포함되어야 한다는 것이다. 즉, 통합학급 교사는 규칙을 정하기에 앞서
내가 어떤 가치를 소중히 생각할 것인가를 고려해야 한다.

(4) 통합학급 규칙 제정에 앞서 고려해야 할 점

① 경쟁적인 시스템에 대한 고려

학급 규칙을 정하기 전에 내가 가진 신념이 정말 옳은 것인가를 확인해야 한
다. 많은 교사가 '우리 사회는 경쟁사회이고, 경쟁이 동기를 유발시키며, 정의적
영역을 중시하면 지적 영역이 약화되며, 벌이 동기 유발체로서 매우 가치가 있
다.' 는 잘못된 신화를 가지고 있다. 이러한 신화는 교사들이 학급을 운영하는 데
있어서 신념을 형성하게 하고, 이러한 신념이 학급의 시스템을 만든다. 통합학급
의 경우, 경쟁적인 시스템이 우리 반에 어떤 영향을 끼칠 것인가를 가장 먼저 고
려해야 한다. 특히 통합학급에 속한 장애학생의 경우 경쟁체제에서 동기 부여가
거의 될 수 없다는 것을 고려해야 한다.

② 벌의 사용에 대한 충분한 검토

학교에서 벌을 사용하는 것은 피할 수 없는 일이다. 경우에 따라서 학생이 하
려는 행동에 대해 벌 말고는 대안이 없는 경우도 많다. 그러나 가르침의 도구로
서 벌은 일반적으로 바람직하지 못하고 일시적인 경우가 많다. "벌이란 언제나
벌 주는 사람이 없을 때는 전혀 의미가 없어진다. 혹 그렇지 않은 경우가 있다면
인성이라고 부르는 것에 크게 해를 끼치는 죄의식 정도라고 할까, 어떻든 벌은
여러 가지 부수적인 악영향을 미친다. 즉, 갈등, 공격성, 기만, 복수 등과 같은 정

서적 문제를 일으키며, 이것은 훗날 그 벌을 받은 학생의 생애에서 부적응 행동의 원인이 된다."라고 하였다. 따라서 규칙을 제정할 때 교사는 학급 규칙이 벌을 위한 것이 아니라, 자율적이고 독립적이며 책임감을 기르기 위한 방법이었다는 것을 잊지 말아야 한다.

3) 긍정적 행동지원으로서의 학급 규칙

(1) 긍정적 행동지원의 개념(노현정, 이소현, 2003)

긍정적 행동지원은 모든 문제 행동을 기능적 측면에서 고려해야 한다는 개념이다. 이는 풍부하고 지원적인 환경은 문제 행동의 발생을 효과적으로 예방할 수 있다는 철학적인 사고를 근거로 적립된 이론으로, 혐오적인 방법을 지양하는 대신 개인의 특성에 맞는 예방적이고 교수적인 변인을 판별하기 위한 기능평가를 포함함으로써 문제 행동을 효과적으로 감소시키는 방법으로 알려져 왔다.

(2) 긍정적 행동지원의 요소

긍정적 행동지원의 요소로 생활 방식의 변화에 대한 강조, 기능적인 분석, 다기능적 요소적 중재, 생태학적이고 환경적인 사건에 대한 조작, 선행 사건 조작에 대한 강조, 적응 행동의 교수, 후속 결과를 이용한 환경 구성, 벌 사용의 최소화, 응급적인 절차와 예방적인 프로그램의 구별 등이 있다. 특별히 긍정적 행동지원은 또래들과 함께 어울리며 문제 행동이 발생할 수 있는 실제 환경에서 중재가 실시되어 그 중재의 효과가 아동의 실생활에 자연스럽게 일반화되고 유지될 수 있어야 한다.

(3) 긍정적 행동지원 삼차원적 예방 전략

긍정적 행동지원은 장애학생을 포함한 모든 학생에게 제공하는 일차적 예방 활동인 보편적 지원, 장애학생과 장애 위험 학생에 대한 이차적 예방 활동인 집단적 지원, 심각한 문제 행동을 보이는 장애학생에 대한 개별적 지원의 삼차원적인 예방 전략이다. 통합학급에서 학급 규칙을 제정하고 운용하는 것은 보편적 지원 및 집단적 지원의 방안이라고 할 수 있겠다. 즉, 통합학급에서의 학급 규칙은 장애학생의 문제 행동을 예방하는 것뿐만 아니라 일반 학생과 장애학생 사이에서 발생할 수 있는 문제를 고려하며, 학생들 모두 예측 가능한 일관적인 문화를 형성할 수 있는 기초인 것이다.

4) 학급 규칙 제정 방법 및 운영

(1) 학급 규칙 제정 절차

- 3월에 교사가 정해서 발표하거나 학생들과 함께 정하기 교사의 교육철학이 담긴 학급 운영 목표를 충분히 소개한 후 학급 규칙을 소개한다.
- 학생들과의 토론 학급 규칙을 소개하면서 학생들과 충분히 토론하는 시간도 갖는다. 학생들이 이해하지 못하는 규칙이나 필요 없는 규칙 또 상과 벌에 대해 과하거나 부족하다 싶은 내용을 학생들과 수정하고 보완하는 것이다.
- 규칙의 적용 후 보완 2주 정도 규칙을 적용하고 지키기 어려운 점과 필요 없는 것, 필요한 것 등에 관해 다시 토론을 통해 규칙을 수정 · 보완한다.
- 규칙의 삭제 한 달에 한 번씩 규칙을 삭제해 나간다. 잘 지켜지고 습관화되어 필요 없어진 것 등을 삭제해 나간다.

(2) 규칙 제정 원칙

- 규칙의 내용과 벌칙의 내용이 상호 연계되어야 한다. 예를 들어, 고운 말을 사용하지 않고 욕을 했을 경우 교사의 원래 목적은 고운 말을 사용하도록 하는 것이므로 고운 말을 찾아서 쓰도록 하는 것이다. 규칙의 내용과 관계없이 청소를 시킨다거나 하는 등 모든 규칙에 적용하지 않도록 고려한다.
- 학급 규칙 내용을 부정적으로 제시하지 않고 긍정적으로 제시하도록 한다. '어떤 행동을 하지 않는다.' (줄인다)와 같이 부정적인 상태를 없애거나 줄이는 것을 목표로 하기보다는 '어떤 행동을 한다.' (늘인다)와 같이 긍정적인 상

태에 도달하는 것을 목표로 삼을 때 긍정적인 변화가 더욱 잘 촉진된다.

- 규칙 없이 자율적으로 지내는 것이 좋은 것이라는 것을 알게 하며 규칙을 없애 간다. 잘 지켜지는 규칙은 과감히 없애도록 한다. 물론 규칙의 삭제는 학생들과 함께 논의 과정을 거치며, 그에 대한 책임을 충분히 느낄 수 있도록 한다.
- 규칙을 지키는 데 따르는 문제점에 관해 충분히 논의해야 한다. 예를 들어, '고운 말 사용하기'라는 규칙은 '욕'이 어디까지인가에 대해 논란이 있을 수 있다. 이런 혼란을 방지하기 위해 학생들이 '욕'의 의미에 관해 토론하는 과정을 통해 스스로 여러 가지 문제점을 발견하며 지키려고 노력하도록 한다.
- 학급 규칙을 지키는 것을 어떻게 관리하는가의 문제를 논의해야 한다. 처음 몇 주를 운영해 보고 학생들의 보편적인 수준을 파악할 필요가 있다. 처음에 '기초선'을 설정하는 것과 같은 의미다. '기초선'은 실제 이 행동을 어느 정도로 변화시킬 것인가 하는 행동지도 계획의 기초 자료이며 또 어떻게 변화하는가를 정확하게 비교해 볼 수 있는 자료를 제공해 준다.

(3) 학급 규칙 운영상 유의점

① 교사와 학급의 특성을 고려해야 한다

학급 운영을 하다 보면 늘 많은 변수가 있기 마련이다. 따라서 교사들의 적절한 운영과 자신의 스타일에 맞는 여러 가지 방법을 덧붙인다면 더 나은 학급 운영이 될 수 있을 것이다.

② 책임과 존중을 위한 규칙 적용이 필요하다

Haim G. Ginott의 『교사와 학생 사이(*Teacher and Child*)』(2003)에서는 "가르침에서 중요한 것은 교사의 관용이지, 정확함이 아니다."라고 했다. 최소한의 공동 약속으로 학급 규칙이 만들어졌다 하더라도 이를 바탕으로 교사나 특정 학생들이 재판관이 되기보다는 이해와 관용의 마음을 갖고 규칙을 어긴 학생들과 대화하려는 노력이 필요하다.

③ 학급의 규칙 제정 및 운영을 통해 장애학생을 학급에 참여시키는 것이 통합교육의 출발이 될 수 있다

학급 규칙의 제정 및 운영은 현재의 통합교육 수준에서 담임교사가 할 수 있는 학급 수준의 보편적 지원일 것이다. 학급 수준에서 일반 학생과 장애학생이 자연스럽게 어울릴 수 있도록 학급 규칙을 만들고 지키려 노력하고 있으며, 학급 규칙을 잘 수행하지 못하는 장애학생에게 학급 규칙을 세분화하여 설명하려는 노력을 하고 있다. 이러한 작은 관심이 통합교육을 하고 있는 것이며, 교사로서 전문성을 가지고 노력하고 있는 것이다.

(4) 통합학급에서 사용할 수 있는 학급 규칙 팁

① 장애학생과 특수교육 보조인력, 학부모에게 충분한 설명이 필요하다

일반 학급보다 좀 더 규칙을 세분화하려는 노력을 기울여야 하며, 장애학생에게 여러 번 설명해야 할 수도 있다. 특수교육 보조인력에게도 설명하여야 한다. 또한 일반 학생과 장애학생 부모들에게도 학급 규칙에 대해 안내장을 보내거나 학부모 총회를 이용해 안내해야 한다.

② 일반 학생과 장애학생의 형평성을 고려한다

일반 학생과 장애학생에 관한 형평성의 문제 또한 늘 대두되는 문제이기도 하다. 이러한 문제가 발생했을 때 교사가 늘 판단하고 재판하듯 판결하려 하지 말고 학생들에게 문제를 넘기는 질문을 해 본다면 학생들은 용서하기도 하며, 교사보다 더 나은 결론을 알고 있기도 하다.

③ 경쟁보다 협동에 대한 보상제도를 활용한다

학급 규칙과 함께 적절한 보상제도를 사용하는 것 역시 추천할 만한 방법이다. 그러나 경쟁에 의한 보상보다 개인적으로 행한 도덕적 행동에 대한 사회적 보상(칭찬) 혹은 협동에 대한 보상을 하는 것이 통합학급을 운영함에 있어 더 효과적이었던 것 같다.

④ 학급 전체 보상제도를 활용할 수 있다

개인적으로 도덕적 행동을 했을 때 적극적으로 칭찬하며, 이러한 보상이 우리 학급 전체에 좋은 영향을 미친다는 것을 눈에 보이게 해 주는 '학급 온도계' 등을 사용할 수 있다.

⑤ 보상은 강력하고 즐겁게 제공되어야 한다

강화를 통해 1학기에 1~2번 정도 학급 전체 잔치를 하면 아이들의 협동심과 긍정적인 행동이 더욱 증가함을 느낄 수 있을 것이다.

요약

1. 통합학급 생활지도의 일반적인 원리

- 장애 및 일반 학생들의 개인차를 이해해야 한다.
- 가정과 학교 생활과 관련된 내용의 이해가 중요하다.
- 장애 및 일반 학생의 진로와 관련된 지도가 이루어져야 한다.
- 생활지도는 궁극적으로 바람직한 성장을 돕기 위한 것이며, 특히 장애학생들의 부적응 사태로 발생할 수 있는 다양한 문제를 사전에 예방하고 문제 발생 시에는 사안에 따라 다각적이면서 지속적인 노력으로 해결하도록 도와주어야 한다.
- 학생의 일상생활과 관련된 구체적인 정보 수집 활동을 통해 가정환경에 대한 이해로부터 학업 성취도, 특별활동, 교외 활동, 지능과 적성, 흥미, 성격, 장래 희망 등이 객관적이고 신뢰성 있게 분석되어 생활지도에 도움이 되어야 한다.

2. 학급 규칙의 개념

'학급 규칙'은 학급이라는 공동체를 하나로 묶고, 교사와 학생 간의 상호 존중 관계, 학생과 학생 간의 긍정적인 상호관계를 통해 서로를 배려하는 학급 분위기를 조성하기 위해 존재하는 것이라고 볼 수 있다.

04 | 통합학급 생활지도 2

1. 통합학급에 적용할 수 있는 다중지능 이론 및 협동학습의 원리를 이해한다.
2. 협동적 모둠 구성의 절차 및 방법을 알 수 있다.
3. 협동적 학급 운영을 위한 사회적 기술 훈련에 대해 이해한다.

1) 통합교육 생활지도의 필요성

통합교육을 하다 보면 교사의 의도대로 되지 않는 상황이 많이 발생한다. 장애 학생과 모둠을 구성하는 것, 모둠 역할 및 모둠 활동을 하는 것, 역할 분담 활동을 주는 것 또 역할 분담 활동을 수행하는 것 등의 장면에서 소소한 갈등이 끊임없이 발생한다. 이 문제 역시 어떤 정답이 있는 것은 아니다. 다만 교사가 문제를 어떻게 보는가에 따라 문제가 한없이 어려울 수도 있고 그냥 일상적인 문제로 쉽게 해결될 수도 있다. 생활지도를 하면서 어떠한 철학을 가지고 어떠한 생활지도 방식을 선택하는가는 교사의 선호에 따라 차이가 많으며, 그 어떤 선택도 나쁘거나 부족한 것은 없다고 생각한다.

2) 생활지도의 이론적 근거

(1) 협동적 학급 운영

협동적 학급 운영이란 '다 함께 잘 살기'라는 학급 운영 목표를 두고 보다 효율적인 학급 운영을 위해 기존의 학급 운영 전반에 네 가지 협동학습 기본 원리인 긍정적인 상호 의존, 개인적인 책임, 동시다발적 상호작용, 동등한 참여를 적용한 것을 말한다. 그러나 단지 기본 원리의 적용에 그치는 것이 아니라 '협동적 삶' 자체를 추구한다. 다시 말해서, '협동적 학급 운영'은 수단이나 방법으로서가 아니라 원리이자 목적 자체로서 커다란 존재 가치를 지니는 것이다.

(2) 다중지능 이론

다중지능 이론이란 Gardner에 의해 주장된 이론으로 인간의 지능이 언어, 논리 – 수학, 공간, 대인관계, 신체, 음악, 자연, 자기이해 등 적어도 여덟 가지 이상의 요인으로 구성되어 있다는 것이다. 인간은 기존에 우리가 학교교육에서 강조했던 언어 및 논리 – 수학적 능력 외에도 다양한 능력을 소유하고 있으며, 이러한 인간의 능력이 높고 낮음의 수준으로 나눌 수 없고 모두 동등한 것이라 주장한다.

(3) 학급 풍토의 개념

학급 풍토란 학급 운영의 과정에서 관여하는 사람들 혹은 그것을 관찰하는 사람들의 느낌이나 견해 속에서 지각된 모습을 나타내는 교실 분위기라고 할 수 있다. 교사와 학생 또는 학생 상호 간에 서로 지원하는 분위기인 학급은 자긍심과 기본적 동기의 만족도를 높여 준다. 또한 그러한 학급은 학생들의 지적 능력을 최대한으로 발휘할 수 있는 기회를 준다. 그러나 지나친 경쟁심, 적의, 소외감 등의 학급 분위기는 많은 학생의 불안과 걱정의 원인이 될 뿐만 아니라 지적 발달에 방해 요인이 될 수 있다(황순희, 2009). 긍정적인 학급 풍토를 조성하여 학급 운영의 효율성과 학급 구성원의 만족도를 높일 수 있는 방법이 협동학습과 다중지능 이론이라고 볼 수 있다.

(4) 학급 운영 철학으로서의 협동학습과 다중지능 이론

학급 운영의 큰 틀로 협동학습과 다중지능 이론을 사용할 수 있다. 이 두 가지 이론에 근거한 학급 운영의 철학은 '우리는 다르다. 개개인은 장애와 비장애, 남자와 여자 등으로 이분법할 수 없으며, 그저 우리 모두는 다른 것이다. 그리고 다른 것은 나쁜 것이 아니며, 오히려 즐거운 것이다. 그러나 우리는 하나다.' 라는 공동체 의식이 기본이 된다. 이러한 철학은 통합학급을 운영하는 데 유용하게 적용된다.

3) 다중지능을 이용한 협동적 모둠 구성

(1) 모둠 구성 절차

① 학급 목표 설명

학생들과 모둠 활동을 시작하기 전에 반드시 학급 목표에 대해 이야기하는 과정을 거친다. 이 과정을 통해 학급의 풍토를 조성하는 방향을 공유하게 된다.

② 모둠 구성

학기 초에는 다중지능검사를 통해 각기 다른 특성을 가진 학생들을 같은 모둠으로 교사가 구성한다. 다중지능검사를 통해 여덟 가지 특성 중 세 가지의 강점 지능을 찾고, 그 강점 지능이 각자의 능력을 나타낸다는 것을 충분히 설명한다. 강점 지능은 전 학급 구성원이 모두 갖고 있으므로 장애학생과 일반 학생, 부진학생과 우수학생 모두 같은 조건에서 출발하게 되는 장점이 있다. 이때 장애학생 역시 다른 능력을 가진 한 친구라는 것을 알려 주고, 장애학생의 장점을 말해 준다. 그리고 그 능력이 어디에 필요한지 교사가 알려 줄 수 있다.

③ 모둠 이름과 역할 분담 정하기

모둠 활동을 처음 시작할 때 우리 모둠의 이름과 역할 분담을 정하며 좌우명을 정한다.

④ 장애학생을 위한 배려에 대한 협의

장애학생이 소속된 모둠에 대해 어떤 특권을 주는 것도 고려해 볼 만한 방법이다. 진정한 평등의 의미를 고려해 볼 때 장애인이 불편 없는 생활을 할 수 있는 환경이 갖추어져 있다면 장애는 극복된다는 것을 알려 주고 시간을 좀 더 주는 것, 수준을 조절해 주는 것 등에 대해 아이들과 협의하는 과정을 거친다.

(2) 모둠 내 역할 분담

협동적 학급 모둠 구성에서 4명은 각자 역할이 정해지게 된다. 협동학습에서 사용하는 모둠 구성원들의 역할이 각자 주어지며, 역할에 따라 각자 맡은 일을 성실히 수행해야 모둠이 평화롭게 운영될 수 있다. 이때 장애학생도 역할이 주어져야 하며, 그 역할을 잘 수행할 수 있도록 도움을 줄 필요가 있다. 장애학생의 경우 한 번에 역할을 수행하지 못할 수도 있음을 인정하여야 한다. 따라서 교사가 인내하고 가르치는 수고가 필요하다. 이러한 수고는 우리 반의 문제 행동을 줄이는 예방적 차원에서 큰 효과가 있다.

교사도 교실에서 행복하기 위해 노력하고 그 결과로 행복을 느낄 때, 교사와 학생 모두 행복한 교실이 될 것이다. 교사가 행복하기 위해, 학생들이 행복하기 위해 교사의 수고가 필요하다. 그러나 문제가 발생하기 전에 예방하는 수고가 발생한 후 해결하는 수고보다는 덜 든다.

(3) 모둠 활동에서 교사의 역할

학급 운영에서 교사와 학생의 관계를 통해 문제가 발생하기도 하며 해결되기도 한다. 이러한 관계가 교사와 학생 사이에 형성되어 있다면 문제 행동이 발생할 가능성을 상당 부분 예방할 수 있다. 가장 효과적인 생활지도는 문제의 예방이며, 문제를 예방할 수 있는 유능한 교사들의 특성은 다음과 같다.

- 학생의 관점에서 보고자 한다.
- 교육 경험을 개별화한다.
- 학생들이 경청하고 아이디어를 교환하는 수업 시간의 토의를 촉진한다.

- 학생과 학부모와의 조력 관계를 발전시킨다.
- 개인적인 학습 경험을 조직화한다.
- 융통성이 있다.
- 새로운 아이디어를 시도하는 데 개방적이다.
- 대인관계와 의사소통 기술의 모델 역할을 한다.
- 긍정적인 학습 환경을 조성한다.

학생들은 그들이 신뢰하고 존경하는 교사에게서는 배우려고 노력하지만, 그들이 싫어하는 교사는 의식적으로 또는 무의식적으로 외면하고 그들에게서 배우려 하지 않는다(강진령, 연문희, 2002). 즉, 효과적인 생활지도를 위해서는 먼저 교사와 학생 사이의 관계를 긍정적으로 유지해야 한다.

(4) 모둠 갈등 해결

① 갈등의 원인

학급 내에서 문제가 발생하는 것은 당연한 일이다. 학급 내에서의 갈등은 통합학급이 아니어도 빈번한 일 중 하나다. 갈등이 발생할 때 교사는 갈등의 주체를 찾아내고 갈등을 빨리 해결하기 위해 노력해야 한다. 그러나 오히려 이러한 노력이 갈등을 더 조장하거나 갈등을 그냥 덮어 버리는 결과를 가져오기도 한다.

② 갈등의 유형

특히 모둠 활동을 하는 상황에서 갈등은 세 가지 유형으로 나눌 수 있다. 첫째, 모둠 활동을 하다 발생하는 자원에 대한 갈등은 둘 이상의 사람들이 충분하지 못한 어떤 것을 동시에 원할 때 일어난다. 둘째, 필요에 의한 갈등은 주로 학생들의 심리학적 기본 욕구에 의해 일어난다. 권력, 우정과 또래 집단에 대한 소속감, 자존감, 성취욕 등의 욕구가 충돌할 때 발생한다. 셋째, 종교, 문화, 가족 등과 같은 가치관은 깊은 내면세계에까지 물들어 있는 우리 자신의 일부다.

③ 갈등 해결을 위한 교사의 지혜

- 모둠원들을 끊임없이 훈련(활동, 역할, 책임, 자세 등)시켜라! 갈등이 발생하는 상황을 자세히 살펴보면 자신들의 역할이나 자세를 잘 모르고 있는 경우가 많다. 따라서 장애학생뿐만 아니라 일반 학생들 역시 훈련이 필요하다.

- 모둠원을 쉽게 바꾸지 말라(적당한 시간 지속)! 모둠 활동이 지속되다 갈등이 발생하면 모둠원을 바꾸어 달라는 요구가 많이 생긴다. 그러나 그런 갈등을 회피하기 위해 모둠원 바꾸기를 자주 한다면 끝내 모둠 속에서 배워야 할 가치를 못 배울 수도 있다. 따라서 시간을 정해 놓고 그 기간 동안은 같이 보낼 수 있도록 한다.

- 지속적으로 모둠을 관찰하고, 모니터링하고, 지도하고, 상담하라(잘 안 되는 것, 어려워하는 것에 대해 지속적으로 안내하고 상담하여 문제를 해결할 수 있도록 한다)! 교사의 끊임없는 관심과 일관성을 보여 주면 문제는 해결되게 되어 있다고 생각한다. 교사가 미리 안 된다고 포기하는 것이 문제 해결을 방해하기도 한다.

- 수업 시간과 적극 연계하라(학습 활동에 적극 활용하여야 한다)! 예를 들어, 국어 시간에 '평등'과 관련된 이야기를 읽는 단원이 나왔다면 모둠 속에서 일어나는 사건 중 장애학생을 우리 모둠의 구성원으로 인정하지 않는 것과 연계하여 지도할 수 있다. 이 수업은 수업 목표를 달성하는 데도 효과적이며, 우리 반의 갈등 상황을 해결하는 데도 효과적이다.

- 모둠별 활동과 과제, 프로젝트 등을 개발하라! 모두 같이 할 수 있는 과제나 프로젝트 등을 개발하여 참여시키는 것은 모둠원들의 소속감을 높이는 데 좋은 효과를 얻을 수 있다. 어떠한 활동을 하지 않음으로써 문제 발생을 최소화하는 것보다 좀 더 긍정적인 변화가 목표인 프로젝트를 개발하여 실시한다면 문제가 발생하여 해결하기 위해 노력하는 것보다 더 좋은 효과가 있다. 통합학급의 경우 프로젝트에 평등과 다양성 관련 주제를 선정하는 것도 좋은 방법이다.

4) 협동적 학급 운영을 위한 '사회적 기술훈련'

(1) 사회적 기술훈련의 개념

사회적 기술훈련이란 인간관계를 맺어 나가는 데 필요한 전반적인 기술로, 집단에서 서로 간의 생활을 원만하게 하기 위해 이루어지는 의사소통이나 규칙 혹은 약속에 따른 행동 양식을 말한다.

(2) 사회적 기술훈련의 필요성

협동적 학급 운영을 처음 시작할 때 혹은 사회적 기술의 지도 없이 수업 방법으로만 협동학습을 인식하고 적용할 때, 교실 내의 갈등이 커지는 경우가 발생하기도 한다. 모둠을 중심으로 문제를 해결해 나가다 보니 소란스러움 속에서도 다양한 의견 충돌에 직면하는 상황이 많이 발생한다.

이러한 어려움을 극복하기 위해 사회적 기술을 익혀 갈등을 사전에 예방할 필요가 있다.

(3) 사회적 기술훈련 방법을 장애학생과의 문제 상황에 적용하기

모둠 활동 중에 장애학생을 제외하려 하거나 장애학생이 하는 행동이 방해가 되어 짜증을 내는 경우에 교사는 일반 학생에게 잔소리를 하거나 비난, 협박, 벌 등의 전략을 사용할 수 있다. 그러나 이런 방법은 학생들의 반발을 불러일으키기 쉽다. 이런 문제를 해결하기 위해 학생들과 구체적으로 내용에 대해 이야기하고 연습하는 것이 필요하다. 모둠 활동에 문제가 있을 경우 교사와 함께 모둠의 문제를 해결해 가는 연습이 필요하다. 그리고 문제를 해결하기 위한 방법을 찾아 나가야 한다.

학생들에게 '내가 행하는 것을 가르치려고 하는 것이 아니라 내가 말하는 것을 행하도록 가르치려고 노력하는 것'은 효과가 없다. 학생들의 삶을 통해 학생들이 사회 속에서 성장하도록 돕는 것이 필요하다.

통합교육은 통합 환경 속에서 장애학생과 일반 학생이 함께 생활하는 방식을 모색하면서 실제 생활하는 기회가 된다. 따라서 학생들은 자신의 삶의 문제를 직접 해결해 나가야 한다. 장애학생은 일반 학생과 함께 살아가기 위해 자신의 역할을 할 수 있어야 하며, 일반 학생은 장애학생을 이해하고 배려하는 삶을 실천할 수 있어야 한다.

5) 브레인스토밍을 이용한 토론

학생들과 함께 문제의 해결 방법을 찾을 때 사용할 수 있는 방법 중 하나가 '브레인스토밍'이다. 예를 들어, 학생들이 학급에서 역할 분담 활동에 장애학생이 자기들과 똑같은 일을 하지 않고 장애학생이 할 수 있는 일만 한다는 불만을 제기한다면 교사는 이 문제를 학생들과 같이 이야기할 수 있어야 한다. 훈계하거나 학생들을 비난하는 시간을 갖는 것이 아니라, 교사는 이 상황을 '평등'이라는 개념이 무엇인지 생각해 보는 기회로 사용할 수 있으며, 해결 방법을 찾는 창의적인 수업 아이디어로 사용할 수 있다.

장애학생과 일반 학생 모두 이 문제를 해결하는 주체가 되고 실천하는 주체가 되는 기회를 갖게 되는 것이다. 일반적으로 생활지도는 교사의 옳은 판단과 학생들의 반성을 통해 이루어진다고 생각된다. 그러나 생활지도는 함께 해결해야 할 문제에 대해 같이 생각해 보는 것이 우선되어야 할 것이다.

6) 사회적 상호작용 중재 방법

다른 방법으로 또래 주도의 사회적 상호작용 중재 방법이 있다. 이 방법은 또래 교수 활동과 유사한 방법으로 교과 학습을 도와주거나 쉬는 시간이나 놀이 활동에서 장애학생을 도와주도록 하여 사회적 상호작용을 높이는 활동이다. 이 활동을 통해 일반 학생은 장애학생의 특성으로 인해 사회적 상호작용을 할 수 없음을 이해하고, 장애학생에게 부족한 사회적 상호작용을 위한 방법을 가르쳐 준다. 사회적 상호작용을 위한 훈련을 학급의 일반 학생에게 훈련시킬 수 있으며, 체육이나 미술, 쉬는 시간 동안에 장애학생을 놀이에 포함시키기 위한 하나의 방법으로 사용할 수 있다(김남경, 박은혜, 2008).

7) 통합교육 구성원들의 상호 협조

　통합학급에서 발생하는 문제는 학생들의 다양함만큼이나 다양하게 발생할 수 있다. 이런 경우 통합학급 교사는 특수학급 교사나 장애학생의 부모와 함께 문제를 상의할 필요가 있다. 교사도 인간이므로 모르는 것이 있다. 모르는 것이 없이 학급의 문제를 완벽하게 처리해야 한다는 강박적인 믿음으로 아는 척하거나 적당히 얼버무리는 태도는 생활지도를 어렵게 한다. 일반 학생들에게도 선생님도 원인을 잘 모르겠다고 이야기하는 것이 좋다. 그러면 학생들도 이해하고 도와주려 한다. 교사가 어렵지 않은 척하고 방어적으로 행동하여 오히려 학생들을 비난하거나 나무라는 경우 학생들도 교사를 돕지 않는다. 생활지도가 어려울 때 교사는 특수교사, 학부모, 특수교육 보조인력, 학생들 누구에게나 도움을 요청하는 방법이 가장 효과적이라고 생각한다.

요약

1. 협동적 학급 운영

　협동적 학급 운영이란 '다 함께 잘 살기'라는 학급 운영 목표를 두고, 보다 효율적인 학급 운영을 위해 기존의 학급 운영 전반에 네 가지 협동학습 기본 원리인 긍정적인 상호 의존, 개인적인 책임, 동시다발적 상호작용, 동등한 참여를 적용한 것을 말한다.

2. 다중지능 이론

　다중지능 이론이란 Gardner에 의해 주장된 이론으로 인간의 지능이 언어, 논리-수학, 공간, 대인관계, 신체, 음악, 자연, 자기이해 등 적어도 여덟 가지 이상의 요인으로 구성되어 있다는 것이다.

3. 통합교육을 위한 협동적 학급 운영을 위한 기술

　• 사회적 기술훈련　　• 브레인스토밍을 통한 토론　　• 사회적 상호 중재 방법

05 | 방해 행동 지도 방법 1

1. 교실 밖으로 나갔다 들어왔다를 반복하는 행동에 대해 지도할 수 있다.
2. 교실을 자꾸 돌아다니며 학급 물건을 흩뜨려 놓는 행동에 대해 지도할 수 있다.

1) 교실 밖으로 나갔다 들어왔다를 반복하는 행동

〈사례〉

초등학교 1학년인 동호는 수업 시간에 친구를 때렸다. 화가 난 짝꿍이 교사한테 말하여 교사가 동호에게 그렇게 하지 말라는 주의를 주었다. 동호는 교사의 주의를 듣고 삐쳐서 책을 덮고 엎드렸다. 교사가 일어나서 공부를 하자고 다시 주의를 주니 벌떡 일어나 뒷문 쪽으로 나가 버린다. 교사가 일부러 듣지 못한 척하며 무시했더니 교실 앞 화단으로 나가 바닥에 앉아서 20분이 지나도 들어오지 않고 있다. 교사는 이런 상황이 반복되는 것이 참 어렵다. 동호의 잘못된 행동에 대해 주의를 주지 않을 수도 없고, 주의를 주면 자기 멋대로 교실을 나갔다 들어왔다 한다. 1학년 때 제대로 잡아 주지 않으면 안 될 텐데 어떻게 해야 할지 걱정이다.

(1) 아! 그랬구나

교실에서 일어나는 학생들의 모든 행동에는 반드시 이유가 있다. 교사가 깊이 들여다보려고 하지 않아서 모를 뿐이지 크든 작든 분명한 원인이 있다. 어떤 학생의 문제 행동에 대해서 이유 없는 행동이라고 말하면 안 된다. 이유 모를 행동이라고 말해야 옳다. 동호가 친구를 건드린 것도 친구나 선생님이 생각하기에는 도저히 이유를 알 수 없겠지만 동호 입장에서 생각해 본다면 찾을 수 있다.

동호는 왜 이런 행동을 했을까? 부모와의 상담 결과, 동호는 주의력결핍 과잉행동장애(ADHD)로 일반 학생과 다르게 수업 시간에 집중하기 어려운 상황이었다. ADHD 학생의 특성과 문제 행동의 원인을 알아보면 매일 발생하는 문제 행동의 이유를 이해할 수 있다. 그러나 우리가 감지할 수 있는 문제 행동의 주제는 정말 다양하다.

ADHD 학생은 충동성, 부주의, 과잉행동이 문제가 된다. 과잉행동은 손발을 가만두지 못하는 것, 수다스러움, 안절부절못함, 가만히 앉아 있지 못함, 뛰어다니고 높은 곳을 올라가려고 하는 것으로 특징지어진다. 충동성은 자제력이 부족하고, 인내심이 부족하여 자기 차례를 기다리지 못하며, 거짓말을 하고, 끼어들기를 하며, 화를 잘 내고, 험담을 잘 하는 것으로 특징지어진다.

부주의는 정리를 못하는 것, 시키는 대로 안 하는 것, 주의를 집중하지 못하는 것, 잘 잊어버리는 것, 정신 차려 듣기가 어려운 것, 하찮은 실수를 많이 하고, 주의가 산만하며, 물건을 자주 잃어버리고, 숙제를 안 하는 것 등으로 특징지어진다.

물론 이러한 행동 특성은 확실한 주 증상으로 대변되는 것일 뿐 빙산의 일각에 불과하다고 한다. 동호의 이탈 행동은 충동성과 과잉행동이 맞물려 일어날 수 있다. 이런 사례를 좀 더 구체적이고 폭넓은 관점으로 들여다보기 위해 동호의 행동을 다음과 같은 원인으로 생각해 볼 수 있다.

- ADHD의 특성으로 인해
- 평소 친구를 좋아하는 동호가 짝꿍에게 관심을 표현하기 위해서
- 어떤 공부를 하는지 궁금해서 친구의 것을 보려고
- 선생님이 동호의 관심을 몰라줘서

(2) 이렇게 해 봤어요

동호를 위해 교사는 다음과 같은 전략을 사용하기로 결정했다.

우선 교사는 동호가 친구들과 더 많은 시간을 함께 할 수 있도록 계획하였다. 아침 우유 당번도 좋아하는 친구를 선택하여 함께 가도록 하였고, 쉬는 시간에는 동호가 좋아하는 공놀이를 함께 할 친구에게 다가가 "함께 하자."라고 말하도록 안내하였다. 또한 이 전략에 같은 친구들이 함께 협력할 수 있도록 '보이지 않는 손'이 되어 동호를 도울 수 있는 방법에 대해 사전 안내를 제시하였는데, 예를 들어 동호가 친구를 건드릴 때 "왜, 놀자고? 아니면 궁금한 게 있어?"라고 되묻기, 동호가 같이 놀자고 할 때 함께 놀아 주기, 교사가 동호의 교실 이탈 행동을 무시할 때 함께 무시하기, 동호가 나가기 전에 같이 공부하자고 말하기 등이다.

① 약물치료

ADHD 학생을 돕는 방법으로 약물을 사용할 수도 있다. 약물의 종류는 다양하나 국내에서 의료보험이 적용되어 시판되고 있는 약물의 종류는 제한적이다. 치료 약의 효과는 다소 다르나 신경전달물질이 잘 전달되도록 돕는 약물로 이해할 수 있다. 그러나 부모들은 약물의 부작용에 대해서 걱정이 있으므로 교사의 판단에 의한 약물치료 권유보다는 병원의 진단과 처방을 통한 조심스러운 권유를 해야 할 것이다.

② '방치'도 '학대'에 포함될 수 있다?

2009년 8월 23일부터 시행된 「장애인 차별금지 및 권리구제 등에 관한 법률」에서는 장애를 이유로 차별받는 사람의 권익을 효과적으로 구제함으로써 장애인의 완전한 사회 참여와 평등권 실현을 통하여 인간으로서의 존엄과 가치를 구현함을 그 목적으로 밝히고 있다. 이에 따라 장애인을 장애를 사유로 정당한 사유 없이 제한·배제·분리·거부 등에 의하여 불리하게 대하는 경우 차별 행위로 간주하고 있다. 이에 따라 교육 책임자가 특정 수업이나 실험·실습, 현장 견학, 수학여행 등 학습을 포함한 모든 교내외 활동에서 장애를 이유로 장애인의 참여를 제한, 배제, 거부해서는 안 된다.

2) 교실을 자꾸 돌아다니며 학급 물건을 흩뜨리는 행동

〈사례〉

지민이는 초등학교 2학년 학생이다. 종이를 오리고 붙여 무엇인가를 만드는 일을 좋아하는데 색종이나 도화지, 가위, 풀 등을 교사가 어디에 보관해 두고 있는지 기가막히게 잘 기억하고 있다. 바른생활 시간에 앉아 있는 것이 지루해지자 학급의 물건을 마음대로 뒤지고 흩뜨려 놓고 색종이를 가지고 종이접기를 하며 놀고 있다.

교사가 지민이의 이런 행동을 잠시 중단시키고 수업에 집중할 수 있도록 주의를 주자 잠깐 다시 수업을 따라 하였다. 그러고는 교사가 칠판에 글씨를 쓰고 그림을 그리며 설명을 하자 자기도 나와서 교사 뒤에서 글씨를 쓰고 있다. 교사의 제지를 받자 분필들을 아무데나 집어 던졌다. 지민이는 적어도 하루에 2~3번 정도는 수업 중간에 일어나 교실을 돌아다니거나 교사 물건을 마음대로 만지곤 해서 수업 분위기가 흩어지곤 한다.

(1) 아! 그랬구나

학생이 교실을 돌아다니며 물건을 함부로 만지거나 흩뜨려 놓을 때는 먼저 학생 입장에서 왜 이런 행동을 해야만 하는 것인지 곰곰이 생각해 볼 필요가 있다. 우선 학생은 뭔가 허전한 마음이 커서 관심과 사랑을 줄 만한 대상을 찾고 있는 것인지도 모른다.

교실의 다른 학생들은 선생님 말씀에 집중하고 주어진 과제를 해야 하기 때문에, 담임선생님은 수업 진행에 집중해야 하기 때문에 다른 곳에 신경 쓸 겨를이 없을 수 있다. 교실에 있는 물건들도 나름대로 조용히 자기 자리에 앉아 움직이지 않고 학생들이나 교사가 물건들을 가져갈 때를 집중해서 기다리고 있을 것이다. 그런데 이 학생은 그렇지 못하다. 뭔가 차분하게 집중해서 관심을 가질 대상이 없는 것이다. 그래서 산만한 행동으로 나타날 수 있다.

또한 그날 학생의 건강 상태에 따라서도 이런 행동이 나타날 수 있다. 유난히 기분이 좋아서 어쩔 줄 몰라 하며 기뻐 돌아다니는 경우도 있다. 반대로 비가 오는 흐린 날이라든지 불쾌지수가 높은 날인 경우 굉장히 가라앉은 마음이 되어 특별해 보이는 물건을 향해 돌진할 수 있다.

그리고 수업 분위기가 문제가 될 수도 있다. 학생의 눈높이에 맞춰진 수업이 아니라서 학생에게는 딱딱하고 아무런 의미가 없고 알아듣지 못하는 그런 수업 시간이 지속되는 경우다. 그러면 학생은 그 재미없는 시간을 탈피하기 위하여 애써 나름대로 재미있어 보이는 행동을 하게 되는 경우도 있다.

더불어 학생이 학교에 와서 교실에서 이런 행동을 하는 원인을 가정에서부터 찾아볼 수도 있다. 집에서는 학교보다 좀 덜 통제받는 환경에서 있었다면 학생이 그 차이에 대해 쉽게 적응하지 못할 수 있다. 그리고 혹시라도 부모님께 야단을 맞았다든지 집에서 뭔가 자신의 물건을 잃어버렸다든지 했을 경우도 생각해 봐야 한다.

(2) 이렇게 해 봤어요

① 원하는 물건을 가지고 들어가는 행동을 무시한 채 그냥 둔다

우선 학생이 원하는 물건을 가지고 가는 행동을 무시한 채 지켜봐야 한다. 그 물건을 가져가서 어떻게 처리하는지 학생의 행동을 지켜봐야 한다. 가지고 놀다가 다시 갖다 두는지, 친구에게 주는지, 책상이나 바닥에 버리는지, 책가방에 넣고 집에 가져가는지 살펴야 한다. 그래야 학생이 원하는 물건을 왜 가져갔는지를 이해하게 된다. 학급의 여러 가지 물건 가운데 특별히 더 관심을 가지는 물건의 종류와 색깔, 촉감 등도 알아 둘 필요가 있다.

만약 특별한 감각에 매혹을 느끼는 경우라면, 반영할 자료를 지민이의 사물함에 별도로 마련해 주는 등 환경을 구조화하거나, 감각 이상성에 대한 대책을 세워야 한다. 한편 지민이가 흩뜨려 놓은 물건을 계속해서 정리하게 하는 포화(포만)의 행동수정을 지도하는 것도 방법이 될 수 있다. 어쩌면 학생의 행동을 완벽하게 바꿀 수 있는 딱 부러지는 방법은 없을 수도 있다. 그렇지만 여러 가지 아이디어를 생각해서 학생을 지도하려는 꾸준한 마음과 시도가 필요하다.

② 수업을 중지시키고 아이를 붙들고는 교사 물건을 함부로 만지면 안 된다는 것을 확인시켜 준다

좀 더 자극적인 분위기를 연출하기 위하여 일부러 수업을 하다가 중지시키고 그 학생에게만 집중해서 선생님의 물건이나 다른 학생들의 물건을 함부로 만지면 안 된다는 것을 눈을 쳐다보며 말한다. 다른 학생들도 모두 집중해서 지켜보도록 한다. 학생이 이런 행동을 할 때마다 당분간 이 방법을 써 본다.

③ 언어 표현 양식을 가르쳐 준다

예전에 담임했던 여학생 가운데 욕을 너무 많이 하는 학생이 있었다. 하는 말 가운데 대부분이 욕이고 친구에게 말할 때도 욕을 심하게 하였는데, 도대체 왜 그렇게 욕만 하느냐 했더니 "선생님, 그 상황에서 다른 할 말이 뭐가 있어요?"라고 대답했다. 욕 말고 바른 말을 몰라서 못한다는 것이다. 그리고 집에 가면 어머니도 거의 욕을 하신다고 하였다.

이처럼 물건을 가져가는 행동을 하는 학생도 자기가 반드시 가지고 싶은 것이 있을 때 친구들이나 학생에게 먼저 물어봐야 한다는 사실을 모를 수도 있다. 그러므로 질문하는 방법을 상황에 맞게 역할놀이를 통해서 정확하게 가르쳐 주어야 한다. 즉, "이거 가져가도 돼요?" " 이거 써도 돼요?" "이거 빌려 줄래?"와 같이 표현하도록 지도한다.

④ 말로 허락을 받으면 가져가되, 쓰고 제자리에 두도록 말해 주고 반드시 확인한다

올바르게 물어보고 물건을 가져간 경우 가지고 놀다가 끝나면 있던 자리에 잘 가져다 놓는지 확인해야 한다. 가져간 물건의 이름이나 모양을 통에 붙여 놓아서 학생이 자기가 가져간 물건이 어디에 있던 것인지 파악해서 다시 제자리에 가져다 놓을 수 있도록 교사가 관심을 가지고 살펴야 한다.

그리고 이 모든 것을 다 했을 때 학생이 전율과 감동을 느낄 수 있는 뜨거운 칭찬을 반 학생들 앞에서 해 주어야 한다. 그래서 물건을 가져가서 흩뜨려 놓는 것보다 선생님과 친구들 앞에서 크게 칭찬을 받고 아주 좋은 선물을 받는 것을 더 좋아하는 학생이 되도록 지도한다.

⑤ 집에서도 물건을 함부로 만지고 어지럽게 하는지 파악해야 한다

부모님과의 상담을 통해서 집에서 학생이 무슨 일이 있었는지 알아야 한다. 학교에서의 행동은 가정과도 연결되어 있으므로 가정에서 이와 유사한 행동이 나타나는지, 나타난다면 어떠한 유형의 행동인지를 알아보고, 부모님과 지속적인 상담을 해야 한다.

⑥ 반대로 집에서는 너무 엄격하여 함부로 만지는 것이 어려운지 알아야 한다

혹시 가족 구성원이 학교와 다른 양상으로 반응하고 있는지를 알아보아야 한다. 반응의 일관성이 결여되었을 경우 문제 행동은 좀처럼 변화되지 않는다.

⑦ 학생만의 놀이동산을 교실 한구석에 만들어 준다

학급 인원수가 줄었으므로 교실을 좀 더 효과적으로 쓸 수 있다. 교실 한쪽 공간을 재구성하여 학생이 쓸 수 있도록 해 준다. 정리를 함께 하는 도우미 친구를 배치한다.

⑧ 놀이동산을 잘 정리 정돈하면 교실의 학습 준비물 정리를 완전히 맡겨 본다

정리 정돈의 경험을 통해서 물건을 흩뜨리거나 어지르는 것이 얼마나 힘든 것인지 알 수 있지만, 부가적으로 생활 장면에서 정리 정돈을 잘하는 습관이 형성될 수 있다.

요약

1. 교실 밖으로 나갔다 들어왔다를 반복하는 행동 이해하기
- 교실에서 일어나는 학생들의 모든 행동에는 반드시 이유가 있다. 교사가 깊이 들여다보려고 하지 않아서 모를 뿐이지 크든 작든 분명한 원인이 있다.

- 어떤 학생의 문제 행동에 대해서 이유 없는 행동이라고 말하면 안 된다. 이유 모를 행동이라고 말해야 옳다.

2. 교실을 자꾸 돌아다니며 학급 물건을 흩뜨려 놓는 행동 이해하기

- 원하는 물건을 가지고 들어가는 행동을 무시한 채 그냥 둔다.
- 수업을 중지시키고 아이를 붙들고는 교사의 물건을 함부로 만지면 안 된다는 것을 확인시켜 준다.
- 언어 표현 양식을 가르쳐 준다.
- 말로 허락을 받으면 가져가되, 쓰고 제자리에 두도록 말해 주고 반드시 확인한다.

06 | 방해행동 지도 방법 2

학/습/목/표

1. 자꾸 책상을 흔들거나 자나 연필 등으로 두드려서 큰 소리가 나게 하는 행동에 대해 지도할 수 있다.
2. 수업 시간에 옆 사람에게 자꾸 말을 거는 행동에 대해 지도할 수 있다.

1) 자꾸 책상을 흔들거나 자나 연필 등으로 두드려서 큰 소리가 나게 하는 행동

〈사례〉

초등학교 1학년 효민이는 2교시가 20분쯤 지나고 수업이 지루해지자 책상을 흔들기 시작했다. '딱딱딱딱딱', 친구들이 시끄럽다고 해도 교사가 하지 말라고 해도 막무가내다. 오히려 더욱더 심하게 흔들어 대 수업을 거의 할 수 없는 상태다. 교사가 무시하는 쪽으로 방향을 바꾸어 친구들한테도 효민이의 행동을 신경 쓰지 말라고 주의를 주고 수업을 계속했다.

그때 마침 교실을 둘러보러 다니시던 교감선생님이 창 밖으로 그 소리를 듣고 교실문을 열고 들어오셨다. "얘, 책상을 고쳐 줄 테니까 화내지 말고 공부하자." 효민이가 자꾸 흔들어서 책상 나사가 빠지려고 하는 것인데 교감선생님은 책상이 고장나 장난치고 있는 줄로 오해하신 것이다.

(1) 아! 그랬구나

효민이가 책상을 흔들거나 두드리는 행동을 할 때는 그렇게 하는 날 또는 더 심하게 하는 날을 잘 생각해 봐서 어떤 공통점이 있는지 살펴봐야 한다. 그리고 특수학급 교사나 학부모와 상담하여야 한다.

이때 가정에서 학생에게 어떤 일이 있었다면 미리 학부모가 담임선생님에게 알려 주어야 하는데, 그렇지 못하고 담임선생님이 먼저 가정으로 전화할 경우 부모의 무관심으로 비쳐 섭섭하다고 느낄 수 있다. 물론 학부모가 먼저 전화를 준다면 좋겠지만 그렇지 못하더라도 섭섭하게 느끼거나 학생을 교육하는 데 있어 무관심한 것으로 생각할 필요는 없다.

물론 학부모를 학교나 동네에서 만나더라도 학부모가 먼저 인사해야 한다는 법은 없다. 담임선생님이 먼저 가서 인사도 하고 반가워한다고 해서 교사의 교권이 침해되거나 교사의 지위가 낮아졌다고 말할 수 없는 것이다. 오히려 그렇게 할 때 더 존경받는 교사상을 만들어 갈 수 있다고 본다.

그리고 학부모들 가운데 가정에서 학생의 행동이 늘 비슷했고 아주 심한 경우가 아니라면 특이하게 보이지 않아서 그냥 전화를 하지 않는 경우도 있다. 그러므로 학생이 학교에 와서 유난히 책상을 흔들거나 두드리는 행동을 할 때 담임선생님은 학부모가 보지 못한 작은 원인이라도 찾아보기 위하여 먼저 전화를 해야 한다. 그래서 집에서 기분이 나빴다든지, 걱정스러운 일이 있거나 몸이 아팠는지, 아침 먹는 것은 어땠는지 다시 한 번 물어볼 필요가 있다.

또 학생이 학교에서 책상을 두드리거나 흔드는 행동이 담임선생님이나 반 친구들이 원인을 제공했기 때문에 일어난 것은 아닌지 생각해 봐야 한다. 친구들이 과민 반응해서 일부러 자꾸 책상을 두드리게끔 만들지는 않는지 살펴봐야 한다.

또한 담임선생님의 수업 방법이 학생에게 적합하지 않고 너무 지루해서 그런 행동을 하는 것은 아닌지 분석해 봐야 한다. 장애학생의 문제 행동을 대할 때에는 장애학생에게만 모든 시선을 고정하고 뭔가를 찾으려고 하지 말고 장애학생 주변에 있는 모든 환경 요소를 분석해서 그 원인을 찾아볼 수 있는 눈을 가져야 한다. 그 가운데 가장 중요한 것이 담임선생님 자신의 모습을 먼저 바라보는 것이다.

(2) 이렇게 해 봤어요

① 시선을 주지 말고 계획적으로 무시한다

반 학생들에게 학생이 그런 행동을 보일 때 불필요한 개입을 삼가고 조용히 자리를 피하도록 가르친다. 우리가 말하는 문제 행동 가운데 공격적인 행동이나 지나치게 큰 소음을 내는 행동에 대해서 계획적으로 무시하며 지낸다는 것이 쉽지는 않다. 이런 행동을 하는 이유 중 하나로 다른 사람들로부터 관심과 애정을 받고 싶어서 하는 경우도 있다. 그럴 경우 무관심하게만 대처할 것이 아니라 그런 문제 행동을 했을 때 따뜻한 관심과 애정을 가득 주고 더 많은 사랑을 받을 수 있는 다른 효과적인 방법을 알려 주어야 한다.

② 왜 그런 행동을 하는지 상세히 묻고 원인을 제거해 준다

학생과 대화가 가능한 수준이라면 외부에서 원인을 찾기보다 직접 학생에게 물어봐서 원인을 잘 듣고 그것부터 해결해 줄 수 있어야 한다. 이때 아주 유치해 보이는 것이라도 학생에게는 큰 이유가 될 수 있으므로 깊은 관심을 가지고 살펴 주어야 한다. 또 주변의 도우미 학생들에게나 다른 학생들에게 물어볼 수도 있다. 같은 또래이기 때문에 담임선생님이나 학부모가 생각하지 못한 타당한 이유를 또래 학생들이 찾을 수도 있기 때문이다.

③ 학생에게 편지를 쓴다

그런 행동을 보였을 때 교사가 얼마나 놀라고 속상했는지를 편지로 써서 보여 준다. 문제를 일으키는 학생이 편지의 내용을 이해할 수 있다면 오늘 있었던 학생의 문제 행동에 대해 편지를 써서 담임선생님의 마음을 보여 주고 끝까지 사랑한다는 마음을 알려 주는 것도 한 가지 방법이다. 이때 편지를 집으로 보내 학부모가 읽어 주게 하는 방법도 효과적일 수 있다.

④ 주변의 아이에게 어느 날 갑자기 같은 행동을 하게 하여 자신의 잘못을 돌아보고 반성하게 한다

책상을 두드리거나 흔드는 행동을 지도할 때, 장애학생이 그런 행동을 하지 않을 때 갑자기 주변 학생이 같은 행동을 하게 해서 장애학생이 불쾌감을 느낄 수 있게 해서 자신의 그런 행동이 잘못된 것이었다는 것을 스스로 깨닫게 해 보는 것이다.

⑤ 학생이 진정됐을 때 "이제 멈췄구나. 잘했어!"라고 칭찬해 준다

학생이 문제 행동을 멈췄을 때 강하게 칭찬해 준다. 담임선생님이 크게 칭찬해 주고 반 학생들 모두가 진심 어린 마음으로 칭찬해 주어서 장애학생이 칭찬받은 것에 대해 느낄 수 있도록 해 준다. 그러면 책상을 흔들거나 두드리고 싶을 때 칭찬을 받고 싶어서 참을 수 있도록 노력할 것이다.

⑥ 두드려도 소리가 나지 않는 책상이나 다른 대체 도구를 준비한다

책상에 특별한 소재를 깔아서 두드려도 소리가 나지 않게 하거나, 책상을 두드리고 싶을 때 소리가 나지 않는 도구를 제시하여 대체 도구로 사용하도록 한다. 안전한 막대기를 구해서 끝에 스펀지를 붙여 아무리 땀이 나도록 두드려도 소리가 들리지 않도록 하거나 두드리고 싶을 때 얇은 휴대용 북(사운드 셰이프)과 같은 악기를 준비해 준다.

⑦ 대체 행동을 개발해 준다

학생이 두드리는 것 대신에 다른 것에 관심을 갖도록 장애학생을 위한 수업 준비를 더 구체적으로 한다. 잠시도 손을 가만히 두지 않고 수업에 참여할 수 있는 시청각 자료를 구비하여 교실에 앉아 있는 것이 따분해지지 않도록 지속적으로 관심을 가져 준다. 예를 들어, 손에 조개나 소라를 쥐어 주거나, 콩 주머니, 풍선 인형이나 촉감 젤리와 같은 감각 자료를 제공할 수도 있다.

2) 수업 시간에 옆 사람에게 자꾸 말을 거는 행동

〈사례〉

중학교 1학년 5반 과학 시간이다. 선생님이 수업 내용을 설명하시고 필기를 하라고 칠판에 적어 주었다. 그런데 대영이가 짝꿍 민철이가 쓰는 펜을 빼앗았다. 민철이가 대영이가 쥐고 있는 펜을 다시 가져가려고 해도 대영이는 주지 않는다. 대영이가 말하는 것을 반 친구들은 잘 알아듣지 못한다. 대영이는 행동이 먼저인데 그도 그럴 것이 대영이가 말하는 것을 친구들이 잘 이해해 주지 못하기 때문이다.

민철이는 대영이의 팔을 잡고 강제로 펜을 가져갔다. 그러자 대영이는 민철이의 머리를 때리며 펜을 다시 뺏어 가려고 민철이한테 손을 뻗는다. 둘이서 하는 행동이 커지자 선생님이 그쪽으로 다가갔다. 선생님이 민철이한테 묻자 필기하고 있는데 대영이가 펜을 가져갔다고 말한다.

선생님이 대영이의 필통을 열어 보니 연필이 있었다. 대영이한테 필통에서 연필을 꺼내 보이며 이게 대영이 것이니까 대영이는 이것으로 쓰라고 말하신다. 대영이는 그 연필을 바닥에 던져 버린다.

(1) 아! 그랬구나

대영이는 정신지체 학생이다. 치아 구조에 이상이 있어서 발음이 정확하지도 않다. 통합학급에서 친구들과 대화를 하기보다는 짜증스러운 표정이나 과격한 행동으로 의사를 표현하는 경우가 많다. 그도 그럴 것이 대영이는 친구들과 대화하는 데 있어서 스스로도 답답한 학생이다.

이런저런 일들을 친구들과 대화하고 싶지만 잘되지 않기 때문에 투정 부리듯이 하는 경우가 많다. 그리고 신기한 것이 있거나 새로운 것이 있을 때는 손이 먼저 가고, 안 주면 사정없이 때려 버린다. 어린아이처럼 물건에 대한 욕구 조절이 잘 안 되기도 하는 것이 이유이지만 함께 놀고 싶은 마음에서 일반 학생들이 이해하기 어려운 방법으로 친구들에게 접근한다.

또한 대영이는 글씨 쓰는 연습이 많이 되어 있지 않다. 그래서 선생님이 필기를 하자고 했을 때 그 말을 이해는 하지만 자기는 필기를 잘하지 못하기 때문에 화가 났을 수도 있다. 친구들은 조용히 칠판을 보면서 공책에 써 내려가도 대영이는 그냥 종이에 낙서를 하는 수준으로만 쓰기를 할 수 있다. 대영이는 이미 필기하는 시간이 지루하고 견디기 힘든 시간이라는 것을 경험을 통해서 알고 있었을 것이다.

(2) 이렇게 해 봤어요

장애학생도 일반 학생과의 소통을 원하고 있다. 이야기도 나누고 싶어 하고, 같이 놀고 싶어 하고, 다른 아이들처럼 공부도 하고 싶어 한다. 하지만 장애학생들이 일반 학생과 어울려서 이야기하고 노는 것, 공부하는 것은 의지만큼 쉽지가 않다. 대영이가 민철이의 연필을 뺏은 것은 다른 아이들이 하는 것을 자기는 잘하지 못하는 데서 오는 불평의 소리일 수 있다.

중학생 정도 되면 일반 학생들은 수업을 받는 것에 대해 어떻게 행동해야 하는지를 잘 알고 있다. 하지만 장애학생들은 각자의 특징에 따라서 진행할 수 있는 정도가 다르다. 대영이는 활동하는 데 문제가 없지만 지능적으로 부족하고, 연필을 쥐고 쓰기 활동을 하는 데 있어서 많이 더디다. 이런 경우 교사는 대영이가 할 수 있는 쉬운 활동지를 주는 것이 좋다. 또한 색연필을 준비해서 다른 아이들이 필기를 할 때 대영이는 그림을 그리거나 색칠을 해 보게 하거나 교과서에 있는 것을 쓰도록 하는 등 대영이가 할 수 있는 과제를 제시하는 것이 대영이의 욕구를 충족해 줄 수 있는 방법이다.

실제로 중학교 교육과정 내의 여러 교과에서 장애학생들이 할 수 있는 활동지를 교과별로 만들어 학생들이 활동할 수 있도록 해 봤는데 훨씬 잘 집중할 수 있고, 수업에 방해되지 않게 수업에 참여시킬 수 있었다. 이때 보조인력이 있거나 또래 도우미를 활용한다면 수업 시간을 방해하는 일은 훨씬 줄일 수 있다.

① 장애학생의 입장 이해하기

우리가 생각할 때 장애학생이 수업을 방해하면 그런 행동 자체가 장애라고 생각하기 쉽다. 소리 지르는 것, 낙서하는 것, 돌아다니는 것, 물어뜯는 것 등이 반드시 장애에 의해서 나타나는 현상이라고 보는 경우가 많다. 하지만 우리가 만나는 아이들의 대부분이 활동에는 전혀 문제가 없고 지적인 면에서 부족한 경우가 많다. 이런 경우에 교사나 학생들이 원래 저런 행동을 한다고 생각하면 장애학생과 함께한 통합학급은 어려움을 계속 껴안게 된다.

장애학생들이 수업 시간에 방해하거나 친구를 방해하는 경우는 수업에 참여하고자 하는 마음과 그 친구에게 도움을 청하고 싶은 마음에서 나오는 행동이라고 생각할 수 있다. 관심을 끌기 위한 행동이고 참여하고 싶은 마음, 뭔가가 잘 안 돼서 속이 상해서 뱉어 내는 말들일 수 있다. 이럴 때 함께하고 있는 교사와 학생들은 장애학생이 어떤 마음이어서 그런지를 살펴보고 이해해 줄 필요가 있다. 마음을 살핀 후에 "~해서 속상했구나." "~해서 화가 많이 나는구나." "잘하고 싶은데 잘 안 돼서 미안하구나."와 같이 이해하는 말을 해 주면 학생들은 훨씬 안정을 찾을 수가 있다. 장애학생들을 이해해 줄 수 있는 말은 일반 학생에게 하는 말과 다르지 않다. 또한 중요한 것은 이런 것들이 단 한 번에 효과를 본다고 생각하면 안 된다. 일반 학생들이 문제 행동을 고치기까지 많은 시간이 걸리듯이 장애학생도 많은 경험과 시행착오를 거치게 된다. 장애학생이 수업에도 잘 적응할 수 있도록 이해하기와 마음 읽어 주기가 필요하다.

② 통합학급 일반 학생들과 소통하기

통합학급에서 일반 학생과 장애학생이 함께 소통하기 위해서는 서로의 관계 형성이 중요하다. 일반 학생들은 장애학생이 수업을 방해하는 이유에 대해 장애가 원인이라고 생각하기 쉽다. 그렇기 때문에 나아지지 않으리라는 확신을 가지고 있다. 일반 학생들도 수학 문제를 풀다가 잘 안 풀리면 책상을 치기도 하고, 머리를 뜯으며 괴로워하기도 하고, 얼굴에 인상을 쓰기도 한다.

이와 마찬가지로 장애학생도 다른 학생들처럼 하고 싶을 때 잘되지 않으면 나름의 감정을 표시하게 된다. 그것을 이해할 수 있도록 일반 학생들에게 안내해 줘야 한다. 일반 학생들이 이해해 주고 또 도와주도록 하기 위해서는 회초리를 통한 꾸짖음보다 진심으로 말하는 것이 중요하다. 진심으로 말하되 한 번으로 끝나지 말아야 한다.

어른도 잘 안 되는 것을 우리의 학생들이 교사의 감동적인 한 번의 말에 변화되기를 바라는 것은 학생들을 더욱 화나게 만든다. 우리 학생들은 함께 할 수 있는 좋은 씨앗을 마음속에 가지고 있다. 그 씨앗이 썩지 않고 좋은 열매를 맺을 수 있도록 우리가 더욱 배우고, 학생들의 말을 들어 주고, 가르쳐 줘야 한다.

요약

1. 자꾸 책상을 흔들거나 또는 연필 등으로 두드려서 큰 소리가 나게 하는 행동에 대한 해결 방안
   - 시선을 주지 말고 계획적으로 무시한다.
   - 왜 그런 행동을 하는지 상세히 묻고 원인을 제거해 준다.
   - 대체 행동을 개발해 준다.
   - 바르게 앉아 있을 때 미리 칭찬해 준다.

2. 수업 시간에 옆 사람에게 자꾸 말을 거는 행동에 대한 해결 방안
   - 장애학생의 입장 이해하기
   - 통합학급의 일반 학생들과 소통하기
   - 통합학급에서 할 수 있는 장애이해 교육

07 | 공격 행동 지도 방법 1

학/습/목/표

1. 수업 중에 옆 짝꿍을 때리는 행동에 대해 지도할 수 있다.
2. 갑자기 욕을 하거나 친구를 때리는 행동에 대해 지도할 수 있다.

1) 수업 중에 옆 짝꿍을 때리는 행동

〈사례〉

희연이는 초등학교 2학년 학생이다. 오늘은 담임선생님이 갑자기 교육청 연수에 가시게 되어 하루 동안 강사선생님이 희연이네 학급을 담당하시게 되었다. 아침부터 불안한 듯 자리에 잘 앉지 않으려 하고, 교실을 서성이던 희연이는 수업을 시작하자 갑자기 짝꿍을 때리기 시작하였다. 희연이의 갑작스러운 행동에 강사선생님은 희연이의 손을 잡고 친구를 때리면 안 되는 거라고 몇 번의 주의를 주었다.

처음에는 가볍게 짝꿍을 툭 치는 행동이었지만, 그런 일이 반복되자 평소 희연이를 잘 돌봐 주던 짝꿍은 물론 다른 친구들까지 희연이의 옆자리에 앉으려고 하지 않았다. 평소에도 희연이가 이런 행동을 하는지 묻자 반 학생들은 가끔씩 이런 행동을 보이지만 일단 때리기 시작하면 점점 강도도 세지고 잘 멈추지 않는다고 한다. 결국 강사선생님은 평소 희연이를 잘 알고 있는 보조인력의 도움을 받아 희연이를 맨 뒷자리에 앉히고, 희연이가 좋아하는 색찰흙을 가지고 놀도록 하였다. 그러나 희연이는 색찰흙을 가지고 놀다가도 갑자기 보조인력과 앞자리에 앉아 있는 친구를 때렸다.

(1) 아! 그랬구나

희연이 같은 발달장애 학생들은 반복적이고 고정된 일과를 편안해하는 반면 변화에 대한 두려움과 불안감을 크게 느끼는 편이다. 수업 장소가 교실에서 체육관으로 갑자기 바뀔 때, 시간표 순서가 바뀔 때 더욱 그러하다. 희연이는 담임선생님이 아닌 다른 선생님과 공부해야 할 때와 같이 평소 일과가 바뀌게 되면 많은 스트레스를 받고 불안감을 경험하며, 이것이 옆 짝꿍을 때리는 행동으로 나타나는 경우가 있다.

일반 학생들이야 잠깐의 설명으로도 이를 쉽게 이해하고 수용하겠지만, 발달장애 학생들은 사전에 변동된 일정에 대해 안내해 주는 것이 필요하고, 그래도 불안감을 느낄 때는 스스로 자신의 마음을 편하게 만들 수 있는 휴식 시간을 주거나 선호하는 활동을 하도록 허용해 줄 수 있어야 한다. 어쩔 수 없는 상황이기 때문에 무조건 받아들이도록 지도하는 방법은 발달장애 학생들의 기질적 특성을 전혀 고려하지 않은 방법일 수 있으므로 그에 대한 이해가 선행되어야 한다.

(2) 이렇게 해 봤어요

① 사전 안내: 그림 일과표와 상황 이야기

발달장애 학생들이 경험하는 일과 변화에 대한 불안감을 감소시키기 위해 사용하는 방법 중 하나는 변화된 일과에 대해 반복적으로 사전 안내를 제공하는 것이다. 일반적으로 교실 앞쪽에는 시간표가 안내되고 있지만, 발달장애 학생들이 이를 보다 잘 이해할 수 있도록 그림이나 사진으로 하루 일과를 안내하는 것이 더욱 효과적이다. 특히 발달장애 학생들은 '시각적 학습자'라고 불릴 만큼 시각 정보에 집중을 잘하고 이해가 빠른 것으로 알려져 있다. 따라서 희연이를 위해 교사는 일과가 바뀌게 될 때 아침에 바뀐 일과를 시각 자료와 함께 반복적으로 알려 주면서 희연이가 상황의 변화를 수용하고 불안감을 감소시킬 수 있는 전략을 사용하였다.

또한 자폐아동들이 변화에 적응하거나, 상황에 적합한 행동을 할 수 있도록 하는 방법으로 상황 이야기 중재 방법이 있다. 상황 이야기란 특정 상황에서, 무슨 일이, 왜 일어나는지에 대한 특정한 정보를 제공하기 위해 적절한 사회적인 단서와 상식적인 반응을 설명하는 짧은 이야기를 말한다. 주어진 상황에 적절한 반응이나 사회적 상황, 적절한 단서를 설명하기 위해 교사, 부모, 양육자 등이 작성하며 작성된 내용을 문제 행동이 발생하기 전에 반복적으로 학생이 읽도록 하여 상황에 대한 이해나 대처 방법을 사용하도록 지원한다.

② 스트레스에 대처할 수 있는 공간 마련해 주기

사전 예방 전략으로 일과를 안내하고 상황 이야기를 통해 학생이 상황을 이해하고 대처하도록 했을지라도, 변화에 대한 불안감으로 스트레스를 받는 학생의 경우 문제 행동이 아닌 다른 방법으로 스트레스에 대처할 수 있도록 지원해야 한다. 구체적으로 사람들이 북적거리는 환경을 선호하지 않는 발달장애 학생을 위해 혼자서 쉴 수 있는 별도의 공간을 마련해 두고 스스로 정서적인 안정을 얻도록 혼자 있는 시간을 마련해 준다.

다만 이 공간에서의 시간이 놀이 시간이 되어 학생이 수업 참여를 거부하고 이 공간에만 머무르지 않도록 별도의 장난감이나 놀이는 허용하지 않았으며, 시간을 정해(알람 사용) 휴식 시간을 제공하고 추가 시간이 필요한지를 다시 묻는 방식으로 운영한다.

③ 동영상을 활용한 시간표 제공하기

기존에 하던 활동에서 다른 활동으로 전이하는 데 어려움이 있는 학생들을 위해 이전 수업 활동 사진을 찍어 두었다가 오전 일과와 마칠 시간을 예고하는 동영상을 준비한다.

④ 친구들과 친해질 수 있는 협동학습 기회 제공하기

일과 변화에 대한 두려움이 아니라 친구에 대한 관심을 때리는 행동으로 표현한다면 다른 접근 방법이 필요하다. 평소 협동학습을 통해 자주 상호작용할 수 있는 기회를 제공하고, 적절한 상호작용 방법이 무엇인지 알려 주어 이를 실천했을 때 칭찬해 준다.

⑤ 평소 일과에 조금씩 변화를 시도하기

틀에 박힌 일상에 고착된 발달장애 학생의 일과를 바꾸기란 좀처럼 쉽지 않다. 그러므로 학생이 어린 연령일수록, 학생이 감지하지 못하도록 일정 시간이나 내용을 조금씩 바꾸어 주는 시도가 필요하다. 예를 들면, 식당으로 이동하는 정해진 길로 가는 도중 다른 학급에 잠깐 들려서 티슈를 빌려 가는 활동을 추가하거나 어떤 날은 늘 다니지 않던 길로 일부러 돌아가는 등의 짧은 시간과 내용의 변화를 줌으로써 행동이 고착되지 않도록 융통성을 부여해 준다.

2) 갑자기 욕을 하거나 친구를 때리는 행동

〈사례〉

초등학교 5학년 승호는 늦잠을 잔 탓에 아침을 먹고 오지 못해 빨리 점심시간이 오길 기다리고 있다. '이제 4교시만 지나면 점심시간이구나.'라는 생각에 시계를 보고 있던 찰라 지나가던 영수가 승호의 책상을 치고 지나가는 바람에 승호의 공책이 바닥에 떨어지고 말았다.

미처 이 상황을 눈치 못 챈 영수에게 가해진 승호의 발차기! 영수는 교실 바닥에 털썩 주저앉아, 왜 승호가 자신에게 발차기 공격을 한지도 모른 채 어리둥절해하며 금세 눈물을 터뜨렸다. 한 반에 있던 다른 친구들도 순식간에 일어난 사건에 당황하고 있을 때 가정통신문을 정리하고 있던 담임선생님은 이 상황을 어떻게 정리해야 할지 갑갑하기만 하다.

(1) 아! 그랬구나

학생들에 따라 한 가지 사건에 대해서도 쉽게 화를 내고 그 화를 잘 다스리지 못하는 경우가 있다. 승호와 같은 정서 · 행동장애 학생들은 그저 스치듯 바라본 것에도 왜 자신을 노려보느냐며 화를 내기도 한다. 이런 학생들은 자신이 경험하는 상황에 대해 쉽게 흥분하고, 이런 상황은 주로 학생이 이미 감정적으로 흥분된 상태에 있을 때 일어난다. 다시 말해, 이미 기분이 좋지 않은 상황, 쉽게 정서적으로 흥분할 준비가 되어 있는 상황에 있을 때 주어진 사건 속에서 부정적인 판단을 하기가 쉽다는 것이다. 늦잠으로 아침을 못 먹고 온 승호는 이미 민감한 상태이기 때문에 이럴 경우 더 쉽게 감정적인 흥분 상태에 놓이게 된다.

승호는 아마 영수가 실수로 자신의 책상을 건드리고 공책을 떨어뜨렸다고 판단했을 수도 있다. 아니면 영수가 일부러 그랬다고 생각하는 상황에 대한 부정적인 판단을 했을 수도 있다. 어찌 되었든, 자초지종을 묻거나 따져 보는 효과적인 의사소통 방법을 잘 모르고 있기 때문에 영수에게 이유를 묻거나 사과를 구하기보다는 공격 행동을 하게 된 것이다. 아무리 민감한 아이라 해도 모두가 이런 폭력적인 방법으로 해결하지는 않지만, 이런 상황에서 어떻게 말을 해야 할지 잘 모르는 아이들은 욱하는 마음에 말보다 주먹이 앞설 때가 있다.

(2) 이렇게 해 봤어요

① 건강 상태나 환경의 변화에 대해 조사하기

승호를 돕기 위해 가장 먼저 특별히 화를 잘 낼 수밖에 없는 배경적 원인이 있는지 조사하였다. 상담과 전화 연락을 통해 갑자기 건강 상태가 악화된 것은 아닌지, 가정에 감당하기 어려운 변화가 발생한 것은 아닌지를 먼저 확인하였다.

② 분노 관리 프로그램 적용 및 지역사회 기관 이용하기

승호가 쉽게 흥분하지 않도록 먼저 배경 요인이 되는 아침 식사 거르기 문제를 가정과의 협력을 통해 해결할 필요가 있었는데, 매일 아침 알림장을 통해 아침 식사 여부를 확인할 수 있었다. 그다음 스스로 자신이 어떤 상황에서 어떤 방식으로 화를 내는지 인식하고 조절하도록 별도의 분노관리 훈련을 제공하였다. 최근 '위센터(Wee center)'에서도 이 훈련을 제공받을 수 있고 구체적인 훈련 프로그램들이 논문을 통해 제공되고 있다.

분노조절 훈련과 함께 이미 화가 났을 때 자신의 화를 가라앉히기 위해 사용하도록 승호에게 이완훈련을 실시하였다. 이는 심호흡을 하면서 숫자를 거꾸로 세는 등의 방법으로 자신의 흥분 상태를 가라앉히도록 하는 훈련, 자신의 감정을 말로 표현하는 훈련이다.

만약 학생의 공격 행동에 영향을 미치는 요인으로 가정 문제가 있거나 특별한 상담 전략이 필요할 경우 지역사회의 여러 기관을 통해 지원을 제공받을 수 있다.

③ 화가 난 순간에 나에게 편지 쓰기

감정 조절이 잘 되지 않을 때는 조용히 혼자 앉아서 차분하게 자신에게 편지를 써 보는 것도 유용하다. 처음에는 화가 난 마음으로 시작하겠지만, 글을 써 내려가면서 어느새 자신의 감정을 추스를 수 있게 된다. 이것은 어른에게도 효과적인 방법이며, 승호는 편지 대신 휴대전화 문자를 스스로에게 보내 위로와 공감을 표현하도록 하였다.

④ 상호 지원하는 학급을 만들기 위한 집단 강화 게임

학급 전체가 서로 지원하는 긍정적인 학급 분위기를 만들기 위해 집단 강화 방법에 기초한 게임을 할 수 있다. 우선 학생들의 이름이 쓰인 종이 중 무작위로 한 명의 이름을 뽑아 다른 주머니에 옮겨 놓는다. 2주 후에 뽑힌 학생이 누구인지 확인할 때까지 뽑힌 학생이 사건을 일으키지 않거나 사전에 정한 기준 이하의 빈도로 안전하게 시간을 보내면 학급 전체가 추가 휴식 시간을 갖는다든지, 방과 후 축구 게임을 한다든지 하는 공동의 상을 받게 된다.

뽑힌 학생이 누구인지 모르기 때문에 학급 전체가 공동의 상을 받기 위해 서로를 지원할 수 있는데, 특정 학생을 지원하도록 하기 위해 교사가 의도적으로 대상 학생의 이름이 뽑히도록 사전에 조작할 수도 있다. 목표에 도달하게 되어 반 전체가 상을 받을 때 교사는 사전에 뽑힌 학생의 이름을 공개할 수 있으며, 그렇지 못할 경우 다른 학생들의 원망을 듣지 않기 위해 비공개로 남겨 둘 수도 있다.

⑤ 쿠폰 주기

자신이 화가 나려고 하는 상황을 스스로 인지하고 대처 전략을 사용했을 때 쿠폰을 주는 방법(토큰경제)을 함께 사용할 수 있다. 분노 온도가 60도쯤 이르렀을 때 화나게 하는 상황을 피하는 방법을 가르치고 이런 행동에 학생이 좋아할 만한

요약 📖

1. 수업 중에 옆 짝꿍을 때리는 행동에 대한 지도 방법

- 사전 안내: 그림 일과표와 상황 이야기
- 스트레스에 대처할 수 있는 공간 마련해 주기
- 동영상을 활용한 시간표 제공하기
- 친구들과 친해질 수 있는 협동학습 기회 제공하기
- 평소 일과에 조금씩 변화를 시도하기

2. 갑자기 욕을 하거나 친구를 때리는 행동에 대한 지도 방법

- 건강 상태나 환경의 변화에 대해 조사하기
- 분노 관리 프로그램의 적용 및 지역사회 기관 이용하기
- 화가 난 순간 나에게 편지 쓰기
- 집단 강화 게임 및 쿠폰 주기

08 공격 행동 지도 방법 2

학/습/목/표

1. 친구들이 만들어 놓은 작품을 망가뜨리는 행동에 대해 지도할 수 있다.
2. 사소한 일에도 소리를 지르거나 화를 내는 행동에 대해 지도할 수 있다.

1) 친구들이 만들어 놓은 작품을 망가뜨리는 행동

〈사례〉

만 5세 유아 학급의 자유선택활동 시간이다. 쌓기 영역에서 5명의 친구들이 열심히 주차 타워를 쌓아 올리며 블록으로 구성놀이를 하고 있다. 진이는 친구들에게 같이 놀자고 이야기를 먼저 꺼낸다. 친구들이 진이에게 반응이 없자 화가 난 진이는 교사에게 와서 친구들이 자기랑 놀아 주지 않는다고 자기 입장에서 교사에게 이른다.

교사가 다시 한 번 가서 친구들에게 함께 놀자고 요청해 보라고 말하자 곧장 친구들에게 달려간 진이는 옆에 있던 블록을 집어 들더니 친구들이 쌓아 올린 주차 타워를 난데없이 부숴 버린다. 친구들은 아연실색하여 할 말을 잃고 있고, 화가 난 일부 친구는 교사를 부르며 진이가 한 일의 부당함에 대해 일러 준다.

주차 타워를 부숴 버린 진이는 언제 그랬느냐는 듯이 옆의 역할 영역에 가서 다른 놀잇감을 들고 모르는 척 새로운 놀이를 하고 있다. 이와 유사한 분쟁이 매일 반복적으로 일어나는 이 학급의 담임교사는 어떻게 해야 할지 고민에 빠져 있다.

(1) 아! 그랬구나

① 학생 입장

ADHD는 학생에 따라 보이는 행동 양상이 다양하고 똑같지 않다. ADHD를 가진 학생들의 대부분은 수면이 부족하거나 잠들고 깨는 데 어려움이 있으며 친구들과의 관계 형성에도 어려움이 있을 수 있다. 어느 날 하루아침에 생긴 문제가 아니라 계속해서 쌓이고 쌓여서 생긴 문제일 수 있다.

② 유전인 경우

유전적 원인으로 가족력이 있을 수도 있다. ADHD 학생의 과반수 이상이 적어도 한 부모에게서 이 장애가 있으며, 1/3 이상은 그들의 형제자매 중 한 사람이 같은 진단을 받기도 한다. 뇌의 신경전달물질의 작용에 문제가 있을 수 있다.

③ 양육 과정에서 조장된 경우

가족력의 여부든, 뇌의 신경전달물질의 작용에 문제가 있어서든 아동의 행동에 문제가 발생했을 때 양육 과정에서 부모가 문제 행동에 대처하는 능력에 의해 학생의 문제 행동이 더 조장되기도 한다. 실제로 ADHD 학생의 부모들은 양육 과정에서 학생의 특성에 대처하는 방법을 몰라 난감해한다. ADHD 학생들이 반항적이고 공격적인 행동을 보이거나 규율을 잘 지키지 않는 등의 문제 행동을 지속적으로 보이기 때문에 그들의 부모들은 스트레스 수준이 높아지고, 지시적이고 강제적인 양육 방식을 택할 가능성이 높아지며, 이로 인해 자녀의 저항과 공격성이 더 심해질 수 있다.

(2) 이렇게 해 봤어요

학교에서나 가정에서 분노를 조절하도록 돕는 것은 쉬운 일이 아니다. 아동마다 성향이 다르지만, ADHD 학생의 분노 감정을 조절하도록 지도하는 것은 많은 인내와 시간이 필요하다. 같은 ADHD로 진단을 받았더라도, 놀이 분쟁 상황에서의 대처 행동은 학생마다 다르다. 예를 들어, 문제를 일으켜 놓고 모른 척하며 다른 곳으로 이동해 갈 수도 있지만, 한편으로 친구들과 언성을 높이며 싸울 수도 있다.

그 순간 교사도 흥분하면 상황이 긍정적으로 종료되지 않는다. 그러므로 일단 분쟁이 커질 것으로 예상되는 경우에 ADHD 학생과 친구들을 물리적으로 피하게 한다. 순간 너무 화가 나서 폭발한 것처럼 보이는 학생도 있고, 거기에 별별 욕을 다 하는 ADHD 학생이 있을 수도 있다.

이와 같이 물건을 던져서 놀이 상황을 이미 엉망으로 만든 경우라면 일단 사과를 하게 하되, ADHD 학생이 당장 사과를 하려고 하지 않으면 친구들에게 "함께 놀지 못하여 진이 마음이 조금 상했나 봐. 마음이 편안해질 때까지 기다려 줄 수 있지?"라고 말한 뒤 그 상황을 피하게 한다. 화는 화를 부르기 때문에 화난 감정은 쉽게 전이되는 특성이 있다. 그 상황에 내버려 두면 화가 난 상태에서 쉴 새 없이 말대꾸를 하게 되고, 친구들과 언쟁이 생길 수 있으며, 그 과정에서 교사의 마음까지 상할 수 있다.

그리고 시간이 흐르거나 분위기가 바뀌었다면 사과하게 한다. 친구들과 어울릴 수 있도록 친구들에게도 역지사지의 마음을 갖도록 역할놀이를 해 보며 진이의 마음을 읽어 본다. 또한 진이의 입장에서 생각했을 때 잘못한 일은 반드시 먼저 사과해야 한다는 것을 알려 준다. 어른도 대인관계 속에서 잘 소화해 내지 못하는 것이 '사과'와 '거절'의 기술이다. 가족 간에도 진솔하게 담아내지 못하는 것이 사과라고 생각한다. 그러나 관계를 정상으로 회복하기 위해서 잘못한 이에게 사과하는 것은 매우 중요한 사회성 기술이다. 학생이 화가 난 마음을 다스리

〈화가 난 마음을 다스리는 방법〉

• 그 자리를 피해 바람을 쐬게 한다.
• 친구들과 사이좋게 놀았던 상황을 떠올리게 한다.
• 그 상황에서 숨을 깊게 쉬고, 마음속으로 1부터 10까지 세게 한다.
• 혼자만의 조용한 공간에 앉아서 마음을 가라앉히도록 돕는다.
• 활동을 바꾸거나 장소를 바꾸어 분위기를 바꾸어 준다.
• 조용한 곳에 가서 음악을 듣게 한다.
• 화가 난 이유를 생각해 보고 이야기하게 한다.

게 지도할 수 있는 구체적인 방법은 다음과 같다.

(3) 충동성을 자제하지 못하는 학생 지도 방법

평소 충동성을 조절하지 못하여 무엇이든 즉흥적으로 다음 행동을 결정짓는 진이는 학교에서뿐 아니라 가정에서도 매번 즉흥적인 행동 특성을 보여 육아를 전담하는 어머니가 곤란을 겪고 있다. 식당에 가서 저녁을 먹기로 하였는데 식당에 있는 뽑기 기계의 장난감을 갖고 싶은 진이는 순간 뽑기를 하고 싶다는 생각에 주문한 음식이 나오기 전부터 뽑기 할 돈을 달라고 어머니에게 끊임없이 요구하였다. 한참을 졸라도 못 들은 척하던 어머니는 진이의 끈질긴 요구 끝에 "밥을 먹고 나서 사 줄게."라고 약속하였다.

일단 약속을 얻어 낸 진이는 질세라 다시 "엄마는 항상 약속하고 안 사 주잖아."라고 시비를 건다. 어머니는 이내 "내가 언제?"라고 답하자, 이미 진이가 던진 미끼에 낚인 어머니는 학생이 파고드는 '약속을 지키지 않는 엄마'라는 '양심'의 굴레에 갇혀 학생에게 스스로 공약한 내용을 잊고 학생과의 새로운 말싸움에 가담하게 되었다. 긴 말싸움 끝에 어머니는 학생과의 기 싸움에서 지기 십상이며 이미 짜증이나 과잉행동이 상당히 진전된 상황에서 사람들이 쳐다보는 눈과 체면을 의식하여 뽑기 할 돈을 주고 말았다.

결국 지금까지 꿋꿋하게 지켜오며 진이를 훈계했던 어머니의 말은 공허한 메아리일 뿐이고, 이미 진이의 짜증이나 과잉행동은 상당 수준 확대된 상황이며, 앞으로 진이는 자신의 즉흥적이고 충동적인 요구를 부모에게 끈질기게 요구할수록 자신의 요구가 결국은 관철된다고 느끼게 되고, 점차 진이의 행동은 더 자주, 더 강력하게 일어날 가능성이 높아질 것이다. 그러므로 약속은 반드시 지켜져야 한다. 예를 들어, 매번 식당에 올 때마다 뽑기를 하는 것이 문제라면, 식당에 가는 이유는 식사를 하기 위해서라는 것을 식당에 가기 전부터 주지시킨다. 식당에 가서도 원칙은 불변이며, 중도에 학생이 조건부 타협을 시도하더라도 식당에 온 이유를 분명하게 말해 준다.

학생이 어떠한 시비나 조건을 통해서 부모의 마음을 흔들어 놓더라도 약속과 원칙을 깨지 않는 일관성을 보여야 한다. 그러한 일관성이 하루 이틀 쌓여 갈 때,

학생은 충동적 요구가 관철되지 않는다는 원칙을 깨달으며 충동성은 자제될 것
이고, 이러한 일관성은 어느새 다양한 국면에서 충동성 또한 자연스럽게 조절할
수 있는 원동력이 될 것이다.

2) 사소한 일에도 소리를 지르거나 화내는 행동

〈사례〉

고등학교 1학년 통합학급 쉬는 시간이다. 아이들은 거칠게 화를 내는 현수 주위
로 우~ 하며 몰려들었다. 현수는 앞에 앉아 있는 대범이가 자신의 욕을 하고 지우개
를 가져갔다면서 계속 대범이에게 소리를 지르면서 주먹을 휘둘렀다. 대범이는 자
기는 그런 적 없다면서 황당한 표정이다. 현수는 자주 이런 모습을 보인다. 중학교
때부터 심했다고 하는데 고등학교에 들어와서도 별반 달라진 것은 없다. 어제 쉬는
시간에도 현수는 민규가 계속 자신의 흉을 본다고 민규를 붙잡고 늘어졌다.

현수의 도우미 학생인 민정이는 사태가 심각해질 것 같아서 담임교사와 특수교
사를 모셔 왔다. 현수는 특수교사와 함께 특수학급으로 가고, 담임교사는 어수선해
진 반을 정리한 다음 교무실에 와서 자리에 앉았다. 담임교사는 수업 시간에는 없
는 듯 조용한 현수가 쉬는 시간에는 유독 학생들과 다툼이 잦아 늘 걱정이다.

(1) 아! 그랬구나

① 학생 입장

현수는 후천적인 장애학생이다. 일곱 살 때 경기를 한 후로 뇌에 잠시 산소 공
급이 중단되어 정신지체가 되었다. 초등학교 때까지는 성격이 소심해서 늘 아이
들에게 놀림을 당하기 일쑤였고, 그나마 특수학급에서 편안하게 학교생활을 할
수 있었다. 중학교 때 사춘기가 시작되면서 조그마한 일에도 짜증이 나기 시작했
다. 모든 아이가 자신을 놀리는 것 같았고, 그래서 학생들이 삼삼오오 모여 있는
모습만 보면 가서 방해하기 일쑤였다.

한 번 학생들에게 화를 내니 학생들이 더 이상 자신을 건들지 않았다. 이제 자

신도 힘이 세져서 더 이상 친구들에게 맞고만 있지 않아도 된다고 생각했다. 하지만 현수도 친구들과 사이좋게 지내고 싶다. 민정이에게만은 화를 내고 싶지 않고 민정이 앞에서는 멋진 모습을 보여 주고 싶은데, 특별히 잘하는 것도 없고, 그래서 더 짜증이 난다.

② 학부모 입장

현수의 엄마는 현수의 병을 고치기 위해서 무슨 일이든지 다 할 수 있을 것 같았다. 일곱 살 전까지만 해도 그렇게 영리하고 말도 조리 있게 잘하던 아이가 어느 날부터 엄마의 말을 이해하는 것도 힘들게 되었다는 사실을 인정하기 어렵다. 아이들이 조금만 현수에게 친절하게 대해 주면 현수가 아이들에게 공격적이지는 않을 텐데, 선생님이 우리 현수를 조금만 더 감싸 주면 현수가 통합학급에서 생활하기가 훨씬 편할 텐데 말이다. 현수보다는 주변에서 사람들이 현수를 수용해 주지 못하는 것이 현수를 더욱더 공격적으로 만든 것 같아 너무 속상하다.

③ 현수의 장애 특성

선천적인 장애가 아닌 중도에 정신지체가 되었을 경우에는 선천적인 정신지체 학생보다 조금 다루기 어려운 경우가 많다. 이미 태아기와 유아기 때 습득된 지식과 경험이 축적되어 있기 때문에 상황을 판단하는 능력이 있다. 그러나 종합적인 사고 능력에서는 어려움이 있기 때문에 문제 해결 방법이나 상황 대처 방법 면에서 미숙하기 쉽다.

또 주변 사람들의 시선에서도 중도장애 학생의 경우에는 배려가 덜하기도 하다. 상황을 판단하기도 하고, 나름대로 대처도 하기 때문에 세련되지 못하거나 세밀하지 못한 부분에 대해서까지 살피지는 않고, 그 장애학생의 반응에 대해서만 판단하기 때문이다. 특히나 통합학급과 같은 학생의 그룹에서는 더욱 그렇다. 통합학급에서 공부하는 학생들 중에서도 장애학생이 아니라도 상황 판단 능력에 비해서 대처 방법이 어눌한 학생들이 있기 때문에 이런 학생과 장애학생을 구별하기도 쉽지 않을뿐더러 장애학생만을 배려하게 되면 오히려 장애학생을 따돌리려 하게 된다.

(2) 이렇게 해 봤어요

장애학생이든지 일반 학생들이든지 모든 사람의 행동은 그들의 경험이 쌓이고 쌓여서 나오게 된다. 유아기와 초등학교, 중학교 생활을 거치면서 주변 사람들과 맺은 관계, 학습과 지식 습득을 통해서 나름대로의 대처 방법을 터득하고 자신의 것으로 내면화하는 과정을 거치게 되는 것이다. 현수의 행동도 마찬가지다. 현수가 공격적인 행동을 보이는 것에는 주변에서 원인을 제공하기 때문인 것도 있겠지만, 현수가 초등학교, 중학교 생활을 거치면서 나름대로 환경에 적응하기 위한 전략일 수 있다.

갈등 상황에서 문제 행동을 보이고 있는 현수는 무척 흥분해 있으며, 주변 사람에 대한 불신이 깊기 때문에 현수의 공격적인 행동을 나무라는 것은 다시 담임교사나 특수교사에 대한 불신만을 심어 주는 결과가 된다. 현수가 통합학급에서 친구와 다툼이 있을 때는 다음과 같은 단계로 문제를 해결해 보자.

① 현수의 문제 상황에 변화 주기

현수가 통합학급에서 문제 행동을 보였다면 우선 통합학급에서 벗어나게 해야 한다. 주변 학생들의 시선, 여기저기서 들려오는 여러 가지 소리가 현수를 더욱더 흥분하게 할 수 있기 때문이다.

② 현수의 마음 읽어 주기

통합학급에서 나와 복도나 교무실, 도움반 교실로 데려왔다면 우선 현수에게 따뜻한 차 한 잔을 주면서 하고 싶은 말을 모두 하게 하고, 그 상황이 충분히 현수에게 화가 날 수 있는 상황이었음을 공감해 줌으로써 현수가 자신의 화를 가라앉히고, 선생님이 자신을 혼내거나 나무라는 존재가 아니라 자신을 이해하고자 하는 믿을 만한 사람이라는 느낌을 가질 수 있게 한다.

③ 현수의 문제 상황에 대해서 천천히 이야기하게 하기

흥분을 가라앉히고 나면 다시 천천히 왜 그렇게 화가 났는지, 어떤 사건이 있었는지 글로 쓰거나 글로 표현하는 것이 어렵다면 말로 표현하게 하고, 교사는 이를 받아 적는다. 이로써 현수의 입장에서 문제 상황을 어떻게 보고 있는지 알 수 있고, 평소에 그 친구가 현수에게 어떤 친구였는지, 현수는 그 친구를 어떻게 생각하는지 판단할 수 있다. 이때 현수의 말이 앞뒤가 맞지 않을 수도 있고 종합적으로 이해되지 않을 수도 있지만 현수가 통합학급 친구에 대해서나 문제 상황에 대해서 느끼는 것만큼은 거짓 없는 진실한 것일 수 있으므로, 평소 관찰력 있는 교사라면 현수에 대한 통합학급 전체의 분위기라든지 현수가 통합학급에서 얼마만큼 적응하고 있는지를 판단할 수 있다.

요약

1. ADHD 학생의 특성

- 몸을 지속적으로 움직인다.
- 충동적으로 행동하고 후속 결과를 고려하지 않는다.
- 소리에 쉽게 방해받는다.
- 시각적 자극에 쉽게 방해받는다.
- 간단한 지시도 따르기 어려워한다.
- 다른 사람과 자주 싸우게 된다.
- 수업 시간에 오랫동안 앉아 있기 어렵다.
- 거칠고 뒹구는 놀이에 참여하는 것을 좋아한다.
- 새로운 과제에 쉽게 좌절한다.
- 다른 친구의 사적인 공간에 침범한다.

2. 정신지체 학생의 문제 행동 지도 방법

대부분의 정신지체 학생들은 자신을 표현하기 어려워한다. 그러므로 이는 꾸준히 인간관계 훈련, 감수성 훈련과 같은 사회성 프로그램을 통해서 습득할 수 있도록 하여야 하며, 문제 상황 발생 시의 대처 방법에 대해서는 간단명료하게 알려 주는 것이 좋다.

09 ｜ 혐오 행동 지도 방법 1

1. 혐오 행동을 보이는 중복장애 학생을 여러 방면에서 이해할 수 있다.
2. 혐오 행동을 소거하는 다양한 방법을 알 수 있다.

1) 자꾸 코를 후비고 분비물을 친구들에게 묻히는 행동

〈배경: 아침 자습 독서시간, 5학년 교실〉

영훈이: 으악! 야! 너 뭐야!!

　　(조용히 책을 읽던 아이들이 모두 영훈이를 쳐다보며 웅성거린다. 조용했던 교실은 순식간에 어수선해진다.)

학생들의 수군거림: 뭐야, 또 해준이야? 아, 이번에는 또 뭐야?

　　(교사 책상에 앉아 아이들과 함께 아침 독서를 하던 교사가 영훈이의 비명에 놀라 영훈이 자리로 부리나케 다가온다.)

김 교사: 영훈아, 무슨 일이 있는 거니?

영훈이: (화를 삭이지 못하고 씩씩거리며, 울먹이는 목소리로)

　　해준이가 또 코를 파서 코딱지를 제 옷에 다 문질렀어요.

학생들: 아, 또 야. 야! 얼굴이 아닌 걸 다행으로 알아! (웅성거림)

김 교사: 다들 그만! 그래, 영훈이가 무척 속상하겠구나. 화장실에 가서 옷에 묻은 것 좀 털어내고 오렴. (아이들의 웅성거림, 영훈이의 씩씩거림, 교사의

지시 등 주변 상황에 상관없이 해준이는 계속 코를 후비적거리며 파고
있다.)

(1) 아! 그랬구나

① 정해진 수업 진도에 너무 연연할 필요는 없다

해준이처럼 수업 분위기를 망가뜨리는 학생이 교실에 있다면, 정해진 시간 내
에 수업 진도를 나가기가 쉽지 않다. 하지만 반드시 한 시간 동안 한 차시의 수업
진도를 나가야만 할까? 또 정해진 과목 시간에만 그 과목을 이수해야 할까? 교사
에게는 수업, 교과서가 그저 제대로 된 학습을 위한 참고일 뿐이다. 그러므로 다
양한 과목과 차시를 통합하고 재구성하여 수업을 진행해 보는 방법도 시도해 봐
야 한다. 물론 매시간 해준이로 인해 수업 연구를 더 한다는 게 말처럼 쉬운 일은
아니다. 하지만 '피할 수 없다면 즐겨라.' 라는 말처럼, 장애학생을 일반 학생과
통합하여 교육할 수밖에 없다면 '해준이 때문에' 가 아니라 '해준이 덕분에 수업
을 이끌고 재구성하는 능력 있는 교사가 되고 있다.' 고 생각해 보는 것은 어떨까?

② 강제는 곧 또 다른 반발심을 불러일으킬 뿐이니 수용적이면서도 강한 교육적 조치를 취해야 한다

칭찬의 중요성을 이야기하는 '칭찬은 고래도 춤추게 한다.' 는 책 제목을 거꾸
로 생각해 보면 '꾸지람은 천재도 둔재로 만든다.' 가 아닐까 싶다. 즉, 꾸지람이
나 지적, 벌 같은 훈육은 자칫 잘못하면 교사와 장애학생 사이의 비우호적이고
불신적인 관계를 형성하게 한다. 또한 교사의 엄한 태도는 일반 학생들에게까지
영향을 미쳐, 장애학생을 통합학급 내에서 외롭고 슬픈 존재로 만들 수 있기 때
문에 좀 더 수용적인 태도로 장애학생을 가르쳐야 한다. 물론 그렇다고 해서 잘
못된 행동을 무조건 봐주기 식의 교육을 하자는 것은 아니다. 장애학생과 잘못된
행동을 수정할 수 있는 행동 계약을 맺거나 긍정적 행동지원을 해 주어야 할 필
요가 있다. 그런데 이때 주의할 점은 특수교사와 함께 이런 교육과정을 의논하고
계획·실행·반성·수정해야 한다는 것이다. 이는 일반 교사의 업무량을 줄여
주는 일차적인 효과 외에도, 장애학생과 장애를 가장 잘 이해하고 있는 사람이

바로 특수교사이기 때문에 문제 행동 수정의 효과가 좋아진다는 이차적인 의미도 갖고 있다. 사실 참된 통합교육을 위해서는 특수교사와 통합교사 간의 협력이 반드시 필요하다.

③ 통합교육이 지향해야 할 목표를 잊어서는 안 된다

통합교육은 물리적인 통합만이 아닌 보다 실제적이고 상호적인 통합을 의미한다. 그리고 이것은 곧 통합교육이 지향해야 하는 목표이기도 하다. 물론 장애학생을 맡아 가르친다는 것이, 특히 해준이처럼 조금 다른 행동을 하는 학생을 지도한다는 것이 일반 교사에게는 힘든 일이다. 하지만 앞서 말했듯이 통합교육이 피할 수 없는 교육적 과제라면 즐거운 마음으로, 장애학생이 조금씩 수정되어가는 모습을 통해 교사의 보람을 찾아본다는 마음가짐의 변화가 필요하다.

(2) 이렇게 해 봤어요

① 교사부터 달라져야 한다

교사의 말투, 행동, 태도에 따라 일 년 동안 가르침을 받는 학생은 많은 것이 변화하게 된다. 그러므로 장애를 가진 학생을 이해하고 수용하려는 교사의 마음가짐과 행동이 그 무엇보다도 필요하다.

② 일반 학생과 학부모를 이해시킬 수 있는 장애 이해 활동을 전개해 본다

교사가 장애학생을 이해하고 포용했다고 해서, 일반 학생과 학부모들에게까지 무조건적인 이해를 강요할 수는 없다. 그러므로 통합교사와 특수교사가 함께 해준이의 행동을 연구하고 적용해 봐야만 한다. 그런데 이때 장애학생을 무조건 배려해야 할 사람으로 인식시켜서는 절대 안 된다. 먼저 해준이가 갖고 있는 장애를 좀 더 구체적으로 설명해 줘야만 한다. 단순히 자폐성장애와 정신지체의 일반적인 특성만 설명해 줘도 일반 학생들은 해준이의 행동을 너그럽게 이해하거나 예전과는 다른 반응을 보이게 된다. 즉, '아는 만큼 보이고, 보인 만큼 행동하게 된다.'는 점을 잊지 말아야 한다.

③ 해준이의 좋지 못한 행동을 소거하기 위해 일반 학생에게 해준이의 좋지 못한 행동에 반응을 보이지 말 것을 부탁한다

앞서 살펴보았듯이, 해준이의 좋지 못한 행동은 일반 학생들의 다양한 반응으로 인해 자극받았을 수도 있다. 그러므로 해준이의 행동에 반응을 보이지 않는 것은 문제 행동의 소거나 수정에 매우 큰 역할을 할 수 있다. 또한 이와 더불어 해준이의 좋은 행동에는 보다 적극적인 반응을 보이도록 함으로써 해준이의 좋은 행동을 증가시킬 수도 있다.

④ 해준이의 행동을 체크하여 수정을 기하라

자폐성장애 학생의 좋지 못한 행동은 무의식적으로 나타나는 경우가 더 많지만, 외부적인 요인에 의해 유발되기도 한다. 예를 들어, 지루해하는 과목이나 수업 방법, 주변에서 발생되는 소음으로 반향어나 상동 행동이 더 크게 일어나기도 한다. 그러므로 해준이가 어떤 때 혐오 행동을 해서 문제를 발생시키는지를 자세히 기록하여 문제 해결에 접근한다면, 원인을 찾고 제거함으로써 보다 쉽고 빠르게 혐오 행동을 소거하거나 약화시킬 수도 있다.

⑤ 코를 파거나 분비물을 친구들에게 묻히는 행동의 위험성을 해준이와 해준이 부모님께 알려야 한다

무의식적으로 코를 파거나 분비물을 친구들에게 묻혔더라도, 계속 그런 행동을 하다 보면 코 점막이 헐어서 의학적인 문제가 발생할 수도 있고, 학년이 높아질수록 이런 문제로 인해 학교생활을 하는 데 다른 여러 가지 문제가 발생할 수 있다는 것을 해준이에게 영상이나 그림, 시각 자료를 통해 충격요법을 줄 필요가 있으며(코를 많이 파면 코피가 계속 나서 과다 출혈로 목숨을 잃을 수도 있다는 등), 부모님께도 이런 점들을 주지시켜 주어 학교와 가정이 서로 연계된, 일관되고 규칙적인 지도를 해야 한다.

⑥ 혐오 행동을 하지 않을 때 적절한 칭찬과 보상을 즉각적으로 해 준다

해준이와 교사 간의 간단한 혐오 행동 수정 계약서를 만들거나, 굳이 계약서를

만들지 않더라도 일상적인 학교생활에서 해준이가 혐오 행동을 보이지 않았을 때는 적절한 칭찬과 보상을 아낌없이 해 줘야 한다. 그런데 이때 정신지체를 갖고 있는 해준이의 장애 특성상, 일반 학생들에게 사용하던 간접적인 보상인 스티커나 쿠폰보다는 혐오 행동을 보이지 않을 때 즉각적이고 직접적인 보상을 해 주어야만 계속해서 긍정적인 행동을 하고자 하는 욕구가 생기게 된다.

⑦ 또래 도우미 활용하기

장애학생을 잘 도와주며 상호작용도 자연스럽게 이뤄질 수 있도록 많은 교사가 활용하는 또래 도우미를 해준이에게도 적용해 볼 수 있다. 그런데 또래 도우미를 정할 때는 교사의 임의적 판단에 따라 소위 모범적인 학생을 또래 도우미로 선정하기보다는 우선 스스로 도우미를 하고 싶어 하는 학생을 선발하되, 이 또한 주기적으로 대상을 선정하도록 해야만 한다. 왜냐하면 누구나 시켜서 하는 것보다는 스스로 하는 것을 더 좋아하고, 교사의 눈에 모범적인 학생만이 반드시 장애학생을 제대로 이해하고 도와주는 것은 아니기 때문이다. 또한 아무리 원해서 하고 잘한다고 해도 너무 긴 시간 동안 의무를 맡긴다면 오히려 부담감이나 거부감과 같은 문제점이 생기기도 하므로, 학급 특색 운영 과제로 '장애학생 또래 도우미의 실천과 활용' 등을 선정하여 많은 학생이 또래 도우미로 장애학생을 이해하고 도와주도록 해 보는 것도 좋다.

2) 바지에 대소변 실수를 하는 행동

〈사례〉

초등학교 6학년인 혜진이는 아직도 수업 중에 바지에 대소변 실수를 한다. 혜진이가 그런 행동을 보일 때마다 이제 막 이성에 눈을 뜨기 시작한 남학생들은 킥킥거리며 수군대고, 여학생들은 그런 상황을 만드는 혜진이를 못마땅해한다. 그러나 교사를 더욱 힘들게 하는 것은 혜진이 또한 자신의 그런 행동을 많이 부끄러워하고 이로 인해 학교와 학급 생활에서 여러 다른 문제점도 보이고 있다는 점이다.

(1) 아! 그랬구나

초등학교 6학년 학생이 대소변을 아직도 가리지 못한다면 아마 대부분 사람들은 설마 하는 생각부터 하게 될 것이다. 하지만 혜진이가 갖고 있는 정신지체란 장애는 발달연령 기간(0~18세)에 지능지수가 평균 이하인 지적 능력을 가지고 있으며 적응 행동에도 문제를 보이는데, 보통 성인이 되어서도 약 6세 정도의 지적 능력을 보이며, 지체 정도가 심하면 지적 능력의 결여 정도도 심해지고 적응 행동에서 나타나는 문제 또한 심각하다. 그러므로 혜진이의 혐오 행동 역시 지체 정도가 심해서 나타나는 적응 행동상의 문제일 수 있다. 물론 제대로 자신의 의사 표현을 하지 못했거나, 극도의 긴장감으로 인해 생긴 것일 수도 있다. 그런데 우리가 통합학급에 배치된 장애학생의 경우로 생각해 볼 수 있는 것은 심각한 지체로 인한 것이라기보다는 제대로 자신의 의사 표현을 못했거나 극도의 긴장감을 가졌을 때다. 왜냐하면 슬프지만 현실적으로 대소변을 가리지 못할 만큼 정신지체 정도가 심각한 장애학생은 일반 학급에 통합되기가 거의 불가능하기 때문이다.

(2) 이렇게 해 봤어요

① 제대로 자기 의사 표현을 못해 바지에 대소변을 실수하는 경우

장애학생과 교사 사이에 쉽게 의사를 표현할 수 있는 도구나 장치를 활용하도록 한다. 수줍거나 말하기가 어려워서(언어적 장애가 아닌 심리적 장애로 인해) 또는 제대로 된 언어 사용을 하지 못해서 의사 표현을 못할 때는 교사와 장애학생만이 알아볼 수 있는 도구나 장치를 표식으로 삼아 언어를 대신해 볼 수 있다. 예를 들어, 소변이 급할 땐 빨간색 연필을 들고, 대변일 땐 검은색 연필을 든다든지 책상을 탁탁 두들기는 등의 비언어적 표식을 사용해 보는 것이다. 그런데 이때 만약 단순히 언어적인 상황으로 표현을 못한 것이라면 다른 학생들도 이 표식을 알고 장애학생을 도와줘야겠지만, 다른 친구들 앞에서 말하기가 부끄러워서와 같은 심리적인 문제로 표현을 못한 것이라면 표식을 철저히 비밀에 부치고(장애학생이 겪을 심리적 불안함이나 수치심을 방지하기 위해) 다른 학생들이 눈치채지 못하게 수시로 표식을 바꿔 줘야 한다. 그렇게 할 때 장애학생의 혐오 행동을 소거

할 수 있고, 장애학생과 교사 사이에 신뢰감이 생겨 추후 다른 문제나 학습에서도
도움이 될 수 있다.

② 극도의 긴장감으로 인해 자기도 모르게 대소변 실수를 하는 경우

긴장감을 가라앉힐 수 있도록 장애학생의 상황에 교사가 관심을 갖는 동시에
주변 학생들에게도 도움을 요청할 필요가 있다. 왜냐하면 교사가 계속 장애학생
만을 바라보고 상황을 파악하기란 현실적으로 매우 어렵기 때문이다. 그러므로
장애학생 주변의 학생들(이때 장애학생의 권익을 보호하기 위해, 아무래도 신체적이
고 신변적인 현상이니 이성보다는 동성인 학생에게 도움을 받도록 하자)에게 장애학
생의 심리를 잘 살펴보도록 부탁한다. 또한 심리적인 상황은 쉽게 파악할 수 있
는 것이 아니므로 일정한 시간이 되면 반드시 화장실을 다녀오게 하는 훈련도 병
행하여 미리미리 혐오 행동이 나타나지 않도록 준비할 필요도 있다.

③ 장애학생을 이해하는 시간을 가진다

'아는 만큼 보이고, 보이는 만큼 행동하게 된다.'는 말처럼, 장애학생의 장애
나 행동 특성을 일반 학생들이 이해한다면 장애학생의 혐오 행동을 놀리거나 싫
어하는 부정적 반응도 많이 줄어들게 된다.

요약

1. 장애학생(혐오 행동, 자폐성장애, 정신지체) 이해하기
   - 자폐성장애의 특성상 상동 행동(무의미하고 반복적인 행동)과 특정 사물에 대한 집
     착이 나타나게 된다.
   - 정신지체의 특성상 유아기적 사고나 생활 방식을 보여 코를 후비고 분비물을 아무
     곳에나 문지르는 행동을 하게 될 수도 있다.

2. 혐오 행동 수정하기
   - 수업의 재구성: 정해진 수업 진도에 지나치게 연연하지 말기
   - 수용적이면서도 적극적인 교육적 조치 취하기: 특수학급 교사와 함께 행동 계약이
     나 긍정적 행동지원 방안 모색해 보기

- 학생과 학부모를 상대로 한 다양한 장애 이해 활동 전개하기
- 문제 행동에 대한 일반 학생의 반응 최소화하기
- 문제 행동으로 인해 야기될 수 있는 위험성을 장애학생이나 부모에게 알리기
- 문제 행동을 보이지 않을 때는 적절한 칭찬과 보상을 해 주기
- 또래 도우미 활용하기

10 | 혐오 행동 지도 방법 2

1. 혐오 행동 중 이식증을 보이는 장애학생을 여러 방면에서 이해할 수 있다.
2. 혐오 행동(이식증)을 수정하는 다양한 방법을 알 수 있다.
3. 섭식장애(이식증), 발달지체, 자폐성장애의 행동 특성을 이해할 수 있다.

1) 아무거나 집어 먹고, 먹은 것을 뱉는 행동

〈배경: 급식 시간, 1학년 교실〉

학생들: 으웩! 너 뭐 먹는 거야……. 야, 이리로 오지 마!

   (현규 곁의 아이들이 고함 소리, 거친 행동으로 교실을 어수선하게 함.)

현규: 쩝쩝…… 우걱우걱……

   (주변 반응에 굴하지 않고, 손으로 아무거나 집어서 먹고, 먹은 걸 뱉기도 함)

학생들: 선생님, 비위 상해서 밥 못 먹겠어요.

(1) 아! 그랬구나

① 현규는 왜 손으로 급식을 먹거나, 땅에 떨어진 음식을 주워 먹는 행동을 하는 걸까?

우선 아직 수저질이 서툴러서 손으로 음식을 먹는 것일 수도 있다. 급식 시간은 학생들이 모두 기다리는 시간이다. 현규도 급식 시간을 가장 좋아하는데, 발달지체를 갖고 있는 현규에게는 올바른 수저질을 통해 급식을 먹는다는 것이 너무 힘들기만 하다. 그래서 급한 성격 때문에 서툰 수저질이 아닌 손을 사용해서 급식을 먹을 수밖에 없는 것일 수도 있다.

또 떨어진 음식을 다시 먹거나 먹다가 싫어진 음식을 뱉는 것이 나쁘다고 생각하지 않아서일 수도 있다. 이는 가정에서 올바른 식생활 습관을 지도하지 못해서일 수도 있고, 발달지체다 보니 유아기적 사고와 행동 방식을 갖고 있기 때문에 떨어진 음식을 다시 먹거나 먹다가 싫어진 음식을 뱉는 게 좋지 않은 행동이라고 생각하지 못하는 것일 수도 있다.

② 모든 결심을 무너지게 하는 한마디 '하나만!'

다이어트, 금연, 금주 등 누구나 한 번쯤 결심했던 일을 삼일천하, 말짱 도루묵으로 만들어 버리는 말이 바로 '하나만!'이다. 이것 하나만 먹어야지, 한 대만 피워야지, 한 잔만 마셔야지 등 비록 작아 보이지만, 이 말로 인해 크게 결심했던 모든 일이 와르르 무너져 내려 버린다. 통합교육에서도 마찬가지다. 어려움에 빠질 때마다 '이것 하나만 포기해야지.' 하고 생각하고 행동하는 순간, 우리가 바라고 해야만 하는 진실한 통합교육은 실패할 수밖에 없다.

③ 참으라고, 이해하라고 하지 말고 모두가 공감하고 기뻐할 수 있는 방법을 찾아보자

통합학급 교사들이 저지르기 쉬운 실수 중 하나가 바로 일반 학생들에게 무조건 장애학생을 이해해 주라고 하는 것이다. 이런 식의 지도는 교사 앞에서는 멋지고 아무 문제없는 통합교육을 만들어 낼 수도 있다. 그러나 일반 학생의 마음 속에서 우러나오는 진실한 통합교육, 자발적이고 능동적인 통합교육은 불가능하다. 즉, 누군가에게 무조건적인 이해와 희생만을 강요한다면 모두가 행복하고 진실한 통합교육은 결코 이루어질 수가 없다. 그러므로 현규도 다른 학생들도 서로 즐겁게 급식 시간을 누릴 수 있도록 다른 해결 방법을 찾아봐야만 한다.

(2) 이렇게 해 봤어요

① 올바른 식습관을 위해 수저질을 가르쳐 주거나 도구를 마련해 준다

만일 현규의 혐오 행동의 원인이 부모의 잘못된 식습관 지도에 있다면 이를 제거해 준다. 즉, 가정에서 스스로 음식을 먹을 수 있도록 수저질을 가르쳐 주고 연습도 시키게끔 협조를 구해야 한다. 그리고 신체적·정신적으로 아직 올바른 수저질을 배우고 익히는 데 어려움이 있다면 포크나 국물을 흘리지 않고 쉽게 먹을 수 있는 환자나 유아를 위한 스푼 등의 도구를 마련하여 손쉽고 위생적으로 음식을 먹을 수 있는 환경을 조성해 준다.

② 올바른 식사에 대한 강화와 보상을 마련해 준다

우리는 이미 많은 교육적 연구 결과나 서적을 통해 잘못된 행동을 지적하거나 벌을 주는 것보다 올바른 행동을 보상하여 강화하는 것이 얼마나 중요한가에 대해 배웠다. 그러므로 현규가 올바른 식습관을 기르기 위해 여러 가지를 준비하고 연습해서 좋은 결과를 보여 주었다면 적절한 강화와 보상을 통해 좋은 행동이 지속될 수 있도록 해 줘야 한다.

③ 과제 분석을 통해 목표에 도달해야 한다

현규의 경우에는 도달해야 할 목표를 세분화(과제 분석)해 줘서 쉽게 목표에 도달할 수 있는 것부터 학습과 훈련을 시작해야 한다. 사실 발달지체 학생의 경우, 정서 특성상 문제를 해결하려는 의지도 약할뿐더러, 자신이 문제를 해결하고자 노력했음에도 해결하지 못하면 쉽게 무력감을 느끼게 된다. 또한 이미 학습된 무력감과 낮은 자아존중감이 형성되어 있으므로 과제분석을 통해 쉬운 과제부터 실천하여 성취감을 맛보게 해야만 교사가 최종적으로 도달하고자 하는 목표까지 학습할 수 있다.

④ 학교와 가정이 함께 연계하여 지속적인 교육이 이루어져야 한다

학교에서 아무리 체계적으로 문제 행동을 수정하고자 계획·연습을 하였더라도 가정에서 연계되어 교육되지 못한다면 달성하고자 하는 목표를 이루기가 매우 어렵다. 일관성 있고 지속적인 교육을 위해서는 장애학생의 부모님과의 면밀한 대화와 협조를 우선적으로 이끌어 내야 한다.

2) 풀이나 크레파스 등을 먹는 행동

〈사례〉

여러 도구를 사용해야 하는 수업 시간만 되면 교사는 계속 규진이를 주시해야만 한다. 언제 규진이가 풀이나 크레파스, 사인펜 등 먹지 말아야 할 것을 먹을지 모르기 때문이다. 교사가 자칫 다른 곳으로 주의를 돌리기라도 하면 규진이는 이때다 하고 풀, 크레파스, 사인펜을 마치 맛있는 음식인 양 먹는다. 주변 친구들은 그런 행동에 비위를 상해하고, 놀라서 소리를 지르며, 심지어는 재미있다고 더 해 보라며 규진이를 자극하기도 한다. 그런데 일반 학생들의 이런 반응보다 먹지 말아야 할 것을 먹어 규진이의 건강에 좋지 않은 일이 생기지는 않을까 싶어 교사는 너무 걱정이 된다.

(1) 아! 그랬구나

흔히 자폐성장애 하면 '남들과 사회적 상호작용을 하지 못하는 장애'라고만 생각한다. 하지만 자폐성장애를 가진 학생들이 보이는 여러 문제 행동 중에는 여러 가지 감각 중 특별히 미각 및 후각에 이상을 보여 특정 냄새와 맛에 매혹을 느끼는 감각적 이상성이 있다. 이러한 감각적 이상성 중 먹지 말아야 하는 것에 맛을 느껴 한 달 이상 지속적으로 먹는 것을 이식증이라고 하는데, 이식증은 보통 유아기에 생겼다가 점차 완화되는 것이 보통이지만 이 시기가 지나서도 이식증이 고착되거나 유지될 때는 문제 행동으로 간주하게 된다. 이 밖에도 자폐성장애 학생은 감각의 과잉 선호나 무반응, 혐오 등의 특성을 보이는데, 이러한 특성이 지루한 수업 내용이나 학생의 심리적 불안 및 불쾌감 등과 같은 변인을 만나면서 이식증을 보이기도 한다.

(2) 이렇게 해 봤어요

① 먹을 수 있는 것과 먹을 수 없는 것을 구별하기

장애학생과(때로는 일반 학생들도 함께) 그림카드를 이용하여 먹을 수 있는 것과 먹을 수 없는 것을 구별하는 활동을 여러 번 반복해 본다. 자폐성장애 학생의 경우 반복적 학습을 통해 지식을 습득하고 이를 고착화하는 경향이 매우 강하므로 먹을 수 없는 것의 카드를 사용할 때는 수업 중 사용하는 도구나 장애학생이 먹었던 것을 포함해야만 한다.

② 여러 가지 맛을 비교해 보기

우선은 학급 구성원 모두가 '맛 찾아보기 게임'을 해서 여러 가지 맛을 혀를 통해서만 가려내는 활동을 하여 '맛'이란 것은 시각과 후각을 사용하지 않을 때는 다르게 느낄 수도 있음을 알게 함으로써 장애학생이 보이는 혐오 행동을 조금이라도 이해할 수 있는 시간을 갖도록 한다.

다음으로는 장애학생의 미각 기능을 자극하기 위해 장애학생에게만 신맛, 단맛, 쓴맛, 매운맛이 들어 있는 통을 만들어서 여러 가지 맛의 냄새를 비교해 보고 실제로 맛을 보게 하는 훈련을 가정에서 실시할 수 있도록 안내한다(사실 학급에서 장애학생만을 위해 이런 훈련을 하는 것은 현실적으로 어려울뿐더러 자폐성장애 학생의 특성상 불안감으로 인해 제대로 된 교육 효과를 내기도 힘들기 때문에 가정에 협조를 구하도록 한다). 이때 냄새를 맡고 먹어 본 다음에는 글자카드와 연결해 보거나 같은 맛을 찾는 등의 추후 활동을 하도록 안내한다면 장애학생에게 제대로 된 미각 기능을 길러 줄 수가 있다.

③ 환경 변화시키기

우선 장애학생이 자주 먹는 풀이나 크레파스를 가까이에 두지 말고 접근하기 어려운 곳에 배치해야 한다. 그 후 학생이 필요로 하는 경우에만 꺼내 주는 환경을 조성해야 한다. 그런데 장애학생의 것만 따로 보관·배치하면 친구의 것을 먹을 수도 있으므로 학급 전체의 것을 교사가 직접 관리하거나 학습도우미 등을 활용하여 별도로 관리해 줘야만 한다.

3) 계속 입속에 무엇인가를 넣고 빠는 행동

〈사례〉

윤진이의 입 주변은 늘 무엇인가가 나 있다. 윤진이는 닥치는 대로 입속에 무엇인가를 넣고 빨기 때문에, 입 주변 피부에 트러블이 생길 수밖에 없는 것이다. 처음에 교사는 윤진이 주변에 물건을 놓지 않도록 지도해 보았다. 그러나 주변에 물건이 없으니 이번엔 아기처럼 자기 손을 빨거나 옷 또는 머리카락을 빠는 행동을 보인다.

(1) 아! 그랬구나

'세 살 버릇 여든까지 간다.'는 말처럼, 습관은 그것이 잘못된 것일지라도 고치기가 쉽지 않다. 어쩌면 윤진이도 무엇인가를 빠는 것이 습관화되었거나 빠는 행동 자체에서 쾌감을 느껴 빠는 행동이 고착된 것일 수도 있다. 그래서 윤진이는 교사의 제지에도 불구하고 계속 무엇인가를 빨고 있는 것이다.

또한 일반 학생이나 사람들도 무엇인가 불안하거나 초조하면 자기도 모르게 다리를 떨거나 손톱을 깨물고 손을 빠는 등의 행동을 보이는 것처럼, 윤진이도 그 정도가 심하긴 하지만 무엇인가가 불안하고 초조하거나 때로는 지루해서 무엇인가를 빠는 것일 수도 있다.

사실 장애를 가지고 있는 학생의 경우에는 자신의 심리를 일반 학생처럼 언어나 행동으로 나타내기가 여러 가지 이유로 어렵다 보니(지적 능력의 부족, 심리적인 유약함이나 표현 방법을 제대로 알지 못해서) 독특한 행동이나 소리로 이를 표현하게 된다. 특히 불안하거나 초조할 때는 이 증세가 매우 심해져서 자기 자신도 제어하지 못하는 경우도 있으며, 심지어 경련이나 생명을 위협하는 과격한 행동으로 나타나기도 한다. 이 밖에 수업 내용을 이해하기 어렵거나, 자신만의 생각에 빠져 지루함을 느낄 때도 독특한 행동이나 소리를 나타내기도 하는데 윤진이가 어떤 상황에서 혐오 행동을 보였는지를 교사가 정확하게 파악하는 것이 행동을 수정함에 있어 무엇보다도 시급하다.

(2) 이렇게 해 봤어요

① 대체할 물건을 제시해 주기

빠는 행동 자체에 흥미를 느껴 닥치는 대로 빨고 있다면, 먼저 건강에 위험을 주는 것이 아닌 대체할 만한 것을 마련해 주어야 한다. 이는 마치 아기가 젖을 빠는 욕구를 충족하지 못하여 손을 빨 때 부모가 공갈젖꼭지를 마련해 주거나, 이가 나려고 잇몸이 간지러워 손을 빨 때 치발기를 마련해 주는 것처럼 무조건 빠는 행동을 제지할 것이 아니라 빨아도 되는 것들, 막대사탕이나 건어물과 같은 위험성이 전혀 없는 것을 대체 물건으로 제시해 주는 것이다. 이때 교사의 자의적인 판단으로 대체 물건을 주기보다는 장애학생의 선호 여부를 물어 줌으로써 장애학생이 존중받고 있음을 느끼도록 해 주는 게 좋으며, 비록 위험성이 적긴 하지만 지나치게 오랫동안 입안에 넣고 빨게 되면 치아가 상할 수도 있으므로 차츰 빠는 행동을 줄여 나갈 수 있도록 해야 한다.

② 불안함과 지루함 없애 주기

심리적인 원인으로 인한 빨기 행동을 멈추기가 어렵다면 빨기 행동을 유발하는 심리적인 원인을 제거하거나 변화시켜야만 한다. 그러기 위해서 윤진이가 어떤 때 혐오 행동을 보였는지를 사후 평가하여, 만약 과제에 대한 불안감으로 인해 혐오 행동을 보였다면 보다 과제를 자세히 분석하여 목표 도달을 쉽게 할 수 있게 함으로써 불안감을 제거해 줘야 한다. 또한 수업 내용이 이해하기가 어려워서라거나 지루해서라면 윤진이에게 알맞은 학습 과제나 수업 내용을 제시해 주어야 하고, 자꾸만 수업과는 상관없는 자기만의 세계로 나아가려고 한다면 그런 생각이 들지 않게 좀 더 활동적이고 흥미 있는 수업을 할 수 있도록 교사가 고민하고 연구해야 한다.

'저 아이 하나 때문에 그런 고생까지 해야 하나?'라고 생각하기보다 '저 아이가 기뻐하고 좋아한다면 다른 학생들도 수업을 잘 듣게 되겠지.'라는 사고의 변화를 가져 보는 것은 어떨까? 실제로 장애학생의 눈높이에 맞춰 수업을 구성하다 보면 일반 학생들도 수업을 재미있어 하고 기뻐하니 말이다.

요약 📝

1. 장애학생(혐오 행동, 이식증) 이해하기

① 장애 특성 이해하기

• 발달지체에 따른 서투른 수저질과 유아기적 위생 개념으로 인해 음식을 계속 떨어뜨리고, 떨어진 음식을 먹게 되며, 손으로 음식을 먹기도 한다.

• 자폐성장애의 경우 먹지 말아야 하는 것의 맛에 매혹을 느끼는 이식증이나 감각의 과잉 선호 및 무반응, 혐오 등의 특성 때문에 혐오 행동이 나타날 수도 있다.

② 교사의 노력

• 참된 통합교육을 위해 노력하려는 마음가짐이 무엇보다도 중요하다.

• 일반 학생이 장애학생을 이해할 수 있는 시간을 마련한다. 여러 가지 맛을 후각, 시각 없이 느껴 보는 활동을 함으로써 장애학생을 이해하도록 한다.

2. 혐오 행동(이식증) 수정하기

• 올바른 식습관 길러 주기, 수저나 손이 아닌 도구를 사용하도록 훈련하기

• 올바른 식습관을 보였을 때 즉각적이고 직접적인 강화를 제공해 주기(가정과의 연계지도 필요)

• 먹을 수 있는 것과 먹을 수 없는 것 구별하기(그림카드 이용하기)

• 미각 기능 자극시켜 주기(가정과의 연계지도 필요)

• 자주 먹는 물건을 접근하기 어려운 곳에 두거나 학급 공통으로 관리하기

• 먹을 수 있거나 위험하지 않은 물건으로 대체할 물건을 제시해 주기

• 장애학생의 불안함이나 지루함 없애 주기

11 | 자해 행동 지도 방법

1. 자해 행동을 보이는 자폐성장애 학생을 여러 방면에서 이해할 수 있다.
2. 자해 행동을 소거하는 다양한 방법을 알 수 있다.
3. 시각과 후각의 이상성이나 자해 행동별로 교사가 취해야 할 사항을 숙지할 수 있다.

1) 피가 날 정도로 계속 손톱을 물어뜯는 행동

〈배경: 수학 시간, 2학년 교실〉

교사: 자, 여기서 두 수의 합이 100이 되도록 85를 50과 35로 분해하고……

경환: 선생님, 지민이 손에서 또 피 나요.

교사: 또?

(대부분의 학생은 눈살을 찌푸리고, 일부 마음 약한 학생들은 아, 징그러워. 무서워하며 지민이가 있는 반대편으로 고개를 돌려버림.)

(주변 상황에 아랑곳하지 않고 계속 손가락 주변의 살갗을 입술로 뜯어내는 지민이, 지민이의 손가락에 성한 곳이 하나도 없고 피가 뚝뚝 떨어짐. 계속된 손가락 자해로 지민이의 주변과 옷에는 핏자국이 얼룩덜룩함.)

(1) 아! 그랬구나

① 심리적인 불안함, 지루함

어려운 수업 내용을 이해하지 못했거나 심리적인 원인으로 손톱을 물어뜯는 문제 행동이 나타났을 수도 있다. 사실 일반 학생 중에서도 손톱을 물어뜯거나 다리를 떠는 등의 행동으로 심리적 불안을 해소하는 경우가 있다. 그런데 장애학생의 자해 행동이 이러한 원인에 의한 것이라면 주변 친구들, 보조인력 및 학부모와의 상담과 협조를 통해 심리적 원인을 소거해야 한다.

② 시각 및 후각의 이상성

일부 자폐성장애 학생의 경우에는 피 색깔에 몰두하는 시각의 이상성이나 피에서 나는 냄새에 매혹을 느끼는 후각의 이상성이 나타나기도 한다. 그러므로 장애학생의 자해 행동을 바르게 이해하기 위해서는 행동의 빈도나 심각성 여부를 특수교사나 학부모와의 상담 등을 통해 면밀하게 분석할 필요가 있다. 그리고 시각이나 후각의 이상성으로 인해 문제 행동이 발생되는 것이라면 적절한 치료를 받을 수 있도록 학부모를 설득해야 한다.

(2) 생각해 봐요!

① 손을 물어뜯지 못하게 털장갑이나 비닐장갑을 착용하게 한다면?

털장갑이나 비닐장갑을 손에 착용하게 하면 지금 당장에는 피 묻은 손이 보이지 않거나 빈도가 줄어들게 되어 통합교사와 일반 학생들은 문제가 해결되었다고 착각할 수도 있다. 그러나 공기가 통하지 않는 털장갑이나 비닐장갑을 계속 사용하다 보면 아직 낫지 않은 상처에 공기가 통하지 않거나 습기나 땀, 털 조각 등에 닿아 곪거나 이차적인 세균 감염 문제가 생길 수도 있다. 또한 장애학생의 불안하고 비정상적인 심리를 해소할 출구를 차단함으로써 다른 문제 행동(책상에 머리를 쿵쿵 박는다든지, 소리를 고래고래 지른다든지)이 나타날 수도 있으므로 눈앞에 보이는 문제 해결에만 급급한 일차원적인 조치를 취해서는 안 된다.

그러므로 자해 행동을 없애기 위한 조치를 취할 때는 장애학생의 상태나 이로 인해 발생할 수 있는 여러 결과를 충분히 생각해 보아야 하며, 조치를 취한 경우에도 계속 한 가지 조치만을 취할 것이 아니라 학생에게 나타나는 결과를 보고 평가·수정함으로써 보다 바람직한 방향으로 나아갈 수 있도록 추후 관리와 새로운 조치를 계속해 줘야만 한다.

② 벌이나 꾸지람은 여러모로 좋지 못하다

물론 무조건 장애학생의 문제 행동을 수용하라는 말은 아니다. 잘못된 행동을 할 때는 벌을 주거나 꾸지람도 할 수 있다. 하지만 계속 그 방법만을 고집하거나 처음부터 벌이나 꾸지람을 통해서만 문제 행동을 소거하고자 한다면 당장에는 문제 행동의 빈도가 낮아질지 몰라도, 결국 장애학생은 교사에게 거리감을 두게 되어 교사와 적절한 라포를 형성하지 못해 자해 행동의 근본적인 수정과 소거가 이루어지지 않게 된다. 더구나 자칫하면 장애학생이 교사를 공포의 대상이나 거부해야 할 대상으로 생각하여 손톱을 물어뜯는 자해 행동에 더 몰두하거나 또 다른 문제 행동을 보일 수도 있다. 그러므로 벌이나 꾸지람은 최후의 수단으로만 사용하도록 하고 다른 방법을 통해 자해 행동을 수정하려는 자세를 가지도록 노력해야 한다.

③ 장애학생도 수업을 받을 권리가 있다

대부분의 통합교사가 범하는 가장 큰 잘못 중 하나는 바로 장애학생의 수업권을 무시하거나 침해하는 것이다. 그들에게 지적·심리적 장애가 있으므로 수업을 이해하기가 어렵고 집중을 잘하지 못하며 수업 시간에 여러 문제 행동도 보이니, 장애학생이 좋아하는 활동을 수업 대신에 하게 하거나 특수학급에 가게 함으로써 아예 장애학생의 문제 행동을 보지 않으려는 생각도 하게 된다. 하지만 장애학생도 엄연히 수업을 듣고 지적인 능력을 확장시킬 권리를 가진 학생이다. 그러므로 모든 문제 행동 수정의 기본은 어떻게 하면 장애학생을 수업에 좀 더 집중하게 할 수 있는가 하는 것임을 잊지 말아야 한다.

또한 손톱 뜯기에만 열중하는 학생의 주의를 분산시키기 위해 종이접기나 그림 그리기와 같은 조작 활동을 수업 시간에 시키는 것은, 손톱 뜯기란 자해 행동은 없애 줄지 몰라도 고도의 정신 집중을 요하는 종이접기나 그림 그리기를 함으로써 아예 수업에 집중이나 참여를 할 수 없게 되어 학습 결손이 생기는 등 우리가 생각하지 못한 또 다른 문제를 양산할 수도 있다.

(3) 이렇게 해 봤어요

① 문제 행동의 원인부터 살펴보기

병을 완전하게 치료하기 위해서는 병의 원인부터 잘 살펴봐야 하듯이, 문제 행동 역시 그 원인부터 잘 살펴봐야 올바른 교육적 처치를 할 수가 있다. 그러기 위해서는 우선 문제 행동이 언제 발생하는지, 빈도나 횟수는 어떤지 장애학생의 행동을 유심히 살펴봐야 한다. 물론 수업 시간 내내 장애학생만 관찰하기는 매우 어렵긴 하지만 일 년을 편안하게 지내려면 2~3일 정도의 투자는 필요하지 않을까?

대부분의 장애학생은 수업이 지루하거나 어려울 때, 용변이 보고 싶거나 어려움에 처했을 때(자기에게 필요한 물건을 찾지 못하거나 주변 친구 때문에 기분이 언짢아졌을 때), 자신의 행동에 주변 사람이 과도한 반응을 보였을 때 문제 행동의 빈도가 높아진다.

● 수업이 지루하거나 집중하기가 어려울 때

우선 장애학생의 인지적·정서적 요인을 바르게 이해해야 한다. 이를 위해서는 특수교사와 면밀한 상담 및 협조를 해야 한다. 장애학생이 어떤 교과에 그리고 어떤 영역에 흥미를 갖고 있는지, 인지적으로는 어느 정도까지 이해하고 받아들일 수 있는지를 파악하는 것도 필요하다. 그 후 수업에 장애학생의 흥미와 관심, 인지도를 고려하여 적절한 수업 도구나 동기 유발 자료 및 설명을 곁들인다면 문제 행동도 자연스럽게 줄어들 것이다.

● 난처한 상황(용변 및 생리적인 현상)

장애학생을 위해 배치된 보조인력을 활용하는 방안이 있다. 여러 해 동안 장애학생을 담당해 온 보조인력을 통해 용변이나 생리적인 현상이 발생될 때 장애학생이 보이는 행동 및 특성을 알아 두거나 미리 그런 행동을 보일 때 바로 요인을 제거할 수 있도록 협조를 구함으로써 원인을 제거하여 문제 행동을 차단할 수 있다.

● 주변 친구들의 여러 행동이나 반응

장애학생의 문제 행동을 제거하고 학급 활동에 잘 참여하도록 하기 위해서는 무엇보다도 일반 학생들의 협조가 필요하다. 만약 보조인력이 없다면, 또래 도우미를 활용하여 장애학생이 난감한 상황에 처했을 때 바로 그 요소를 제거해 줄 수 있도록 교육해야 하며, 장애학생의 신경을 거스르는 행동을 미리 파악하여 하지 않도록 협조를 구해 두는 것도 필요하다. 또한 일반 학생들의 반응에 따라 문제 행동을 더 확대하여 나타내는 경우도 있으므로 장애학생의 혐오 행동에 격한 반응을 보이지 않도록 미리 약속을 해 두는 것도 좋겠다.

② 노 바이트 사용하기

손톱을 물어뜯거나 손을 빠는 학생을 위해서 쓴맛이 나는 매니큐어를 손에 발라 주어 문제 행동을 감소시키는 데 사용하는 것이 노 바이트(No Bite)다. 이를 뜯는 손 부위에 바르면 입술로 손을 뜯을 때 쓴맛으로 인해 일시적으로나마 손 뜯기를 멈추게 할 수 있다.

③ 상처나 손을 뜯는 행동을 하지 않을 때 칭찬해 주기

인지적으로 행동 계약이 가능한 학생일 경우에는 상처나 손을 뜯지 않으면 학생이 좋아하는 것을 해 주는 방법을 적용해 보면 좋다. 즉, 교사와 학생 간에 행동 계약서를 쓰고 실행해 보는 것인데, 이때 강화는 처음에는 즉각적이고 일차적인 것(선물이나 먹을 것)에서 시작하다 점차 고차원적인 것(좋아하는 것을 더 하게 해 주기, 교사가 인정해 주기, 상장 등)으로 나아가야 한다. 또한 다른 학생들 앞에서 장애학생이 손 뜯기 행동을 하지 않았을 때 적극적인 칭찬(무엇 때문에 칭찬을 받는다는 것을 알려 주는 칭찬)을 해 주는 것도 장애학생의 자존감을 높여 주는 것뿐만 아니라 일반 학생에게는 장애학생을 다르게 볼 수 있게 해 주는 효과도 있으므로 반드시 해 볼 필요가 있다.

④ 교사가 대신 상처를 뜯어 주겠다고 하기

가정이나 외부 환경에서 모두 못 뜯게 하는 상처를 교사가 뜯어 주겠다고 적극적으로 나서면 학생은 이러한 교사의 행동에 오히려 당황하며 자신의 상처나 신체를 뜯지 못하게 하는 반전된 행동을 보이기도 한다. 이는 운동의 반대 법칙으로 볼 수 있는데, 아동들은 하지 말라고 제지만 받던 행동을 오히려 하라고 하는 예상치 못한 상황으로 인해 스스로의 행동을 조절하게 된다.

그러나 이러한 행동을 할 때는 장애학생 모르게 학부모나 일반 학생들에게 행동의 의도를 밝히고 동의를 얻어야만 한다. 왜냐하면 자칫 장애학생에게 가학 행동을 하고 인권을 무시하는 교사로 비칠 수도 있기 때문이다.

2) 자기 머리카락을 뽑거나 책상에 머리를 찧는 행동

〈사례〉

은교는 화가 나거나 어떤 과제를 피하고 싶을 때 자신의 머리카락을 잡아당겨 뽑거나 머리를 책상에 찧는 행동을 한다. 교사는 이런 은교를 볼 때마다 혹시라도 건강을 해칠까 싶어 과제를 제시해 주기가 힘들고, 과제를 주지 않으려니 교사의 본분을 다하지 못한다 싶어 고민이 깊다.

(1) 아! 그랬구나

은교가 머리카락을 뽑고 책상에 머리를 찧는 행동을 하는 데는 분명히 이유가 있다. 우선 은교의 감정 변화를 천천히 읽어 볼 필요가 있다. 은교는 지금 진행하는 수업에 대하여 자신이 참여하고 싶지 않거나 싫다는 표현을 온몸으로 강하게 하고 있다. 물론 은교도 이런 행동을 하면서 통증을 느끼지만, 수업에 참여하며 받는 심리적인 고통보다 육체적인 고통을 선택했다고 봐야 한다. 아마 은교는 지금 수업에는 흥미가 없어 교실이나 이 상황에서 벗어나고 싶어 하거나, 수업 전에 자신이 얻고 싶은 것이 있었는데 잘 이루어지지 않아 화가 많이 났거나, 습관적으로 자신의 요구를 전달하는 잘못된 방법을 사용하고 있는 것일지도 모른다.

(2) 이렇게 해 봤어요

① 은교의 행동 무시하기

은교의 자해 행동을 교사가 눈치로 파악하여 무시하는 방법을 사용할 수도 있는데, 일반 학생들에게 교사가 눈치를 줄 때 은교를 제외한 모두가 은교의 행동을 못 본 척한다는 약속을 미리 해 두면 더 좋은 효과를 볼 수가 있다. 그러나 이 방법으로 오히려 자해 행동이 더 심각해진다면 바로 무시하기를 멈추고 다른 방법을 적용할 수 있도록 그 시점까지 사전에 계획을 해 두어야 한다.

② 대화를 통해 은교의 요구 파악하기

은교의 장애 상태가 대화를 통해 자신의 의사를 표현할 수 있는 정도라면, 태연스럽게 놀라지 않은 것처럼 "은교야, 왜 그러니?"라고 은교의 의견을 물어본다. 왜냐하면 은교의 입장에서는 교사가 모르는 다양한 이유와 요구가 있을 수도 있기 때문이다. 예를 들어, 과제를 하기 전에 옆 친구가 자신의 물건을 가져갔다든지, 은교를 다른 친구가 툭 쳤다든지 하는 것들이 자해 행동의 원인일 수도 있다.

③ 자해의 정도가 심하면 물리적으로 제지하고 적절한 치료를 해 준다.

자해가 심해서 피가 날 정도라면 물리적으로 제지를 하고, 보건실에 데리고 가서 치료도 해 주어야만 한다. 또한 가능하다면 학부모 상담이나 특수학급 교사와의 상담을 통해서 은교가 그런 단계까지 도달하지 않도록 전조 행동을 파악하여 예방할 필요가 있다. 여기서 전조 행동이란 교사를 부르며 의사를 표현하려고 하는 경우나 자해 행동을 약하게 시작하는 경우, 얼굴빛이 변하여 무슨 행동을 할 것 같은 경우를 말한다.

④ 자해 행동으로 인해 발생할 수 있는 심각한 자료 보여 주기

심리적 충격요법(심리적으로 강한 자극을 주어 갈등이나 문제 행동을 소거하는 방법)을 사용해 볼 수 있다. 은교가 계속 머리를 뽑는다면 나중에는 은교의 머리가 대머리가 될 수 있다거나, 머리를 계속 부딪힌다면 머리에서 심한 출혈이 일어날 수 있다는 것을 처음에는 말로 설명해 준다. 그런데 이후에도 문제 행동이 좋아지지 않는다면 실제 은교의 얼굴에 대머리나 머리에서 많은 출혈이 일어나는 합성 사진을 보여 줌으로써 은교가 자신의 행동이 초래하게 될 심각한 문제를 보다 직접적으로 인지하고, 심리적으로는 충격을 받아 다시는 그러한 행동을 보이지 못하도록 해 주는 것도 좋다.

⑤ 다른 학생들의 도움 받기

교사만 장애학생을 도와줄 수 있다는 생각은 버려야 한다. 학급의 다른 친구들을 통해 자해 행동의 원인을 파악할 수도 있고, 은교가 화나는 일을 제공하지 않도록 협조를 구할 수도 있다. 또한 앞서 살펴보았듯이 은교의 행동에 관심을 보이지 않거나(무시), 반대로 자해 행동을 보이기 전에 친구들이 적극적으로 개입하여 은교가 자해 행동을 할 여유를 주지 않게 할 수도 있다.

⑥ 학부모와 연계하여 지도하기

은교의 자해 행동에 대한 이해를 좀 더 폭넓게 하기 위해서는 학부모와의 사전 상담이 가장 중요하다. 교사는 이를 통해 은교의 자해 행동에 영향을 줄 수 있는 여러 원인을 미리 파악해 두는 것만으로도 자해 행동이 나타나기 전에 미리 원인을 제거할 수 있다. 또한 은교의 자해 행동이 미치는 심각한 영향(일반 학생이 보이는 심리적 두려움으로 인해 은교의 교우관계에 나쁜 영향을 미치게 되고, 자칫 잘못하면 은교의 신체에도 출혈이나 가벼운 뇌진탕 및 뇌의 이상, 부분 탈모 증세 같은 부정적인 영향을 초래함)을 부모에게도 인지시켜 학교에서 사용하는 교육적인 방법이 가정에서도 꾸준히 적용될 수 있도록 해야 한다.

마지막으로 가정과 학교에서 보이는 자해 행동의 정도와 반응의 다름도 알아 둘 필요가 있다. 그런데 이는 심리적으로 편안한 가정에서 다소 자해 행동의 정도나 반응이 약하게 나타나는 경우와 반대로 가정에서는 교육적인 조치가 없고 부모가 보다 너그럽게 수용해 줌으로써 자해 행동의 정도나 반응이 더 심하게 나타나는 경우가 있다. 교사는 부모와의 지속적인 상담을 통해 가정과 학교에서 나타나는 자해 행동의 빈도나 정도를 파악하여 실질적인 원인을 밝혀 내고, 이를 차단함으로써 문제 행동의 빈도나 정도를 줄이거나 소거할 수 있도록 해야 한다.

요약

1. 장애학생(자해 행동) 이해하기

- 심리적인 욕구불만이나 불안으로 인해 자해 행동을 나타낸다.
- 외적인 요인(수업 내용의 어려움, 지루함이나 일반 학생들의 간섭이나 반응)으로 인해 자해 행동이 나타나기도 한다.

2. 자해 행동 수정하기

- 조치를 취할 때는 여러 상황 고려하기
- 벌이나 꾸지람은 가급적 피하기
- 노 바이트(No Bite) 사용하기
- 문제 행동을 보이지 않으면 강화나 보상을 해 주기
- 교사가 대신 상처를 뜯어 주겠다고 반응하기
- 때론 적당히 무시하기
- 장애학생과의 대화를 통해 요구 사항 파악하기
- 자해 정도가 심하면 물리적인 제지나 적절한 치료해 주기
- 일반 학생들로부터 도움 받기
- 학부모와 연계 지도하기

12 | 일반적인 문제 행동 지도 방법

1. 습관적으로 거짓말하거나 핑계 대는 행동에 대해 알 수 있다.
2. 수업 시간에 집중하지 못하는 행동에 대해 알 수 있다.

1) 습관적으로 거짓말하거나 핑계 대는 행동

〈사례〉

초등학교 6학년 민경이는 공부를 잘하고 악기 연주도 잘하는 재능 있는 아이다. 학기 초에는 교사의 말에 순종하고 교사를 대하는 태도도 좋았다. 그러나 한두 달이 지나가 전담 선생님들한테 민경이가 교사를 무시할뿐더러 수업에도 거의 참여하지 않는다는 항의를 듣게 되었다. 그리고 두 달 정도에 한 번씩 조사하는 무기명 설문조사에서도 반 아이들에게 은근히 물건을 요구하고 무서운 눈초리로 겁을 준다는 사실을 알게 되었다.

그리고 자신의 말을 안 들으면 따돌린다는 것이다. 심지어는 담임교사가 감독하는 시험 기간에도 지능적이고 계획적으로 훔쳐보고 쓰기를 감행하는 데 중요한 역할을 하기도 했다. 그 사실이 발각되어 교사에게 그 사실을 시인하고 지도 조언을 받았으나 2학기 시험에서도 또 그런 행동을 하여 80점대인 친구를 90점 이상으로 만들었다.

다행히 채점 과정에서 발견하고 재시험을 보게 하여 문제를 해결하였다. 종종 자

기 일이 아닌데도 자기 마음에 안 들면 교사에게 대항하여 자기의 의견을 수락시키
려고 끊임없이 논쟁을 하기도 한다. 왜 교사를 속이고 자기 마음대로 하려 하는지,
무슨 방법을 써서라도 아이들을 자기 손 안에 쥐려고 하는지 이해하기 힘들었다.

(1) 아! 그랬구나

민경이의 5학년 때 담임선생님과 상담을 하였다. 5학년 때도 지금과 같은 행
동을 보였다고 했다. 부모님과는 면담을 해 보았느냐고 했더니 전화 통화만 했는
데 가정에서는 특별한 점을 찾지 못했다고 했다.

하지만 납득이 되지 않았다. 학교에서 원인을 찾을 수 없다면 분명히 가정에서
원인이 있을 것이었다. 이미 민경이의 속임수에 넘어가 바보가 되고 실망한 것이
한두 번이 아니었지만 포기할 수 없는 일이며, 졸업하기 전에 반드시 부모와 상담
기회를 가지고 해결하고 싶었다. 한 번 우연한 일로 민경이 어머니와 통화가 되
어 학교에 한 번 오시든지, 바쁘면 전화상담이라도 했으면 좋겠다는 생각을 비쳤
다.

그 뒤로 기다려도 민경이 어머니의 전화는 오지 않았고 뭔가 있으리라는 의심
만 더 커져 갔다. 아이에게 문제가 있어 상담을 해야겠다고 하면 늦어도 며칠 내
에는 방문하는 것이 보통 부모들인데 말이다. 미루고 미루다 졸업 전날 결국은
도서 반납 문제로 다시 민경이 어머니와 통화했는데, 민경이 어머니가 전의 일을
물어봤다. 민경이에게 무슨 문제가 있었느냐고.

나는 그동안 있었던 민경이의 일을 다 이야기하고 혹시 가정에서는 어떤 문제
들이 없었는지를 물었다. 민경이 어머니는 요즘 아버지와 함께 민경이를 다시 보
게 되었다고 한다.

언니, 오빠와 터울이 많이 나게 민경이를 낳아서 지금까지 해 달라는 것을 다
해 주고 공주처럼 키웠다고 한다. 그게 문제였다는 것을 담임의 이야기를 듣고
나니 서서히 깨닫게 되더라고 했다. 집에서는 아직도 민경이를 공주라고 부른다
는데…….

그래서 청소도 매번 힘없는 아이에게 시키고 자기는 도망갔구나. 아이들이 자
기편이 안 되어 주면 다른 애들을 시켜서라도 괴롭히고 따돌렸구나. 교사가 자기

의견을 안 들어 주면 끝까지 따지고 들었구나. 한마디로 자기가 이 세상에서 최고여야 직성이 풀리는 거였다.

그래서 시험 문제 몇 개 가르쳐 줘서라도 아이들을 자기편으로 만들어 자기 눈치를 보게 한 것이었다. 그런데 그런 민경이에게도 열등감이 있었으니 그게 바로 외모였다. 그리 예쁘고 날씬한 편도 못 된다는 것을 알고 공부도 열심히 하고 아이들과 심지어는 교사까지 자기 손안에 넣으려고 안간힘을 쓰는 것으로 극복하려 했던 것 같다.

(2) 이렇게 해 봤어요

① 끊임없는 대화로 문제를 해결한다

정말 어려운 방법이지만 상대방을 이해하려는 태도를 가지고 하는 대화는 효과가 있다. 하지만 지속적으로 일관된 태도로 실시해야 한다. 교사의 변덕스러운 행동은 자칫 학생의 마음을 닫게 하고 오히려 반감을 사서 역효과를 불러올 수 있다. 힘들고 지쳤지만 인내심을 가지고 대화를 나누고 학생을 이해하는 동안은 별 마찰 없이 지낼 수 있었다.

② 보이는 그대로를 인정해 주고 믿어 준다

전 학년 담임에게 미리 학생에 대한 부정적인 정보를 받기도 한다. 물론 정보를 통해 아이를 이해하는 데 도움이 되기도 하지만 부정적인 시각으로 바라보게 될 수도 있다는 단점이 있다. 밝은 웃음을 내게 보내 줄 때 있는 그대로 기쁘게 받아 주었다. 저 웃음 안에 어떤 의도된 목적이 있을 거라는 등의 억지 상상은 금물이다. 그것을 진심으로 믿어 주고 또 그것을 진심으로 믿고 있다는 느낌을 심어 주기 위해 애썼다. 그랬더니 과로로 병가를 내고 있는 나에게 '천 년 묵은 산삼 드시고 건강하세요!'라는 문자를 보내 왔다. 진심을 알아준 거다.

③ 부모와 상담한다

부모는 학교에서의 생활을 모르고 교사는 가정에서의 생활을 모른다. 그래서 부모와 교사의 대화는 필수다. 서로 어려운 상대이기는 하나 학생의 문제를 해결하는 데는 서로 협조해야 할 조력자이기 때문이다.

아이들이 문제 상황에 처했을 때는 교사만 힘든 것이 아니다. 가장 힘든 것은 당연히 아이들 자신이다. 그런데 교사도 그런 상황에서 부모님과 직접 상담하는 것을 꺼려 왔다. 학생을 다루듯이 편하지도 않고 괜한 말실수 등으로 오히려 부모와의 관계가 나빠질까 우려되었기 때문이다.

하지만 이번에는 달랐다. 6학년이라 졸업하기 전에 반드시 부모님과 상의해야 겠다는 생각이 들었다. 이것이 담임으로서 의무를 다해야 한다는 강한 의지의 표현이기도 했다. 부모님도 아이에 대해 알 권리가 있다. 용기를 내어 상담을 요청했고, 학교에서의 아이의 생활을 자세히 듣고 난 부모님은 자신들의 양육 태도의 문제점을 인식하기 시작하고 고쳐 보겠다고 했다.

집에서 아무것도 책임져 보지 않은 아이가 학교에서 책임을 다하지 않고, 뭐든 말만 하면 다 해 주는 식구들처럼 주변의 교사와 친구들을 수단과 방법을 가리지 않고 자기편으로 만들려는 욕심은 어쩌면 당연한 것이었을 것이다. 졸업식 날 우리는 좋게 헤어졌다. 아이도 교사에 대해 나쁜 감정은 없다고 했고, 일 년 동안 늘 교사의 머리를 쉬지 못하게 만들던 아이였지만 기쁜 마음으로 보낼 수 있었다.

④ 정확한 증거를 찾아 더 이상 둘러대지 못하게 한다

학생 둘이 훔쳐보기를 계획적으로 했는지 치밀하게 감독하는 교사도 깜빡 속고 말았다. 그러나 시험 채점 중 이상함을 발견했다. 자신의 생각으로 써야 하는 서술형 주관식 문제의 답까지 같은 시험지가 발견된 것이다. 보여 준 민경이가 모르게 보고 쓴 학생을 불렀다. 그냥 넘기기에는 양심이 허락하지 않았다.

똑같은 시험지를 주고 다시 시험을 보게 하니 아니나 다를까 70~80점대다. 좀 전에 자기가 쓴 답도 잊어버려 90점이 70점이 된다는 것은 말이 되지 않는 일이다. 그제야 아이는 사실대로 털어놓았고, 그 중심에 민경이가 있다는 사실도 알게 되었다. 이렇게 명백하고 확실한 사실·증거·증인 앞에서는 잘못을 인정할 수밖에 없다. 즉, 정확한 증거를 찾아서 더 이상 둘러댈 수 없게 해야만 한다. 그런데 이 방법은 확신이 가는 증거가 반드시 있어야만 효과가 있다.

2) 수업 시간에 집중하지 못하는 행동

〈사례〉

중학교 중간고사 시험 기간 중 둘째 날 2교시 국어 시험을 보는 날이다. 시험지를 나눠 주자 아이들은 한 문제 한 문제 집중하여 문제를 풀어 나갔다. 10분쯤 지났을까 제일 오른쪽 마지막 자리의 한 학생이 가방에서 종이로 만든 온갖 장난감을 책상 위에 꺼내 놓기 시작했다. 종이로 만든 방패, 종이로 만든 칼, 종이로 만든 비행기 등. 시험 기간 중이라 부정 행위가 될 수 있어서 가까이 가서 집어넣으라고 했다. 학생은 표정 변화 없이 가방에 다시 집어넣었다. 그러고 나서 5분쯤 후 그 학생은 종이로 만든 장난감을 다시 책상 위에 꺼내 놓았다.

시험이 끝나고 담임선생님께 들은 이야기인데, 학생은 수업 시간에도 전혀 집중을 못하고 지우개 가루를 만들어서 다시 뭉치고 다시 가루를 만들고 다시 뭉치는 행위를 반복하고 공책을 모두 찢어서 장난감을 만든다고 한다. 당연 성적은 하위권이며 사칙연산조차 잘 되지 않는다고 한다.

(1) 아! 그랬구나

수업 시간에 집중을 잘 못하고 수업과 상관없는 일을 하거나 고개를 숙이고 공책이나 책에 낙서만 하는 학생들이 있다. 이런 학생들은 대부분 기초가 부족하다. 수업에 대한 이해 부족으로 인해 좌절을 많이 겪었고, 그로 인해 수업에 대한 자신감도 흥미도 잃은 상태다. 기초가 부족한 것도 문제이지만 학습에 대한 의욕이 없다는 것이 이런 학생들을 가르치는 선생님들이 더욱 고민하는 부분이다.

수학이나 과학, 영어와 같은 어려운 과목에 대해 흥미를 잃는 것뿐만 아니라 쉽게 접근하는 미술이나 음악, 체육 등에서도 어려움이 많다. 이런 학생들은 성실하지 않은 경우가 많아서 중·고등학교의 과제물이나 학습 과정에 대한 평가에서도 낮은 점수를 받게 된다.

그러나 기초가 부족한 이유가 학생만의 문제라고 보기 어려운 경우가 대부분이다. 대체로 가정에서 관리가 잘 안 되거나, 학습에 흥미를 가지도록 유도되지 않은 경우일 수 있다.

(2) 이렇게 해 봤어요

① 튜터를 통해 배움을 알아 가기

40명이 넘는 과밀 학급에서 이런 학생들을 지도하기란 정말 쉽지 않다. 영어, 수학은 수준별 이동수업을 통해서 이런 학생들에게도 수준에 맞는 수업을 한다고 말하지만 그들은 그곳에서도 소외되기는 마찬가지다. 수준별 수업으로 인해서 오히려 그곳에서도 따라가지 못하는 상실감을 더 크게 맛보게 된다. 이런 학생들에게 도움을 줄 수 있는 또래 친구가 있다는 것은 학생의 성장에 큰 도움이 될 수 있다.

수업 시간에 배우는 내용에 대해서 배제하고 초등학교부터 다시 공부하는 것이 실제적으로 어렵다. 그 정도의 공부가 필요하다면 국가적으로 이런 학생들을 위해 일대일의 지원이 필요하다. 선진교육을 하고 있다는 북유럽의 국가들은 이런 학생들에 대해 국가가 지원을 통해서 학생들이 좌절하지 않고 배움을 이어 갈 수 있도록 하고 있다.

우리나라의 경우 교사가 지원해 주는 것은 어려운 상황이므로 또래 친구를 활용하는 것이 큰 도움이 될 수 있다. 열 가지를 배웠을 때 한두 가지만 알 수 있도록 도와주는 것은 공부를 잘하는 학생이 아니더라도 할 수 있다. 학급에서 활발하고 긍정적인 학생을 튜터와 튜티로 짝지어 주고 수업을 보조할 수 있도록 도와준다면 좋은 배움을 이끌어 갈 수 있을 것이다.

② 여러 교과 선생님이 함께 관찰하고 고민하기

중ㆍ고등학교에서는 과목마다 선생님이 다르기 때문에 한 학생의 수업 태도 또한 다르게 보인다. 10개가 넘는 과목 중에서 장애학생이 남달리 관심을 보이는 과목이 있을 수도 있다. 모든 과목에서 소외되어 참여하지 못할 수도 있다. 하지만 한 학생에 대해서 여러 선생님이 집중적으로 관찰하고 함께 고민한다면 좋은 방법을 찾을 수 있을 것이다. 수업에 참여하지 않으면서 방해하지도 않는다면 선생님의 관심 밖에 있을 수도 있다.

교과 선생님들끼리 학생들의 상황에 대해서 각자 관찰하고 함께 고민하는 것 또한 이런 학생들을 수업으로 끌어들이기 위한 방법일 것이다. 실제로 수업 시간에 집중하지 못하고 다른 짓을 많이 하는 학생에 대해서 관찰해 달라고 부탁할 때 누구인지, 어디에 앉아 있는지 물어보는 경우도 있다. 그만큼 이런 학생들은 교실에서 소외될 경우가 많고 이런 것이 학습 결손으로 누적될 수가 있다.

여러 교과 담당 선생님에게 부탁을 하여 학생의 상황을 이해하게 하는 것도 좋다. 물론 교과 선생님이 학생에 대해 좀 더 자세하게 관찰하고 고민할 수 있는 계기를 만들기도 한다.

요약

1. 습관적으로 거짓말하거나 핑계 대는 행동을 하는 학생에 대한 지도 방법

- 끊임없는 대화로 문제를 해결한다.
- 보이는 그대로를 인정해 주고 믿어 줄 필요가 있다.
- 부모님과 상담한다.
- 정확한 증거를 찾아 더 이상 둘러대지 못하게 한다.

2. 수업 시간에 집중하지 못하는 행동을 하는 학생에 대한 지도 방법

- 튜터를 통해 배움을 알아 가기
- 여러 교과 선생님이 함께 관찰하고 고민하기

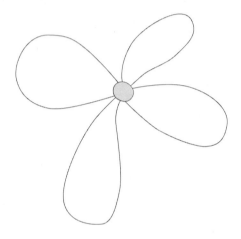

Part 6

장애학생의 진로지도

01 장애학생 사회적응 훈련 1

학/습/목/표

1. 사회적응의 이론적 배경을 알 수 있다.
2. 장애학생의 사회적응 훈련 프로그램을 알 수 있다.
3. 장애학생의 사회적응 훈련 프로그램을 현장 상황에 맞게 적용할 수 있다.

1) 사회적응의 이론적 배경

장애학생의 통합이 성공적으로 이루어지기 위해서는 여러 가지 사회적 제도나 장치, 일반인의 긍정적인 장애인관이 확립되어야 하지만 그 이전에 장애학생 스스로 사회 적응력을 키우는 것이 무엇보다 중요하다. 일반인들은 주변의 관계를 통하여 사회적 능력이 자연스럽게 습득되고 학습되지만 장애학생들은 개인의 능력과 특성을 고려하여 개발된 프로그램에 의하여 사회적 기술을 하나씩 학습해 가면서 사회적 능력이 생기게 된다. 그리고 장애학생의 사회적응을 위해서는 체계적이고 계획화된 학습 프로그램이 필요하다.

(1) 적응의 개념

적응의 개념을 심리학적·생물학적 관점에서 정의해 보면, 자발적으로 행동하고 보다 적극적으로 환경을 이용하며 사회적 변화에 능동적으로 참여하는 개인과 환경의 상호관계라고 할 수 있다(장대운, 1989).

(2) 적응기제

장애학생은 주어진 과제를 수행하지 못하고 문제 상황을 만나게 되는 경우가 빈번한데, 이러한 경우 문제 상황을 피하거나 대리적 목표를 설정함으로써 긴장감과 불안감을 해소하려고 한다. 이와 같이 문제 해결 방안을 무의식적으로 나타내는데, 이를 '적응기제(adjustment mechanism)'라고 한다. 적응기제는 방어기제, 도피기제, 공격기제로 분류되기도 한다.

① 방어기제(defense mechanism) 자아가 불안할 때 합리적인 방법을 찾지 못하고 비현실적인 방법으로 불안감을 해소하려고 하는 무의식적이고 수동적인 심리기제다.
② 도피기제(escape mechanism) 욕구불만으로 인해 발생된 정서적 긴장감이나 불안감을 해소하기 위해 당면한 문제에서 벗어나 정서적 안정을 추구하려는 수동적인 심리기제다.
③ 공격기제(aggression mechnanism) 욕구 충족 과정에서 저해 요인이 발생할 때 나타나는 싸움, 폭언, 반항, 파괴 등과 같은 능동적이고 적극적인 심리기제다.

2) 장애학생 사회적응 훈련 프로그램의 실제

인간을 사회적 동물이라고 하는데 그 이유는 자신이 속한 사회 내에서 자신의 타고난 자질을 활용하여 타인과 상호작용하며 살아가기 때문이다. 그러므로 개인은 사회의 구성원으로서 그 사회와 적절한 관계를 맺어야 원만한 사회생활을 유지할 수 있다. 그런데 장애학생은 직접 경험의 부족, 능력의 부족, 소극적인 자세 및 물리적 여건으로 인해 사회적응에 어려움이 많다. 그래서 장애학생에게는 의도적으로 사회에 적응할 수 있는 기술을 가르쳐야 한다. 다음에서는 장애학생의 사회적응 훈련 프로그램 중, '원만한 대인관계를 유지하는 기술' '기본적인 이동 방법' '각종 통신 매체를 통하여 정보를 습득하는 방법'을 익히는 내용으로 구성하였다.

(1) 대인관계 훈련

영역: 자기소개하기

활동명	나를 소개해요
활동 목표	다른 사람에게 자신을 소개할 수 있다.
활동 내용	• 2인 1조로 조를 나눈다. • 짝과 인사하고 자기 이름을 말한다. • 자신에 대해 소개한다(좋아하는 것, 가족, 꿈 등). • 전체가 돌아가며 소개받은 내 짝에 대해 대신 발표한다.
유의점	• 학생들 간에 개인차가 있음을 고려한다. • 발표한 내용에 대해 긍정적인 지지를 보낸다. • 다른 사람의 발표를 경청하도록 한다. • 장애학생의 개인적인 능력을 고려하여 활동 내용을 재구성한다.
평 가	• 자신에 대해 잘 소개할 수 있는가? • 다른 사람의 이야기를 진지하게 듣는가? • 사람들 앞에서 발표할 수 있는가?

영역: 마음 열기

활동명	나도 잘해요
활동 목표	자신의 장점과 타인의 장점을 새롭게 발견하고, 자긍심을 가지며 서로의 소중함을 인식할 수 있다.
활동 내용	• 눈을 감고 2분간 명상한다(잔잔한 음악). 　– 주위 사람들로부터 칭찬을 들은 적이 있는지 생각해 본다. • 자신의 자랑거리를 적어 본다(5~10가지 정도). 　– 쓰기 능력이 없는 친구는 말한 것을 받아 적어 준다. • 자신의 자랑거리를 발표한다. • 친구가 발표한 내용을 듣고 긍정적 지지를 보내며 친구가 발견하지 못한 자랑거리가 있다면 이야기해 준다. • 발표하고 난 후, 자신의 느낌에 대해 나눈다.
유의점	• 자신의 자랑거리를 발표할 때 쑥스러워하지 않도록 분위기를 조성한다. • 친구의 발표를 비웃거나 놀리지 않도록 미리 주의를 준다. • 다른 사람의 발표에 경청하도록 한다. • 장애학생의 개인적 능력을 고려하여 활동 내용을 재구성한다.

평 가	• 자신의 장점을 발견하고 자긍심을 갖게 되었는가? • 친구의 장점을 발견하고 서로의 다름을 소중하게 생각하게 되었는가?

영역: 의사소통 기술 증진

활동명	속닥속닥 전달놀이
활동 목표	또래 친구와 친밀한 관계를 유지하며 협동하고 경청할 수 있다.
활동 내용	• 5~6명이 한 조가 되어 일렬로 앉는다. • 각 조의 맨 앞사람이 제시하는 카드(글 혹은 그림)를 보고 다음 사람에게 귓속말로 전달한다. • 앞사람에게 전해 들은 내용을 다음 사람에게 전달한다. • 마지막 사람이 큰 소리로 발표한다. • 놀이 후에 느낀 점을 발표한다.
유의점	• 학생의 개인 능력을 고려하여 카드 내용의 난이도를 조절한다. • 언어장애 학생을 고려하여 음성언어만이 아닌 몸짓언어도 허용한다. • 내용이 제대로 전달되지 않았을 때 인간관계에서의 어려움에 대해 설명해 주어야 한다.
평 가	• 말이 전달되는 과정에서의 차이점을 아는가? • 사실대로 전달되지 않았을 때 인간관계의 어려움을 이해하는가? • 협동심 및 경청하는 태도가 길러졌는가?

(2) 이동훈련

영역: 이동훈련 준비 단계

활동명	이동훈련을 위한 사전 조사
활동 목표	이동훈련을 위하여 사전에 파악해야 할 점을 안다.

활동 내용	• 부모 및 교사는 학생에게 적절한 이동 방법을 선정한다.
	• 선정한 이동 방법을 기초로 이동훈련 계획을 수립한다.
	• 보조인력이 필요한 학생은 그 시기와 방법을 계획한다.
	• 보조 장비가 필요한 학생은 보조 장비를 선정한다.
	• 보조 장비를 선정할 시 고려할 사항
	  – 상·하지의 근력은 어떠한가?
	  – 상·하지의 기능은 어떠한가?
	  – 보조 장비의 크기는 학생에게 적절한가?

유의점	• 학생에게 적절한 이동 방법을 알기 위해 여러 방면에서 조사한다.
평 가	• 이동훈련에 필요한 적절한 방법, 계획 수립, 보조 장비 선정에 대한 사전 준비 사항을 아는가?

영역: 실내에서의 이동훈련

활동명	독립보행 훈련
활동 목표	학생 스스로 보행할 수 있다.

활동 내용	• 보행을 위한 기초 근력 강화 운동 및 준비 운동을 실시한다.
	• 앉은 자세에서 보행까지의 훈련 단계
	   – 앉은 자세에서 일어서기(발바닥이 땅에 닿기)
	   – 선 자세로 체중을 지지하며 자세의 균형을 유지하기
	   – 발목의 긴장성 제거
	   – 허리 및 엉덩이의 안정성 유지
	   – 다리 들어 올리기
	   – 발목을 이용하여 체중 들어 올리기
	   – 체중을 이동하며 발 들고 걷기(작은 보폭 → 정상 보행)

유의점	• 보행훈련 시 넘어져 다칠 위험이 있으므로 보호대를 착용한다. • 넘어지더라도 혼자 걷도록 유도한다.
평 가	• 선 자세로 균형 유지 및 발걸음을 옮기면서 체중 이동이 되는가?

(3) 정보통신 활용 훈련

영역: 컴퓨터 이용하기

활동명	마우스 다루기
활동 목표	기본적인 마우스 운용법을 익혀 사용할 수 있다.
활동 내용	• 사용하기 편한 손으로 마우스를 잡는다. • 한 손가락을 마우스의 왼쪽 단추에 얹는다. • 마우스 패드 안에서 목표하는 곳으로 마우스를 끌어 준다. • 목표물을 선택하고자 할 때 마우스의 왼쪽 단추를 한 번 눌러 준다. • 목표물을 불러오려면 마우스의 왼쪽 단추를 연달아 두 번 눌러 준다. • 작업 중에 필요한 메뉴를 불러오려면 오른쪽 단추를 한 번 눌러 준다.

유의점	• 학생의 기능에 맞게 제어판에서 마우스의 속도를 조절해 준다. • 왼손잡이가 사용하기 용이하도록 설정할 수 있음을 알게 한다. • 지체장애 학생의 경우, 보조기구를 활용한다.
평 가	• 마우스를 잡을 수 있는가? • 마우스를 필요한 곳까지 끌어 줄 수 있는가? • 마우스를 필요에 따라 한 번 혹은 연달아 두 번 누를 수 있는가?

영역: 컴퓨터 이용하기

활동명	인터넷 즐기기-인터넷에서 동화 읽기
활동 목표	인터넷에 접속해서 동화를 읽을 수 있다.
활동 내용	• 바탕화면에서 인터넷 메뉴를 찾아 더블클릭한다. • 목표한 포털사이트에 접속한다. • 동화 읽기를 찾아 들어간다. • 동화를 읽고 프로그램을 종료하고 나온다.
유의점	• 실행하기 전에 포털사이트의 이름과 아이콘을 학습한다. • 다른 게임에 들어가지 않도록 유의하여 목표한 과제에 들어갈 수 있도록 한다.
평 가	• 목표한 포털사이트를 찾아 들어갈 수 있는가? • 목표한 동화 읽기를 찾아 들어갈 수 있는가? • 동화 읽기를 마치고 프로그램을 종료하고 나올 수 있는가?

요약

1. 사회적응의 이론적 배경

① 적응의 개념: 적응의 개념을 심리학적·생물학적 관점에서 정의해 보면, 자발적으로 행동하고 보다 적극적으로 환경을 이용하며 사회적 변화에 능동적으로 참여하는 개인과 환경의 상호관계라고 할 수 있다(장대운, 1989).

② 적응기제
• 방어기제(defense mechanism): 자아가 불안할 때 합리적인 방법을 찾지 못하고 비현실적인 방법으로 불안감을 제거하려고 하는 무의식적이고 수동적인 심리기제다.
• 도피기제(escape mechanism): 욕구불만으로 인해 발생된 정서적 긴장이나 불안감을 해소하기 위해 당면한 문제에서 벗어나 정서적 안정을 추구하려는 수동적인 심리기제다.

- 공격기제(aggression mechanism): 욕구 충족 과정에서 저해 요인이 발생할 때 나타나는 싸움, 폭언, 반항, 파괴 등과 같은 능동적이고 적극적인 심리기제다.

2. 장애학생 사회적응 훈련 프로그램의 실제

장애학생은 직접 경험의 부족, 능력의 부족, 소극적인 자세 및 물리적 여건으로 인해 사회적응에 어려움이 많다. 그래서 장애학생에게는 의도적으로 사회에 적응할 수 있는 기술을 가르쳐야 한다.

- 대인관계 훈련
- 이동훈련
- 정보통신 활용 훈련

02 | 장애학생 사회적응 훈련 2

학/습/목/표

1. 장애학생의 사회적응 훈련의 이론적 배경을 알 수 있다.
2. 장애학생의 사회적응 훈련 프로그램의 실제를 알 수 있다.
3. 장애학생의 사회적응 훈련 사례를 통해 현장에 적용할 수 있다.

1) 장애학생의 사회적응 훈련의 이론적 배경

(1) 사회적응 훈련의 의미

사회적응 훈련이란 독립적으로 사회적 생활을 하기 어려운 장애학생들에게 다양한 기초생활 훈련을 실시함으로써 독립적인 사회생활이 가능하도록 돕는 훈련 프로그램을 말한다.

(2) 사회적응 훈련의 목적

사회적응 훈련을 통하여 장애학생의 기초생활 및 신변 처리 능력을 향상하고 나아가 대인관계 능력 향상 및 사회적 기술 습득에 목적을 둔다.

(3) 사회적응 훈련의 필요성

장애학생의 사회적 통합을 위해서 사회적 기술을 습득하고 사회적응 능력을 향상하는 사회적응 훈련이 반드시 필요하다.

(4) 사회적응 훈련의 기본 방법

① **지시와 설명** 사회적응 훈련의 내용을 개인 능력에 맞게 지시하고 설명한다.

② **행동의 실제 연습** 사회적응 훈련 프로그램에 의거하여 현장에서 적용해 보는 과정을 통하여 연습한다.

③ **피드백과 강화** 사회적응 훈련을 통하여 습득한 사회적 기술을 현장에서 잘 활용할 때 즉각적으로 강화하고 행동이 고착화되도록 지원한다.

④ **감원** 감원이란 사회적 기술을 습득하는 데 방해되거나 바람직하지 못한 행동을 하게 하는 요소를 찾아 제거하거나 출현 빈도를 줄이는 것을 의미한다.

(5) 장애학생의 지역사회 적응기술 척도(이달엽 외, 2004)

① 기본 영역

- 색에 관한 인지와 변별
- 방향 인지, 크기 · 모양 · 공간 변별
- 교통과 관련된 상징 및 문자 표시의 변별
- 기타 여러 가지 상징 표시들의 변별
- 가정 관리(음식 조리, 음식 준비, 음식 저장 등에 관한 기술)
- 의복 관리(옷의 치수 재기, 계절에 맞는 옷 입기)
- 세탁(세제의 구별과 사용법, 세탁기 작동법, 다림질)
- 건강과 청결(칫솔질, 손톱 깎기, 위생도구 등에 관한 지식)
- 응급처치 및 약 사용법 등
- 안전 대처 능력

② 사회 자립 영역

- 지역사회 자원 활동(버스 이용, 우체국 이용 등)
- 대금 지불(메뉴판 보기, 잔액 계산 등)
- 전화 사용 능력
- 아날로그 시간 변별
- 디지털 시간 변별

- 시간 활용 능력(소요 시간 계산 등)
- 달력 사용 능력(요일의 순서 등)
- 측정 능력(길이 재기 등)
- 화폐 인지(동전, 지폐의 인지)
- 화폐 조합(동전과 지폐의 총액 계산 등)
- 화폐 활용(거스름돈 받기 등)

③ **직업생활 영역**

- 직업의 종류에 대한 지식
- 직종별 직무의 내용에 대한 지식
- 대걸레, 삽 등 일상생활에 쓰이는 도구들의 이름과 쓰임새
- 직업 준비와 태도(구직 방법, 작업 태도, 도움 요청에 관한 지식 등)
- 대인관계(인사하기, 전화 받기 등)
- 시설 이용(영화 관람, 음식점 이용 등)
- 실내 여가 즐기기(비디오, 노래방 등)
- 체육놀이(볼링, 명절 놀이 등)

2) 장애학생의 사회적응 훈련 프로그램의 실제

(1) 방 침

장애학생의 사회적응에 필요한 다양한 기초생활 훈련 및 현장 체험을 실시하여 장애학생 스스로 독립된 인격체로 살아가기 위한 프로그램으로 구성한다.

- 야외학습 및 문화적 체험 등 실생활 적용에 도움이 되는 다양한 경험을 제공한다.
- 자기표현 능력, 의사소통 능력 향상 등 대인관계 능력을 향상하기 위한 프로그램으로 구성한다.

● 인지, 언어, 운동, 사회 기술 능력 등 독립적인 사회인으로서의 역할을 수행하기 위한 프로그램으로 구성한다.

(2) 프로그램의 실제

① 현장체험학습 프로그램

대 상	초등학교 저학년 장애학생
담 당	특수교사 및 장애학생 지원 보조인력
장 소	지역의 공공기관 및 공중시설
방 침	• 주 1회 실시한다. • 지역사회 기관과 연계하여 실시한다. • 지역사회 기관의 장애학생 지원 인력을 활용한 협력체제를 구축한다. • 실생활에 적용 가능한 체험활동 위주의 프로그램으로 구성한다.
내 용	• 1주: 숲 체험 교실 지역의 자연환경을 이용한 체험학습을 통하여 신체적 기능 향상 및 대인관계 능력을 향상한다. • 2주: 제과제빵 교실 – 지역 복지관 내 요리실습실을 이용한 제과제빵 교실 참가 – 제과제빵 수업을 통하여 사회성 기술 및 자립성을 향상한다. • 3주: 수영교실 지역 수영장을 활용함으로써 지역기관 이용 및 수영기술, 대인관계 능력을 향상시킨다. • 4주: 현장학습 및 기관 방문 은행, 우체국, 시장, 병원, 백화점, 경찰서, 소방서, 극장 등 지역의 공공기관과 시설 등의 이용을 통해 그와 관련된 기술 및 현장 경험을 익힘으로써 지역사회에 대한 이해를 높인다.
기대 효과	• 장애학생의 사회적응 능력 향상 및 지역사회 통합 • 지역주민들의 장애에 대한 인식 개선을 통한 지원망 형성 및 강화

〈활동 사례 1〉 제과제빵 교실

목 적	• 직업교육 환경 제공을 통한 자립 지원 • 다양한 사고 능력 습득을 통한 창의력 향상 • '빵 만들기'를 주제로 한 직업훈련을 통해 독립생활 또는 사회 참여의 기회를 제공함 으로 재활의지 및 자긍심을 고취시킬 수 있다.
개 요	• 기간: 20○○년 4~12월(연중, 방학 기간 제외) • 운영 시간: 격주 화요일(10:00~12:00) • 장소: 지역청소년수련관 내 요리실습실 • 예산: 지역청소년육성재단에서 지원

회	월 일	시간(H)	강의 내용	회	월 일	시간(H)	강의 내용
1	4월 10일	10:00~12:00	옥수수 쿠키	8	9월 11일	10:00~12:00	크로크 무슈
2	4월 24일	10:00~12:00	크림빵	9	9월 25일	10:00~12:00	소시지롤 빵
3	5월 8일	10:00~12:00	코코넛 쿠키	10	10월 9일	10:00~12:00	에그타르트
4	5월 22일	10:00~12:00	파운드 케이크	11	10월 23일	10:00~12:00	거북이 모양 빵
5	6월 12일	10:00~12:00	시나몬 롤	12	11월 13일	10:00~12:00	아이싱 쿠키
6	6월 26일	10:00~12:00	초코스콘	13	11월 27일	10:00~12:00	스노우맨 쿠키
7	7월 10일	10:00~12:00	아몬드 슈	14	12월 11일	10:00~12:00	케익

활동 내용

활동 사진

운영 성과	• '빵 만들기'를 통해 사회적 통합의 기회를 가질 수 있었다. • 그릇의 사용, 손 씻기, 재료 다루기 등의 기능이 향상되었다. • 집단 활동을 통해 사회성과 대인관계 기술을 습득할 수 있었다.

② 동아리 활동 프로그램

목 표	장애학생과 일반 학생이 함께 하는 동아리 활동을 통하여 장애학생에게는 자립 의지 고양 및 잠재 능력을 계발시키고, 일반 학생에게는 다양성을 이해하고 배려하고 돕는 활동을 통하여 더불어 살아가는 성숙한 사회인으로 성장할 수 있도록 돕는다.
방 침	• 장애학생과 일반 학생이 함께하는 동아리 활동 구성 • 개인의 능력을 고려하여 지도 • 자아성취감을 주기 위해 발표 기회 제공 • 언어, 인지, 사회 기술 각 영역에서 향상을 가져올 수 있는 프로그램으로 구성한다.

활동
내용
	〈예시-'음악극' 동아리〉
	• 장애학생과 일반 학생으로 동아리 조직
	• 장애 인식 개선을 주제로 한 음악극 시나리오 작성
	• 학예회 등 다양한 행사에서 공연의 기회를 가짐
	   - 의사소통 기술, 정서 기술, 사회 기술, 학습, 운동, 음악 기술의 향상
	   - 성취감을 통하여 자아존중감 향상
	   - 장애 인식 개선교육의 장으로 활용
	〈예시-'수화' 동아리〉
	• 장애학생과 일반 학생으로 동아리 조직
	• 수화 노래를 중심으로 교육
	• 학예회 등 다양한 행사에서 공연의 기회를 가짐
	   - 의사소통 기술, 정서 기술, 사회 기술, 학습, 운동, 음악 기술의 향상
	   - 성취감을 통하여 자아존중감 향상
	   - 장애 인식 개선교육의 장으로 활용

기대 효과	동아리 활동을 통해 장애학생은 자신의 역할 인식과 타인과의 관계 형성, 협동심과 책임감 등 다양한 기술을 습득하게 되며, 동아리 활동에 참여한 일반 학생은 장애학생도 반복할 때 할 수 있는 일들이 많음을 인식하고 장애에 대한 편견이 감소된다.

〈활동 사례 2〉 음악극 동아리

목 적	• 의사소통 기술의 향상 • 정서 기술 및 사회 기술의 향상 • 학습, 운동, 음악 기술의 향상
방 침	• 개인의 능력을 고려하여 지도 • 통합학급 친구와 함께 하는 동아리 활동 구성 • 자아성취감을 주기 위해 발표 기회 제공

활동 내용	• 주 1회 방과 후에 동아리 활동으로 운영 • 발표의 기회를 가짐 – 학급 및 학교 학예회
활동 사진	 
운영 성과	음악극을 통해 장애학생은 자신의 역할과 타인과의 관계 형성, 협동심과 책임감 등 다양한 기술을 습득하게 되었으며, 동아리 활동에 참여한 통합학급 친구들은 장애학생도 반복할 때 할 수 있는 일들이 많음을 인식하여 장애에 대한 편견이 감소되었다. 맥스 루케이도의 『너는 특별하단다』, 슈베르트 플라팅거의 『있는 그대로의 너를 사랑해』를 각색한 음악극을 만들어 교내 학예회에서 발표하였다.

요약 📖

1. 장애학생의 사회적응 훈련의 이론적 배경

- **사회적응 훈련의 의미:** 사회적응 훈련이란 독립적으로 사회적 생활을 하기 어려운 장애학생들에게 다양한 기초생활 훈련을 실시함으로써 독립적인 사회생활이 가능하도록 돕는 훈련 프로그램을 말한다.
- **사회적응 훈련의 목적:** 사회적응 훈련을 통하여 장애학생의 기초생활 및 신변 처리 능력을 향상하고 나아가 대인관계 기술 및 사회적 기술을 습득하는 데 목적을 둔다.
- **사회적응 훈련의 필요성:** 장애학생의 사회적 통합을 위해서 사회적 기술을 습득하

고 사회적응 능력을 향상하는 사회적응 훈련이 반드시 필요하다.

- 사회적응 훈련의 기본 방법
  - 지시와 설명
  - 행동의 실제 연습
  - 피드백과 강화
  - 감원

2. 장애학생의 사회적응 훈련 프로그램의 실제

- 현장체험학습
- 동아리 활동

03 | 자신감을 통한 1인 1특기 신장하기

학/습/목/표

장애학생의 특성을 파악하고 이에 맞는 1인 1특기 활동을 지원할 수 있다.

1) 장애학생의 특성 이해하기

사회화란 사회가 요구하는 행동, 양식, 생활규범 등을 학습해 가는 과정을 말한다. 인간은 사회화 과정을 통해서 성장하고 형성되는 것이다. 사회화 과정은 사회적 상호작용을 통하여 사회적 행동을 학습해 가는 과정이며, 이때 자신의 개성도 형성되어 간다. 결국 사회화는 상호작용을 통해 자신의 존재를 완성해 나가는 것이다. 특수교육의 지향점을 장애학생의 사회적응 능력의 신장이라고 볼 때 장애학생의 특성이 무엇인가를 먼저 파악할 필요가 있다.

(1) 사회화의 요소

자기 결정권, 자존감, 사회성은 한 사람을 그 사회의 구성원으로 성장할 수 있도록 이끌어 주는 요소들이다.

① 자기 결정권

자기 결정권(self-determination)은 자신의 삶에 대해 자기 자신이 결정하는 것으로 모든 사람의 보편적 권리다. 자신이 삶을 움직이는 주체로서, 외적인 부당한 영향력과 침해로부터 자신의 삶을 위해 자유롭게 선택과 결정을 하는 행위이며, 일상생활의 문제를 해결하는 능력이다. 장애학생에게도 자기 결정 기술은 중요한 부분이지만 실제 학교에서 자기 결정의 기회가 부족하고 일상생활에서도 적절한 경험을 제공받지 못하고 있다.

② 자존감

자존감(self-esteem)은 자아존중감으로 자기 자신을 가치 있고 긍정적인 존재로 평가하는 것으로, William James는 자아개념의 특별한 유형으로 설명하고 있다. 이는 나의 가치에 대한 확신을 의미하는 것이며, 자신의 생각과 자신이 원하고 필요로 하는 것을 적절하게 주장하고 즐거움을 느끼는 일이 자신의 당연한 권리라고 생각하는 것이다.

자아존중감이 낮으면 자신에 대해 부정적이고 자학적인 견해를 갖는다. 열등의식이나 무력감, 죄책감, 자기 합리화 등 자기를 평가 절하하게 된다.

③ 사회성

사회성이란 개인의 사회적응의 정도나 대인관계의 원만성을 나타낸 것으로 다른 사람들과 어울려 친밀한 관계를 맺을 수 있는 능력을 의미한다. 장애학생의 사회성은 장애로 인한 사회 경험의 부족, 행동 특성으로 인해서 대인관계가 원만하지 못하고 사회생활에 필요한 기능을 충족하지 못한다. 그래서 또래 집단에서 배척이나 회피의 대상이 된다.

결국 장애학생의 사회화가 더딘 원인은 자기 결정권, 자존감, 사회성에 대한 적절한 지원이 부족하기 때문이다. 실제로 가정이나 학교 그리고 사회에서 장애학생을 어떻게 대하는지 근본적인 모습을 살펴보기로 한다.

(2) 장애학생에 대한 주변의 태도

첫째, 지나친 배려와 간섭이다. 어릴 적부터 가정에서 과잉보호를 하는 경우, 스스로 할 수 있는 일임에도 불구하고 모든 것을 해결해 주기 때문에 할 수 있는 일이 제한적이게 된다. 대인관계에서도 간단한 문제를 스스로 해결하지 못하고 주변에 의존할 수밖에 없다. 가정에서의 행동은 학교생활에서도 나타난다.

둘째, 부정적인 사고다. 성장 과정에서 또래 집단과 잘 어울리지 못하는 경우가 많다. 그 이유는 다른 학생들의 요구나 메시지를 이해하지 못하고 기대에 맞게 행동하지 못하기 때문이다. 또래 집단에서 인정받지 못하면 무기력한 행동을 나타내거나 오히려 공격적인 행동을 드러낼 수 있다. 의사소통 능력과 문제 해결 능력이 부족함으로써 학습된 무기력으로 흘러갈 수 있다.

셋째, 방관이다. 상급학교로 진학할수록 학력 격차가 벌어진다. 학습 내용이나 사고 능력과 사용 언어 등은 넓어지고 깊어진다. 때문에 학습에 대한 흥미도 떨어질 뿐만 아니라 통합학급 교사의 관심도 줄어든다. 수업 시간에 낙서를 한다거나 잠을 자더라도 특별한 문제행동이 없으면 간섭을 하지 않는 경우가 많기 때문에 스스로 존재감을 잃어 간다. 이렇게 되면 학급 일에 참여가 어렵고, 모든 일에 수동적으로 변하게 된다.

(3) 사회화 지원 방안

① 눈높이 조정이 필요하다

있는 그대로를 평가해야 한다. 과대평가 혹은 과소평가하지 말고 현재의 수준에서 바라보아야 한다. 교육은 비형식적이거나 무형식적인 상황에서도 이루어진다. 또한 성장 과정에서 자연스럽게 의사소통 방법을 익히거나 실패로 얻은 경험을 통해 변화를 기대할 수 있다.

② 자기결정 기술을 향상해야 한다

학생의 현재 상황과 원하는 결과의 간극을 좁혀 줌으로써 자기결정 기술을 향상할 수 있다. 몇 가지 선택할 수 있는 장면을 연출한 다음 학생이 스스로 선택할 수 있도록 한다. 학생이 필요로 하는 것을 선택하도록 한 다음 그것을 선택한 이유를 살펴보고, 그에 대한 평가를 한다. 자율성에 대한 능력을 길러 주는 것으로 반복적인 교육이 필요하다.

③ 간단한 의사 표현도 포함해야 한다

직접 행동하는 것만이 방법은 아니다. 간단한 의사 표현도 포함하고 있다. 일정 부분까지 스케폴딩이 필요하다. 스케폴딩이란 학생이 주어진 과제를 잘 수행할 수 있도록 교사가 일정 부분까지 도움을 제공하는 것으로 Vygotsky에 의해서 만들어진 방법이다.

④ 어린 시절부터 다양한 경험이 필요하다

자기 결정권이나 자존감 형성, 사회화에 대한 훈련은 어린 시절부터 자연스럽게 이루어질 수 있도록 경험을 제공하고 관심을 기울여야 한다. 행동이 고착화된 성년기 이후에는 노력이 배로 필요하며 우선순위에서도 밀릴 수 있다.

2) 자기표현

(1) 자기표현 활동

자기표현은 다른 사람과 의사소통할 때 자신의 권리, 욕구, 생각, 자신의 관심사 그리고 느낌 등 자신이 드러내고자 하는 바를 상대방의 권리를 침해하지 않고 불쾌감을 주지 않는 범위 내에서 불안을 느끼지 않고 언어나 행동으로 솔직하게 상대방에게 나타내는 행동을 말한다.

다시 말하면, 자기의 감정이나 의지를 여러 가지 표현 수단을 통해 타인에게 드러내 보이는 일이다. 장애학생은 자기표현 활동 능력이 부족하기 때문에 어릴 적부터 반복적인 훈련이 필요하다. 자기표현 활동은 자신감을 가지고 다른 사람과 상호작용할 수 있게 함으로써 사회적응 능력을 향상하고 나아가 졸업 후 지역 사회에 적응하는 데 도움을 줄 것이다.

(2) 활동 방법

자기를 표현하기 위한 선행 활동으로 자신의 존재를 알아가는 과정이 필요하다. 실제 수업 환경에서 적용할 수 있는 방법은 다음과 같다.

첫째, 마인드맵으로 자신의 주변을 알아간다. 가장 초보적인 활동으로 이름이나 얼굴, 모습, 사물과 같이 단순한 것으로 시작한다.

둘째, 나를 표현하는 활동으로 추상적인 내용으로 접근이 가능하다. 색, 동물, 식물, 사물, 종이로 표현하기 등 다양한 표현 활동을 유도할 수 있다.

셋째, 눈에 보이지 않는 나의 모습을 그려 보는 것이다. 장점, 단점, 싫어하는 것, 좋아하는 것, 하고 싶은 것 등 자신의 사고가 담겨 있는 활동을 만들어 본다. 표현 과정에서 글이나 그림, 사물 등 다양한 방법을 동원하여 표현하도록 한다.

넷째, 영역을 확대하여 관계를 형성한다. 가족 관계, 친구 관계를 마인드맵으로 표현하고 여기에 자신의 생각을 설명할 수 있도록 한다.

다섯째, 자신을 시간 순서로 표현하는 것이다. 과거, 현재, 미래를 구분하고 이를 표현하도록 한다. 과거의 집, 동네, 친구에 대한 정보를 연결해서 시공간을 표현하고 자기를 다른 사람들에게 알릴 수 있는 기회를 갖도록 한다.

이 밖에 위생 관리나 옷차림도 표현 활동에서 중요한 부분을 차지한다. 교복을 입는 경우 규정에 맞는지 여부와 야외 수업 시 적당한 옷차림인지 확인해야 한다. 실생활에서 자기표현 활동에 무리가 없지만 일부 학생은 외모에서 드러나는 이미지 때문에 주변에서 먼저 회피하는 경우가 있다. 대인관계나 상호작용을 위해서는 적절한 자기 관리가 필요하다.

(3) 효 과

표현은 자신의 생각을 밖으로 드러내는 구체적이고 능동적인 행위다. 자신을 표현한다는 것은 존재감을 나타내며 상호작용을 위한 첫걸음이다. 표현 방법도 다양하고 개인차가 있기 때문에 가장 적절한 방법을 찾아 주는 것이 효과를 높일 수 있다.

3) 자신 있는 부분 찾아보기

(1) 다중지능 이론

Gardner(1993)는 사람의 지능을 9개로 설명하고 있다. 즉, 사람마다 다양한 능력을 발휘할 수 있다는 것이다. 각각의 지능은 언어적 지능, 논리–수학적 지능, 공간적 지능, 신체–동작적 지능, 음악적 지능, 대인관계 지능, 자기성찰 지능, 자연주의 지능, 실존지능으로 구분된다. 그렇지만 9개의 지능 모두가 우수한 사람은 없다. 그런 측면에서 장애학생이라 할지라도 9개 지능 모두가 지체된 것은 아니라고 할 수 있다.

(2) 흥미와 적성 찾기

적성이란 어떤 일에 알맞은 성질이나 적응 능력 또는 소질, 적성을 말한다. 일정한 훈련에 의해 숙달될 수 있는 개인의 능력, 즉 어떤 특정 활동이나 작업을 수행하는 데 필요한 능력이 어느 정도 있으며, 그러한 능력의 발현 가능성 정도를 문제시한다.

흥미란 어떤 대상·활동·경험 등에 대해서 계속적으로 그것에 몰두하거나 아니면 그것을 그만두려고 하는 행동 경향이다. 이는 그 강도가 사람마다 제각기 다른 것이 특징이다. 학습이나 작업 등은 그에 대한 개인의 흥미가 있을 때 자발적 동기에 의해서 이루어진다.

(3) 관찰법

생활이나 행동을 관찰하고 분석하는 방법이다. 자연적 관찰법은 평소 눈에 띄는 행동을 기록하는 일화법, 자연 상태에서 대화하며 관찰하는 수시 면접, 학생과 어울려 함께 행동하며 관찰하는 참가 관찰 등이 있다. 실험적 관찰법은 인위적 환경을 연출하여 행동을 유발하도록 하는 방법이다.

다중지능검사, 흥미와 적성 검사, 관찰법을 통해서 학생이 어떤 영역에 흥미와 적성이 있는지 살펴본다. 다른 사람과 비교하는 것이 아니라 학생이 가지고 있는 범주 내에서 판단해야 한다. 평균보다 높은 특성을 신장시키기 위해서는 지원 방법을 모색해야 한다. 학교에서 특기·적성을 살릴 수 있는 방법과 학교 밖에서 지원할 수 있는 것은 무엇이 있는지 알아보자.

4) 특기·적성 활동

개인의 특기·적성을 기르는 것은 교육 활동 중 한 분야다. 특기·적성교육은 교과 외의 활동으로 특별활동, 방과 후 학교, 특기·적성교육 등 명칭이 변해 왔으며, 특정 분야에 속하지 않고 학교 교육과정의 다양한 분야에 관련되어 있다. 현재는 창의적 체험활동에서 특기·적성교육을 다루고 있다.

■ 교내 활동 연계하기

① 방과 후 학교

방과 후 학교는 학교교육 기능을 보완하는 것으로 특기·적성, 수준별 맞춤형 교과 프로그램, 돌봄 등 정규 교육과정을 보완하는 다양하고 창의적인 교육 경험을 제공한다.

② 동아리 활동

동아리 활동은 서로 같은 취미나 특기·적성을 가진 학생들이 모여 자신의 소질과 적성을 창의적으로 계발하고 발전시킴으로써 자아실현의 기초를 형성하고, 사회성과 협동심을 기르고 다양한 자기표현 능력을 신장시키는 집단 활동이다.

창의적 체험활동에 포함된 동아리 활동은 연간 계획에 의해서 진행된다. 동아리 활동도 통합교육을 지향하지만 어려운 경우 특수학급에서 자체로 운영한다. 주로 문화예술이나 실습노작 활동이 많다.

③ 축제 참여하기

학교 축제는 전교생이 함께 어울릴 수 있는 기회다. 특수학급의 수업 내용이나 활동을 공개할 수 있는 시간으로 주로 수업 시간의 자료를 공개한다. 공예, 도예, 제과제빵 등 직업과 연계한 내용을 전시한다. 학생들이 부스를 만들어 자신의 작품을 소개하고 안내할 수 있도록 한다.

5) 학교 밖 활동과의 연계

교육과정 편성·운영 규정에 의하면, 학교는 창의적 체험활동이 실질적 체험학습이 되도록 지역사회의 유관 기관과 적극적으로 연계·협력해서 프로그램을 운영하도록 하고 있다. 학교 밖의 기관은 주로 장애인복지관, 공공기관, 관련 단체 등을 칭하는 것이다.

- 장애인복지관은 치료 활동, 방과 후 학교, 방학 중 캠프를 주로 운영하며 대부분 개별로 접수해서 이용하고 있다. 복지관별 프로그램도 유아부터 성인까지 운영되기 때문에 선택의 폭이 넓다.
- 청소년 수련관, 도서관, 평생교육시설과 같은 공공기관이나 사설기관에서 진행하는 프로그램도 많다. 기간이 짧지만 종류도 다양하고 연령 제한이나 참가비 등 참여 조건이 까다롭지 않기 때문에 선택의 폭이 넓다.
- 토요 프로그램은 장애 관련 단체에서 주최하는 경우가 많다. 특히 체육 관련 활동이 많이 있다. 장애인체육회나 장애인 관련 단체에서 운영하는 토요 프로그램도 있기 때문에 참여가 가능하다.
- 특수교육지원센터를 활용한다. 특수교육지원센터에서는 특수교육 대상자의 관련 서비스를 지원하기 위해 시·도 교육청 및 지역청에 설치된 기관으로 프로그램 관련 자료를 안내받을 수 있다.
- 재능 기부 활동이다. 재능 기부란 개인이 갖고 있는 재능을 개인의 이익이나 기술 개발에만 사용하지 않고 활용해 사회에 기여하는 새로운 기부형태를 일컫는다. 재능 기부는 학생들의 요구와 전문가의 능력을 연계하는 활동으로 다양한 분야의 전문가의 도움을 받을 수 있다.

6) 1인 1특기 기르기

(1) 전문 기술 익히기

특성화고등학교의 경우 의무검정제도를 활용하여 자격증을 취득할 수 있으며, 일반계고등학교 직업반의 경우 일반 학생과 마찬가지로 전문 직업교육의 기회가 주어진다. 특수학급에서 실시하는 직업교육은 취업이나 자격과 관련된 바리스타, 제과제빵 실습이다.

(2) 각종 대회에 참가하기

전국 장애학생 체육대회나 장애학생 직업경진대회, e-스포츠 대회는 매년 실시되는 전국 규모의 대회다. 개인의 능력을 인정받거나 수상을 하는 경우는 전국 체전이나 기능경진대회에 출전할 수 있다.

(3) 행사 참여하기

장애인예술제, 공공기관 주최 사생대회, 영화제, UCC 대회, 사진 콘테스트 등 장애학생을 위한 대회가 많이 열리고 있다. 행사에 참여하는 자체만으로도 자신의 영역을 확대하는 것이다.

특기 · 적성을 기르기 위해서는 자신감이 먼저 길러져야 한다. 자신이 무엇인가를 잘할 수 있다는 믿음과 함께 행동으로 드러날 수 있도록 해야 한다. 특기 · 적성을 기르는 것은 일상생활에도 도움을 주지만 한 분야에서 꾸준한 활동으로 포트폴리오를 구성할 수 있다면 진로를 결정하는 데도 도움을 줄 수 있다. 어릴 적부터 소질과 특성을 살릴 수 있는 분야를 발굴해서 지속적으로 지원할 수 있는 방법을 모색해야 할 것이다.

1. 장애학생의 특성 이해하기

- 사회화 과정에서 필요한 것은 자존감, 자기 결정권, 사회성이다.
- 장애학생의 사회화 과정을 방해하는 것은 주변의 지나친 배려와 간섭, 반복된 실패, 학습된 무기력과 방관으로, 장애학생을 대하는 태도와 해결 과정을 고민해야 한다.

2. 자기표현 활동

- 가장 쉬운 것부터 표현해 나간다.

3. 자신 있는 부분 찾기

- 다중지능 이론에서 남다른 능력을 찾는다.
- 흥미와 적성을 찾아본다.
- 관찰법을 통해 특성을 파악한다.

4. 특기 · 적성 활동

- 학교 교육과정의 방과 후 학교, 동아리, 축제 등 다양한 활동에 참여한다.

5. 학교 밖 활동과 연계

- 복지관이나 공공기관에서 자신에게 맞는 프로그램을 찾아본다.

6. 1인 1특기 기르기

- 전문 기술을 익히는 방법을 확인한다.
- 자신의 능력을 발휘할 수 있는 각종 대회 및 행사에 참가한다.

04 | 진학에 따른 진로상담

장애학생의 진로지도를 위한 진로 교육과정을 알아보고, 현장에서 실시하는 진로지도 내용을 살펴본다.

1) 진로상담의 필요성

진로에 대한 고민은 장애 유무를 떠나 모든 학생이 가지고 있는 고민 중의 하나다. 초등학교나 중학교 시절에는 진로에 대해 막연한 생각을 하지만 고등학교에 진학을 하면서부터 현실적인 문제가 된다. 일반 학생의 경우 다양한 자료가 제공되지만, 장애학생의 경우는 선택의 폭이 좁을뿐더러 직종도 제한되어 있다.

그러나 일반 학생 중 대학 진학률은 평균 80%에 다다른다. 반면 장애학생의 경우 졸업 후 진로는 '전공과' 30%, '활동 없음' 27%, '대학 진학' 16.5%, '복지관 및 기관' 15%, '순수 취업' 11% 순이다. 최근 진로가 다양해지면서 장애학생을 위한 진로지도를 학교나 교사 혼자만의 노력으로 하기에는 버거운 것이 현실이다. 가족의 경험이나 의견이 중요한 역할을 한다. 여기에 복지관의 활동이나 치료실 자료 등 다양한 정보는 진로를 결정하는 데 많은 도움을 준다.

현재 학교에서 진행되는 진로지도 프로그램은 학생의 특성이나 주변 환경의 여건에 따라서 다르게 진행되고 있다. 고등학교의 경우, 대부분의 교과는 직업과 진로지도에 초점을 맞춰 운영하고 있다. 현장견학이나 실습 직업평가 결과 등의 자료는 진로를 결정하는 데 도움이 된다. 이 밖에도 대학이나 공공기관에 대한 정보를 제공하는 것도 교사의 역할이다. 이처럼 진로가 다양하기 때문에 개인의 특성에 따른 진로지도가 필요하다. 특히 고등학교 시절은 공교육의 마지막 기회로서 졸업 후 삶의 방향을 결정해야 하기 때문에 진로교육과 상담이 반드시 필요하다.

2) 장애학생의 진로교육 내용

「장애인 등에 대한 특수교육법」에서는 장애학생의 진로교육을 다음과 같이 규정하고 있다. 제3조 진로 및 직업교육의 지원, 동법 제8조 진로 및 직업교육을 위한 시설 등의 규정에 의하여 특수교육 대상자를 위해 중학교 교육과정 이상의 각급 학교장은 직업평가 · 직업교육 · 고용지원 · 사후관리 등의 직업재활 훈련 및 일상생활 훈련 · 사회적응 훈련을 실시하고 이에 적절한 시설 · 설비를 마련하여야 한다.

(1) 교육과정

초등학교에서는 과학/실과가 5~6학년군에 340시간으로 편성되어 있다. '진로와 직업' 수업 시수는 중학교 3년간 612시간, 고등학교 816시간으로 편성되어 있으며, 교육과정 편성 · 운영에서는 진로교육을 다음과 같이 강조하고 있다.

- 중학교 학생의 진로 및 직업에 대한 탐색과 선택을 돕기 위해 진로교육을 강화한 교육과정을 편성 · 운영한다.
- 고등학교 진로와 직업은 '진로와 직업' 교과 외에도 선택 교육과정의 전문교과 중에서 학교의 여건에 맞는 것을 선택적으로 편성할 수 있다.

상급 학교로 진학할수록 진로와 직업에 대한 내용을 비중 있게 다룬다는 것을 알 수 있다.

(2) 초등학교

실과는 초등학교 5~6학년에 편제·운영되며, 중학교의 진로와 직업과의 연계성을 갖는 교과로서 실생활에 필요한 생활 소양을 실천적 경험을 통해 기르는 데 목적이 있다.

```
〈단원의 내용〉

• 나의 진로
 - 여러 가지 일과 직업
 - 내가 하고 싶은 일
```

진로 단원에서는 일과 직업의 중요성을 이해하도록 하고 있으며, 주변 사람의 직업을 통해서 직업 탐색의 기초를 마련하고 있다. 이를 통하여 일상생활에서의 일과 직업에 대한 긍정적이고 바람직한 태도를 갖도록 하고 있다.

(3) '진로와 직업' 교과

중·고등학교에서는 '진로와 직업' 교과의 수업 시수를 명시하고 있으며, 교육과정 편성·운영에서도 진로교육을 위해서 단위 학교에서 일정 부분 조정이 가능하도록 하고 있다.

① '진로와 직업' 교과의 목표

성인으로서의 삶을 살아가는 데 요구되는 지식, 기술, 태도 등을 습득하고 적용하며, 진로와 직업 세계에 대한 탐색과 경험을 통하여 자신의 진로 및 직업의 방향을 설정하고, 지역사회 직무에서 요구되는 능력을 길러 직업적 자립을 도모한다.

② 학교급별 교육 목표

● 중학교 진로와 직업 내용에 대한 기본적인 인식, 가정과 학교를 중심으로

하는 적용과 실천에 중점을 둔다.

- 고등학교 중학교에서의 교수-학습 내용과 연계하여 보다 심화된 진로와 직업 내용에 대한 인식, 학교와 지역사회를 중심으로 하는 적용과 실천에 중점을 둔다.

③ 교과의 구성 내용

직업생활	청소, 옷차림, 건강과 안전, 전화기 사용, 금전관리, 이동, 여가생활, 자기결정
직업 탐색	신체기능, 학습기능, 도구 사용, 컴퓨터 사용, 직업 이해, 직업 태도, 작업 능력
직업 준비	공예: 재배/사육, 판매/포장/배달, 조립, 음식조리, 청소/세탁/세차, 사무보조, 대인 서비스
진로지도	진로 이해, 직업평가, 전환교육 설계, 전환교육 수행

진로 교과는 초·중·고등학교와 연계성이 있으며, 선택 교육과정의 전문 교과 중 직업교육과 관련성이 있음을 명시하여 교육과정 운영에 연계하고 있다. 또한 다른 교과와의 연계성을 강조하고 있어 통합교과의 성격을 가지고 있다.

운영 방법에서는 정규 시간 외에 창의적 체험활동 시간을 추가로 활용할 수 있도록 하고 있다. 한마디로 교육과정에서 진로교육에 대한 구체적인 내용을 명시하고 있는 것이다. '진로와 지도'는 학교교육뿐만 아니라 졸업 후에 어떻게 살아갈 것인가에 대한 내용으로 전환교육에 대한 중요성도 강조하고 있으며, 여러 분야의 지식과 기능을 서로 연결하고 통합하는 종합 교과의 성격으로 보고 있다.

3) 현장의 진로지도

(1) 초등학교 진로지도

초등학교 교육은 학생의 학습과 일상생활에 필요한 기초 능력 배양과 기본 생활 습관 형성에 중점을 두고 있다. 따라서 진로 관련 내용은 고학년의 실과에서 부분적으로 다루고 있기 때문에 부모나 교사 모두 진로에 대한 인식이 낮게 나타나고 있다.

(2) 중학교의 진로지도

중학교는 진로를 인식하는 단계로 교사나 학부모 모두 관심을 가진다. 과거 젊은 교사보다는 연령이 높거나 경력이 많은 교사일수록 진로와 직업에 대한 인식이 높게 나타났다. 이는 그동안의 경험도 한 부분을 차지하고 있다. 그러나 최근 진로진학상담교사가 각급 학교에 배치되고 교육과정에서도 진로지도를 중점으로 다루고 있어 중학교 교육과정에서도 진로에 대한 비중이 점차 높아지고 있다 (심문희, 2009).

(3) 고등학교의 진로지도

고등학교에서 진로에 대한 인식은 교사, 학부모 모두 높다. 이는 의무교육이 종결됨과 동시에 사회에 나갈 준비를 해야 하는 시기이기 때문이다. 그동안의 일상생활 훈련과 교과 중심의 교육에서 진로와 직업으로 교육의 방향이 전환된다. 그러므로 훈련과 실습 그리고 현장 중심의 교육과정이 구성된다. 고등학교에서 진행되는 진로지도는 다음과 같다.

① 진로 · 적성 검사
● 학교에서 실시하는 진로 관련 평가

주로 직업적성검사와 흥미검사다. 학교마다 조금씩 차이가 있지만 진로지도와 학생상담을 위해서 모든 학생을 대상으로 검사를 실시하고 있다.

● 장애학생 대상 직업평가

직업평가 기관은 장애인고용공단, 장애인일자리지원센터, 장애인복지관 등이다. 평가의 목적은 직업적 잠재 능력을 파악하기 위한 것으로 직업적성, 직업흥미, 신체평가, 심리평가, 작업능력 평가, 적응성 평가 등 여러 분야를 평가한다.

장애인고용공단에서는 내방 평가뿐만 아니라 온라인 평가도 실시하고 있다. 검사 항목으로는 구직욕구 진단검사, 자기개념검사, 직업기능 탐색검사, 지적장애인

검사 유형	검사 종류	실시 시기		
		초 6	중 2	고 2
직업적성검사	커리어넷 직업적성검사		V	V
직업흥미검사	커리어넷 직업흥미검사		V	V
	커리어넷 주니어 진학진로정보센터 초등학생 진로적성검사 워크넷의 초등학생직업심리검사	V		
진로성숙도검사	커리어넷 진로성숙도검사	V		V
진로가치관검사	커리어넷 진로가치관검사			V
인성검사	MBTI		V	

용 그림직업 흥미검사, 취업 체크리스트가 있으며, 검사 결과는 저장이 가능하기 때문에 이후에도 활용할 수 있다. 평가나 검사 결과는 구직 활동이나 실습을 위한 기초 자료가 되기 때문에 학기 중에 준비할 필요가 있다. 졸업 후 취업이나 진로에 대한 상담이 필요한 경우 기관을 직접 방문하여 평가를 받는 것이 바람직하다.

장애인일자리지원센터는 의뢰받은 학생을 평가하며 그 결과를 토대로 지원사업을 하고 있다. 내용은 주로 취업 및 전환 교육과 연계한 프로그램, 이미지 메이킹 교육이다. 일자리 지원을 목적으로 하기 때문에 평가 결과에 따라서 지원이 어려운 경우도 있다.

장애인복지관의 평가는 전환교육과의 연계를 위한 자료로 활용된다. 학기 중에는 교육에 중점을 두지만 졸업 후에는 복지관 입소를 위한 자료로 활용되고 있다.

장애학생의 직업평가 자료는 다른 기관과 공유할 수 있도록 학교에서 관리해야 한다. 동일한 평가를 받는 경우 타당도나 신뢰도에 문제가 발생한다. 따라서 평가 결과는 학부모에게도 통보하지만 상담이나 취업을 위해서 면접을 할 때 해당 기관에 전달할 필요가 있다.

② 'JOBable' 시스템

장애학생 진로 · 직업 정보시스템 'JOBable(잡에이블)'은 국립특수교육원에서 운영하는 곳으로, 장애학생의 진로 · 직업 활성화를 위한 시스템이다. 수직적 · 수평적 네트워킹을 통한 장애학생의 진로 · 직업 정보시스템으로 진학 정보, 진로 · 직업교육 교수–학습 자료, 우수 사례 및 장애인 취업기관 정보를 공유함으로써 장애학생의 진학과 취업을 지원하고 있다.

JOBable을 통해 중학교 학생은 진로 탐색 및 직업교육을 중심으로 포트폴리오를 작성하고, 고등학교 및 전공과 학생은 직업교육, 현장실습 이력을 중심으로 포트폴리오를 작성하며, 구직 신청, 장애인 취업기관 검색 등을 할 수 있다. 졸업생의 경우 졸업 후 5년까지 포트폴리오 관리 및 취업 지원 정보를 제공받을 수 있다. JOBable은 장애학생의 직업적 자립을 통해 경제적 안정과 사회 구성원으로서의 활동을 지원하여 진로 · 직업교육을 내실화하고 장애학생의 취업률 향상을 기대하고 있다.

③ 협의체 구성

고등학교 재학 중 장애인복지관이나 관련 기관을 최소 한 곳 이상 이용한다. 학교에서 보이지 않는 특성이 실습기관에서 나타날 수 있다. 학교생활에서 나타나는 특성과 실습기관의 평가 그리고 학부모의 입장을 함께 들을 수 있는 협의체가 필요하다. 졸업 후 복지관과의 관계가 지속되기 때문에 사전에 조정이나 준비 과정으로 본다. 학부모의 경우 현재 복지관의 활동뿐만 아니라 복지관에 대한 정보를 얻을 수 있다. 복지관의 경우는 학생에 대한 정보를 부모와 교사에게서 제공을 받을 수 있고, 전환교육 프로그램을 통해 진로지도를 할 수 있다. 학교의 입장에서는 지역사회의 인프라를 활용하여 학부모의 진로지도를 지원할 수 있다.

④ 체험활동

● 취업박람회 참가

국립특수교육원과 각 시 · 도 교육청에서는 다양한 직업교육을 실시하고 있다. 직업교육에 대한 보고회, 성과 발표회 등 각종 발표회는 직업교육에 대한 앞으로의 전망을 예상할 수 있기 때문에 현장 견학 등 체험활동으로 활용할 수 있다. 한편 취업박람회는 지방자치단체나 공공기관을 중심으로 열리며, 구인, 구직자를 연결해 주고, 새로운 직종과 직업에 대한 전망과 같은 정보를 제공해 준다. 체험활동에는 학부모의 참여를 독려할 필요가 있다. 막연한 기대나 불안감보다는 현실적인 모습을 직시할 수 있기 때문이다.

● 대학 탐방 활동

각 대학은 학교 홍보를 위해서 캠퍼스 투어 프로그램을 운영하고 있다. 미래 진학을 꿈꾸는 학생을 위하여 현장학습이나 대학 탐방은 좋은 경험이 된다. 실제로 대학을 진학하는 경우는 극히 일부 학생이고, 스스로 탐방 계획을 세우기는 어렵다. 따라서 대학에 대한 정보 제공과 새로운 경험 차원에서 대학 탐방 활동도 중요한 의미를 갖는다.

한편 장애인공단 산하 직업학교, 대안학교 성격의 대학, 직업전문학교는 정규 대학은 아니지만 진학이 가능하다. 견학과 함께 입학상담을 함으로써 진로에 대한 정보를 얻을 수 있다.

⑤ 현장실습

현장실습은 학기 중 현장의 적응력을 높이고, 졸업 후 취업으로 연계할 수 있는 프로그램이다.

- 산업체 직무훈련은 특수교육원에서 주관하는 프로그램으로 50시간 이상 교사와 학생이 함께 산업체에서 일정 시간 현장실습을 익히는 것이다. 학교 인근의 사업장에서 실시한다.
- 장애인일자리통합센터의 현장실습은 평가를 실시한 후 산업체에서 3개월 이상 실습을 하는 프로그램이다. 센터에서 실습을 주관하며, 결과가 좋은 경우 실습 시간을 늘리거나 취업으로 연계가 가능하다.
- 교육청에서 운영하는 희망 일자리는 교육청 산하기관에 장애학생의 실습과 취업을 목적으로 하고 있다. 주로 학교나 도서관에서 실습을 하고 있다.

- 보건복지부에서 운영하는 장애인복지 일자리 사업은 교육부와 함께 장애학생에게 제공하는 맞춤형 일자리다.
- 이 밖에도 졸업생과의 만남, 선배와의 만남도 새로운 체험이다. 졸업 후 직장생활을 하고 있는 선배를 방문한다거나 초청해서 함께 이야기할 수 있는 기회가 주어지는 것은 학생들에게 산 경험이 될 것이다.

다양한 체험을 통하여 직업에 대한 이해와 자신의 진로에 대한 계획을 수립할 수 있도록 한다.

요약

1. 진로상담의 필요성

일반 학생의 경우 80% 이상이 진학을 하지만, 장애학생의 경우 진학, 취업, 복지관 등 다양한 진로를 선택한다.

2. 특수교육과정의 진로지도

초등학교에서는 '실과'에 진로교육이 포함되어 있다. 중·고등학교 교육과정에서 '진로지도'에 대한 시수가 증가되면서 진로지도에 대한 중요성을 강조하고 있다.

3. 고등학교 시기의 진로지도

고등학교 시기는 진로에 대한 관심이 가장 높다. 실제 현장의 진로지도 방법은 다양하다.

- 진로·직업 적성검사 실시
- 직업박람회 참가
- JOBable 시스템 활용
- 협의체 구성
- 대학 탐방 활동
- 현장실습
- 졸업생과의 만남

05 장애학생의 직업교육

1. 직업의 의미를 이해하고 설명할 수 있다.
2. 장애학생을 위한 직업교육의 실제 상황을 이해할 수 있다.
3. 장애학생을 위한 직업 교육과정의 변화를 이해할 수 있다.

1) 직업의 의미

첫째, 직업은 자아실현을 하는 주요한 수단이 된다. 사람은 능력이나 개성이 다르기 때문에 제각기 알맞은 직업을 선택하게 된다. 즉, 직업을 통하여 자신의 적성과 능력이 발휘되어 마침내 목적한 바를 이룰 수 있게 된다.

둘째, 직업은 원만한 가정생활을 영위하는 데 주요한 생계 수단이 된다. 직업을 통해 받는 보수 또는 대가로 자신과 가족이 생활을 해 나가기 때문이다. 사람이 생활을 하기 위해서는 기본적으로 음식과 의복, 주택이 필요하기 때문에 이와 같은 기본적인 필요를 충족하기 위해서 직업이 필요하다.

셋째, 직업은 원만한 사회생활을 하는 데 주요한 수단이 된다. 사람은 직업을 통하여 자기가 속한 사회에서 일정한 역할을 분담하게 되며 사회에 기여하게 된다. 그 결과, 다른 사람으로부터 인정을 받고 사회 구성원의 하나라는 소속감을 갖게 된다.

2) 장애학생을 위한 직업교육 실태

(1) 진로 · 직업교육의 실시 유무

특수학교 관리자와 특수학급 교사를 대상으로 조사한 해당 학교의 진로 · 직업교육 실시 유무를 분석한 결과, 특수학교와 특수학급은 모두 학교과정이 올라갈수록 진로 · 직업교육을 실시하는 비율이 증가하여 학생의 고등학교 졸업 후 진로에 대처하고는 있으나, 특수교육 대상 학생의 경우 특히 진로 · 직업교육이 출생에서부터 전 생애에 걸쳐 이루어져야 한다는 점에서 유치원 시기부터 진로 · 직업교육을 실시하기 위한 지원이 이루어져야 할 것으로 보인다.

(2) 진로 · 직업교육 내용 선정 시 고려 사항

특수학교는 특수학급에 비해 '학생의 개인별 장애 특성'을 더욱 중요하게 고려하며, 특수학급은 특수학교에 비해 '학교를 포함한 지역사회의 직업교육 환경'을 더 중요하게 고려함을 알 수 있다.

(3) 진로 · 직업교육 운영 방법

특수학교나 특수학급의 진로 · 직업교육을 위하여 가장 많이 활용되는 방법은 현장 방문이나 실습이며, 그다음으로는 교사나 관리자의 설명임을 알 수 있다. 그 내용을 살펴보면, 특수학교의 항목별 비율은 '현장 방문이나 실습'이 56.0%, '교사나 관리자의 설명'이 29.0%였으며, 특수학급은 '현장 방문이나 실습'이 60.7%, '교사나 관리자의 설명'이 17.5%였다.

(4) 진로 · 직업교육 중점 운영 내용

① 초등학교 진로 · 직업교육의 주요 내용

초등학교 진로 · 직업교육의 주요 내용을 분석한 결과를 보면, 초등학교의 경우 '가정이나 지역사회에서의 생활방법 익히기'의 비율이 가장 높고, '직업 외 그룹홈, 시설 등 알기'가 그다음임을 알 수 있다.

② 중 · 고등학교 진로 · 직업교육의 주요 내용

특수학교(급) 중 · 고등학교의 진로 · 직업교육의 주요 내용을 분석한 결과, 특수학교와 특수학급의 중 · 고등학교에서 가장 중점을 두는 진로 · 직업교육 내용은 '진로 · 직업교육을 위한 재활훈련'이며, 그다음으로는 '일반적인 직무기술과 직종별 직무기능'에 모두 중점을 두는 것으로 나타났다. 중학교는 '진로 · 직업교육을 위한 재활훈련'에 중점을 두며, 고등학교는 '일반적인 직무기술과 직종별 직무기능'에 모두 중점을 두는 것으로 나타나서 중학교 과정에서는 주로 직업교육을 위한 준비를, 고등학교 과정에서는 취업을 위한 직업 준비 전 기술과 직업 기술에 모두 중점을 두는 것으로 나타났다.

(5) 진로 · 직업교육 자료

초등학교와 중학교, 고등학교의 진로 · 직업교육 자료를 분석한 결과를 보면, 특수학교(급)에서 진로 · 직업교육을 위하여 주로 활용하는 자료는 '교과용 도서에 따른 교육청, 학교 자체 개발 자료'이지만 특수학교는 주로 교과용 도서를 활용하고, 특수학급은 교과용 도서와는 무관한 자료를 활용하는 경우가 많음을 알 수 있다.

(6) 진로 · 직업교육을 실시하는 주된 수업 시간

특수학교(급)에서 진로 · 직업교육을 주로 운영하는 시간을 분석한 결과, 특수학교(급)에서는 진로 · 직업교육을 실과 · 직업 교과 시간뿐만 아니라 그 외에도 대부분의 교과 시간이나 재량활동 시간을 주로 활용하여 실시하는 것으로 나타났다. 한편 실과 · 직업 교과 시간의 비율은 특수학교와 특수학급이 모두 학교 과정이 올라갈수록 증가하며, 교과 시간이나 재량활동 시간은 학교 과정이 올라갈수록 감소하는 것으로 나타났다.

(7) IEP의 진로 · 직업교육 계획의 포함 여부

특수학교(학급) IEP의 진로 · 직업교육 계획 포함 여부를 분석한 결과, 특수학교의 85.3%, 특수학급의 81.8%가 학생의 IEP의 진로 · 직업교육 계획을 포함하여 작성하고 있음을 알 수 있다.

(8) 특수학급에서 진로 · 직업교육을 실시하지 않는 이유

특수학급에서 진로 · 직업교육을 실시하지 않는 이유는 진로 · 직업교육보다 더 중요한 교육 내용이 있기 때문인 것을 알 수 있다. 그 내용을 살펴보면, 특수학급 중에서는 '다른 영역의 교육이 더 필요하다고 여겨져서' 진로 · 직업교육을 실시하지 않는 비율이 44.2%이며, '교과지도만으로도 특수학급 수업 시간이 충분하므로' 실시하지 않는 비율은 24.7%로 나타났다. 한편 '학습 자료, 실습실 등이 부족하여' 실시하지 않는 경우는 12.9%로 나타나 이에 대한 지원 정책이 마련되어야 할 것으로 여겨진다.

(9) 진로 · 직업교육의 효율적 운영을 위한 요구 사항

특수학교(학급)의 진로 · 직업교육을 효율적으로 운영하기 위한 요구 사항으로는 '현장 또는 실천 중심의 교육'과 '진로 · 직업교육 담당 교사의 전문성 향상'이 높은 비율을 차지함을 알 수 있다.

3) 장애학생을 위한 직업 교육과정

■ 2011년 개정 특수교육 교육과정 직업 교과 내용 및 개정 중점

① 2011년 개정 특수교육 교육과정 직업 교과 내용

개정안(2011년 특수교육 교육과정)			
학년군	영 역	내 용	비 고
	직업생활	• 청소	직업생활
		• 옷차림	직업생활
		• 건강과 안전	직업생활
		• 대인관계	직업생활
		• 전화기 사용	직업생활
		• 금전 관리	직업생활

중·고등학교 1~3학년		• 이동 • 여가생활 • 자기 결정	직업생활 직업생활 전환교육
	직업 탐색	• 신체기능 • 학습기능 • 도구 사용 • 컴퓨터 사용 • 직업 이해 • 직업 태도 • 작업 능력	직업 준비 직업 준비 직업 준비 직업 준비 진로와 직업 진로와 직업 진로와 직업
	직업 준비	• 공예 • 재배, 사육 • 판매, 포장, 배달 • 조립 • 음식 조리 • 청소, 세탁, 세차 • 사무보조 • 대인 서비스	직업기능 농업 포장, 조립, 운반 직업기능 직업기능 직업기능 직업기능 직업기능
	진로지도	• 진로 이해 • 직업평가 • 전환교육 설계 • 전환교육 수행	직업 준비 직업 준비 전환교육 전환교육

출처: 국립특수교육원(2011c). 2011년 개정 특수교육 교육과정 및 국립특수교육원 자료활용 세미나.

② 직업 교과 성격의 개정 중점

● 진로와 직업과는 학생의 생애 주기별 진로 발달 단계인 진로 인식, 진로 탐색, 진로 준비 등에 이르는 일련의 경험 과정에 기초하여 학생이 학교교육을 마친 후 지역사회 생활 및 직업생활로 나아갈 수 있도록 연결하는 전환교육의 관점에서 실시된다. 또한 장차 성인으로서 지역사회 내에서 생활하는 데 필요한 기능적 생활 중심의 지식, 기술, 태도 함양에 중점을 두는 교과 특성을 갖고 있다.

● '직업생활' '직업 탐색' '직업 준비' '진로지도' 의 4개 영역으로 구분되며, 이 4개 영역은 중학교 1~3학년, 고등학교 1~3학년의 2개 학년군으로 구성

되어 있고, 기본 교육과정의 실과 교과와 연계되고, 선택 교육과정 전문 교과 중 직업 교과와 관련성을 갖고 있다.

- 현행 직업 교과가 지향하는 성격을 유지·발전하여 전환교육의 관점에서 실시되는 점이 강조되었으며, 기능적 생활 중심 지식, 기술, 태도의 함양에 중점을 두도록 하였다. 또한 교과 내용을 적용하고 실천할 수 있도록 교내외에서 다양한 활동과 수행 및 실습을 중시하여 현행 직업과의 실습 중심 교과라는 성격을 명료화하고 구체화한다.

- 진로와 직업과의 영역을 제시하여 새롭게 진로지도라는 영역이 신설되었으며, 진로 발달 단계인 진로 인식, 진로 탐색, 진로 준비 등의 이론에 비추어 현행의 직업 준비가 직업 탐색으로, 현행의 직업기능이 직업 준비로 영역의 명칭이 바뀐다.

- 진로와 직업이 초등학교 실과와 관련되며, 선택 교육과정의 전문 교과 중 직업 교과와 관련성이 있음을 명시하여 교육과정 운영에서 연계한다.

- 현행 교육과정에서 제시된 다른 교과에서 다루어지고 학습된 여러 분야의 지식과 기능을 서로 연결하고 통합하는 종합 교과의 성격이 그대로 유지된다.

③ 직업 교과 목표의 개정 중점

- 진로와 직업과는 현행 교육과정에 기초적 사회 기술 및 직업적 기초 기능과 태도를 길러 직업인으로서 기본적인 소양을 가지는 것으로 총괄 목표를 제시하고, 이를 바탕으로 네 가지의 하위 목표를 제시한다.

- 개정에서는 목표를 '성인으로서의 삶을 살아가는 데 요구되는 지식, 기술, 태도'로 명료화하였으며, 자신의 진로 및 직업의 방향을 설정하고 직업적 자립을 도모하는 것으로 구체화한다.

- 하위 목표의 경우에도 진로와 직업의 직업생활, 직업 탐색, 직업 준비, 진로지도의 네 가지 영역에 대한 목표를 제시함으로써 총괄 목표와 하위 목표 간의 일관성과 연계성을 높일 수 있도록 하였고, 하위 목표들 간의 중복을 피할 수 있도록 한다.

④ 직업 교과 내용체계의 개정 중점

- '직업생활' 영역은 현행 교육과정 영역 명칭 그대로 사용하지만 내용에서는 건강과 안전, 자기결정이 신설된다. 건강은 직업생활의 기본이 되며, 안전은 사회생활뿐만 아니라 직업생활에서도 점차 강조되고 있어 개정안에서 새롭게 포함된다. 자기결정은 학생이 자신을 이해하고 삶의 방향을 설정하고 미래 성인으로서의 삶을 준비하는 데 필수적인 요소로 최근 강조되고 있는 학문적 · 실제적 동향을 반영하여 개정안에 새롭게 포함된다.

- '직업 탐색' 영역은 현행 교육과정의 '직업 준비'의 내용을 기반으로 하면서 일부 내용이 삭제되거나 추가하는 방식으로 개정된다. 현행 교육과정의 직업 탐색하기, 직업생활의 규율과 태도 익히기는 직업 이해, 직업 태도, 작업 능력으로 명료화하고 구체화하여 내용에 대한 체계를 확립한다.

- '직업 준비' 영역은 현행 교육과정의 '직업 기능'의 내용을 기반으로 하면서 새로운 내용이 추가되는 방식으로 개정한다. 현행 교육과정의 화초 및 채소 가꾸기는 주로 식물에 한정되어 있으므로 이를 사육 · 재배로 하여 식물과 동물로 내용의 범위를 확대한다. 또한 물품 판매와 배달하기는 판매 · 포장 · 배달로 개정하여 포장의 내용이 보완된다. 직업 준비에서는 최근 직업 동향에 따라 청소 · 세탁 · 세차와 대인 서비스에 대한 내용을 새롭게 신설한다. 개정안에서는 직업 준비 내용의 교수—학습이 교내 및 지역사회에서 실습으로 이루어질 수 있도록 하고 있으므로 현행 교육과정의 교내 실습하기와 지역사회 실습하기라는 내용은 삭제한다.

- '진로지도' 영역은 현행 교육과정에서는 비교적 부분적으로 다루어지고 있으나 개정안에서는 영역으로 구분하여 새롭게 구성된다. 이 영역에서는 일의 세계 및 자신의 진로 이해, 직업평가 및 이를 바탕으로 하는 전환 계획 설계, 전환 계획의 수행과 성인으로서의 삶의 준비라는 차원에서 내용이 구성된다.

⑤ 직업 교과 교수—학습 방법의 개정 중점

- 교수—학습 계획에서는 학생의 수준과 특성에 따라 직업생활, 직업 탐색, 직업 준비, 진로지도 영역 중 내용의 우선순위를 정하여 계획하고 운용한다.

각 영역별 내용 간의 연계성을 고려하여 교수-학습을 계획하고 운영한다.

- 국가 수준의 배당 시간 외에 시간이 부족할 경우에는 창의적 체험활동 시간을 활용하며, 수업 시간을 연속으로 융통성 있게 편성하여 운영한다.

- 교수-학습 시 중학교와 고등학교 간의 종적 연계성을 고려하여 내용을 반복하거나 심화할 수 있도록 하며, 학습 내용에 대한 인식을 바탕으로 이를 실생활에 적용하고 실천하는 데 중점을 둔다.

- 교수-학습 과정에서 실물이나 모형, 인터넷 자료, 사진 및 동영상 자료, 멀티미디어 자료 등 다양한 학습 자료를 적극 활용하고, 모델링, 역할놀이, 모의 상황 훈련, 교내 실습, 지역사회 내 실습 등 다양한 활동 현장 경험을 활용한다.

- 교내의 시설이나 장비를 활용하여 교육과정에 대한 실제적인 활동과 경험을 가져 장차 개인의 진로 및 직업을 탐색하고 준비할 수 있도록 하며, 지역사회 내 관련 기관과의 연계 속에서 다양한 시설이나 설비, 기구 등을 활용하여 체험, 활동, 실습을 하도록 한다.

- 실습 도구의 조작과 손질, 보관, 취급과 관리에 유의하도록 하고 안전하게 사용할 수 있는 방법을 지도하며, 개인의 필요와 요구에 따른 조정과 편의 증진 방안도 모색한다.

- 시·도 교육청에서는 직업교육의 내실화를 위하여 실습에 필요한 시설이나 설비, 기구, 재료 등을 갖춘 직업실습실이 운영될 수 있도록 재원을 지원해야 한다.

⑥ 직업 교과 평가의 개정 중점

- 전환 계획을 수립하기 위한 평가, 개별화교육계획의 기초 자료를 마련하기 위한 평가, 교수-학습 과정과 결과에 대한 수행평가, 수업 및 작업의 결과에 대한 평가, 직업 흥미나 적성을 파악하기 위한 평가 등 목적을 설정하여 그 목적을 달성할 수 있도록 평가 계획을 작성하며, 집필, 관찰, 면담, 실기, 과제, 수행 평가, 포트폴리오, 교육과정 중심 평가 등 다양한 방법을 활용하여 평가 계획이 수립되어야 한다.

- 평가 목표는 기본적인 개념이나 원리, 사실 등에 대한 인식, 학습 내용을 실생활에 적용하고 실천하는 능력과 태도, 진로 및 직업을 탐색하고 준비하는 실제 수행 능력에 중점을 둔다.
- 평가의 내용은 원칙적으로 교육과정에 제시된 교육 내용의 범위와 수준에 근거하되, 지식, 기술, 태도 등을 종합적으로 평가하며, 직업생활, 직업 탐색, 직업 준비, 진로지도의 영역에서 다루어지는 내용을 중심으로 다양한 교수-학습 활동과 실습 과정에서 산출된 자료를 활용한다.
- 평가 시기, 평가 목적, 평가 상황, 평가자 등을 종합적으로 고려하여 체크리스트, 관찰, 면담, 실습 및 실기 평가, 수행평가, 동료평가, 자기평가 등 다양한 방법을 활용하며, 직업 흥미와 적성 등을 분석할 수 있도록 심리검사 및 작업 표본, 상황평가, 현장평가 등을 활용한다.
- 교수-학습 과정에서의 평가 결과 분석을 통해 교육 목표와 교육 내용, 교육 방법 평가에 대해 지속적인 피드백을 제공하고 학습지도 개선 자료로 활용하고, 직업평가의 결과를 토대로 직업에 대한 흥미와 적성을 파악하여 직업에 대한 방향을 설정한다.

요약

직업은 일을 통해 경제적으로 보상을 받아 생계를 유지하는 사회적 활동이자 사회에 기여하는 활동이다.

장애학생을 위한 직업교육의 실태는 특수학교의 경우 전체의 91.4%가 진로 · 직업교육을 실시하고 있으며, 8.6%는 실시하지 않는 것으로 나타났다. 특수학급의 경우에는 전체의 64.2%가 진로 · 직업교육을 실시하고 있으며, 35.8%는 실시하지 않는 것으로 나타났다. 한편 특수학교와 특수학급은 모두 학교과정이 올라갈수록 진로 · 직업교육을 실시하는 비율이 증가하여 고등학교의 경우 특수학교는 100%, 특수학급은 99.2%가 실시하는 것으로 나타났다.

장애학생을 위한 교육과정에 변화가 일어났다. 2011년 11월 16일에 교육과학기술부 고시 2011-501호로 「장애인 등에 대한 특수교육법」 제20조 및 동법 시행규칙 제3조의2에 의거하여 특수교육 교육과정이 고시되었다. 이때 고시된 교육과정이 '2011년 개정 특수교육 교육과정'이다.

06 | 전공과, 특수학교 학교기업, 통합형 직업교육 거점학교

1. 특수학교 전공과의 운영 상황을 이해할 수 있다.
2. 특수학교 학교기업의 진행 상황을 이해할 수 있다.
3. 장애학생 통합형 직업교육 거점학교의 성과를 이해할 수 있다.

1) 특수학교 전공과

(1) 전공과의 정의

전공과란 특수교육의 직업교육 기간을 연장하기 위한 조치로 「초·중등교육법」 제55조(특수학교), 제56조(전공과 설치), 「장애인 등에 대한 특수교육법」 제3조(의무교육 등), 제20조(교육과정의 운영 등), 제24조(전공과의 설치·운영), 「장애인 등에 대한 특수교육법 시행령」 제19조(전공과의 설치 운영) 등의 법적 근거에 의하여 특수학교나 학급의 당해 학년의 고등학교 과정을 이수한 특수교육 대상자에게 졸업 후 사회적응을 위한 각종 전문기술 교육을 집중적으로 실시하기 위해 설치한 교육과정의 한 형태다.

(2) 정신지체 특수학교 전공과 교육과정 운영 실태 연구 사례

● 교육과정 운영 및 연간 지도 계획에 대해서는 전공과 자체 교육과정에 의거해서 제재를 선택하여 작성하고 있으며, 전문교과는 교사 1인당 한 과목씩 담당하거나 적절하게 분담하고 있는 것으로 조사되었다.

- 교육과정 편성에 대해서는 교사 입장에서는 학생의 요구 및 수행 능력을 가장 많이 고려하면서 직업기능 및 훈련 공과를 중점 지도하고, 학부모 입장에서는 사회적응력 향상을 위한 다양한 체험 기회 제공을 더 요구하고 있다. 전환교육과 현장 간의 연계 면에서 볼 때 부분적으로 어느 정도만 이루어지고 있다.

- 현장실습에 대해서는 학년에 상관없이 적절하다고 판단되는 학생에 한해서 학부모와 학생이 희망하고 담임교사와 취업 담당 교사의 의견이 일치되면 언제든지 실시하고, 전공과 교사가 직무지도 및 추수지도까지 많은 부분을 담당하고 있다. 졸업생에 대한 추수지도는 현장 관계자의 요구가 있거나 일정 기간 동안 혹은 필요시에만 실시하며, 이는 학교가 취업에서 직장 적응까지 꾸준히 추수지도를 담당해 주기를 바라는 학부모의 요구와 어느 정도 상반되는 부분이기도 하다.

- 직업평가에 대해서는 장애인고용촉진공단과 장애인종합복지관에 의뢰하여 실시하고 취업까지 협조체제를 유지하기도 하지만, 직업평가를 취업과는 별개의 문제로 생각하는 의견도 상당수 있다.

- 개별화전환교육계획(ITP)에 대해서는 수업지도안과 통합하여 작성하자는 의견이 많고, 학부모의 참여도는 일회성이거나 상당히 낮은 편이다.

- 교육과정 운영상의 문제점 및 이에 대한 의견으로는 장애의 중증화로 인하여 한 학급 구성원 간의 개인차가 가장 많고, 지역사회 산업체와의 연계 및 업체 개발이 가장 시급한 과제로 나타났다.

(3) 2012년도 교육부의 전공과 확충 및 운영 내실화 정책

- 지역의 수요를 바탕으로 특수학교와 전문계 고등학교 등에 전공과 설치 확대
- 학부모(또는 보호자)의 수요 반영 및 타당성 검토를 거쳐 폐교 등에 분교 형태의 전공과 설치·운영 추진
- 장애 유형·정도를 고려한 맞춤형 프로그램 운영
  - 특수교육 대상 학생의 요구에 적절한 자립생활 훈련 및 직업재활 훈련으로 특성화하여 전공과 운영

– 지역 실정과 학교 여건에 따라 다양한 방법을 채택하여 전공과 운영
– 특수교육 대상 학생의 자립생활 훈련 성과지표 또는 직업재활 훈련 성과 지표 등 자립·취업 관련 다수 지표를 개발하여 성과 관리에 활용·반영

〈최근 3년간 전공과 학급 및 학생 수 증가 현황〉

구 분	2009년	2010년	2011년
전공과 학급 수 (증가 수)	214학급 (44학급)	256학급 (42학급)	314학급 (58학급)
전공과 학생 수 (증가 수)	2,062명 (307명)	2,416명 (354명)	2,871명 (455명)

출처: 국립특수교육원(2012).

2) 특수학교 학교기업

(1) 특수학교 학교기업의 운영 목적과 방법

① 운영 목적
특수학교 학교기업에서의 장애학생 현장실습 확대를 통한 취업률 향상

② 운영 방법
- 특수학교에 일반사업장과 유사한 형태로 직업 환경을 조성하여 직업훈련 실시
- '학교기업형 직업훈련실'로 운영을 시작하여 3년 이내에 학교기업으로 전환·운영
- 장애학생에게 현장실습 장소 제공, 지역사회 사업체와의 협력을 통한 취업 지원, 인근 특수학급 학생에 대한 직업훈련 및 컨설팅 제공 등

(2) 추진 현황 및 성과
일반 학교에서의 학교기업은 1990년대 중반부터 일부 전문대학을 중심으로

운영되기 시작하였고, 특성화 고등학교에서의 학교기업은 「산업교육진흥 및 산학연협력 촉진에 관한 법률」(1997. 4. 1. 시행)의 공포와 학교 회계제도의 도입 이후인 1997년부터 운영되기 시작했다. 그러나 특수학교에서의 학교기업은 2008년 말까지 한 곳도 없었다. 이것은 「산업교육진흥 및 산학연협력촉진에 관한 법률」 제2조에서 특수학교가 산업교육기관으로 분류되지 않아 학교기업을 운영하는 것이 불가능하였기 때문이다. 2007년 이 법이 개정되고 제2조의 '산업교육기관'에 특수학교가 추가됨에 따라, 특수학교도 학교기업을 설치 · 운영할 수 있게 되었다.

법적 타당성 검토와 특수학교의 학교기업 운영에 대한 현장 의견 수렴을 마치고, 교육과학기술부가 2009년 시행한 '특수학교 학교기업형 직업훈련실 설치 사업' 공모에 총 39개의 특수학교가 응모하여 교육 현장의 높은 수요를 알 수 있었다. 교육과학기술부는 2010년에 본 사업명을 '특수학교 학교기업 설치 확대 사업'으로 변경하여 보다 적극적인 의지를 표명하였다. 특수학교 학교기업의 설치는 현장실습 강화를 위해 일반사업장 형태로 운영할 수 있는 건물의 신축이나 리모델링을 필요로 하였기 때문에 3년 정도의 시간을 두고 학교기업으로 등록하도록 하였다.

특수학교의 학교기업이 속속 문을 열면서 특수학교의 정체성이 새롭게 정립되고 있다. 지금까지 통합교육의 확대에 따라 특수학교 학생은 감소하는 추세였고, 그로 인해 학교에 따라서는 학급 수가 줄어드는 위기를 맞기도 하였다. 그러나 특수학교에서의 진로 · 직업교육이 강화되면서 학교기업을 운영하는 특수학교를 중심으로 학생들이 증가하고 있다. 이것은 유 · 초등학교 과정에서 통합교육을, 중등 과정에서는 특수학교에서 직업교육을 받고자 하는 학부모의 희망과 잘 맞아떨어진 것이다. 특수학교의 학교기업이 최근에 문을 열었기 때문에 아직 성과를 논하기에는 시기상조다. 이제 중등 과정이 설치된 특수학교는 진로 · 직업교육을 내실화하고 또한 학교기업이 설치된 특수학교와 마찬가지로 인근 학교의 장애학생까지 지원하는 역할을 담당해야 할 것이다.

3) 장애학생 '통합형 직업교육 거점학교' 지정·운영

(1) 장애학생 '통합형 직업교육 거점학교'의 운영 목적과 방법

① 운영 목적

일반 고등학교에 통합된 장애학생의 진로·직업교육을 내실화하여 취업률을 제고한다.

② 운영 방법

- 3학급 이상의 특수학급이 설치된 특성화 고등학교를 중심으로 '통합형 직업교육 거점학교'를 공모·지정하여 직업교육 중점 실시
- 장애학생에게 현장실습 위주의 직업교육 제공, 인근 특수학급 학생에 대한 직업훈련 및 컨설팅 제공 등 당해 지역 장애학생 직업교육 거점학교로서의 기능 수행

(2) 추진 현황 및 성과

2010년 '장애학생 진로·직업교육 내실화' 사업의 추진에 따라 처음으로 시작된 '장애학생 통합형 직업교육 거점학교'는 당해 학교는 물론 인근 학교까지 지원하는 역할을 담당하고 있다. 특수학급이 한 개밖에 설치되어 있지 않아 직업교육의 실시가 곤란했던 특수학급의 교사뿐만 아니라 장애학생 및 학부모에게 거점학교의 평가는 매우 긍정적이다. 2010년도 성과를 살펴보면, 거점학교 재학생 268명 중 137명(51.1%)이 현장실습에 참여하였다. 인근 학교 지원 현황을 살펴보면, 인근 학교 학생의 현장실습은 40교 218명이 지원하였고, 거점학교 주관 직업교육 활동은 인근 학교 88교에서 1,759명의 학생이 지원하였다.

그동안 일반 학교 특수학급에서의 진로·직업교육 실시는 매우 어려운 것으로 나타났다. 대부분 특수학급이 1학급이어서 특수교사 1인의 노력만으로는 한계가 있었다. 그러나 거점학교가 인근 학교의 특수교육 대상 학생을 지원하기 위해 공문을 보내기 시작하면서부터 일반 학교 특수학급에서의 진로·직업교육에 새바람이 불고 있다. 거점학교를 중심으로 인근 학교 교사까지 연합하여 활동하

기 시작하면서 특수교사는 용기를 얻고, 진로·직업교육 실시를 위한 새로운 아이디어도 창출하는 것으로 나타났다. 이러한 변화는 학생에게도 나타나고 있었다. 몇 개 학교가 함께 현장실습이나 진로·직업교육을 실시하면서부터 학생들 간에 만남의 기회가 많아졌고, 이로 인해 새로운 교우관계도 형성되고 있었다. 장애학생 통합형 직업교육 거점학교는 일반 학교에 통합된 장애학생들에게 새로운 학습 경험과 학습 장면 외의 긍정적 경험의 제공에도 기여하고 있는 것으로 나타났다.

> **요약** 📖
>
> 전공과는 특수학교나 학급의 당해 학년의 고등학교 과정을 이수한 특수교육 대상자에게 졸업 후 사회적응을 위한 각종 전문기술 교육을 집중적으로 실시하기 위해 특수학교에 설치한 교육과정의 한 형태다.
>
> 특수학교 학교기업은 특수학교에 일반 사업장과 유사한 형태로 직업 환경을 조성하여 직업훈련을 실시하는 것이다. '학교기업형 직업훈련실'로 운영을 시작하여 3년 이내에 학교기업으로 전환·운영한다. 장애학생에게 현장실습 장소 제공, 지역사회 사업체와의 협력을 통한 취업 지원, 인근 특수학급 학생에 대한 직업훈련 및 컨설팅을 제공한다.
>
> 장애학생 통합형 직업학교 거점학교는 3학급 이상의 특수학급이 설치된 특성화 고등학교 중심으로 '통합형 직업교육 거점학교'를 공모·지정하여 직업교육을 중점적으로 실시한다. 장애학생에게 현장실습 위주의 직업교육 제공, 인근 특수학급 학생에 대한 직업훈련 및 컨설팅 제공 등 당해 지역 장애학생 직업교육 거점학교로서의 기능을 수행한다.

07 | 장애학생의 진로지도를 위한 직업재활 과정

장애학생 직업재활의 의의를 살펴보고 장애학생의 직업재활 과정을 이해하여 진로지도에 도움이 되고자 한다.

1) 장애학생 직업재활의 의의

(1) 직업재활의 개념

직업은 인간의 삶에서 중요한 의미를 가진다. 직업은 개인의 삶의 형태와 내용을 결정하는 중요한 요인이므로 우리의 삶과 분리하여 생각할 수 없다. 그러나 장애학생은 신체적·정신적 손상으로 인해 실제로 안정된 고용을 확보하고 유지할 가능성이 감소했기 때문에 직업을 갖는 데 어려움이 따른다. 그들이 안정된 고용을 확보하고 유지하기 위한 서비스가 필요한데 이것이 바로 직업재활이다 (강위영, 나운환, 박경순, 류정진, 정명현, 2001).

(2) 직업재활의 필요성

장애학생이 취업할 수 있다는 것은 가족의 일원으로서 인정받고 가장이 될 수 있으며, 사회에서는 떳떳한 생산적 시민으로서 또는 사회적 지도자로서 활동할 수 있다는 의미다. 이런 점에서 직업재활의 의의는 크다. 흔히 직업재활은 막대한 투자를 요해 손실이 클 것으로 보이지만, 실제로는 재활 과정을 통해 사회적·경제적으로 투자의 실효를 거두고 있다는 실례를 찾아볼 수 있다(조인수, 2000).

2) 장애학생 직업재활 과정

장애학생의 직업 적응을 돕기 위해 계획된 체계적인 서비스로 목표 지향적이고 개별화된 일련의 연속적인 과정이 직업재활 과정이다. 이것은 재활 전문가의 적절한 개입을 통해 장애학생의 잠재 능력을 계발하고 잔존 기능을 최대한 발휘할 수 있도록 돕는 과정이다.

(1) 직업상담

상담을 통하여 학생의 직업적 요구와 능력을 알아보고, 그에 맞는 직업교육 과정에 대한 정보를 제공하며, 학생의 특성과 요구에 맞는 취업 지원을 하도록 한다.

- **상담자 및 상담 대상자 선정** 상담은 학생을 가장 잘 알고 관찰할 수 있는 교사가 담당하며, 상담 대상자는 학생, 학부모 및 가족, 전 학년 담임 등 정보를 제공할 수 있는 사람으로 선정한다.
- **상담일지** 상담일지 양식은 주로 체크리스트 방법을 이용하나 상담에서 이루어진 내용을 자세히 정리하여 기록한다. 그 내용으로는 일상생활, 사회생활, 건강생활, 직업생활에 대한 현재 수준과 요구 사항이 있으며, 취업 희망 여부 및 요구를 조사하여 취업을 위한 기초 자료로 이용한다.
- **상담 방법** 학생, 학부모, 교사가 함께 상담하여 작성하되 자기 의사결정 기술이 부족한 학생의 경우 그림이나 사진 등 쉽게 표현할 수 있는 방법을 제시하여 학생의 요구를 적극 반영하도록 한다.
- **상담 자료 활용** 상담 후 작성된 자료는 개별화교육계획, 개별화전환교육계획 작성에 참고하여 진로 및 직업재활 과정에 활용한다.
- **상담일지 관리** 학교 졸업 전까지 지속적인 누가기록을 하여 보관하며, 학부모의 동의하에 직업재활기관과 정보를 공유한다.

(2) 직업평가

장애학생의 잠재 능력, 적성, 흥미 등을 평가하여 직업교육을 위한 기초 자료, 직업재활의 적격성 판정, 직업 배치 시 비교 적합성 분석, 적합한 직종 선택을 지원한다.

- 평가기관 연계 전문가를 통해 평가받을 수 있도록 지역사회의 평가기관인 장애인고용공단, 장애인복지관, 대학 평가 팀 등에 연계한다.
- 평가 내용 및 활용 신체 능력 평가, 심리검사 평가, 작업표본 평가, 상황 및 현장 평가로 구분하며, 학생의 직업교육과 적합한 직종을 파악하는 데 활용한다.

(3) 개별화전환교육계획

학교에서 사회로의 전환을 성공적으로 이루기 위해서 학교, 가정, 지역사회의 효율적인 협조체제를 통하여 학생 개개인의 특성 및 요구에 중점을 두고 학생의 졸업 후 미래를 준비할 수 있도록 장·단기 목표를 수립할 수 있다.

- 개별화전환교육계획의 내용은 고용의 목표, 직업교육·훈련의 목표, 중등 이후의 교육 목표, 독립 주거의 목표, 교통 이용·이동의 목표, 사회적 관계의 목표, 오락·여가의 목표, 건강·안전의 목표, 자기 권리 주장·미래 계획 등의 목표를 수립한다.
- 목표는 성과 지향적인 내용으로 수립하며, 학생의 특성과 요구에 따라 조정한다.
- 개별화전환교육계획을 수립할 때는 학생과 부모의 참여하에 요구를 수렴하여 작성한다.
- 학생, 부모의 요구와 현재 수준을 고려하여 수행이 가능한 한 범위 내에서 장·단기 목표를 수립한다.
- 2학년에서는 전년도에 수립한 개별화전환교육계획을 기준으로 그동안의 발전 정도를 살펴보고 변화된 요구를 수렴하여 재수정한다.

(4) 직업적응 훈련(직업준비 교육)

지역사회나 직장생활에서 보다 나은 적응을 위하여 일상생활 자립훈련, 사회성 훈련, 직업 전 기능 훈련 등으로 나누어 지도한다.

- 학생의 능력과 적성, 요구에 맞는 직업적응 훈련 계획을 수립한다.
- 일상생활 자립훈련은 신변 자립, 의사소통, 생활 자립, 이동 능력 등을 포함하는 일상생활 자립훈련으로 발달이 느린 장애학생에게 반드시 필요하다.
- 지적 능력의 결함이 있는 장애학생은 언어 능력, 통찰력, 판단력 등이 결핍되어 있고, 후천적 경험에서도 상당히 제한되어 있어 사회성 훈련이 중요하다.
- 사회성 기술로는 ① 남과 더불어 있을 때 협동심 발휘하기, ② 자신의 주장 떳떳이 하기, ③ 책임감 느끼기, ④ 남의 일에 공감하기, ⑤ 자신의 감정과 행동 통제하기 등이 있다.
- 개인의 특성에 맞게 적절한 보상훈련과 직업지도, 다양한 훈련 등이 필요하다.

(5) 직업훈련 1(학교 실습)

직업과 관련된 지식과 기능, 기술, 태도 등을 교육함으로써 직무 수행에 필요한 능력 수준까지 훈련하는 형태를 말한다. 지역사회와 자신이 요구하는 직업을 선택하여 교내·외 훈련을 실시함으로써 사업체 현장 적응에 필요한 직업기능, 태도, 지식, 사회성 등을 길러 직업생활을 원활하게 한다.

- 최근 지역사회와 자신이 요구하는 직종을 조사하고, 그에 따른 직업훈련이 될 수 있도록 안내한다.
- 훈련 종목은 학교 상황에 따라 정할 수 있으며, 학교 내 시설이 부족한 경우 지역사회 훈련기관(우체국, 도서관, 마트 등)과 연계하여 실시한다.
- 훈련 재료를 지급하는 경우에는 교육적 효과를 고려하여 선택한다.
- 학생의 능력과 요구에 따라 훈련을 받을 수 있도록 적절한 직업훈련 2(유급 실습) 기관을 안내한다.

- 직업훈련을 실시한 후 학생의 능력을 파악하고, 적절한 고용 형태를 위해 상담하고, 피드백을 통해 다음 직업 배치 시 활용한다.

(6) 직업훈련 2(유급 실습 – 일자리사업)

취업하기 전에 실습 단계로 학생이 학교가 아닌 사업체 현장으로 출근하는 것을 말한다. 작업 활동에 필요한 기본적인 직업 태도를 익히고, 기능을 습득하고 다양한 직업 경험을 통하여 장애학생의 현장 적응력을 높이며, 지역사업체와의 유기적인 협력체제를 통하여 장애학생에 대한 이해를 높인다.

- 학생과 학부모의 요구에 맞는 사업체를 선정하고, 사업체의 동의를 구한 다음 학생을 배치한다. 이때 직업재활 기관을 의뢰하여 사업체를 구할 수 있으며, 직접 찾은 경우에는 반드시 사업체의 동의서를 받는다.
- 해당 학교 교사는 학년 초 교육 계획 작성 시 현장실습에 대한 내용을 계획하거나 전환교육 계획을 따로 수립한다. 이때 현장실습에 대해 관리자의 결재를 받으며, 실습 기간은 수업 일수로 인정한다.
- 실습 대상 학생과 학부모에게 동의서를 받는다.
- 사업체의 요구를 적극 고려하여 학생이 잘 적응할 수 있도록 직무지도를 실시한다. 이때 직무지도는 사업체의 담당자의 요구에 따라 교사를 배치할 수도 있고, 사업체가 담당하여 지도할 수도 있다. 지원은 학생의 적응 정도에 따라 서서히 줄인다.
- 현장실습 일지를 작성하여 학생의 실습 내용을 기록하고 평가하여 차기 실습에 참고하고, 평가를 통해 학생의 능력과 적성을 재탐색하여 직업상담을 한다.

(7) 직업훈련 3(고용실습–보호고용, 지원고용)

경쟁고용이 어려운 중증장애 학생을 대상으로 계속적인 지원 서비스를 제공하여 안정적인 고용이 유지되도록 하는 데 있다.

- 보호고용은 정상적인 조건의 적절한 임무를 부여받지 못할 경우에도 고용의 기회를 제공받는 것으로, 보호작업장, 재택고용, 유보고용 등이 있다.
- 지원고용은 일반인과 통합된 작업장에서 계속적인 지원 서비스를 통해 안정적인 고용의 기회를 제공받는 것으로 한국장애인고용공단, 해당 장애인복지관과 연계하여 실시한다.
- 직무지도원 배치는 사업체와 의견을 조정하며, 직무지도 교사의 역할은 사업체가 장애학생에 대한 인식을 바르게 할 수 있도록 학생의 장애 정도, 작업 능력, 행동 특성에 대해 설명하고 이해를 돕는 데 있다.
- 지원고용 기간은 사전훈련의 경우 1~5일까지, 현장훈련은 3~7주까지 할 수 있다. 대부분 현장훈련은 3주로 하며, 부득이한 상황에 따라 연장할 수 있다.
- 훈련이 종료되면 고용을 위한 의사를 결정한다. 사업주와 동료의 의사를 존중하며, 학생의 훈련 상황을 듣는다. 고용 의사가 없을 경우 해당 학생은 학교로 복귀하여 지도를 받는다.

(8) 사업체 개발

사업체 개발은 직무 수행 요건을 조사하고 분석하여 장애학생의 적성에 맞는 다양한 업체를 찾는 것이다. 그 업체 중에서 직무의 내용이나 성질을 분석하고 직무를 조정하여 해당 장애학생이 훌륭하게 수행할 수 있는 업체를 선정한다.

- 학생의 직업적 능력과 적성, 부모의 요구, 접근성과 소요 시간을 고려하여 사업체를 선정한다.
- 사업체 개발을 위하여 사전에 인터넷, 장애인고용공단, 장애인복지관, 직업전환교육지원센터, 각 시·도 교육청 장애인 취업 관련 담당 부서, 일간지와 정보지, 취업박람회 등을 이용하는 등 여러 가지 방법으로 지역사회 노동시장을 조사하고 탐색한다.
- 장애학생에게 적절한 경쟁고용, 지원고용, 보호고용 등의 고용 형태를 분석하여 지역사회 재활기관에 의뢰한다.
- 사업체를 방문하여 직무를 분석하고, 교사가 작업이 익숙해질 때까지 반복

작업해 본다. 학생의 입장에서 작업이 이루어질 수 있도록 여러 단계의 과제 분석이 필요하다.

- 직무 조정은 작업 환경이나 작업 순서 및 내용을 조정하는 것이며, 개인이 직업을 얻고 유지하는 일로 일회성이 아니며, 필요할 때마다 이루어진다.

(9) 작업 배치(취업 알선)

장애학생에게 적절한 직업과 직장을 찾아 주는 직업재활 과정상의 최절정을 이룬다고 할 수 있다. 효과적인 작업 배치를 위해서는 재활상담가와 취업 알선 전문가가 지역사회와 그 기관 및 자원에 대한 세부적인 지식을 가질 필요가 있다.

- 고용 의사가 결정되었을 때 사업주가 사업체 고용 목적에 맞는 고용계약서를 준비한다.
- 급여, 출퇴근 시간, 휴일, 퇴직금, 보너스 등의 근로 조건을 확인하고 학생이 직접 서명하거나 부모가 대리로 하여 고용계약서를 확인한다.
- 고용계약서 작성 시 「근로기준법」에 의거하여 근로학생에게 불리한 사항이 없는 지역사회 재활기관에 의뢰할 수 있다.
- 취업에 관한 과정, 방법 등에 대하여 평가하고 피드백하며, 지원에 관해 문제가 발생했을 때 그 문제점을 분석하고 다음 지원에 참고한다.

(10) 사후지도

취업한 장애학생이 적응하는 동안 여러 가지 문제로 어려움을 겪을 수 있다. 사후지도는 장애학생이 직장에서 위축되지 않도록 직무 환경을 개선·조정하여 만족스러운 직업생활을 하도록 지원하는 데 있다.

- 장애학생이 직업생활을 원만하게 할 수 있도록 발생할 수 있는 문제를 예방하거나 발생 시 즉시 해결하도록 한다.
- 학생이 직업생활의 어려움을 담당 교사에게 말할 수 있도록 분위기를 조성하고, 자신감을 가질 수 있도록 격려한다.

- 직종이 적성에 맞지 않아 전직을 할 의사가 있는 경우에는 다른 사업체를 찾아 지원하며, 태도의 문제라면 상담을 통해 적극적으로 지도하여 직장생활을 유지하도록 한다. 졸업생의 경우 장기간 사후지도가 어려운 경우 직업재활기관에 협력을 구한다.

- 사업체 관리자, 동료 직원을 대상으로 장애학생의 강점과 약점을 이해할 수 있도록 도우며, 정기적으로 현장 방문을 실시하여 근무 상태를 확인한다.

- 사후지도 일지를 작성하여 결과를 분석한 다음 교육과정에 참고한다.

요약

■ 장애학생 직업재활 과정

① 직업상담: 학생의 직업적 요구와 능력을 알아보고, 그에 맞는 직업교육 과정에 대한 정보를 제공

② 직업평가: 장애학생의 잠재 능력, 적성, 흥미 등을 평가하여 직업교육을 위한 기초 자료, 직업재활의 적격성 판정, 직업 배치 시 비교 적합성 분석, 적합한 직종 선택을 지원

③ 개별화전환교육계획: 학교에서 사회로의 전환을 성공적으로 이루기 위해서 학생 개개인의 특성 및 요구에 중점을 두고, 학생의 졸업 후 미래를 준비할 수 있도록 장·단기 목표를 수립

④ 직업적응 훈련(직업준비 교육): 지역사회나 직장생활에서 보다 나은 적응을 위하여 일상생활, 자립훈련, 사회성 훈련, 직업 전 기능훈련 등을 함

⑤ 직업훈련 1(학교 실습): 직업과 관련된 지식과 기능, 기술, 태도 등을 교육함으로써 직무 수행에 필요한 능력 수준까지 훈련하는 형태

⑥ 직업훈련 2(유급 실습): 취업하기 전 실습 단계로, 학생이 학교가 아닌 사업체 현장으로 출근하는 것

⑦ 직업훈련 3(고용실습-보호고용, 지원고용): 경쟁고용이 어려운 중증장애 학생을 대상으로 고용이 유지되도록 제공하는 지원서비스

⑧ 사업체 개발: 사업체 중에서 직무의 내용이나 성질을 분석하고 직무를 조정하여 해당 장애학생이 훌륭하게 수행할 수 있는 업체를 선정

⑨ 작업 배치(취업 알선): 장애학생에게 적절한 직업과 직장을 찾아 주는 과정

⑩ 사후지도: 장애학생이 직장에서 위축되지 않도록 직무 환경을 개선·조정하여 만족스러운 직업생활을 하도록 지원

08 장애학생의 진로 · 직업교육을 위한 유관 기관 간 협력 프로그램

장애학생의 진로 · 직업교육을 돕는 유관 기관을 알아보고, 그 기관에서 하는 지원사업, 유관 기관 간의 협력 프로그램을 이해하여 장애학생의 진로지도에 도움이 되고자 한다.

1) 장애학생의 진로 · 직업교육 관련 기관 및 지원사업

장애학생을 위한 특수교육은 궁극적으로 장애학생의 삶의 질을 향상하고 졸업후 지역사회의 한 구성원으로 적응하면서 살아갈 수 있도록 하는 데 관심을 두고 있다. 「장애인 등에 대한 특수교육법」에서는 장애학생을 위한 진로 · 직업교육을 "학교에서 사회 등으로의 원활한 이동을 위하여 관련 기관의 협력을 통하여 직업재활훈련 및 자립생활훈련 등을 실시하는 것"(제2조 제9호)이라고 설명하고 있다. 이 법에서도 알 수 있듯이 장애학생의 지역사회로의 성공적인 이행은 개인의 노력만이 아니라 관련 기관들의 협력이 중요하다는 것을 말해 주고 있다.

(1) 교육부 중심의 장애학생 특수교육 체제

장애학생을 위한 진로 · 직업교육을 포함한 특수교육을 총괄하는 조직은 교육부다. 교육부와 그 소속 기관 직제 시행규칙에 따라 교육부 특수교육지원과와 국립특수교육원 진로 · 직업교육지원팀에서 '장애학생 진로 및 직업교육지원에 관한 사항'을 주로 담당하고 있다. 이렇듯 중앙단위에서는 교육부가, 지방

단위에서는 시·도 교육청의 특수 관련 부서가 장애학생 진로·직업교육의 내실화를 위하여 다음과 같은 지원사업을 하고 있다.

- 기본 교육과정에서 직업 교과 '실과' 및 '직업'을 통해 직업교육을 강화하고 있다. '실과'는 개인의 삶, 가정생활, 진로와 직업에 대한 관심과 기초적인 조작 활동을 통해 자립적인 생활 능력과 직업에 대한 관심을 심화시키는 데 중점을 둔다. 또한 '직업' 교과는 일상생활 및 지역사회 생활과 직업생활에 필요한 경험을 다양하게 갖도록 하여 지역사회 적응과 독립적인 생활 태도를 길러 주는 기능적 생활 중심 교과다.
- 고등학교 선택 중심 교육과정으로 전문·직업 교과를 두고 있다. 그 교과는 공예, 포장·조립·운반, 농업, 전자조립, 제과·제빵, 정보처리, 시각디자인, 직업과 생활, 이료 등으로 구성되어 있다.
- 고등학교 과정을 졸업한 자에게 직업교육의 기회를 연장·제공하기 위하여 수업연한 일 년 이상의 교육을 실시하는 과정, 즉 전공과를 확대하고 있다.
- 장애학생의 현장실습 또는 직장 체험 등이 진로·직업교육의 중요한 교수–학습 방법의 하나로 「장애인 등에 대한 특수교육법」이나 특수학교 교육과정에서 강조되고 있다.

(2) 고용노동부 중심의 장애인 직업재활 체제

고용노동부의 장애인 진로·직업교육과 관련 정책은 장애인 고용정책에 초점이 맞추어져 있다. 이와 관련된 정책 추진은 고용노동부의 장애인고령자고용과에서 관장하고 있다. 실질적인 사업의 추진은 「장애인 고용촉진 및 직업재활법」 제43조에 의거하여 한국장애인고용공단에서 수행한다. 그 외에 고용노동부 고용지원센터에서 고용 서비스를 제공하고 있다.

한국장애인고용공단(이하 공단)은 효과적으로 고용 서비스를 제공하기 위해 고용촉진국(취업 지원과 능력 개발 담당)과 고용지원국(기업 지원, 고용창출 지원, 보조공학 지원)과 같은 부서를 운영하고 있으며, 산하에 관련 연구를 수행하는 고용개발원, 지역별 업무를 수행하는 15개 지사, 훈련을 담당하는 5개 직업능력개발원

(일산, 부산, 대전, 전남, 대구)을 설립하여 운영하고 있다(국립특수교육원, 2010).

고용노동부의 장애인 진로·직업교육 관련 지원사업의 주요 내용은 다음과 같다.

- 사업주 지원사업으로 장애인 고용장려금 제공, 고용시설자금 융자, 무상지원, 장애인 고용관리비용 지원, 장애인 직업생활에 필요한 보조공학 지원, 연계고용으로 부담금 감면, 표준사업장 설립 지원 등이 있다.
- 장애인 지원사업은 창업자금 융자, 영업 장소 전세지원, 장애인 근로자 융자 등이다.
- 취업알선(취업지원)사업으로 장애인공단(또는 고용노동부 고용지원센터)에서는 장애인 개개인의 특성에 맞는 일자리를 제공하려고 노력하고 있다. 구직신청을 하면 구직상담, 직업능력 평가, 현장훈련 등의 방법을 통해 장애 정도, 연령 등을 고려하여 본인이 희망하는 직종, 업체로의 취업이 가능하도록 지원하고 있다.
- 직업훈련 지원사업으로 직업능력개발원과 장애인 훈련기관에 훈련비, 훈련수당을 지원하고 있으며, 개별적 훈련의 경우에도 훈련수강료의 전부 또는 일부를 지원하고 있다.
- 고용·취업 종합서비스사업은 공공기관 및 민간기관의 모든 고용 정보를 통합한 허브시스템인 고용정보시스템(워크넷)을 구축하고 있다. 장애인, 여성, 기업, 일용근로자 등 수요자 특성별 서비스를 확대하고, 공단의 장애인 고용포털인 '워크투게더'와 고용노동부 고용지원센터의 '워크넷'을 연계하여 운영하고 있다.

2) 장애학생의 진로 · 직업교육에 관한 유관 기관과의 협력 프로그램

장애학생의 지역사회에서의 성공적인 이행에 있어서 기관들의 협력은 중요한 실천 사항이다. 기관들의 협력이 제한적이고 형식적이며 문서화 · 체계화되지 못한 측면이 강하지만 나름대로의 노력을 하고 있다(국립특수교육원, 2010).

(1) 교육부

교육부에서는 중앙 및 지역 단위에서 유관 기관과의 협력체계를 구축 · 운영 하는 정책 과제를 추진하고 있다. 최근 국립특수교육원과 한국장애인개발원 및 한국장애고용공단, 한국직업능력개발원 등과의 업무 협약을 통하여 장애학생을 위한 복지일자리 사업의 연계, 특수학교 전공과 담당 교사의 직무연수 운영 등 지원체계를 구축하고 있다.

시 · 도 차원에서는 지방자치단체, 시 · 도 교육청, 지방노동청, 한국장애인공 단 지사, 지역 경제단체 등과의 협력체계 구축을 강조하고 있으며, 특히 실질적인 효과를 거두기 위해서는 체계적인 직업전환교육센터의 운영이 중요하다고 할 수 있다.

(2) 한국장애인고용공단

한국장애인고용공단에서는 특수학교(급)의 장애학생, 부모를 대상으로 다양 한 사업을 연계하여 추진하고 있다. 장애학생을 위한 구직상담, 직업능력 평가, 지원고용, 직무체험 과정, 직업능력 개발훈련 등이 있으며, 부모를 위한 부모교 육, 간담회, 교사를 위한 사업체 구인 개발 및 직무교육과 훈련교사 수당 지원을 그 예로 들 수 있다.

(3) 한국장애인개발원

한국장애인개발원의 사업 계획에서 장애학생의 자립생활 지원을 위한 진로 · 직업교육과 관련한 내용은 장애인 일자리 전문관리체계 구축 · 운영사업과 중증

장애인 직업재활지원사업이다. 그 대표적인 사업으로 교육—복지일자리를 연계한 맞춤형 일자리사업을 들 수 있다.

(4) 지역사회 기반의 기관 간 연계체제를 활용한 진로 · 직업교육 프로그램

지역사회를 기반으로 장애학생의 진로 · 직업교육을 위한 기관 간 연계체제를 구축하고 활성화하기 위한 가장 효과적인 방법은 이들 기관이 공동으로 활동할 수 있는 다양한 진로 · 직업교육 프로그램을 개발하여 운영하는 것이다. 최근 특수교육기관—지방자치단체—공공기관 연계형 복지일자리 사업을 계기로 장애학생의 진로 · 직업교육을 위한 다양한 기회를 제공하고 있다. 그 내용은 다음과 같다(최동선, 윤형한, 정종호, 노선옥, 2010).

- 특수교육기관—지방자치단체—공공기관 연계형 복지일자리 사업
- 주 1~2회의 직업적응 훈련, 현장실습 및 직업기능 훈련 프로그램의 공동 운영
- 직업재활 프로그램 및 보호작업장에 미리 적응하기 위한 현장실습 프로그램 운영
- 유관 기관 간 공동의 직업탐색 · 직업체험 프로그램 운영
- 민간 직업훈련 기관으로의 위탁 직업교육
- 장애학생 진로 · 직업교육 계획 수립을 위한 전문 평가팀의 공동 구성
- 유관 기관 간 보호작업장 프로그램의 공동 운영

요약

1. 장애학생의 진로 · 직업교육 관련 기관

① 교육부: 교육부 특수교육지원과와 국립특수교육원 진로 · 직업교육지원팀에서 '장애학생 진로 및 직업교육 지원에 관한 사항'을 주로 담당
② 고용노동부: 고용노동부의 장애인고령자고용과에서 관장, 실질적인 사업의 추진은

한국장애인고용공단에서 수행

③ 보건복지부: 보건복지부 한국장애인개발원부터 광역자치단체와 기초자치단체를 거쳐 장애인단체, 장애인복지관 및 장애인직업재활기관을 통해 실시

2. 장애학생의 진로 · 직업교육에 관한 유관 기관과의 협력 프로그램

① 교육부: 최근 국립특수교육원과 한국장애인개발원 및 한국장애인고용공단, 한국직업능력개발원 등과의 업무 협약을 통하여 장애학생을 위한 복지일자리 사업의 연계, 특수학교 전공과 담당 교사의 직무연수 운영 등 지원체계를 구축

② 한국장애인고용공단: 장애학생을 위한 구직상담, 직업능력 평가, 지원고용, 직무체험 과정, 직업능력 개발훈련 등이 있으며, 부모를 위한 부모교육, 간담회, 교사를 위한 사업체 구인 개발 및 직무교육과 훈련교사 수당 등을 지원

③ 한국장애인개발원: 장애인 일자리 전문관리체계 구축 · 운영사업, 중증장애인 직업재활지원사업(교육–복지일자리 사업)

④ 지역사회 기반의 기관 간 연계체제를 활용한 진로 · 직업교육 프로그램: 최근 특수교육기관–지방자치단체–공공기관 연계형 복지일자리 사업을 계기로 장애학생의 진로 · 직업교육을 위한 다양한 기회를 제공

2013년 평창 동계 스페셜올림픽 조직위원회(2012). 2013년 평창 동계 스페셜올림픽 어울림 교육 프로그램 지도교안 개발 연구.

강경숙, 강영택, 김성애, 정동일(2002). 특수교육 보조원제 운영 방안 연구. 경기: 국립특수교육원.

강동욱(2005). 장애인고용과 사회복지. 경기: 한국학술정보.

강병호(2002). 장애학생의 통합을 위한 협력교수 프로그램. 충남: 국립특수교육원.

강위영, 나운환, 박경순, 류정진, 정명현(2001). 직업재활 개론. 서울: 나눔의집.

강진령, 연문희(2002). 학교상담. 경기: 양서원.

강학구(1996). 특수학교 교사와 일반학교 교사의 직무 스트레스 특징과 요인 간의 관계성 분석. 대구대학교 대학원 박사학위 논문.

강혜경(2004). 장애 학생 및 부모상담. 경기: 국립특수교육원.

경기도교육청(2008). 맞춤형 특수교육으로 함께 하는 학교 만들기.

경기도교육청(2010). 특수교육의 길잡이.

경기도교육청(2012a). 경기 장애학생 인권보장 장학자료.

경기도교육청(2012b). 전공과 운영 길잡이.

경기도교육청, 한국장애인고용공단(2012). 특수학교(급) 관리자 및 진로 · 직업교육 담당교사 연수.

경기도장학자료(2004). 2004-1 통합학급운영과 재량활동 길라잡이.

경기도직업전환교육센터(2009). 직업전환매뉴얼.

경상남도교육청(2010). 통합학급 교사를 위한 학급경영 길라잡이.

경상북도교육청(2007). 특수교육 운영 도움자료.

고동희, 이소현(2003). 교사의 긍정적 행동지원이 장애 학생의 수업시간 문제행동에 미치는 영향. 정서 · 행동장애연구, 19(2), 1-21.

광주광역시교육청(2010). 초 · 중 · 고등학교 교과용도서 장애인식 교육 관련 내용 분석 및 보완자료 개발 연구.

교육과학기술부(2009a). 2010년 특수교육교육과정 별책 제1~3권.

교육과학기술부(2009b). 특수학교 교육과정 해설(IV).

교육과학기술부(2009c). 특수학교 기본 교육과정 직업 지도서. 가톨릭대학교 국정도서 편찬위원회.

교육과학기술부(2010). 특수교육연차보고서. 2010년 정기국회 보고자료.

교육과학기술부(2011a). 2011년 특수교육 교육과정 길라잡이.

교육과학기술부(2011b). 직업과 생활. 서울: 단국대학교 국정도서편찬위원회.

교육과학기술부(2011c). 특수교육교육과정.

교육과학기술부(2012a). 2012년 전국장애학생 통합형 직업교육 거점학교 성과보고서.

교육과학기술부(2012b). 2013년 특수교육운영계획.

교육과학기술부(2012c). 기본교육과정 체육지도서.

교육과학기술부(2012d). 특수교육 통계.

교육인적자원부(2006). 특수교육 연차보고서 2006년 정기국회 보고자료.

국립특수교육원(1998). 장애학생을 위한 사회적응 훈련 프로그램.

국립특수교육원(2009). 특수교육학 용어사전. 서울: 도서출판 하우.

국립특수교육원(2010). 일반학교에서의 장애학생 지원.

국립특수교육원(2011a). 2011년 특수교육 실태조사.

국립특수교육원(2011b). 취업 job go 행복 up go.

국립특수교육원(2011c). 2011년 개정 특수교육 교육과정 및 국립특수교육원 자료활용 세미나.

국립특수교육원(2012). 특수학교 학교기업 운영 매뉴얼.

권도하(2004). 언어치료: 말더듬/단순언어장애/구개파열. 부산: 한국언어치료학회.

권택환(2009). 특수교육정책 및 관련법규. 충남: 국립특수교육원.

김남경, 박은혜(2008). 초등학교 자폐아동을 위한 또래-주도 중심축 반응훈련이 사회성 향상에 미치는 효과, 특수교육, 7(1), 215-235.

김남순(2008). 통합교육의 이론과 실제. 경기: 교육과학사.

김다영(2008). 영상자료 활용 장애이해교육이 일반아동의 장애수용태도에 미치는 효 과. 서울교육대학교 교육전문대학원 석사학위 논문.

김돈규(2001). 장애 아동의 성문제 및 성교육: 정신지체아를 중심으로. 특수교육원 2001년 교사연수과제, 23-56.

김동일, 김계현, 김병석, 김봉환, 김창대, 김혜숙, 신종호(2009). 특수아동상담. 서울: 학지사.

김동일, 이대식, 신종호(2010). 학습장애아동의 이해와 교육(2판). 서울: 학지사.

김명옥(2004). 통합학급에서 역할수행이 정신지체아의 사회적 상호작용과 사회적 지위에 미치는 영향. 공주대학교 대학원 석사학위 논문.

김미라(2011). 초등 교사의 완벽주의 성향이 교사 소진에 미치는 영향: 교사 효능감의 매개효과. 인천대학교 교육대학원 석사학위 논문.

김미선, 박지연(2005). 학급차원의 긍정적인 행동지원이 문제행동을 보이는 초등학교 장애학생과 그 또래의 문제행동에 미치는 영향. 특수교육학연구, 40(2), 355-376.

김미선, 송준만(2006). 학교차원의 긍정적 행동지원이 초등학교 학생들의 문제행동과 학교분위기에 미치는 영향. 특수교육학연구, 41(3), 207-227.

김수연(1996). 통합된 놀이 프로그램이 장애아동에 대한 일반아동의 태도변화에 미치 는 영향. 이화여자대학교 교육대학원 석사학위 논문.

김수연(2007). 모든 학생을 위한 통합교육: 통합교사의 역할과 통합교육 프로그램 운영 방안.

김승국(2007). 청각장애 아동교육. 경기: 교육과학사.

김승태, 김지혜, 송동호, 이효경, 주영희, 홍창희, 황순택(2003). 한국아동인성검사. 서울: 한국가이던스.

김영란(2009). 보편적 차원의 긍정적 행동지원에 관한 문헌연구. 특수교육저널: 이론과 실천, 10(4), 81-106.

김원경, 김영욱, 박화문, 석동일, 이해균, 윤점룡, 정재권, 정정진, 조인수(2011). 특수교육학. 경기: 교육과학사.

김윤옥(2009). 정신지체 특수학교 전공과 교육과정 편성과 운영실태. 대구대학교 특수교육대학원 석사학위 논문.

김일명, 김원경, 조홍중, 허승준, 추연구(2013). 최신 특수교육학(2판). 서울: 학지사.

김정선, 여광응(2005). 학교(School-setting)에서의 긍정적 행동지원(PBS)이 정신지체학생의 문제행동에 미치는 효과. 특수교육연구, 12(1), 305-338.

김청자, 정진선(2009). 상담의 이론과 실제. 서울: 동문사.

김포사우초등학교(2012). 특수학급운영계획.

김현숙(1996). 특수아동의 통합교육에 대한 교사변인에 따른 일반교사의 태도 연구. 이화여자대학교 교육대학원 석사학위 논문.

김혜숙, 황매향(2008). 초등교사를 위한 문제행동 상담 길잡이. 경기: 교육과학사.

김희규, 강정숙, 김은영, 김의정, 김주영, 김형일, 박계신, 오세철, 옥정달, 정동일, 정동훈, 정해진, 채희태, 홍은숙, 황복선(2010). 특수교육학개론. 서울: 학지사.

김희영(2012). 장애아동 부모의 성공적인 상담요인에 대한 개념도. 인천대학교 교육대학원 석사학위 논문.

노현정, 이소현(2003). 기능평가에 기초한 선행사건 중심의 중재가 장애 학생의 문제행동, 과제수행행동, 과제성취도에 미치는 영향. 정서행동장애, 19(4), 303-322.

디틀린데 바이에(2002). Freinet-praktisch: beispiele und berichte aus grundschule. 프레네 교육학에 기초한 학교 만들기(송순재 역). 전북: 내일을여는책.

류재연, 윤희봉, 임경원, 고등영, 박경옥, 이태수, 김성남(2010). 특수교육의 이해. 서울: 시그마프레스.

문정옥(2006). 학급 적응활동 시간을 이용한 장애이해교육이 일반 고등학생의 장애학생에 대한 태도에 미치는 영향. 이화여자대학교 교육대학원 석사학위 논문.

박승희(1999). 일반학급에 통합된 장애학생의 수업의 질 향상을 위한 교수적 수정. 특수교육학 연구, 34(2), 29-71.

박승희(2003). 한국 장애학생 통합교육: 특수교육과 일반교육의 관계 재정립. 경기: 교육과학사.

박은혜, 김정연(2004). 보완·대체 의사소통 상징체계 수립을 위한 기초 문헌 연구. 언어청각장애연구, 9(1), 100-129.

박일옥(2006). 학급규칙 되돌아보기. 우리아이들-3월.

박종미(2011). 학급차원의 긍정적 행동지원이 초등학교 3학년 통합학급 학생들의 문제행동과 학급분위기에 미치는 영향. 서울교육대학교 교육대학원 석사학위 논문.

박혜진, 신현기(2010). 개별차원의 긍정적 행동지원이 지적장애학생의 문제행동과 일반학생의 대응태도 변화에 미치는 영향. 지적장애연구, 12(1), 1-29.

박화문, 김영한, 김창평, 김하경, 박미화(2012). 건강장애아동 교육. 서울: 학지사.

박효정(2006). 다중지능 이론과 수업. 경기: 양서원.

방명애(2003). 발달장애 아동의 사회적 기술 교수에 대한 특수교사와 통합학급 일반교사의 인식 비교. 재활복지, 7(2), 1-25.

밴스톤 쇼(1998). *Community building in the classroom.* 공동체를 세우는 협동학습(박영주 역). 서울: 디모데.

변영계, 김광휘(1999). 협동학습의 이론과 실제. 서울: 학지사.

보스턴 대학교 정신의학재활센터 편, 박지연, 박향경, 박희정, 서은선(2011). *(The) recovery workbook II: connectedness.* 관계 맺기를 통한 자기회복(송경옥 역). 서울: 인간과복지.

서명옥(2008). 한 자녀 이상의 지적장애아를 둔 어머니의 양육 경험 및 삶의 질에 대한 질적 연구. 경기대학교 행정대학원 석사학위 논문.

서울특별시교육연구정보원(2011). 진로와 진로교육.

서혜옥(2001). 애니메이션 영상이 청소년의 사회문화성에 미치는 영향에 관한 연구. 중앙대학교 첨단영상대학원 석사학위 논문.

석동일(2004). 중추성 청각처리 장애의 특성 고찰. 특수교육저널: 이론과 실천, 5(2), 45-70.

석동일, 박상희, 이상희, 권미지(2008). 조음음운장애 수준별치료프로그램. 서울: 학지사 심리검사연구소.

석동일, 이상희, 이무경, 유재연, 박상희, 최영화(2000). 음운장애치료. 대구: 대구대학교 출판부.

성병창, 김세희(2003). 학급 훈육 문제 발생 행동의 특성과 대처 전략에 대한 이해. 초등교육연구, 16(2), 253-281.

송종원(2004). 정신지체아 부모를 위한 집단 상담 프로그램 개발 및 적용. 부산대학교 박사학위 논문.

스펜서 케이건(1999). *Cooperative learning.* 협동학습(기독초등학교협동학습연구모임 역). 서울: 디모데.

신현기(2004). 통합교육 교수적합화. 서울: 학지사.

심문희(2009). 울산광역시 특수학급의 장애학생들을 위한 진로 및 직업교육 개선방안 연구. 울산대학교 교육대학원 석사학위 논문.

심현섭, 김영태, 김진숙, 김향희, 배소영, 신문자, 이승환, 이정학, 한재순(2010). 의사소통장애의 이해. 서울: 학지사.

안병환(1997). 초등학교 교사의 직무 스트레스 특성. 교육사회학 연구, 7(4), 77-93.

유장순(2004). 장애이해교육 방법과 자료의 활용. 직무연수, 1(2), 충남: 국립특수교육원.

유재연, 윤희봉, 임경원, 고등영, 박경옥(2009). 특수교육의 이해. 서울: 시그마프레스.

윤동호, 이상욱, 최억(1999). 안과학(제5판). 서울: 일조각.

윤성덕(2010). 장애이해영상물의 종류가 비장애초등학생의 장애수용태도에 미치는 영향. 중앙대학교 사회복지대학원 석사학위 논문.

윤예니(2009). 학급차원의 보편적 긍정적 행동지원이 초등학교 6학년 학생의 문제행동과 학교생활 만족도에 미치는 영향. 이화여자대학교 교육대학원 석사학위 논문.

윤차민(2010). 학급차원의 긍정적 행동지원이 초등학교 통합학급 학생들의 수업시간 중 문제행동에 미치는 영향. 서울교육대학교 교육대학원 석사학위 논문.

응용발달심리연구센터(2006). 사회적 기술 향상 프로그램. 서울: 시그마프레스.

이경화, 신헌재, 김명순, 박영민, 이상구(2012). 초등학교 국어 학습부진의 이해와 지도. 서울: 박이정.

이규식, 석동일, 권도하, 정옥란, 강수균, 김시영, 신명선, 이상희, 황보명, 이옥분(2004). 의사소통장애 치료교육. 서울: 학지사.

이달엽, 이성일, 김윤봉(2004). 정신지체인 지역사회 적응기술 평가척도 연구, 특수교육저널: 이론과 실천, 5(1). 127-156.

이대식(2001a) 초등학교 특수아 통합교육의 방향-일반교사와 특수교사의 통합교육에 대한 인식의 차이 비교를 중심으로. 2001년 한국초등교육학회 연차학술대회.

이대식(2001b). 학습장애 진단과 판별: 불일치 기준의 문제점과 교과별 기초학습기능의 역할. 정서학습장애연구, 17(2), 19-41.

이대식(2002) 초등학교에서의 성공적인 장애아 통합교육을 위한 일반교사 교육의 방향. 초등교육연구, 15(1), 167-187.

이미옥(2010). 자기표현 프로그램이 고등부 특수학급 자기표현능력 사회성 및 교우관계에 미치는 효과. 이화여자대학교 대학원 석사학위 논문.

이병각(2002). 통합학급 교사의 특수교육에 대한 스트레스와 대처방법에 관한 연구. 공주대학교 특수교육대학원 석사학위 논문.

이상수(2007). 학교에서의 통합교육 실천사례. 통합학급담당교사연수자료.

이상우(2009). 살아있는 협동학습. 서울: 시그마프레스.

이성봉, 방명애, 김은경, 박지연(2010). 정서 및 행동장애. 서울: 학지사

이소현(2009). 유아특수교육. 서울: 학지사.

이소현, 박은혜(2012). 특수아동교육(3판). 서울: 학지사

이수연, 김은경(2008). 초등학교 통합학급교사의 통합교육 관련 스트레스와 지원요구에 관한 연구. 지적장애연구, 10(4), 207-231.

이승환, 배소영, 심현섭, 김영태, 김향희, 신문자, 한재순, 김진숙, 이정학(2001). 의사소통장애 개론. 서울: 하나의학사.

이영숙(2012). 2011년 특수교육 교육과정의 이해. 충남: 국립특수교육원.

이우영(2007). 초등학교 장애학생을 위한 특수학급 교육과정 적용 실태 분석. 전남대 학교 석사학위 논문.

이제화, 이상복(2010). 학급수준의 보편적 지원이 통합학급 유아들의 문제행동과 사회적 유능감에 미치는 영향. 정서 · 행동장애연구.

이지혜(2010). 자기결정성 학습동기, 메타인지, 자기주도적 학습능력 및 학습몰입과 학업성취 간의 구조적 관계 분석. 충북대학교 대학원 박사학위 논문.

이화진(2011). 초등교사의 5요인(Big Five) 성격 특성과 직무스트레스 수준 및 대처방식과의 관계. 인천대학교 교육대학원 석사학위 논문.

인천광역시교육청(2008). 함께 즐기는 체육활동. 인천: 인천서부교육지원청.

인천광역시교육청(2012a). 서부특수교육운영계획. 인천: 인천서부교육지원청.

인천광역시교육청(2012b). 인천광역시 특수교육 교육과정 편성 · 운영 지침.

임안수(2010). 시각장애아 교육. 서울: 학지사.

임윤채(2011). 발달장애아 어머니의 장애 수용 수준에 관한 연구. 공주대학교 교육대학원 석사학위 논문.

장대운(1989). 현대교육심리학. 서울: 동문사.

장애인 등에 관한 특수교육법(2012). 서울: 법제처.

장인협(1987). 사회복지학 개론. 서울: 서울대학교 출판부.

전남순(2003). 장애아의 사회통합을 위한 특수학교의 지역사회 적응훈련 프로그램의 운영실태 및 개선 방안.

전보성(2012). 기본교육과정 진로와 직업 개정 내용. 충남: 국립특수교육원.

전상희(2004). 통합교육 운영사례.

전선주(2003). 꺼야 꺼야 할꺼야. 서울: 한국밀알출판사.

전선주(2012). 네잎클로버 편들기. 서울: 학지사.

전선주, 이진, 박주리, 박소영(2012). 아하! 통합학급. 서울: 학지사.

전선주, 이진, 박주리, 박소영, 서은선(2009). 통합학급. 경기: 공동체.

전선주, 이진, 박주리, 박소영, 이경신, 이해영, 김영란, 고남숙(2012). 아하! 통합학급 문제행동. 서울: 학지사.

전용호(1995). 정신지체인의 성 행동과 그 지도 대안. 특수교육학회지, 16(1), 119-146.

정동영, 김형일, 정동일(2001). 특수교육 요구 아동 출현율 조사 연구. 안산: 국립특수교육원.

정재권, 안병즙(2001). 지체부자유아 심리이해. 서울: 학지사.

정주영, 신현기(2001). 경도 장애 초등학생의 통합교육 방법으로서 교수적합화에 대한 이론적 접근. 정서 학습장애연구, 17(2), 251-283.

조성태, 서우철, 정문성(2010). 함께해서 즐거운 협동학습. 서울: 즐거운학교.

조인수(2000). 장애인의 전환교육. 대구: 대구대학교.

조홍주(2004). 수학 학습부진아의 학습부진 원인분석 및 효율적인 지도방안에 관한 연구. 경남대학교 교육대학원 석사학위 논문.

차수연(2002). 장애아동에 대한 초등학교 비장애아동의 태도변화를 위한 중재전략간 효과성 비교. 부산대학교 교육대학원 석사학위 논문.

천재교육 편집부(2012). 중학교 2학년 체육 자습서. 서울: 천재교육.

체육수업에 활용할 수 있는 신체활동 프로그램(SPARC).

초?중등교육법(2012). 서울: 법제처.

최동선, 윤형한, 전종호, 노선옥(2010). 장애학생의 진로 · 직업교육 활성화를 위한 유관기관간 협력방안. 서울: 한국직업능력개발원.

최문지, 박은혜, 김주혜(2009). 긍정적 행동지원이 장애학생의 통합 학급에서의 문제행동 및 학업활동참여행동에 미치는 영향. 지적장애연구.

최선실, 박승희(2001). 통합교육 실시를 위한 원적학급 일반교사의 지원 요구. 한국초등교육학회. 14(2).

319-347.

최선화(2005). 영상매체를 활용한 진로탐색 집단상담 프로그램이 중학생 진로의식성 숙에 미치는 효과. 한국외국어대학교 대학원 석사학위 논문.

최세민(2006). 초등학교 통합교육현장의 장애이해교육의 실태와 문제점 및 개선 방안 에 대한 일 연구. 아동교육, 15(4).

최영하, 최성규(2000). 행동수정의 이해와 활용. 대구: 대구대학교출판부.

최원아(2005). 학교현장에서의 장애 이해 영상물 활용 실태 및 개선 방안. 장애인먼저 실천운동본부.

최홍자(2005). 장애이해교육 프로그램 적용이 일반아동의 태도변화에 미치는 효과. 대 구대학교 특수교육대학원 석사학위 논문.

충청남도교육청(2006). 통합학급 교사를 위한 특수교육 가이드북.

토니 험프리스(2009). 선생님의 심리학. 전남: 다산호당.

통합교육학회(2010). 교사를 위한 특수교육인문 통합교육. 서울: 학지사.

파멜라 메츠(2003). (The) Tao of learning. 배움의 도(이현주 역). 서울: 민들레.

하성수(2004). 장애아동에 대한 긍정적 태도변화에 미치는 효과. 대구대학교 특수교육 대학원 석사학위 논문.

한국초등상담교육학회(2006). 초등학교 생활지도와 상담. 서울: 학지사.

한국통합교육학회(2010). 통합교육(2판). 서울: 학지사.

한국특수교육학회(2008). 특수교육대상자 개념 및 선별기준.

한국티볼협회(2011). 티볼 지도서. 서울: 21세기교육사.

한신영(2009). 최신 특수교육학. 서울: 희소.

홍경민(2007). 영상자료 활용이 비장애아동의 장애아동 수용태도에 미치는 효과. 대구 대학교 특수교육 대학원 석사학위 논문.

황병숙(2001). 원적학급교사의 입장에서 본 통합교육의 문제점과 개선에 관한 연구. 단국대학교 특수교육대학원 석사학위 논문.

황선하(2011). 자녀의 자기옹호기술에 대한 장애학생 부모와 일반학생 부모의 인식. 강남대학교 대학원 석사학위 논문.

황순영(2008). 정서행동장애학생의 통합에 대한 일반교사의 스트레스 분석. 특수아동교육연구, 10(4), 247-263.

황순영(2009). 초등학교 통합학급교사의 ADHD학생 교육에 대한 스트레스 연구. 특수아동교육연구, 11(4), 77-100.

황순희(2009). 다중지능 학급경영. 서울: 시그마프레스.

Alberto, P. A. & Troutman, A. C. (2005). *Applied Behavioral Analysis for Teachers (7th ed.)*. NJ: Pearson Merrill Prentice Hall.

Baglieri, S. & Knopf, J. H. (2004). Normalizing difference in inclusive teaching. *Journal of Learning*

Differences, 37(6), 525–529.

Bailey, A., LeCouteur, A., Gottesman, I., Bolton, P., Simonoff, E., Yudza, E., & Rutter, M. (1995). Autism as a strongly genetic disorder: evidence from a British twin study. *Psychol. Med. 25*, 63?77.

Baker, R. D, & Ryan, B. P. (1971). *Programmed conditioning for articulation.* Monterey, Calif: Monterey Learning Systems.

Barlow, J. (2002). Antenatal anxiety, parenting and behavioural/emotional problems in children. *Br J Psychiatry. 181*, 440–441.

Baron-Cohen, S. (1995). *Mind blindness: an essay on autism and theory of mind.* Cambridge, MA: MIT Press.

Baumgart, D., Brown, L., Pumpian, I., Nisbet, J., Ford, A., Sweet, M., Messina, R., & Schroeder, J. (1982). Principle of Partial Participation and Individualized Adaptaiions in Educational Programs for Severely Handicapped Students. *Journal of the Association for the Severely Handicapped, 7*(2), 17–27.

Bondy A. & Frost L. (1994). The Picture Exchange Communication System. *Focus on Autistic Behavior, 9*(3), 1–19.

Brenda K. Scheuermann & Judy A. Hall (2009). *Positive behavioral supports for the classroom.* 긍정적 행동지원 (김진호, 김미선, 김은경, 박지연 공역). 서울: 시그마프레스.

Bryde, S. (1998). *Using children's literature to teach about disabilities and other issues.* Presentation at the annual meeting of the Council for Exceptional children, Minneapolis.

Carr, E. G., Dunlap, G., Horner, R. H., Koegel, R. L., Turnbull, A. P., Sailor, W., Anderson, J., Albin, R. W., Koegel, L. K., & Fox, L. (2002). Positive behavior support: Evolution of an applied science. *Journal of Positive Behavior Interventions, 4*, 4–16.

Charman, T. & Baron-Cohen, S. (1997). Brief Report: Prompted Pretend Play in Autism. *Journal of autism and developmental disorders, 27*(3), 325–332.

Cole, P. G. & Chan, L. K. S. (1990). *Methods and strategies for special education.* New York: Prentice Hall.

Deschenes, C., Ebeling, D., & Sprague, J. (1994). *Adapting curriculum and instruction in in clusive classroooms: A teacher's desk reference.* Bloomington, IN: The Center for School and Community Interation.

Doug Buhl (2002). *Classroom staregies for interactve learning.* 교실수업전략 (노명완 역). 서울: 박이정.

Elena M. Plante & Pelagie M. Beeson (2010). *Communication and communication disorders: a clinical introduction.* 의사소통과 의사소통 장애 (이상훈, 박미혜, 이규엽, 허명진 공역). 서울: 시그마프레스.

Ellis, A. (1962). *Reason and emotion in psychotherapy.* New York: Stuart.

Ellis, A. & Grieger, R. (Eds.). (1977). *Handbook of rational-emotive therapy.* New York: Springer.

Favazza, P. C. & Odom, S. L. (1997). Positive Attitudes of Kindergarten-Age Children toward People with Disabilities. *Exceptional Children, 63*(3), 405–418.

Fiedler, C. R. & Simpson, R. l. (1987). Modifying the attitudes of non–handicapped high school students toward handicapped peers. *Exceptional children, 53,* 342–349.

Fred P. Orelove, Dick Sobsey, & Rosanne K. Silberman (2010). *Educating children with multiple disabilities: a collaborative approa.* 중도 중복장애 학생교육: 협력적 접근 (곽승철, 박재국, 오세철 공역). 경기: 교육과학사.

Frith, U. & Hill, E. (2003). *Autism: mind and brain.* 자폐증: 마음과 뇌 (진혜경, 김현정 공역). 서울: 여문각.

Gardner, H. (1993). *Multiple Intelligence: The Theory in Practice.* NY: Basic Books.

Herbert, M. R. (2011). *The Neuroanatomy of ASD.* In Fein, D. A. (Eds.), *The Neuropyschology of autism* (pp. 47–76), Oxford University Press.

Heward, W. L. (1996). *Exceptional children: An introduction to special education.* Englewood Cliffs, NJ: Prentice Hall.

Homer, R. H., Albin, R. W., Sprague, J. R., & Todd. A. W. (2000). *Positive behavior support.* In M. E. Snell and F. Brown (Eds.), *Instruction of students with severe disabilities* (pp. 47–83). Columbus, OH: Merrill.

Houston Dispute Resolution Center (1990). *Mediation training.* Houston: Houston Dispute Resolution Center.

IIndividuals with Disabilities Education Act of 1997, P. L. 105–117.

Individuals with Disabilities Education Act of 1990, P. L. 101–476.

Ingram, D. (2002). The measurement of Whole–word production. *J. child lang, 29,* 713–733.

Jairrels, V., Brazil, N. & Patton, J. R. (1999). Incorporating popular literature into the curriculum for diverse learners. *Intervention in School and Clinic, 34*(5), 303–306.

Jeff Sigafoos, Michael Arthur, & MARK O' REILLY (2009). *Challenging behavior and developmental disability.* 발달장애아동의 문제행동 중재 (방명애, 최하영 공역). 서울: 시그마프레스.

Justen, J. (1976). Who are the severely hadnciapped? A problem in definition. *AAESPH Review, 1*(5), 1–11.

Kagan, S. L. (2001). Summarising the reports of the working groups. OECD Conference reporting the Thematic Review of Early Education and Care in 12 European Countries. *Stockholm,* 13–15.

Kelly, E. (1997). Movies–A unique and effective tool for social educators. *CEC Today, 3*(8), 12.

Lewis, R. B. & Doorlag, D. H. (2010). *Teaching Students with Special Needs in General Education Classrooms* (8th ed). Pearson.

Linn, A. & Myles, B. S. (2004). Asperger Syndrome and Six Strategies for Success. *Beyond Behavior, 14*(1).3–9.

Linrda M. Bambara & Lee Kern (2008). *Individualized supports for students with problem behaviors.* 장애학생을 위한 개별화 행동지원 (이소현, 박지연, 박현옥, 윤선아 공역). 서울: 학지사.

Margaret Cecil Coleman (2004). *Disorders: theory and practice.* 정서 및 행동장애(제4판) (방명애, 이효신 공역). 서울: 시그마프레스.

McCoy, K. M. (1995). *Teaching special learners in the general education classroom* (2nd ed.). Denver: Love.

McEvoy, R. E., Rogers, S. J., & Pennington, B. F. (1993). Executive function and social communication deficits in young autistic children. *Journal of Child Psychology and Psychiatry, 34,* 563?578.

McLean, J. E. (1970). Extending stimulus control of phoneme articulation by operant techniques. *ASHA Monograph, 14,* 24-47.

Minshew, N. J., Goldstein, G., Muenz, L. R., & Payton, J. B. (1992). Neuropsychological functioning in nonmentally retarded autistic individuals. *J Clin Exp Neuropsychol, 14*(5), 749-61.

Mitchell L. Yell, Nancy B. Meadows, Erik Drasgow, & James G. Shriner (2010). *Evidence Based Practices for Educating Students with Emotional and Beh.* 정서행동장애학생교육 (곽승철, 임경원, 변찬석 공역). 경기: 교육과학사.

Mundy, P. & Sigman, M. (1989). Second thoughts on the nature of autism. *Development and Psychopathology, 1,* 213-217.

Parker J. Parmer (2000). *The Courage to Teach.* 가르칠 수 있는 용기 (이은정, 이종인 공역). 경기: 한문화.

Peggy A. Hammeken (2011). *Inclusion: 450 strategies for success.* 통합학급을 처음 담당하는 교사를 위한 전략 400 (추연구, 김은영 공역). 경기: 양서원.

Peterson, J. M., & Hittie, M. M. (2003). *Inclusive Teaching: Creating Effective Schools for All Learners.* Needham Heights, MA: Allyn & Bacon.

Pines, A., Aronson, E. & Kafry, D. (1993). Burnout, The Free Press, In Robert T. Golembiewski (Ed.), *Handbook of Organizational Behavior.* New York: Marcel Dekker, Inc.

Prater, M. A. (1998). *Using children's literature to teach about disabilities and other issues.* Presentation at the annual meeting of the Council for Exceptional children, Minneapolis.

Quill, K. A. (2000). *Do-Watch-Listen-Say: Social and Communication Intervention for Children with Autism.* Paul H. Brookes Publishing Co.

Robert E. Owens, Dale E. Metz, & Adelaide Haas (2009). *Introduction to communication disorders: a lifespan perspective.* 의사소통장애 (김화수, 김성수, 박현주, 성수진, 표화영, 한진순 공역). 서울: 시그마프레스.

Robinson, S. M. (1999). Meeting the needs of students who are gifted and have learning disabilities. *Intervention in the school and Clinic, 34*(4).

Ruth W. Begun (2006). *(Ready-to-use) Social skills lessons & activities for grades preK-K.* 사회적기술 향상프로그램 (응용발달심리연구센터 역). 서울: 시그마프레스.

Rutter, M. (1999). The Emmanual Miller Memorial Lecture 1998: Autism; Two-way interplay between research and clinical word. *Journal of child psychology and psychiatry, 40,* 169-188.

Safran, S. P. (2000). Using movies to teach students about disabilities. *Teaching Exceptional Children, 32*(3), 44–47.

Salend, S. J. (1994). *Effective mainstreaming.* Macmillan publishing co. NewYork.

Savner, J. L. & Myles, B. S. (2000). *Making visual supports work in the home and community: Strategies for individuals with autism and asperger syndrome.* Autism Asperger Publishing Company.

Smith, M. D., Belcher, R. G. & Juhrs, P. D. (1995). *A guide to successful employ ment for individuals with autism.* Baltimore, MD: Brookes Publishing.

Thomas M. Skovholt (2003). *(The) Resilient practitioner: burnout prevention and self-care strateg.* 건강한 상담자만이 남을 도울 수 있다 (유성경 역). 서울: 학지사.

Tomasello M. (1995). *Joint attention as social cognition. In Joint attention: Its origins and role in development* (pp. 103–130). Hillsdale, NJ, England: Lawrence Erlbaum Associates, Inc, vii, 286.

Turnbull, R., Turnbull, A., Shank, M., & Smith, S. J. (2004). *Exceptional lives: Special education in today's school (4th ed.).* Upper Saddle River, NJ: Pearson.

Van Riper, C. (1982). *The nature of stuttering.* Englewood Cliffs: Prentice Hall, Inc.

Wallker, H. M., Severson, H., Stiller, B., Williams, G., Haring, N., Shinn, M., & Todis, B. (1988). Systematic screening of pupils in the elementary age range at risk for behavior diorders: Development and trial testing of a multiple gating model. *Remedial and special education, 9,* 8–14.

Wang, M. C. & Walberg, H. J. (1985). *Adapting instuction to individual differences.* CA: McCutchan.

Wicker, B. (2008). *New insights from neuroimaging into the emotional brain in autism.* In McGregor, E., Nunez, M., Cebula, K., & Gomez, J. C (Eds.), *Autism: an integrated from neurocognitive, clinical, and intervention research* (pp. 23–41). Blackwell Publishing.

William L. Heward (2002). *Exceptional Children: An Introduction to Special Education.* 특수교육학개론 (김진호 역). 서울: 시그마프레스.

William L. Heward (2013). *Exceptional children: an introduction to special education* (10th ed.). 최신 특수교육 (김진호, 박재국, 방명애 공역). 서울: 시그마프레스.

저자 소개

▶ 권용덕(Kwon Yong-Deok) 경기고등학교 교사

▶ 김민정(Kim Min-Jeong) 서울영남초등학교 교사

▶ 김병련(Kim Byeong-Ryeon) 서울관악고등학교 교사

▶ 김윤성(Kim Yun-Seong) (전)인천광역시교육청 창의인성교육과장

▶ 김은주(Kim Eun-Ju) 금계초등학교 교사

▶ 김정은(Kim Jeong-Eun) 인천광역시교육청 특수교육지원센터

▶ 김태선(Kim Tae-Seon) 인천은봉초등학교 교사

▶ 박선혜(Park Seon-Hye) 인천논현유치원 교사

▶ 박성하(Park Seong-Ha) 서산석림중학교 교사

▶ 박소영(Park So-Yeong) 한국교통대학교 유아특수교육과 교수

▶ 박주리(Park Ju-Ri) 경은학교 교사

▶ 손영선(Sohn Yeong-Sun) (전)모자이크 어린이집 교사

▶ 유장순(Yoo Jang-Soon) 나사렛대학교 중등특수교육과 교수

▶ 유효정(Yoo Hyo-Jeong) 부천상록학교 교사

▶ 이 진(Lee Jin) 인천길주초등학교 교사

▶ 이경신(Lee Gyeong-Sin) 서울선유초등학교 교사

▶ 이만석(Lee Man-Seok) 한뫼초등학교 교사

▶ 이명숙(Lee Myeong-Suk) 인천인혜학교 교사

▶ 이해영(Lee Hae-Yeong) 사우초등학교 교사

▶ 이효성(Lee Hyo-Seong) 한국선진학교 교사

▶ 장은주(Jang Eun-Ju) 경기도교육청 특수교육과 장학관

▶ 전선주(Jeon Seon-Ju) 인천청선학교 교사

▶ 전제욱(Jeon Je-Uk) 인천제일고등학교 교사

▶ 한상록(Han Sang-Rok) 부천동산초등학교 교사

▶ 홍영숙(Hong Yeong-Suk) 경은학교 교사

아하! 통합교육
– 행복한 교실을 위한 통합교육 교재 –

2014년 7월 30일 1판 1쇄 발행
2017년 4월 20일 1판 2쇄 발행

지은이 • 전선주 외 공저
펴낸이 • 김진환
펴낸곳 • (주)학지사
　　　　121-838 서울특별시 마포구 양화로 15길 20 마인드월드빌딩 5층
대표전화 • 02)330-5114　　　팩스 • 02)324-2345
등록번호 • 제313-2006-000265호

홈페이지 • http://www.hakjisa.co.kr
커뮤니티 • http://cafe.naver.com/hakjisa

ISBN 978-89-997-0286-0　93370

정가 20,000원

인터넷 학술논문 원문 서비스 **뉴논문** www.newnonmun.com

이 도서의 국립중앙도서관 출판시도서목록(CIP)은 서지정보유통지원
시스템 홈페이지(http://seoji.nl.go.kr)와 국가자료공동목록시스템
(http://www.nl.go.kr/kolisnet)에서 이용하실 수 있습니다.
(CIP제어번호: CIP2014007091)